金融科技

DATA-DRIVEN SUPPLY CHAIN FINANCE

数据驱动的供应链金融

数据要素赋能供应链金融产品的方法与实践

冯天驰 姜桂林 唐丽华 李邕 著

机械工业出版社
CHINA MACHINE PRESS

图书在版编目（CIP）数据

数据驱动的供应链金融：数据要素赋能供应链金融产品的方法与实践 / 冯天驰等著. -- 北京：机械工业出版社，2024.12. --（金融科技）. -- ISBN 978-7-111-76838-8

Ⅰ. F252.2

中国国家版本馆 CIP 数据核字第 2024CA6954 号

机械工业出版社（北京市百万庄大街 22 号　邮政编码 100037）
策划编辑：杨福川　　　　　　　　　责任编辑：杨福川　李　艺
责任校对：王小童　杨　霞　景　飞　责任印制：李　昂
河北宝昌佳彩印刷有限公司印刷
2025 年 2 月第 1 版第 1 次印刷
186mm×240mm・23 印张・453 千字
标准书号：ISBN 978-7-111-76838-8
定价：99.00 元

电话服务　　　　　　　　网络服务
客服电话：010-88361066　机 工 官 网：www.cmpbook.com
　　　　　010-88379833　机 工 官 博：weibo.com/cmp1952
　　　　　010-68326294　金 书 网：www.golden-book.com
封底无防伪标均为盗版　机工教育服务网：www.cmpedu.com

前　言

为何写作本书

供应链金融作为现代金融服务行业中的关键领域，是多种金融服务和产品的总称。它依托于供应链核心企业，基于核心企业与上下游企业之间的关系和交易，为供应链上下游链条企业提供一系列金融服务。当前，供应链金融已成为众多企业降低融资成本、提高资金融通效率的有效途径。

随着供应链的全球化发展，几乎所有的企业都融入各个供应链之中，由此带来了供应链形态的日趋复杂与多样，场景的日趋丰富和个性，上下游企业数量的飞速增长，与之相对应，供应链金融与场景的结合日趋紧密，供应链金融模式、交易结构及产品不断创新，形成了供应链金融百花齐放的局面。据统计，2022年供应链金融的规模已达到数万亿美元，预计未来几年将继续保持高速增长。

在实践中，相比于供应链商业模式和交易结构的创新，供应链产品和服务的个性化和定制化带来的挑战更大。不同行业、不同管理和经营方式的核心企业，以及不同的上下游合作企业，在供应链金融中拥有不同的特点、需求和风险，而传统贷款服务或产品模式依赖模式设计、经验判断，难以满足各方的需求。在这种背景下，使用数据驱动的方法，运用核心企业的数据反映供应链情况，分析供应链上下游企业特征，控制贷款产品风险，支持产品设计和运营，成为最佳的解决方案。首先，金融企业采用这种方法，可以通过数据量化反映供应链中各方的特征、行为、关系、市场空间及风险情况，在此基础上设计出与需求高度贴合的产品；其次，采用这种方法可以构建出使用数据进行贷款自动审批、产品运营监控、产品服务迭代优化的体系，从而充分使用金融科技的手段来提升产品运营的效率和准确性；再次，这种方法是一种通用的、流程化的、可以反复实践的工程方法，可以适用于供应链金融的各种模式和结构，以及各类型的供应链场景，使得金融企业可以根据实际情况，快速地设计和运营供应链产品；最后，在这种方法的指导下，可以大幅减少因工作人员个人的经验和能力差异所造成的缺陷与问题，加快总体工作的进度。

在过去几年中，作者发现研究者和实践者更加关注供应链金融的模式、结构及场景应用，而很少将具体的项目或产品的形成过程抽象成可复用的方法。因此，作者根据自身的实践经验，初步总结出一套方法与工具，呈现在本书中，希望与各位同行共同探讨，以进一步完善这套方法与工具。

本书主要特点

相比于市面上供应链金融方面的书籍，本书具有以下三个特点：

- **聚焦于中小企业贷款产品**：供应链金融的商务模式众多，服务的客户各异，而本书聚焦于为核心企业上下游的中小企业提供的贷款产品。从金融企业的角度来看，中小企业是供应链中相对弱势的群体，是最有资金需求的企业；从核心企业的角度来看，中小企业是组织生产不可或缺的部分，健康的上下游中小企业是自身的核心竞争力之一；从社会生产的角度来看，中小企业是社会经济活动的主体，它创造了就业机会，带来了社会生产，产生了税收。因此，服务好中小企业是实现"金融服务实体"的最佳途径之一。
- **强调数据要素驱动**：相比于其他书着重讨论供应链金融的商业模式、运行方式、产品设计等内容，本书的关注点在于供应链金融中的数据要素运用，使用数据还原场景的真实供应链运行情况与价值流动，基于数据分析场景中的企业特点、市场空间与风险特征，运用数据进行风险管理，通过数据实现对供应链运行情况的持续跟踪与修正。
- **注重数据相关的工具与实操方式**：本书内容基于大量的项目与产品实践，所阐述的工作方法、操作流程、模板和工具均得到了验证，有利于相关人员根据实际需要进行借鉴和使用。但由于篇幅有限，本书不会过多涉及与法律合规及传统风险相关的内容。

本书阅读对象

本书是一本金融科技类图书，适合以下几类读者阅读：

- **金融企业人员**：金融企业是供应链金融的主导方，通过本书，金融企业人员可以了解使用数据来运营个性化供应链产品的基础方法和工具，并将这些方法和工具应用于各个场景中以构建自己的产品。

- 核心企业人员：核心企业是供应链金融不可缺少的场景方。通过本书，核心企业相关工作人员可以熟悉供应链金融运行的逻辑，了解核心企业供应链数据的价值，知晓与金融企业开展此类合作时需要承担的角色、需要完成的工作，以及在工作过程中需要注意和配合的事项，以便与金融企业合作开展供应链金融时，在企业内部统一认识，更加便捷地调动内部资源来开展工作。
- 希望了解供应链金融的相关人员：供应链金融的涵盖范围非常广，对于需要了解该领域的相关人员，本书提供了具体实施过程中所依赖的方法及所需要的各个要素，以便他们从实施过程的角度了解供应链金融各方的关系、供应链场景与金融的数据连接方式、数据在供应链中的含义与价值等，从而更好地理解供应链金融这一金融业务的特点和优势。
- 相关专业的师生：作为金融服务的一个专题领域，供应链金融是金融科技、数字科技发展的最大"受益者"，通过本书，相关专业的师生可以了解它们给供应链金融带来的巨大变化。
- 数据工作者：数据要发挥价值必须与场景相结合，与场景结合的方式一直是数据工作的难点之一。数据工作者通过本书可以了解数据在供应链金融这一场景中被理解、使用和发挥价值的方式，并思考如何在各自的领域中开展相关工作。

如何阅读本书

本书共 12 章，按顺序阐述了数据驱动供应链金融工作的整个过程。本书可以从逻辑上分为以下四个部分：

第一部分：总体概述（第 1～3 章）。该部分阐述了本书所述的供应链金融的范围、参与方、数据工作的目标与挑战、工作团队组成等。

第二部分：数据实施工作（第 4～7 章）。该部分包括业务调研和信息系统调研、构建数据基础、市场分析测算、风险分析等内容，阐述了确定数据、整合数据、分析数据，最终形成结论的过程，是全书的重点和难点。其中，金融企业了解、整合和运用核心企业供应链数据的过程，需要双方明确分工、密切配合、共同完成。

第三部分：数据成果运用（第 8～11 章）。该部分包括风险规则形成与系统实现、对接核心企业数据、供应链金融产品设计、数据运营等内容。这些工作主要是站在金融企业的角度进行阐述，核心企业处于配合地位。

第四部分：知识沉淀（第 12 章）。该部分阐述如何更好地实现知识沉淀和标准工具建设。类似项目经验、资料、管理方法这样的知识和工具均具有长期效应，有助于金融企业不断沉淀知识，提升效率，形成竞争优势。

本书由冯天驰、姜桂林、唐丽华、李邕四人共同完成，各章的具体编写分工如下：

第 1 章：姜桂林、唐丽华、李邕、冯天驰

第 2 章：冯天驰

第 3 章：姜桂林、冯天驰

第 4 章：冯天驰

第 5 章：姜桂林、冯天驰

第 6 章：冯天驰

第 7 章：姜桂林、冯天驰

第 8 章：姜桂林、冯天驰

第 9 章：李邕、冯天驰

第 10 章：唐丽华、冯天驰

第 11 章：姜桂林、唐丽华、冯天驰

第 12 章：姜桂林、唐丽华、李邕、冯天驰

使用数据要素服务供应链金融是数据要素价值挖掘的一个重要领域，随着数据这一新质生产力的迅速发展，在金融科技的支持下，供应链金融必将为中国经济的发展贡献更大的力量。欢迎广大读者来函（datachain2023@163.com），让我们一起推进相关的研究与应用。

Contents 目 录

前 言

第1章 供应链金融概述 …………… 1

1.1 供应链金融产品 ………………… 1
- 1.1.1 供应链金融的概念 ………… 1
- 1.1.2 传统的供应链金融产品 …… 2
- 1.1.3 个性化的供应链金融产品 … 3

1.2 供应链金融参与方 ……………… 4
- 1.2.1 各参与方 …………………… 4
- 1.2.2 资金提供方：金融企业 …… 6
- 1.2.3 场景主导方：核心企业 …… 7
- 1.2.4 资金需求方：合作企业 …… 8

1.3 本书涉及数据情况 ……………… 9
- 1.3.1 数据范围 …………………… 9
- 1.3.2 数据要素形态 ……………… 10

第2章 数据工作的目标与挑战 …… 12

2.1 数据工作的目标 ………………… 12
- 2.1.1 找到真实可用的场景数据 … 13
- 2.1.2 数据驱动形成产品 ………… 13
- 2.1.3 数据支撑产品运营 ………… 15
- 2.1.4 各工作内容对应的章节 …… 15
- 2.1.5 数据工作的一票否决制度 … 16
- 2.1.6 知识与数据积累 …………… 17

2.2 数据工作的挑战 ………………… 17
- 2.2.1 主观因素挑战及应对方式 … 17
- 2.2.2 客观因素挑战及应对方式 … 18

第3章 工作团队组成 ……………… 20

3.1 团队构成 ………………………… 20

3.2 高层领导 ………………………… 21
- 3.2.1 核心企业高层的支持 ……… 21
- 3.2.2 金融企业高层的支持 ……… 22
- 3.2.3 双方高层的沟通方式 ……… 23

3.3 执行人员 ………………………… 23
- 3.3.1 数据人员 …………………… 24
- 3.3.2 非数据人员 ………………… 27
- 3.3.3 执行团队的协作 …………… 28

3.4 支持人员 ………………………… 29

3.5 人员名单 ………………………… 29

第4章 业务调研与信息系统调研 … 32

4.1 参与人员 ………………………… 32
4.2 调研的总体规划 ………………… 33

4.3	传统风险尽调	34
4.4	业务调研	34
	4.4.1 明确工作目标	35
	4.4.2 厘清核心企业分类	35
	4.4.3 调研前期沟通	37
	4.4.4 准备调研问题	39
	4.4.5 开展正式调研	47
	4.4.6 整理调研结果	50
	4.4.7 形成业务调研成果	52
4.5	信息系统调研	53
	4.5.1 明确工作目标	54
	4.5.2 调研前期准备与沟通	55
	4.5.3 业务与管理动作分解	57
	4.5.4 开展信息系统调研	59
	4.5.5 信息系统问题沟通	63
	4.5.6 整理调研结果	63
	4.5.7 形成信息系统调研成果	64

第 5 章　构建数据基础 …… 66

5.1	参与人员	66
5.2	数据工作的前期准备	67
	5.2.1 根据数据和系统能力对核心企业进行分类	68
	5.2.2 确定数据工作所需的内容	70
	5.2.3 确定数据方面的权利和义务	71
	5.2.4 构建工作环境与工具	72
5.3	理解核心企业的数据特点	79
	5.3.1 核心企业与金融企业的数据差异	80
	5.3.2 两类核心企业的数据差异与优缺点	82
5.4	构建所需的数据内容框架	87
	5.4.1 构建数据内容框架的思路	87
	5.4.2 数据内容描述的对象	88
	5.4.3 规划数据内容的获取方式	88
5.5	完成数据分析基础表	90
	5.5.1 数据分析基础表的定义与要求	90
	5.5.2 数据分析基础表的命名与分层	92
	5.5.3 设计数据表之间的关联方式	94
	5.5.4 确定各数据来源系统	95
	5.5.5 设计各数据分析基础表的内容	98
	5.5.6 设计数据表的数据加工关系	101
	5.5.7 检查来源表的数据质量	106
	5.5.8 完成数据填充	107
5.6	检查并修正填充后的数据	108
	5.6.1 数据内容唯一性检查及问题处理	109
	5.6.2 数据内容形式校验及问题处理	118
	5.6.3 数据单字段场景准确性检查及问题处理	126
	5.6.4 数据处理版本管理	129
5.7	数据分析基础表定型	131
5.8	实际工作中的常见问题	132
	5.8.1 设计资料缺失	132
	5.8.2 各系统之间数据存在差异	134
	5.8.3 构建数据基础失败	134

第 6 章　市场分析测算 ……………… 136
6.1　参与人员 ……………………… 136
6.2　分析步骤 ……………………… 137
6.3　市场调研 ……………………… 139
6.3.1　前期核心企业调研内容整理 ……………………… 139
6.3.2　面向合作企业的调研 …… 140
6.3.3　调研成果整理 …………… 144
6.4　数据二次加工 ………………… 148
6.4.1　二次加工的目标 ………… 148
6.4.2　二次加工的工作步骤 …… 148
6.4.3　二次加工的工作特点 …… 149
6.4.4　两类企业的工作侧重点 … 150
6.5　合作企业现状分析 …………… 151
6.5.1　规划分析特征 …………… 151
6.5.2　设计组合分析 …………… 153
6.5.3　进行数据统计 …………… 156
6.5.4　总结特征规律 …………… 157
6.6　市场测算 ……………………… 158
6.6.1　合作企业分群 …………… 158
6.6.2　测算指标选择 …………… 164
6.6.3　测算参数设计 …………… 166
6.6.4　测算实施 ………………… 176
6.7　分析工作记录整理并形成结论 … 187
6.7.1　分析工作记录整理 ……… 187
6.7.2　形成分析结论 …………… 189

第 7 章　风险分析 …………………… 190
7.1　参与人员 ……………………… 190
7.2　风险分析工作简介 …………… 191
7.2.1　风险分析工作的目标 …… 191
7.2.2　风险分析考量的对象与内容 ……………………… 191
7.2.3　风险分析工作的特点 …… 192
7.2.4　风险工作的主要构成 …… 192
7.3　风险信息的收集与整理 ……… 193
7.4　核心企业经营风险分析 ……… 193
7.4.1　传统风险分析方法 ……… 193
7.4.2　供应链数据分析方法 …… 194
7.5　合作企业定性风险分析 ……… 198
7.5.1　反欺诈数据探索 ………… 198
7.5.2　关联企业风险分析 ……… 202
7.5.3　交易量剧变的风险分析 … 208
7.6　对合作企业进行量化分析 …… 213
7.6.1　确定分析目标 …………… 214
7.6.2　确定建模思路并选择算法 ……………………… 214
7.6.3　构建特征工程 …………… 217
7.6.4　算法建模 ………………… 224
7.6.5　输出模型分析结果 ……… 238
7.7　模拟测算与形成场景风险策略 … 238
7.7.1　模拟测算 ………………… 238
7.7.2　形成场景风险策略 ……… 239
7.8　风险分析需要注意的问题 …… 242
7.8.1　风险分析与市场分析的差异 ……………………… 242
7.8.2　个人贷款与供应链产品建模分析的差异 …………… 242
7.8.3　非核心企业数据的引入与使用 ……………………… 243

7.9 风险分析阶段的项目终止 247

第 8 章　风险规则形成与系统实现 … 248

8.1 参与人员 248
8.2 风险规则简介 249
 8.2.1 风险规则的定义与分类 249
 8.2.2 业务风险规则与系统规则 250
8.3 形成产品的业务风险规则 251
 8.3.1 选择通用风险规则 251
 8.3.2 场景与通用风险规则融合 252
 8.3.3 金融企业内部评审 252
 8.3.4 确定产品的业务风险规则 253
8.4 系统规则实现步骤 253
8.5 决策系统简介 255
 8.5.1 决策系统的基本用途 255
 8.5.2 决策系统的特点 255
 8.5.3 决策系统的工作流程 256
8.6 指标设计 257
 8.6.1 生成指标的数据来源 258
 8.6.2 指标特征与分类 261
 8.6.3 指标加工 263
 8.6.4 指标记录 265
8.7 决策系统的系统规则设计 267
 8.7.1 原子规则设计 267
 8.7.2 组合规则设计 272
 8.7.3 预警规则设计 275
 8.7.4 系统规则记录 276
 8.7.5 系统规则辅助运营 277
8.8 规则优化 278
 8.8.1 规则优化的决策 279
 8.8.2 规则优化的实施 279

第 9 章　对接核心企业数据 280

9.1 参与人员 280
9.2 数据对接目标 281
9.3 确认对接数据的基础信息 281
 9.3.1 确认技术方式 281
 9.3.2 确认数据的接收形式 282
 9.3.3 确认数据的更新周期 283
 9.3.4 确认数据的载体形式 283
 9.3.5 数据验证手段 284
9.4 解决法律细节问题 284
9.5 系统对接开发 285
 9.5.1 数据对接设计 285
 9.5.2 系统数据对接开发 291
 9.5.3 对接后的故障处理 292

第 10 章　供应链金融产品设计 … 294

10.1 参与人员 294
10.2 产品设计内容 295
 10.2.1 产品简介 295
 10.2.2 核心企业简介 296
 10.2.3 目标客户 298
 10.2.4 产品要素 300
 10.2.5 风险规则说明 303
 10.2.6 账户体系说明 304
 10.2.7 业务流程 305
 10.2.8 产品优势说明 307
 10.2.9 主要风险与应对方案 308
 10.2.10 技术规范设计 310
 10.2.11 制度与合同援引 310
 10.2.12 服务文档援引 311
10.3 产品设计管理注意事项 311

10.4 产品设计到产品开发 ……………… 312

第 11 章 数据运营 …………………… 314

11.1 参与人员 …………………………… 314
11.2 常见的数据运营 …………………… 315
 11.2.1 服务于单个产品的数据运营 …………………………… 316
 11.2.2 服务于多个产品的数据运营 …………………………… 321
11.3 运营数据的形成 …………………… 328
 11.3.1 运营规划 ………………… 328
 11.3.2 原始数据资源管理 ……… 330
 11.3.3 数据设计和开发 ………… 331
 11.3.4 应用输出 ………………… 336
 11.3.5 各阶段运营数据的特点 …………………………… 337
11.4 运营所需的数据平台简介 ………… 340
 11.4.1 数据平台的主要构成 …… 341
 11.4.2 产业数据集市 …………… 341
 11.4.3 数据安全 ………………… 343

第 12 章 知识沉淀与标准工具构建 …… 345

12.1 参与人员 …………………………… 345
12.2 知识沉淀 …………………………… 346
 12.2.1 知识沉淀的范围 ………… 346
 12.2.2 知识沉淀的管理要求 …… 346
 12.2.3 工作过程规范化 ………… 347
 12.2.4 内容分类与标签管理 …… 349
 12.2.5 知识管理工具 …………… 353
12.3 标准工具建设 ……………………… 354
 12.3.1 标准工具的定义与特点 … 354
 12.3.2 标准工具的内容 ………… 354
 12.3.3 标准工具的分类 ………… 354
 12.3.4 标准工具的优缺点 ……… 355
 12.3.5 标准工具的注意点 ……… 355

第 1 章 Chapter 1

供应链金融概述

供应链金融作为一个复杂且广泛的领域，涵盖了多样的具体形态、产品和服务对象，参与方众多。本书聚焦于服务特定供应链场景中的中小微企业，旨在为这些企业及其合作企业提供与核心企业高度契合、个性化的贷款产品。在此过程中，金融企业需要充分运用数据资源以量化方式反映贷款企业的特性、需求及风险等特征，实现个性化金融产品的发掘、设计、运营，并确保风险可控。

1.1 供应链金融产品

本书聚焦于讨论中小微企业的供应链金融贷款产品，相比于传统的供应链金融产品，该产品立足于满足不同供应链场景中核心企业上下游中小企业的个性化需求。通过数据驱动和科技赋能，这些产品能够灵活、高效地满足不同供应链场景和客户的个性化需求，最终达到多方受益的效果。

1.1.1 供应链金融的概念

对于供应链金融的概念，早期的 Tower Group 公司是这样定义的：供应链金融是以发生在供应链上的真实交易为背景，设计一系列融资方案，以解决供应链短期的融资问题⊖。

⊖ 熊熊，马佳，赵文杰，等. 供应链金融模式下的信用风险评价 [J]. 南开管理评论，2009，（12）.

Michael Lamoureux 则从财务和资金优化对建立供应链生态圈的作用出发，认为供应链金融是在以核心企业为主导的供应链生态圈中，对资金的可获得性和成本进行优化的过程[1]。胡跃飞、黄少卿认为，供应链金融是为适应供应链企业的资金需要而进行的资金与相关服务定价及市场交易的活动[2]。陈四清认为，供应链金融就是银行将核心企业与上下游企业联系在一起，为其提供灵活的金融产品和服务[3]。

从供应链金融的理论缘起看，供应链金融是在运营和融资决策协同需求的基础上发展而来的[4]。一般认为，现代意义上的供应链金融发端于20世纪80年代，在20世纪末得到迅速发展，其背后的推动力主要包括两个方面：生产效率上，全球化使生产产品时各企业间的分工比企业内部的分工更高效；管理方式上，新型供应链管理的兴起，使得生产协作成为可能。可以说，全球贸易的交易与结算方式直接催生了供应链金融。

综合各方理论以及当前的供应链金融实践，广义的供应链金融是指对供应链金融资源的整合，是由供应链中特定的金融组织者为供应链资金流管理提供的一整套解决方案。

1.1.2 传统的供应链金融产品

传统的供应链金融产品是指金融企业基于核心企业的信用，对外提供的信贷类产品，属于短期的货币（资金）市场，其供求双方中的一方是商业银行、金融公司，另一方是工商业企业，或者供应链上下游企业[5]。这种产品的融资模式包括基于应收账款模式、基于预付款模式、基于存货质押模式、保税仓模式等[6]。从融资模式所依据的逻辑看，供应链金融的核心都是基于一个或若干个供应链上的核心企业的信用，即先认可核心企业的交易及相关行为是真实有效的，再基于此将供应链商流、物流、信息流与资金流紧密融合，形成一种金融模式。在具体操作上，是先向核心企业授信，然后将授信传递或继承给其供应链上的企业。

然而，随着经济的发展，各大企业的供应链日趋个性化、体系化，传统的供应链金融产品难以满足这些个性化供应链场景中企业的贷款需求，局限性愈发显现。局限性具体表现在以下三个方面：

- 产品与市场方面：产品供给与客户信贷需求不匹配。传统的产品设计相对简单，设

---

[1] LAMOUREUX M. A supply chain finance prime [J]. Supply chain finance, 2007.
[2] 胡跃飞，黄少卿. 供应链金融：背景、创新与概念界定 [J]. 金融研究, 2009, (8).
[3] 陈四清. 贸易金融 [M]. 北京：中信出版社, 2014.
[4] 夏雨，方磊，魏明侠. 供应链金融：理论演进及其内在逻辑 [J]. 管理评论, 2020, 31 (12).
[5] 胡跃飞，黄少卿. 供应链金融：背景、创新与概念界定 [J]. 金融研究, 2009, (8).
[6] 周艳红. 供应链金融研究综述 [J]. 电子商务, 2020, (2).

计方式单一，无法满足客户企业的资金需求。例如，资金额度无法满足需求，贷款周期不匹配，还款方式不灵活，当前缺少应付账款，存货导致无法使用产品等。
- 风险方面：风险策略与场景不匹配。传统产品的风险策略往往基于固定模式设计，而不是基于各供应链场景的量化分析结果设计，导致风险规则、额度计算等与具体的供应链场景的风险状况不匹配，难以有效控制风险，进而造成"该控的控不住，不该拒的全拒掉"的情况。
- 运营与支持方面：传统的供应链金融产品通常依赖于经验丰富的人员来开展运营与支持工作，这种方式效率低下且难以适应多样化的供应链场景。例如，贷款申请通常依赖人工进行审批，专业、熟练的审批人员的培养成本很高；不同的场景需要不同的审批人员，难以大批量、实时地响应贷款申请；人工审批存在风险。

因此，金融企业需要围绕数据深耕各供应链场景，推动金融企业与各供应链生态圈融合，形成两者高度融合的个性化供应链金融产品，实现高效率、低成本、有独特市场优势的金融服务，解决当前信贷市场"供求不匹配"的问题。

1.1.3 个性化的供应链金融产品

与传统的供应链金融产品相比，个性化的供应链金融产品是基于数据，面向特定的供应链场景的定制化产品，具体体现为产品设计和风险策略的高度个性化。这种个性化设计更贴近贷款企业在特定供应链场景中的需求，也更能反映场景中的风险特点，对各方都有益。对金融企业而言，个性化产品可以增加贷款投放量，提升市场差异化的竞争力，形成相对其他金融企业的竞争"护城河"；在风险控制方面，能够实现更精准的风险管理，减少误判和错判。对贷款企业而言，产品形态和风险策略更符合其需求，更易于获取符合特点的贷款。

为实现个性化产品的构建与运营，金融企业需要充分发挥数据这一新质生产力的优势，通过数据驱动和科技支持两大策略来完成相关工作：

- 数据驱动：数据是个性化产品实现的第一推动力。金融企业人员使用数据来量化目标客户企业特征，构建个性化产品；运用数据来评估市场空间与风险情况；基于数据进行信贷自动审批；通过数据实现运营管理。所有工作内容有数据记录，客观现象由数据反映，工作过程由数据支撑，工作结论有数据依据，工作成果与结论由数据说话。
- 科技支持：数据驱动需要科技的支持。金融科技的运用贯穿于数据工作的全过程，既包括对数据的研究、处理、计算、对接，也包括使用数据进行贷款产品的自动审批，还包括运用数据来支持产品的运营。高效、正确地运用金融科技可以显著减少人工投入，提高工作效率，减少错误，降低成本。

相比于传统的供应链金融产品，个性化的供应链金融产品展现出更高的灵活性和针对性，能够有效地满足不同供应链场景下中小微企业对融资的迫切需求，解决由于中小微企业自身的特点和限制而无法享受金融企业通用经营贷款产品的问题，摆脱对高利率的民间借贷的依赖，降低融资成本。

个性化的供应链金融产品能产生巨大的社会价值，值得金融机构和社会各界的高度关注和大力推广：

- 推动实体经济发展，促进就业：根据第四次全国经济普查结果，2018 年末，我国共有中小微企业法人单位 1807 万家，占全部规模企业法人单位的 99.8%㊀。此外，截至 2021 年末，中小企业对我国税收的贡献度超过 50%，创造的国民生产总值、固定资产投资以及对外投资超过 60%，贡献了 80% 以上的城镇劳动就业岗位㊁。支持中小微企业发展是从根本上促进实体经济发展、促进就业的举措。
- 推动技术创新：除去基础科学研究、大型系统性创新、高投入长回报的重大技术研发等国家层面的战略规划，绝大部分服务于社会生产生活的创新研发都来源于小微企业。小微企业具有管理简单、工作方式灵活、内部机制和协调成本低等特点，其创新链条更短，带来的收益更加直接，更具有创新动力，而金融支持能为它们提供技术创新的物质支持。
- 支持产业发展：产业体系的构成形态就是以一家或几家核心企业为中心，囊括众多的上下游中小微企业参与者，最终形成网状的多节点链式结构。可以说，我国完善的产业体系的基础就是建立众多"小而美"的中小微企业，只有给它们提供全方位的支持，才能保持我国在各产业上的足够竞争力。

1.2 供应链金融参与方

传统供应链金融的参与方众多，且在不同的供应链形态下，参与方的数量、地位以及权利和义务各不相同。本书对涉及的供应链金融产品参与方进行了简化。

1.2.1 各参与方

从供应链金融体系中的参与主体来看，传统供应链金融大致包括以下四类主体：资金的

㊀ 国家统计局，https://www.stats.gov.cn/sj/zxfb/202302/t20230203_1900574.html.
㊁ 求是网，http://www.qstheory.cn/dukan/hqwg/2023-11/28/c_1129996590.htm.

需求主体,即供应链上的生产和销售企业;资金的供给主体,主要是商业银行和金融公司,有的国家还包括开发性银行;供应链金融业务的支持型机构,包括物流公司、仓储公司、担保物权登记机构、保险公司等;监管机构,各国的银行业务监管机构设置不一而足,在我国,之前主要是指中国银行保险监督管理委员会(简称银保监会),现指国家金融监管总局及其派驻机构。

本书将供应链金融参与方抽象为三方,各方通过供应链产品及数据发生关联。

- **资金提供方**:直接提供贷款产品的企业或机构,一般情况下是指金融企业或机构,包括商业银行、金融公司、类金融机构等,也可以是其他非金融行业的、提供贷款的企业或机构,后文将这类实体统称为金融企业。
- **场景主导方**:供应链中的核心企业,核心企业为供应链金融贷款产品提供供应链场景以及关键的供应链数据。由于核心企业在一个供应链中处于中心位置,对合作企业具有一定的控制力,因此它还可以向金融企业提供运营协助。
- **资金需求方**:有贷款需求、使用贷款产品的企业,由于本书所述的供应链金融服务的形态为供应链金融贷款产品,不涉及项目型贷款,因此本书的资金需求方特指供应链场景中使用贷款产品的中小微企业,它们也是核心企业的合作企业。为了方便,后文将这些企业统称为合作企业或客户企业。

尽管实际工作中可能存在一些其他机构,例如,监管机构、保险公司、政府或其他机构等,但它们通常通过对上述三方中的一方或两方施加影响来参与供应链金融,而非直接参与供应链产品运作。例如,政府会出于扶持产业的考虑,颁布相关政策,通过其他金融机构对种植业等农业的贷款进行贴息或提供低息的再贷款。在这一过程中,政府的政策是先作用于金融企业,再由金融企业降低产品利率,给客户优惠,政府并未直接介入金融贷款产品的具体操作。因此,本书将这些外围机构的影响作为金融企业运作过程中的因素进行讨论,而不单独将其视为参与方。

供应链金融的各参与方之间的合作关系、信息流向关系及资金流向关系参考图1-1、图1-2、图1-3。当然,三方关系可能会根据实际项目进行细微调整,例如,核心企业可能会作为中转站,先收集合作企业的贷款申请然后提交给金融企业;金融企业也可能不支付核心企业相关费用等。

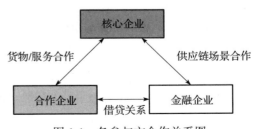

图1-1 各参与方合作关系图

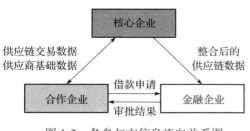

图 1-2 各参与方信息流向关系图

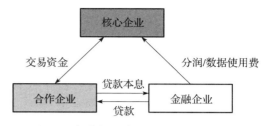

图 1-3 各参与方资金流向关系图

1.2.2 资金提供方：金融企业

金融企业是提供贷款产品的一方，其目的是通过供应链金融，向客户提供贷款，并获得收益，因此金融企业在整个供应链金融过程中扮演着主动的角色。

在产品运营过程中，金融企业不仅提供贷款资金，还承担客户逾期风险，因此必须精确测算收益并及时调整运营策略以确保持续获利。此外，许多金融企业还追求产品的可复制性，旨在将成功的供应链金融贷款产品复制到其他核心企业或相似场景中，实现规模效应，同时力图将产品标准化，以便在后续操作中降低系统开发和运营成本。

在运营过程中，金融企业需要特别关注市场收益和风险控制两个方面：

1）市场收益：市场收益是基于贷款产品所能获得的收益，即利息所带来的收益。金融企业获得的外部的政策支持或再贷款等都可以折算到利率或利息中。在市场测算过程中，一方面需要依据数据进行准确的测算，以量化方式测算出可能的收益；另一方面则需要与行业专家、核心企业相关人员进行沟通，收集信息，判断是否真的存在需求。在供应链金融场景中，金融企业需要警惕伪需求，即金融企业误认为客户存在资金需求，而实际上客户会通过其他手段获取资金，以及客户出于各种原因不使用金融贷款。

2）风险控制：风险控制的目标是保证贷款产品能有效回收。与基于企业信用的小微企业经营贷款相比，供应链金融贷款产品除了需要考量企业的一些基本第三方信用数据外，更需要关注供应链场景数据。通过研究和运用供应链场景数据，金融企业可以及时发现整个链条的风险，以及单个企业的风险，评估风险情况，制定准入、授信、用信及贷后的风险规则，为各供应链场景的产品提供个性化的风险管理手段。

在确认市场价值及风险可控后，金融企业会设计、开发与供应链场景匹配的个性化产品，并进行运营以获得收益。针对单供应链场景，产品设计除了需要符合客户的需求和习惯外，站在金融企业总体经营的角度，还需要具有一定的前瞻性，能覆盖同类型场景的一般性需求，为以后的拓展奠定基础。例如，一些互联网金融企业会在内部系统中开发一个标准的产品，其中一些基础的要素（如账户体系）是固定不变的，另外一些组成要素则是可配置的；在针对不同的供应链场景提供服务时，金融企业通过进件信息系统将产品包装成不同的形态，根据不同场景配置不同的要素；针对不同场景下的客户申请，提供不同的利率、还款方式、授信用信方式等，从而实现对客层面上的"千场景千产品"。这种方式可以极大地节省产品开发的费用和时间，缩短项目周期，又可以满足各个场景的需要。这其中将会涉及知识积累、数据资产积累、产品持续迭代等工作内容。

1.2.3 场景主导方：核心企业

核心企业提供了金融贷款产品的供应链场景以及所需要的数据。供应链场景串联金融企业与作为贷款客户的合作企业，赋能了金融贷款产品的场景特性，使之与其他金融贷款产品有了区别。如果缺乏核心企业的支持，那么金融企业将无法测算市场和风险的情况，无法进行产品设计，后续获客和运营也会异常困难。在工作中，核心企业需要向金融企业提供以下三个方面的支持：

- 提供行业和企业内部业务知识、供应链场景信息，帮助金融企业了解场景情况。
- 提供相关数据，帮助金融企业量化、还原供应链现状，并开展市场和数据分析；协助金融企业了解客户情况，完成客户侧的产品设计。
- 对接数据，支持产品运营；在双方协商一致的基础上，核心企业还可以参与运营，例如，推荐客户白名单、协助进行贷后管理、对不良客户进行托底等。

在合作过程中，核心企业所获得的收益主要包括以下两类：

1）**获取经济收益**：核心企业通过运营贷款产品获得收益。这种收益主要来源于金融企业根据贷款金额按比例提供的费用，或者向合作企业收取的推荐贷款产品的服务费。通常贸易行业的核心企业会更关注经济收益，因为这些核心企业是作为贸易平台或信息平台存在的，它们自身并不生产具体的产品，而是通过提供信息服务来获得收益。这些核心企业也会将贷款产品作为其提供的服务之一。

2）**强化供应链**：强化供应链包括拓展供应链和强化管理供应链生态两个方向。拓展供应链是指核心企业将贷款产品作为供应链体系的组成部分，管理和服务上下游合作企业；强化管理供应链生态则是指核心企业通过贷款产品控制上下游企业。在实际工作中，两个目标往往是共存的：前者对于那些期望与核心企业达成合作但自身生产经营能力不足的企业特别有吸引力，因为借助贷款产品，它们能扩大生产，提升能力，进入核心企业供应链进而获得收益；后者可以帮助核心企业增加自身对供应链中企业的控制力和黏性，例如，核心企业与金融企业达成协议，为高等级的供应商或分销商提供更高的贷款额度或更低的利率；而供应商或分销商的等级又可以与核心企业的管理制度、评价制度挂钩，成为核心企业管理和引导它们的"指挥棒"。工业生产、自营商业等领域的企业会更加关注强化管理供应链生态的作用，因为供应链的强健性是企业成功经营的关键要素，通过供应链获得的收益远超贷款费用或服务费。

随着社会和企业对数据价值的认识越来越深刻，越来越多的核心企业将经营管理过程中产生的数据视为自身重要的资产或商业秘密。金融企业从核心企业获得数据的阻力将越来越大，这时往往需要双方高层共同参与，协调资源，推进工作。

1.2.4 资金需求方：合作企业

作为金融企业的客户、贷款产品的使用者，合作企业需要关注以下三个方面：

1）**贷款产品本身能否满足其实际需求**：合作企业考量的因素主要包括金额、利率、期限、还款方式等。例如，在还款方面，传统银行贷款的期限往往是固定的，合作企业应付的利息并不会因提前还款而减少。而在供应链金融场景下，客户的资金需求的周期性与所处供应链有很强的相关性。如果核心企业是一个采用准实时生产方式的制造业企业，它的上游供应商从获得预订单、组织资源完成生产到最后拿到货款的时间并不长，因此供应商企业需要贷款的时间往往只有3～5个月。这时，如果合作企业使用了一笔固定时长的贷款，则明显需要支付不必要的利息。因此，在这种情况下，它更需要能"随借随还"的贷款。不同利率下不同借款时长的利息如表1-1所示，从表中可以明显发现，虽然利率更高，但由于借款的时长更短，其利息实际是更低的。

表 1-1 利率与借款时长的对比

借款金额/元	年化利率	借款时长/天	最终支付利息/元
10000	5.00%	90	125
10000	4.50%	180	225
10000	4.00%	270	300

2）**服务的便利性**：如果说合作企业需要对贷款产品的各要素进行仔细、理性的对比测算才能知道是否符合自己的需求，那么服务的便利性会直观地影响合作企业是否想使用贷款产品。由于申请贷款的人不是专业的金融从业者，通常缺乏专业的金融知识，他们更倾向于使用自己已有的知识来理解和使用贷款产品，产品越让他们感到便利，就越容易被接受和使用。便利性体现在市场营销、客户申请、贷款审批、用信提款的各个环节中，总结起来可以归纳为两个核心点：

- 交流符合贷款申请人的习惯：所有与企业信息交流的过程均需要符合申请人以往积累的知识与养成的习惯，这一点对于传统行业或年纪较大的贷款申请人员来说尤为重要，良好的信息交流能让对方快速理解贷款产品的特性，从而降低金融企业投入的人员成本和教育成本。
- 交互方式简单易懂：当申请人使用相关工具（如 App、网页、微信公众号等）进行操作时，操作指引需明确，相应的文字或视频说明应简单易懂，使得申请人可以按照指引一步步"傻瓜式"操作，快速上手。

3）运营服务的个性化：运营服务需要根据供应链场景、合作企业和具体贷款经办人的个性化行为习惯来进行调整，以增强产品黏性和改善产品。例如，某些传统行业的客户还款习惯不佳，还款时会按照民间借贷的习惯，每期只还整数，不还零头，直到最后一期再把所有的贷款还完。这样往往导致客户长期违约，影响贷款产品的各项指标。因此在运营期间就应该提前介入相应的还款环节，防患于未然。

1.3 本书涉及数据情况

1.3.1 数据范围

传统的供应链金融数据通常按照商流、物流、资金流和信息流来进行划分，这种划分方式未能充分关注和利用核心企业的内部管理数据，且独立考虑反映物流、商流和资金流的信息流存在一定的局限性。因此，本书提出一种新的数据分类方式，将供应链中核心企业与合作企业的数据分为主体行为数据、供应链与交易行为数据两类，这两类数据从数据特性、来源方式、稳定程度三个维度来看均有所不同：

- 主体行为数据：主体行为数据是指企业的公开信息、外部对企业主体的描述与评价，这些数据可以从外部第三方数据源获取，相对稳定，变化周期很长。在供应链金融中，金融企业会在合作企业申请产品时，通过调取第三方数据源的主体行为数据来进行核实、判断。
- 供应链与交易行为数据：供应链与交易行为数据是指核心企业的内部经营信息，或企业与企业之间的交易往来信息。这些数据属于动态数据，会随着企业之间的生产与管理行为而不断变化；这些数据绝大部分是不公开的，无法从市面上购买。金融企业只能从核心企业处获得这些数据。

这两类数据的内容示例见图 1-4。

站在金融企业和供应链金融角度，供应链与交易行为数据是独一无二且数据价值极高的数据，具体原因包括以下两点：

- 数据的高度真实性：数据源自合作企业与核心企业的真实业务往来，是真实、实时的数据。这些数据经过加工后,能客观、量化、准实时地反映出合作企业的经营现状。
- 数据的高度独特性:数据与特定的供应链场景相关联,金融企业只有与核心企业进行深度合作,对数据进行深入理解和处理才能使用,这使得金融企业能构建出产品"护城河",形成对其他金融企业的竞争优势。

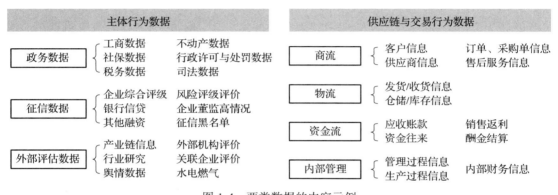

图1-4 两类数据的内容示例

在本书后续章节中,将供应链与交易行为数据作为主要的研究和工作对象。

1.3.2 数据要素形态

随着我国明确数据要素的生产资料地位,各企业开始重视将数据转变为相应数据要素的工作。按照相关政策以及数据工作实践,数据要素一般可以分为以下三种形态:

- 数据资源:一般认为,狭义的数据资源是指数据本身,而广义的数据资源涉及数据的产生、处理、传播、交换等整个过程。为了方便阐述,本书采用狭义数据资源定义,书中涉及和讨论的所有数据均是数据资源。
- 数据产品:狭义的数据产品是指有明确用途,经过模型或算法加工后标准化的数据资源,广义的数据产品往往还包括基础设施、数据平台等。因此,数据产品强调的是与具体应用场景相关、有特定使用目标、能完成特定任务的数据资源。为了方便阐述,本书采用狭义的数据产品定义。
- 数据资产:数据资产是指特定主体合法拥有或者控制的、能进行货币计量且能带来直接或者间接经济利益的数据资源。与数据产品强调标准化不同,数据资产更注重可以被货币计量并带来收益,且这种记录需要得到财务上的确认。在财政部2023年8月21日印发的《企业数据资源相关会计处理暂行规定》中,明确了数据资源是否可以作为资产确认、作为哪类资产确认和计量以及如何进行相关信息披露等会计问题。

本书所阐述的数据要素形态主要为数据资源，金融企业和核心企业的工作人员围绕数据资源开展工作，驱动各项工作完成。各章中数据工作内容、工作目标及主要使用的数据要素形态如表 1-2 所示。

表 1-2　各章中数据工作内容、工作目标及主要使用的数据要素形态

章	数据工作内容	工作目标	主要使用的数据要素形态
4	业务调研	确定数据资源	来自核心企业的、不确定内容的数据资源
4	信息系统调研	确定数据资源	来自核心企业的、确定内容的数据资源
5	构建数据基础	整合数据资源	来自核心企业的、可用的数据资源
6	市场分析	使用数据资源完成市场分析与测算	来自核心企业的、可用的数据资源
7	风险分析	使用数据资源完成风险分析，形成场景规则	来自核心企业的、可用的数据资源
8	设计管理风险规则	使用数据资源支持风险决策	核心企业数据资源，金融企业数据资源，第三方数据产品或数据资源
9	接入供应链场景数据	接入数据资源	来自核心企业的数据资源或核心企业的数据产品
10	进行产品设计	支持金融产品设计	来自核心企业的数据资源
11	支持运营与数据产品化	使用数据资源支持产品运营	金融企业整合后的数据资源或数据产品，金融企业的数据产品
12	知识沉淀与标准工具构建	知识沉淀	—

第 2 章
数据工作的目标与挑战

个性化供应链金融产品的最大特点和优势是产品属性高度符合场景特点。为此,金融企业必须使用数据驱动相关工作,利用数据的客观性、可标准化、可量化、可交叉验证等特点,验证和再现供应链中的价值流,测算盈利和风险,支持产品设计和后续运营。为了节约实施过程中的成本,各项工作需要按步骤进行,一旦发现重大风险和缺陷,金融企业应快速关闭项目,及时止损。金融企业应及时记录相关资料,积累经验,以提升差异化竞争能力。同时,金融企业应认识到产品工作有一定的局限性,会受到主客观因素的制约,并充分调动内外部资源来克服它们。

2.1 数据工作的目标

数据工作的最终目标是构建、运营供应链金融产品并获得收益。在具体工作中,数据工作的直接目标可以分为三个子目标:

- 确定可用的场景数据资源:金融企业应深入了解供应链业务现状与数据情况,并对原始数据资源进行收集和整合,确定来自核心企业、可用来反映场景的数据资源。
- 数据驱动形成产品:金融企业通过开展数据工作发现其中的市场价值与风险情况,并以此形成风险规则,定制个性化产品。
- 数据支撑产品运营:金融企业需要在产品的整个运营周期中继续利用数据来支撑产品的持续运营并获得收益。

2.1.1 找到真实可用的场景数据

供应链场景数据记录和反映了该供应链中各个环节的真实情况。这些数据能有效地弥补传统行业报告、财务指标、线下尽调的缺陷，更加真实、量化地反映出供应链中核心企业和合作企业的真实经营情况。

由于金融企业不熟悉核心企业的产业、供应链状况及相关的专业知识，导致无法找到各项业务对应的数据、判断数据的准确性、修正问题数据，以及分析使用供应链数据，因此，金融企业需要开展以下工作：

- 厘清供应链的运行情况：要使用数据来准确反映供应链状况，金融企业必须深入了解核心企业及其供应链的运作机制，包括行业特点、供应链上下游企业的情况、核心企业对上下游企业的管理和控制方式、所使用的系统情况等。
- 厘清供应链场景所记录的数据：为了通过数据反映供应链的价值流，金融企业需要获得相关数据，并解决三个问题，包括哪些数据反映了哪些业务动作和结果，这些数据是如何反映业务情况的，以及哪些数据是关键且可用的。在没有核心企业业务和信息技术人员的帮助下，找到反映业务动作和结果的数据可能会非常困难。
- 验证业务与数据的对应关系：在找到业务与数据的对应关系后，金融企业需要验证这些关系的真实性。在验证过程中，金融企业应重点关注客户基础信息、交易行为、核心企业管理信息等数据，这些数据会直接影响分析工作及后续的产品设计。
- 确认核心企业的供应链数据状况：在确认业务与数据的对应关系后，金融企业需要综合评价供应链的数据状况、确定哪些数据资源是可供使用的，并初步判断数据是否足以支持后续工作。

2.1.2 数据驱动形成产品

金融企业的数据分析工作的核心是为产品设计和运营提供有力支持。具体来说，金融企业需要循序渐进地完成以下工作：

- 研究整合数据，构建数据基础：这一过程需要从核心企业获取并确认数据资源，将这些数据转化为可用于深入分析的形式。由于核心企业的数据具有复杂性和个性化的特点，因此金融企业需要仔细研究数据含义、确定业务口径、制定数据质量要求、对这些数据进行整合与清洗，最终形成可用于后续分析的高质量数据集。这些数据集通常以数据表的形式存在。
- 进行市场分析：市场分析负责确定产品各个要素的设计和组合，测算这些要素在不同组合下的盈利空间，具体又细分为市场调研、合作企业行为研究及市场收益评估三部分。通过这一系列研究，金融企业能够更准确地把握目标市场和客户需求，为后续的产品设计提供重要参考。在市场分析过程中，金融企业人员需要依托核心企业的业务人员、管理人员提供的业务经验与知识，结合自身企业要求，设置参数进行反复测算。

- 进行场景风险分析：场景风险分析是基于具体供应链场景的数据进行深入分析的过程。分析内容包括风险信息收集、核心企业分析、合作企业定性与定量风险分析、风险规则测算等。场景风险分析工作负责回答该场景中的合作企业存在什么样的风险，如何按照风险对合作企业进行分类分级，并通过进一步的测算形成场景风险规则。
- 进行产品风险规则设计和管理：金融企业形成场景风险规则后，需要将这些新规则纳入企业的风险管理体系中，完成该产品的业务风险规则设计，再将这些规则转变为决策系统可以实现的系统规则，通过系统实现贷款产品申请的自动审核。在这一过程中，还需要完成规则、指标、数据源等一系列配套的设计工作，以及相关的记录和管理工作。
- 进行数据对接：金融企业需要引入核心企业数据以支持产品场景风险规则的运行。这一过程往往涉及双方在数据内容和对接方式上的博弈，但最终双方需要就数据颗粒度、更新频率等达成一致，以确保数据的准确性和时效性。
- 进行产品设计：金融企业将市场分析和风险分析的结果综合起来，设计出既能满足市场需求又能有效控制风险的供应链金融产品。在产品设计过程中，金融企业需要充分考虑各方利益，实现金融企业、核心企业和合作企业的共赢。同时，通过利用已有产品或系统要素进行定制化开发，可以缩短项目周期并满足不同场景的需求。

在实际的产品设计工作中，金融企业需要充分使用数据对现状的各个方面进行量化分析，同时实现金融企业、核心企业和合作企业三赢的目标。

- 站在金融企业的角度，它希望产品应是能盈利的，或尽可能获得更多盈利。
- 站在核心企业的角度，其出发点可能是希望借助金融产品帮助上下游企业做大做强，从而巩固自身的产业优势，也可能是希望通过金融产品达成合作以获得收益。
- 站在合作企业的角度，合作企业需要符合自身需求的产品，这些需求不仅包括利息、额度、还款方式等金融属性的内容，还包括简单、方便的操作体验，以及合乎自身经验的交易习惯。

案例： 设计符合钢贸行业交易习惯的产品要素

钢贸交易中存在着账期，交易双方会按照账期让钢材交易价格进行浮动，即将利息折算为单价，从而造成行业中的人对价格浮动敏感，而对利率的高低不敏感。

金融企业按照折算单价的方式，将利率折算为单价，作为主要展示方式，将利率作为次要展示方式，以符合该行业的习惯。具体示例如表2-1所示。

表2-1 钢材价格及折合年化利率

品名	材质	规格	每吨钢材价格/元	付款时间	折合年化利率
螺纹钢	Q235B（SY/T 5037—2018）	$\Phi 219 \times 6$	4140	当天	0.00
螺纹钢	Q235B（SY/T 5037—2018）	$\Phi 219 \times 6$	4142	3天	5.60%
螺纹钢	Q235B（SY/T 5037—2018）	$\Phi 219 \times 6$	4146	7天	7.45%
螺纹钢	Q235B（SY/T 5037—2018）	$\Phi 219 \times 6$	4175	30天	10.14%

2.1.3 数据支撑产品运营

数据运营的核心目标是挖掘数据的价值，提升产品运营效率。这既涉及为单个供应链产品提供数据服务，也包括整合各类数据以实现跨产品的运营服务。

1）单产品服务：单产品运营服务包括工具服务和业务监控两方面。

- 工具服务：工具服务是个性化产品的特征之一，金融企业会针对特定的供应链场景设计独特的工具或优化申请页面，提升用户体验，进而增强用户对产品的依赖和满意度。
- 业务监控：金融企业通过设置一系列监控指标和条件，对产品的运行情况进行实时监控。一旦发现异常或问题，企业会及时调整产品要素如额度、利率等，以及运营策略如市场推广和贷后管理，以确保产品的稳健运行和持续盈利。

2）跨产品服务：相关部门可以基于共性需求，为多个产品开发数据应用，支持内外部运营工作。

- 对外服务：主要用于提升客户服务效率，如通过系统集成，使合作企业能够方便地查询贷款情况，或者使客服人员能够更快速地解释产品要求。
- 对内管理：包括各类数据统计报表，如进件统计表、客户审批通过表等，这些报表有助于金融企业内部进行精细化的管理和决策。

2.1.4 各工作内容对应的章节

结合数据工作的目标和实际经验，本书后续各章（第4～12章）对应的主要工作内容与工作难点如表2-2所示。

表 2-2　本书后续各章对应的主要工作内容与工作难点

章	主要工作内容	工作难点
4	业务调研	了解核心企业与供应链场景业务知识
4	信息系统调研	确定记录和反映业务活动的数据 确定各类数据的来源
5	构建数据基础	确定数据工作的环境 整合原始数据，形成可用于分析的数据
6	市场分析	根据数据与调研结果，设置相关参数以测算市场空间，确定可以实现盈利的产品参数
7	风险分析	使用数据进行风险分析，确定可能存在的各类风险，并形成评估合作企业风险的场景风险规则
8	设计管理风险规则	设计业务风险规则，将其转化为系统风险规则，设计相应的指标、系统规则并予以实现
9	接入供应链场景数据	设计接入方式与形式，实现双方数据互通
10	进行产品设计	根据数据分析结果，设计金融产品各要素
11	支持运营与数据产品化	使用数据构建应用与产品，提高运营效率 构建产业数据集市
12	知识沉淀与标准工具构建	沉淀并管理知识，构建标准工具，以提升同类型供应链金融数据与产品工作的效率

2.1.5　数据工作的一票否决制度

为了节约成本，在数据工作推进过程中应设置"一票否决"制度，即当数据工作无法继续推进或通过数据工作认为该项目没有价值时，应向领导汇报，请求终止相关工作，或考虑不再使用数据的方式推进金融产品工作。具体的制度流程可以参考图 2-1。

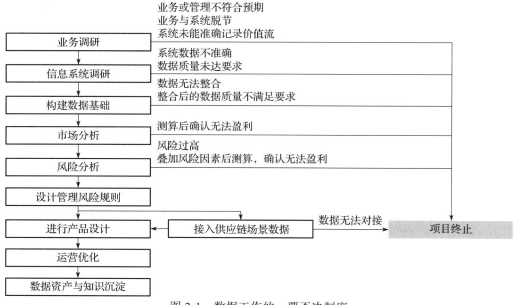

图 2-1　数据工作的一票否决制度

2.1.6 知识与数据积累

知识与数据是需要长期、不断地积累和沉淀的。虽然短期内这项工作不会影响单项产品收益,也不影响核心企业和贷款客户企业的经营,但从长远来看,积累的知识和数据对于提高工作效率、降低风险、形成竞争优势具有不可估量的价值。原因在于:虽然各供应链场景和数据具有各自的特点,但金融企业开展工作的方式、所使用的文档工具等却具有一定的共同性;如果是同行业或近似行业的供应链项目,业务知识和供应链运行规律就会具有更多的相似性;随着产品的增加,大量的数据可以帮助金融企业挖掘出有价值的供应链和行业信息。因此,在具备技术和数据能力条件时,金融企业应注重对知识和数据的不断积累。

2.2 数据工作的挑战

2.2.1 主观因素挑战及应对方式

1. 主观因素挑战

主观因素挑战主要源于核心企业与金融企业的资源配置,具体又可以分为以下两大类问题。

(1)资源协调问题

核心企业和金融企业具备相应的资源,但容易由于协调问题,导致资源没有被充分利用,最终造成不良影响。在实际项目中,金融企业的积极程度和配合程度一般较高,而核心企业由于工作模式更为稳定,各工作模块和条线较为固化,成本部门和利润部门之间考虑角度不同等,会出现较多的协调问题,通常分为以下三种情况:

- 人员协调困难:核心企业的管理部门、业务部门等对于项目不重视或理解偏差,指派了不合适的人员参与项目。
- 资料协调困难:核心企业无法提供项目所需的资料。
- 数据与工具协调困难:出于对信息安全的高度关注,一些核心企业内部的部门可能在提供基础数据和工具上设置较多障碍。

(2)投入不足

投入不足是指各方由于低估了工作难度,导致投入的资源不足以完成工作。具体又包括以下两种情况:

- 成本不足:项目投入的成本不足以达到预期的效果,一般可分为时间、人员投入和技术支持不足三种。其中,时间不足是最为常见的,会直接影响工作的效果;人员投入不足常表现为缺少专职人员参与；技术支撑不足则体现为支持数据工作的技术工具不足，例如，缺少分析用的环境，后续数据对接开发无法实现等。
- 参与人员能力不匹配：参与人员能力不匹配会导致项目效果大打折扣，甚至失败。金融企业和核心企业都可能存在这一问题。

2. 应对方式

由于这些挑战主要是沟通与协调的问题，因此，核心企业与金融企业之间需要构建一个具备资源调动能力、相互协同工作的工作团队，以实现以下三个方面的目标：
- 加强高层沟通，充分调动双方内部资源，确保参与人员具备所需的知识和技能。在投入不足时，及时沟通，暴露问题，申请新的资源加入。
- 提高内部沟通效率，确保项目管理和业务部门的紧密合作。
- 建立互信机制，明确数据使用和保护协议，以减少不必要的烦琐手续。

2.2.2 客观因素挑战及应对方式

1. 客观因素挑战

客观因素挑战的实质是客观环境或条件不满足，具体又可以分为内部因素和外部因素两类。
- 内部因素：内部因素是各参与方，尤其是核心企业的能力不足，造成工作中"心有余而力不足"的现象，在实际项目中主要反映为系统和数据缺失或不完整，导致反映的现状内容不全面、颗粒度不足、内容存在偏差或者扭曲等。例如，生产系统未能完全记录业务过程，数据系统存储的数据混乱，无法支持数据工作等。
- 外部因素：外部因素是这些影响因素完全脱离于核心企业的能力范畴，供应链金融各参与方无法控制或短期内无法解决。例如，突发的自然条件变化、外部行业环境变化、行业政策变化、新技术运用等。它造成的影响难以使用数据工作方法进行精准量化或需要很高的成本进行量化，并且无法单纯依赖于核心企业的数据进行预测。

2. 应对方式

虽然客观因素难以改变，但双方可以采取一些措施，通过发挥主观能动性予以克服。具体的做法包括以下两类：
- 应对原因：双方可以通过一些手段进行避免和补救，在产品实际运行过程中通过系统建设或运营手段进行补充和完善。例如，金融企业在前期数据工作中使用线下数据进行补充，同时核心企业提升系统和数据能力，并保证在产品上线时其数据能力达到要求；将风险规则做的更严格，或者由核心企业分担贷后管理的责任等。但是，当缺陷达到一定程度时，数据就会无法反映真实的供应链情况，变得无效，此时不能再依赖于供应链中的数据来驱动产品，金融企业应采用其他的产品或合作方式，例如，使用针对普通小微企业主的个人经营类贷款产品来提供服务。

- 应对外部因素：客观因素中的外部因素造成的影响往往是巨大且无可避免的，它会决定整个供应链产品是否有商业价值，或金融企业是否应该继续运营该产品等。这些问题及影响已经超过了数据工作的能力范围，建议由参与方领导开展沟通并进行决策。

第 3 章

工作团队组成

在供应链金融工作中,尽管参与方包括金融企业、核心企业及供应链上下游企业,但核心企业与金融企业之间的合作尤为关键。在工作过程中,核心企业和金融企业首先需要获得双方高层的支持,在总体方向上达成一致;其次,双方各工作条线的人员需要共同参与,在各自领域上推进工作;最后,主导工作、承担主要任务的数据人员需要有相应的能力和技能。

3.1 团队构成

如前文 2.2.1 节所述,形成工作团队是应对主观因素挑战的主要方式。在实际工作中,工作团队涵盖三部分人员,主要分工职责可以参考表 3-1。

- 高层领导:双方董事长、总经理、副总经理等高层领导虽然在具体执行层面不直接参与,但他们的作用至关重要。高层领导的参与不仅能保障资源的充足和跨部门的协同,还能提供战略指导,并对跨部门之间分工、法务、信息安全等方面的重大问题进行快速决策。
- 执行人员:执行人员负责完成具体实施工作。按照工作内容是否与数据紧密相关,又可以分为数据人员与非数据人员。
- 支持人员:支持人员只负责数据工作的支持与保障,不涉及具体的项目数据实施。支持人员主要是双方的商务人员和法务人员,一些企业可能会派遣数据/信息安全部门、内审部门参与。

表 3-1　团队角色主要分工职责示例

团队组成	核心企业分工职责	金融企业分工职责
高层领导	资源调度 充分有效的授权 重要问题决策	资源调度 充分有效的授权 重要问题决策与说服
执行人员	负责数据有效性中的业务系统数据问题	完成主体工作，保证数据能支持供应链金融产品运行
支持人员	沟通商务模式 负责法律合规问题 保障数据安全及内部合规	沟通商务模式 负责法律合规问题 保障数据安全及内部合规

3.2　高层领导

高层领导是指企业高级管理层人员，即公司副总及以上的管理人员。在金融企业中，参与项目的通常是负责供应链金融产品业务的分管副总；在核心企业中，参与项目的往往是管理与金融企业合作项目的分管副总。如果没有该部门，核心企业一般采用两种方式确定领导：一是先确定金融产品计划服务的核心企业供应链场景，然后以管辖该场景的副总作为参与的高层；二是选择主管对外合作或商务部门的副总。

3.2.1　核心企业高层的支持

核心企业高层领导的支持是成功的基础，但领导也需要选择合适的方式和手段来提供支持。由于对供应链金融较为陌生，高层领导可能会因担心风险和不可控因素而过度介入项目细节，但这种做法往往并不能让项目的工作效率更高：高层领导对于企业实际业务、流程和数据并不了解，过于关注细节会导致项目组产生大量新的解释汇报工作及提交大量需要决策的事项，影响总体效率；领导做出的决策具有很强的影响力，这很可能导致项目偏离真正的场景需求或实际情况，最终导致失败。

为了使领导的参与更加有效，领导应聚焦于内部资源调度、有效授权及关键环节决策这三项工作上。

1）**内部资源调度部门协调**：领导需选择和确定涵盖各业务部门的参与人员，并创建适应新工作模式的组织结构和流程，以促进跨部门协同与沟通。新工作模式可能会打破现有的组织方式和工作边界，因此需要建立新的职责和配合方式，并考虑参与人员的工作分配和绩效考核，以确保其积极性。其中绩效考核是参与人员是否愿意积极参与的最重要因素。对于核心企业的参与人员而言，供应链金融的工作是日常工作职责之外的工作内容，但这些工作往往会占用他们大量的时间和精力，甚至影响日常工作的开展，如果不在绩效考核上有所调整，会极大地影响他们的工作积极性，进而影响项目的效率。

2）**有效授权给相关人员**：有效授权是提高效率的重要方式，授权的内容主要包括以下三个部分。

- 人的授权：领导需要赋予项目牵头人和关键参与人足够的权限，以便他们能够高效地调动资源，解决执行过程中的问题。
- 资料查阅的授权：在工作的推进过程中，金融企业通常需要查询核心企业业务的相关资料、规章制度、业务记录数据、业务系统设计文档、操作手册等资料，这些资料可能涉及企业的商业秘密，需要获得相应的授权。
- 系统使用的授权：数据来源于核心企业的信息系统，金融企业在工作中必然需要访问、查看系统，以确定数据的可用性。领导可以选择直接授权给金融企业的相关人员，并要求这些人员确保使用过程合法合规且不会影响核心企业的正常经营；也可以授权给核心企业的人员，在金融企业人员提出系统使用需求后由该人员进行具体操作。

在以上三种授权中，最重要的是人的授权。领导在选择项目牵头人时，可以从以下三个方面来进行考量：一是该人员具有业务专家身份，能向金融企业完整地描述自己企业的业务逻辑与流程；二是该人员能充分地调动企业内部资源，尤其能协调系统开发人员和业务人员一起快速推进工作；三是该人员了解金融行业的运作方式和经营逻辑。当这些条件均不满足时，可以考虑选择领悟能力高、能快速学习且有担当的人员。如果牵头人不愿意创新、不愿意承担责任，通常会直接导致项目失败。

3）**项目关键环节的决策**：领导需要对法律与风险、商务模式、信息与数据安全、业务收益及运营机制等关键环节和内容进行决策。

3.2.2　金融企业高层的支持

除了内部资源协调和人员授权工作之外，金融企业高层领导还需要集中精力完成以下两项重要工作：

- 商务沟通与说服工作：双方高层领导沟通的主要作用是建立信任、消除顾虑，传递供应链金融的价值和操作模式等专业知识，并促进项目的顺畅执行。沟通内容通常包括历史项目的经验、其他供应链产品的模式、可能带来的收益、处理风险和合规问题的经验等。双方在每次沟通后应形成一些结论，以书面形式进行记录和发布，这种做法能让核心企业高层领导更好地理解数据工作的价值和意义，对于项目执行有较大的帮助。

- 重大事件决策：决策内容与核心企业高层领导一致，包括法律与风险、商务模式、信息与数据安全、业务收益及运营机制等。

3.2.3 双方高层的沟通方式

由于高层领导事务繁多，难以长期参与具体工作，因此建立科学的沟通机制显得尤为重要。这样的机制能够确保双方在关键阶段进行充分交流，最大化地利用时间和资源。双方可以根据前、中、后期阶段的特点，采取不同的沟通形式。

- 前期：前期主要是从有合作意向开始到敲定合作的阶段。这一阶段的工作形式以双方沟通会议为主。这时金融企业和核心企业的高层需要进行大量的决策，因此双方需要通过面对面的交流，加大沟通力度，拉通信息，以确保双方充分理解对方的意图和需求进而做出正确的决策。金融企业应主动介绍项目特点和预期收益，帮助核心企业建立基本概念；核心企业则需对自身业务和供应链进行简要介绍，以便金融企业做出初步判断。在这一过程中，法律风险和运营模式往往是双方争论的重点，对于特别重视数据资源的核心企业来说，它的高层领导很可能需要向更高一级的董事长或总经理进行汇报，得到对方的支持或决策结果。
- 中期：中期是从工作执行团队成立到完成产品设计的阶段。这一阶段可以采用项目汇报的沟通方式，包括定期汇报和专项汇报。定期汇报是执行团队的工作进度汇报，专项汇报则是执行团队的问题汇报，即汇报遇到的问题，申请领导调度资源以解决问题。对于定期汇报，高层可以只关注关键目标任务是否完成，通常双方高层会在听取重大节点的汇报时共同出席。对于专项汇报，高层需要在内部调度资源，以满足工作需要。一般而言，专项汇报会随着项目推进而逐步减少。
- 后期：后期则是产品运营阶段，这一阶段产品已经进入稳定运营，执行团队的任务基本完成，日常运营由具体部门负责，高层的沟通更多关注于长期合作和战略调整，沟通方式主要是双方领导的不定期拜访。

3.3 执行人员

在获得双方高层领导的支持和授权之后，具体的工作将由双方的执行人员与支持人员完成。由于供应链金融是建立在核心企业控制的产业生态环境的基础上，面向生态环境内的合作企业提供服务的，因此执行团队必须包括金融企业和核心企业双方人员。按照工作内容是否与数据直接相关，执行人员可以分为直接从事数据工作的数据人员，以及负责支持数据工作的非数据人员两类，两类人员相互配合，共同完成工作。

3.3.1 数据人员

1. 数据人员的工作内容与职责

（1）金融企业数据人员的工作内容

在供应链金融项目中，金融企业的数据人员是项目的核心，其工作通常包括以下内容：

- 供应链场景学习与产品方向性规划：在项目初期，数据人员需要深入了解行业背景、核心企业的业务模式及供应链的具体情况，协助规划合作方向和金融产品形态。
- 寻找并验证数据与业务之间的关系：数据人员不仅要懂数据，还要懂业务，他们需要从操作人员的业务动作、信息系统操作、系统记录到最终形成结果数据的过程中，找到沉淀下来的数据的内容和形式，并验证这些数据的准确性和可靠性。
- 整合数据：数据人员要将不同来源的数据集中起来，评估其质量情况，然后通过数据清洗与处理来提升数据质量，形成可用于分析的数据。
- 市场分析：数据人员基于数据进行测算，评估市场可行性和潜在风险。
- 风险分析：数据人员基于数据进行分析，发现核心企业、合作企业的各项风险点，并基于分析形成对于合作企业分级的场景风险规则。
- 形成风险规则：数据人员将场景风险规则与金融企业已有的风险规则融合，形成产品的最终风险规则。
- 设计数据接入方案：为了保证数据的实时性和准确性，数据人员参与设计数据接入方案，指导信息技术人员进行数据对接。
- 辅助进行产品设计：数据人员需要根据数据分析的结果，协助产品经理完成金融产品的设计，确保产品设计科学合理，符合市场需求。
- 设计后续运营数据：数据人员需要规划和设计后续运营所需的运营数据、工具或产品，例如，后续运营所需的合作企业画像、贷后管理报表等。

（2）金融企业数据人员的工作职责

金融企业的数据人员需要具备跨领域的知识结构，既要有扎实的数据分析能力，又要有一定的业务理解能力，同时还需要具备一定的创新思维和解决问题的能力。他们的工作职责不是单纯地对数据进行加工、建模、分析，而是需要涵盖以下几个传统岗位的职责：

- 数据工程师：负责数据处理，并保证数据的质量和可用性。他们需要对核心企业的数据进行研究、整合和验证，判断出其中可用的部分，进行整合加工，并通过数据处理提升数据质量，形成可以用于数据分析的数据；这些工作分布在系统调研、构建数据基础、对接数据等工作模块中。

- 数据分析师：基于可用数据展开分析，发现其中蕴含的价值，形成分析结论；这些分析工作分布在市场分析、风险分析、设计和管理风险规则、产品设计、数据运营等工作模块中。
- 业务专家：不仅需要理解核心企业的业务情况与运营情况，洞察不同核心企业在其产业生态环境中的生态位、业务逻辑的差异，还需要准确地找到核心企业在沟通中可能扭曲或隐瞒的真实情况。业务专家角色是金融企业避免成为完全不懂业务，全程被核心企业引导的关键，其工作内容贯穿于所有的工作模块中。
- 风险专家：通过风险分析控制信用风险，为供应链金融产品的健康运营提供保障。风险专家需要根据核心企业的经营情况及项目经验等，并基于数据设计准入、授信及用信等风险规则，判断项目的风险情况。其工作内容分布在业务调研、风险分析、设计和管理风险规则、产品设计、数据运营等工作模块中。

在实践中，由于数据人员能力不足，无法承担所有的角色，金融企业需要将这些工作分配给不同部门和岗位的人员，但这样会增加额外的人员成本及沟通成本。长远来看，金融企业应培养能在不同角色中灵活转换的复合型人才。

（3）核心企业数据人员的工作职责

核心企业的数据人员在工作中扮演着重要的辅助角色。其中，信息技术人员提供原始数据和技术支持，确保数据的准确性和完整性；业务操作人员则提供实际业务操作中的经验和见解，帮助金融企业的数据人员更好地理解数据和业务之间的关系。

2. 金融企业数据人员的技能要求

如前文所述，金融企业的数据人员应是可以在不同角色和职责之间灵活转化的复合型人才，其主要能力和技能应包含以下几个方面：

- 学习和理解能力：数据人员需要具备能快速学习和理解核心企业的业务和数据，并将复杂的业务逻辑转化为数据表述的能力。
- 问题分析能力：数据人员需要不断发现问题，对问题进行归类整理，并找出问题的根源，提出有效的解决方案。
- 沟通能力：数据人员需要与其他人进行有效沟通，清晰、准确地表达自己的观点和问题，以获得他人的帮助和理解。
- 数据处理与分析能力：这是数据人员的核心技能，包括数据的获取、清洗、整合、异常处理，以及深入的数据分析等能力。
- 数据工具使用能力：数据人员需要熟练使用各类数据库、数据分析平台；在条件有

- **风险规则设计能力**：数据人员需要熟悉金融企业的风险策略规则设计方法，将数据特征量化为风险策略，并与已有的风险策略进行整合。
- **数据仓库/数据集市设计能力**：数据人员需要能设计运营所需要的数据工具、应用，并推动实现。
- **耐心**：数据工作本身就需要极大的耐心和细心，特别是在供应链金融场景中，数据依赖于核心企业，业务经验和系统知识也来源于对方。面对核心企业可能的疏忽或信息隐瞒，数据人员需要有足够的耐心去反复验证和修正数据，以确保其准确性和可靠性。

当前，全能型的数据人员非常难找，往往需要具备咨询公司、金融企业及其他行业的工作经验，年龄一般为35～50岁，经验与精力处于平衡状态。虽然这样的人员对待遇的要求往往不低，但相比于投入3～4个人分别负责数据准备、数据分析和策略制定、信息化系统与数据资产化等工作，1个人完成全部工作的成本可能会更低。

3. 金融企业数据人员的培养路径

如果金融企业决心深耕供应链金融场景，并希望在特定行业中建立独特优势，那么具备深厚行业知识和专业工作能力的复合型数据人员将成为企业的核心资产。企业可以通过以下三种常见的培养路径来逐步培养和提升员工能力：

- **从传统风险人员中培养**：这些员工已经熟悉金融风险管理逻辑和控制手段，了解与核心企业、合作企业的沟通技巧，只需要进一步提升运用数据工具来扩展工作范围，并实现数据与产品开发有机结合的能力。
- **从传统数据分析人员中培养**：这类员工擅长数据操作和分析方法，但需要加深对金融业务逻辑和风险管理的理解。
- **从产品经理中培养**：产品经理通常了解金融业务，擅长沟通，对金融产品风险有一定认识。他们需要增强的是数据处理和分析能力，尤其是数据处理能力。

在培养过程中，金融企业需要关注以下四点：

- **关注人员学习方法与学习能力的成长**：由于每个供应链金融项目的独特性，员工需要具备强大的自我学习能力，以便快速适应新环境和新挑战。
- **鼓励员工深耕特定行业，成为该领域的专家**：这样不仅能提升工作效率，还能有效识别并纠正核心企业可能提供的错误信息，保护企业利益。错误信息通常包括核心企业误判行业的未来趋势、夸大自身的控制力、高估合作企业的经营能力和盈利能力、对合作企业的金融需求理解错误等，这些错误信息会造成产品投放不利，逾期客户过多，金融企业营销成本或费用增加等后果。
- 要求人员进行知识积累：员工应在实践中不断总结和提炼，形成通用的工具和方法，丰富企业的数据资产和知识库。
- 加强内部交流和学习：金融企业通过定期的内部交流活动，促进不同行业、场景和产品之间的知识共享和创新借鉴，以达到"他山之石，可以攻玉"的效果。

3.3.2 非数据人员

在供应链金融项目中，双方的非数据人员也同样重要，他们确保了项目从设计到实施再到运营的顺畅进行。

1. 金融企业非数据人员

金融企业非数据人员主要包括以下四类：

- 产品经理：产品经理的工作内容包括三个部分。首先，产品经理需要将数据成果转化为产品设计，并督促信息技术人员开发落地；其次，由于供应链金融工作具有项目性质，因此产品经理还会承担项目经理职责，负责这个项目的推进和协调，以及金融企业内部的沟通、工作总结和汇报；最后，产品经理需要作为接口人，与核心企业人员开展沟通工作。由于本书主要阐述的是使用数据驱动供应链金融产品的工作，因此产品经理不是主角，其工作内容也主要是与数据相关的部分，其余工作内容不再详细展开。
- 信息技术人员：信息技术人员需要将数据工作的成果进行落地，包括数据对接方案的制定和实施、风险规则转化为系统规则并开发、产品开发和维护、运营所需的数据和工具的开发与维护等。
- 运营人员：产品完成上线、进入正式运营之后，金融企业需要大量的运营人员从事相关的服务和运营工作。例如，客户服务、投诉处理、贷后管理等。
- 内部风险管理人员：这些人员通常是风险经理，他们不仅参与传统的风险尽职调查工作，还会参与产品风险设计，审核和完善风险规则。

此外，金融企业内部会有专门审核贷款产品的组织，任何贷款产品上线前都需要由该组织审核批准，由于这些参与人员并非专属于供应链金融项目，因此不作为工作团队提及。

2. 核心企业非数据人员

核心企业的非数据人员主要包括以下三类：

- 中层管理人员：他们在项目中起着关键的资源调动和人员协调作用，能有效地提升工作效率，并为金融企业提供全面的业务管理和制度解答。
- 业务专家：他们负责解释和说明业务细节。由于同一行业中基本业务逻辑虽然相同，但不同企业的业务实操存在差异，因此需要业务专家来帮助金融企业的数据人员更好地理解这些差异。
- 信息技术人员：工作职责与金融企业信息技术人员的工作职责一致。

3.3.3 执行团队的协作

在执行过程中，项目双方的紧密沟通与协作是保障项目成功的重要因素，其中既包括执行团队的内部沟通与协作，也包括执行团队向高层汇报，请求协作与资源。为了提升协作的效率，执行团队在工作中应构建好以下几项制度：

- 明确的项目管理人员：双方应设立总项目经理及双方牵头人。总项目经理应由金融企业人员担任，并兼任金融企业的牵头人，这个人一般是产品经理，以确保金融产品与服务满足金融要求。核心企业的牵头人一般是承接或对口项目部门的人员，同时应具备业务背景，避免技术与业务脱节。
- 详尽的工作计划：工作计划应包括项目计划、工作分工、各项任务及任务之间的依赖关系、重要里程节点、预计提交物等，所有团队成员都应对计划有清晰的认识。同时，重要的里程碑成果计划应得到企业高层的认可。
- 高效的沟通机制：执行团队应在沟通前做好计划与问题列表，准确记录沟通与讨论过程，以及沟通后的总结与结论。
- 明确的问题管理机制：执行团队应及时记录项目中的问题、遗漏及新发现，及时解决问题，防止问题积累、影响进度。
- 明确的知识管理制度：执行团队应记录并保存项目过程中的阶段性成果、讨论成果和其他有价值的资料，包括访谈整理、测算记录、分析报告等；对于有价值的过程的草稿，执行团队应保留原稿或将其记录到相关结论文档的附录中。
- 定期的汇报机制：项目经理应定期向团队成员通报进度，并按计划向企业高层汇报重要里程碑成果。
- 适当的技术辅助工具：执行团队可以使用适当的技术工具来辅助项目管理和资料共享，但出于资料保密的原则，不推荐团队成员通过公用的即时通信工具、网络共享空间等方式共享资料。

在项目重要工作完成后，参与人应共同确认工作成果，并由项目经理归类记录。若发现重要事项、未考虑问题、变化事项或重大风险，应及时通知项目经理并决定是否向高层汇报。

虽然核心企业在数据工作中多处于辅助的地位，但也存在核心企业作为主导方，组织大量人员长期投入项目的情况。这样的企业通常是信息型核心企业（详见 5.3.2 节），尤其是贸易企业，它们非常需要从各个行业的角度、全方位地了解自己所在的产业生态圈中小微企业的情况，并以此为自己构建金融平台，以及为这些参与者提供服务。在核心企业作为主导方的情况下，可以参照金融企业团队构成，补充必要角色并与金融企业团队合作。双方资源和成果可共享，并通过相互验证和补充，得出更有价值的结论。

3.4　支持人员

在数据工作过程中，支持人员负责根据实际需要在特定阶段参与并完成任务，而这些支持人员往往来自双方企业的内部管理部门。由于合规性和内部管理要求，他们有时会对数据工作行使关键的"一票否决权"，因此执行团队必须尽早地获得他们的支持。

数据工作的支持人员的具体构成与核心企业内部制度和部门设置相关，从职能条线角度来看，支持人员主要包括商务人员和法务人员。

- 商务人员：商务人员的作用是在项目的早期阶段促成双方合作，他们负责谈判并最终敲定合作模式，他们的工作直接影响到项目合作的基础框架和合作条款。
- 法务人员：法务人员负责合作法律文件起草与审核。除了关注合作合同这些传统内容外，法务人员还应关注数据使用合规性、双方法律责任，以及商业机密和隐私保护等与数据相关的内容。

一些管理严格的金融企业或核心企业在开展合作时，其数据 / 信息安全人员和内部审计部门也可能参与工作。

- 数据 / 信息安全人员：这些人员需要对数据工作中的数据与信息安全性进行评估和管理，包括数据使用环境的安全性、数据的分类分级、数据脱敏的技术方案及提供数据的方法等。
- 内部审计部门：他们往往负责对项目开展过程中的内部流程、管理的合规性及风险管理手段等方面进行评估。

3.5　人员名单

在金融企业和核心企业正式开展数据工作之前，双方应确定参与数据工作的部门与人员名单，分配大致的工作任务。这一过程应以正式文件的方式通知相关人员，告知相关部门做好人员工作调配，以便支持数据工作的开展。对于核心企业，高层领导还应指示各相关部门的领导对参与项目人员的绩效考评进行调整，以提高参与人员的积极性。

双方在确定名单时，核心企业的参与部门与岗位是必须明确的，但具体参与人员可以根据数据工作开展的实际情况进行临时调配。这样做的好处是能够灵活应对核心企业各部门生产任务的变化，确保数据工作的顺利进行。

在数据工作开展过程中，可能会出现名单和任务变动的情况。这些变动可能是双方人员变动、岗位变化，核心企业在规划工作任务时误解了金融企业的意图，或者需要新增工作任务和内容等导致的。当这些变动发生时，执行团队的负责人需要及时对名单进行调整并公布，以确保数据工作的顺利进行。

案例： 某制造企业上游供应链项目的执行团队构成

A企业是一家非传统制造业的核心企业。

金融企业计划与其进行合作，基于A企业采购场景，向上游供应商提供贷款产品，满足上游供应商短期经营需求。

A企业在业务管理上对供应商有严格的准入、分级、评价体系，在业务流程上有预订单、订单、收货入库、退货换货、开票、支付的标准流程。

A企业在系统支持方面拥有成熟的供应商管理系统、订单系统、ERP系统，并与财务系统实现打通，全过程均有数据记录。

除后续负责运营的人员外，项目主要参与人员及职责如表3-2所示。

表3-2 项目主要参与人员及职责

企业	参与人员	人员分工与职责
核心企业	公司副总经理（分管采购部门）	核心企业高层领导 调动资源，根据需要向总经理和董事长汇报进度
	采购部门总经理	项目责任部门总经理 牵头负责协调其他部门，监督项目推进
	商务部门分管金融合作的副总经理	牵头与金融企业谈判，确定合作方案
	法务部门分管对外合作的副总经理	牵头拟定合作合同
	采购部门供应商管理主管	担任核心企业项目经理与接口人 协调采购部门内部资源，提供采购总体的制度、管理思路，以及与其他公司的差异等业务信息 具体项目推进
	采购部门供应商管理专家	提供供应商准入、管理、评级等各项制度内容、设计思路及管理效果等业务信息
	采购部门流程管理员	提供采购从发起到完成的流程及管理方式等业务信息

（续）

企业	参与人员	人员分工与职责
核心企业	采购部门采购操作人员	演示采购的实际操作过程，并组织对采购商进行抽样访谈
	采购部门信息需求岗人员	说明采购工作的信息系统的实现方式、系统迭代变化，以及系统记录缺失或不足的内容
	财务部门采购付款主管	提供采购完成后对接财务的情况，财务对供应商的付款方式等业务信息
	IT部门采购系统开发人员	介绍采购系统功能，提供系统设计说明，与采购部门信息需求岗的说明相互验证
	IT部门采购系统数据库工程师	提供数据库设计文档，并对数据问题进行解答
	IT部门数据开发人员	开发数据应用与接口，向核心企业提供后续运营所需的数据
	IT部门信息安全专员	评估金融企业在核心企业开展数据工作、后续提供数据对接方案的安全性
金融企业	分管企业客户条线的副总经理	金融企业高层领导 调动资源，根据需要向总经理和董事长汇报进度
	供应链金融事业部总经理	项目责任部门 牵头负责协调其他部门，监督项目推进
	供应链金融事业部副总经理	牵头与核心企业谈判，确定合作方案
	法律合规部副总经理	负责评估数据合规性，并牵头拟定合作合同
	供应链金融事业部产品经理	担任金融企业项目经理与接口人 根据数据分析结果、风险要求，进行产品设计 具体项目推进
	供应链金融事业部数据分析师	研究数据、整合数据、开展分析、提供数据分析结果
	供应链金融事业部风险人员	评估核心企业、合作企业的风险情况，制定风险策略
	客户部数据开发人员	开发数据应用与接口，从核心企业获取后续运营所需的数据
	风险管理部风险经理	负责参与业务调研、数据调研、风险分析中传统的风险尽调工作 负责审核风险测算结果 负责审核场景风险规则设计 负责参与产品风险规则设计

注意，由于本书将从金融企业的视角对供应链金融进行深入阐述，因此，除特别说明外，书中提及的工作人员均专指金融企业参与供应链金融产品项目的工作人员。

第 4 章

业务调研与信息系统调研

构建供应链金融产品的第一步是金融企业对核心企业的调研。调研内容可以细分为业务调研和信息系统调研。通过业务调研,工作人员能了解核心企业的经营情况、供应链运营与管理现状以及供应链中合作企业的基本情况。信息系统调研在业务调研的基础上开展,工作人员通过信息系统调研可以厘清核心企业业务与系统之间的对应关系,为下一步的数据研究和整合做好准备。

4.1 参与人员

业务调研与信息系统调研是前后连续的两项工作,通常会作为一个整体进行。这两部分工作的参与人员及分工如下:

- 金融企业参与人员:主要包括数据人员、非数据人员中的产品经理、信息技术人员。其中,数据人员需履行数据工程师、分析师、业务专家、风险专家等四个岗位的职责,是调研工作的核心力量;产品经理负责基于调研结果规划金融产品方向,并作为项目经理负责项目的整体推进与协调;信息技术人员可以参与本阶段的调研工作,以便提前了解并评估核心企业的信息系统,为后续的数据对接做好准备。此外,部分金融企业也会指派客户经理和运营人员加入,以更深入地了解核心企业情况,为未来制定运营方案奠定基础。

- 核心企业参与人员：包括供应链场景相关部门的中层管理人员、操作人员、业务专家、信息技术人员。在确定业务专家时，除了企业内部的业务专家，还应邀请与供应链场景高度相关的专业技术人员，例如，在调研种植业时，应邀请包括种业公司、农机公司配备的农业技术员在内的专家参与，他们长期在一线工作，对实际生产经营中的风险点有更深入的了解。

调研工作遵循先业务调研后信息系统调研的顺序：在业务调研阶段，主要以现场调研交流的形式进行，金融企业可以全员参与，而核心企业则主要由业务专家、系统操作人员和中层管理人员参与；进入信息系统调研阶段后，金融企业的数据人员和信息技术人员将主导工作，通过现场调研、信息系统观摩与讲解等方式进行，甚至在核心企业允许的情况下，金融企业的工作人员还可以在信息系统上进行体验操作，以便更直观地理解业务流程和数据流转。

4.2 调研的总体规划

在调研工作正式启动之前，工作人员应与核心企业人员共同规划调研方向和所需资源，并制定总体规划。这一规划不仅为后续工作提供了明确的指引，还有助于在双方之间建立共识，促进工作的顺利开展。

总体规划需要考虑以下四部分内容：

- 调研方向与重点内容：核心企业有独特的业务和供应链运营管理模式，双方需要基于计划展开合作的供应链场景，共同确定大致的调研方向和内容范围。此外，双方还应初步确定需要重点关注和深入了解的关键内容。
- 预计投入和参与的人员范围：在确定了调研方向和重点内容后，双方应评估需涉及的部门，大致确定需要直接投入的人力和物力资源，以及可能需要内部协调的工位、文档资料、出入证件等其他资源，并列出需要高层领导协调和调度的重要资源清单。
- 各阶段工作目标与时间范围：为了确保调研工作的有序进行，双方应共同将调研划分为不同阶段，确定各阶段的工作目标，以及各阶段的开始和结束时间。
- 需要提前准备的工作：为了降低后续核心企业内部沟通和调度的成本，双方应提前识别并准备必要的工作，做好相应规划。

在制定总体规划时，借鉴以往的历史经验是非常有必要的，这可以帮助双方更准确地预计资源、时间和可能遇到的挑战，从而制定出更切实可行的规划。由于来自金融企业的工作人员拥有更多的同类型项目实施经验，因此在制定规划时他们会发挥更重要的作用。

4.3 传统风险尽调

在数据驱动的供应链金融产品中，传统风险尽调依然扮演着极其重要的角色。通常每个金融企业都有独特的风险尽调方法，关注不同的访谈问题和资料。典型的尽调内容包括对实际借款人的深入了解（如经营历史、财务状况、信用记录等）、项目可行性分析、担保和抵押物的评估、行业与市场风险的研判，以及法律与合规审查等。在供应链金融产品的背景下，风险尽调更加注重对行业与市场风险、实际借款人及核心企业的综合考量。

在实际工作中，工作人员可以选择单独进行传统风险尽调，也可以将尽调内容与业务调研相结合。前者将尽调所需要完成的工作内容拆解到业务调研问题中，分别进行收集，然后在调研整理时拆解出来，独立组成风险尽调报告。后者的主要优势是能提升尽调收集信息的准确性，因为业务调研中涉及的对象和问题超出了传统风险尽调的内容范围，因此通过将传统尽调需要收集的信息融入业务调研中可以从两个方面提高信息的准确性：一是可以通过其他的内容对调研收集的信息进行佐证，二是通过多人回答同一个问题来相互验证收集的信息。

由于传统风险尽调不是本书重点，因此不在此展开详细阐述。

4.4 业务调研

业务调研是工作人员快速了解核心企业的主要手段，具体包括七个模块。业务调研的工作内容如图 4-1 所示。

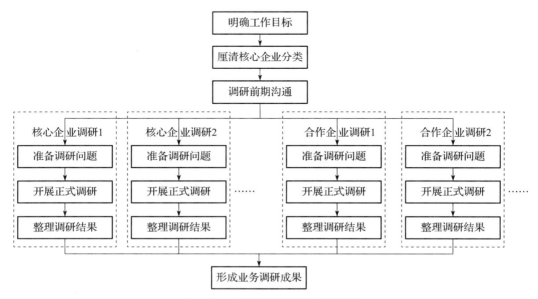

图 4-1 业务调研的工作内容示例

在调研过程中，工作人员应遵循以下四点原则以确保调研的有效性和准确性：

- 做好资源投入计划：由于调研对象众多且内容复杂，调研不同对象所收集的信息之间存在逻辑联系或相互验证的关系，因此工作人员应在调研前制订详细的计划。这包括确定调研的对象、内容及逻辑顺序，以确保从调研对象处收集的信息能按照由全面到个体、由总体到细节、由管理到执行的逻辑顺序进行组合，并且信息之间能得到验证和支持，从而提升信息的收集效率。
- 做好充分的调研准备：工作人员需要提前做好功课，了解调研对象的行业背景、企业特点、供应链结构以及相关的第三方信息，确保调研问题设计的全面性和逻辑性。此外，问题设计时应注意相互验证的逻辑，并明确重点关注的信息。
- 在调研过程中不留盲点：调研对象可能对调研目的理解不足，由此会出现不愿意回答、不表述细节或使用行业术语回答等情况。工作人员应积极引导对方尽可能细致地回答问题，对于细节和行业术语应要求对方进行充分的阐述与解释，尽可能地收集有价值的信息，并将核心企业的业务与管理内容串联起来。
- 对调研结果进行对比和研究：业务调研不仅仅是一个信息收集的过程，更是工作人员了解核心企业及其供应链场景的学习过程。在调研结束后，工作人员应仔细整理并分析所收集的信息，并与其他调研内容及外部信息进行对比分析以深化理解。当发现前后矛盾或其他逻辑错误时，工作人员应及时与核心企业人员沟通以纠正认识错误或确认存在的矛盾和不实之处。

4.4.1 明确工作目标

金融企业在调研中需要了解两方面的信息：一是核心企业现状，包括核心企业行业、商业模式与经营情况、供应链结构与运营方式、核心企业对合作企业的管理方式及手段、核心企业和合作企业的需求等；二是核心企业在运营和管理供应链中的实际操作。

在一些项目中，金融企业和核心企业在前期仅仅达成了合作意向或确定了一定的合作方向，如解决上游供应商账期资金短缺问题、为下游提供经营性贷款等，但并未明确具体的场景和合作内容。通过业务调研，双方可以进一步明确具体的合作场景，或放弃合作。

4.4.2 厘清核心企业分类

核心企业的经营模式对它所在的供应链场景及它与合作企业的关系有着决定性作用。因此，工作人员调研不同经营模式的核心企业时应有不同的侧重点。按照商业模式、在供应链上的总体地位、参与方式以及对供应链企业的管理模式，可以将核心企业分为信息型核心企业和生产型核心企业两类。

1. 信息型核心企业

信息型核心企业主要通过控制信息流动来经营和管理供应链。典型的就是第三方购物/采购平台的运营企业，它们的产品基于信息流动提供服务，例如，对上游的商家提供客户画像、产品推广，对下游购物者提供会员打折、售后服务、积分权益产品等。

这类企业通常具有合作企业数量多、流量大、信息系统强大、数据丰富等优点，但也存在合作企业不稳定、核心企业对其控制力弱等问题。

对于此类企业，工作人员应更加关注企业在信息交易过程中的地位与收益方式，以及它对合作企业的控制方式与效果。因为缺乏有价值的信息或对合作企业控制力不足的核心企业会导致合作企业的低合作意向和合作不稳定。

2. 生产型核心企业

生产型核心企业会使用供应链资源进行实体产品的生产或控制实体产品的交易。它们是供应链中价值的把控者，是产业上下游供应链价值运行的中心，会对供应链上的合作企业产生重大影响，甚至实现对这些企业的深层次控制并重塑其生产模式。从市场的规律来看，在涉及大宗业务、规模经济、高进入门槛的行业中，生产型核心企业的地位更稳定，只有巨大的技术革新才能撼动其位置，大型机械制造、航空、海运、计算机芯片等行业的核心企业就是证明。

核心企业具体的核心能力和在产业生态中的位置及功能会根据其经营特点而不同。例如，制造业的核心企业往往掌握了整个产业生态中最为核心的技术，相关的上游企业为其供货，或提供生产服务，下游企业负责销售，或基于其产品为消费者提供服务；服务业的核心企业的核心价值则体现在运营能力上，包括业务规划、市场运营、价值链整合、渠道管理等，将上游的产品或服务按照规划进行整合，提供给下游进行分销，同时保证品牌、产品与服务的形象和质量。核心企业的核心能力也会随着产品和市场的生命周期而发生变化。例如，"网红产品"在出现之初，生产制造产品的核心企业很可能是产品的直接生产者；随着时间的推移、竞品的增加，核心企业逐步变为供应链管理者，生产成为次要的环节；当市场进入成熟期和衰退期时，核心企业有可能是把控了最终分销渠道的零售巨头。

这类企业对于供应链中的合作企业拥有更强的控制力，合作企业较为稳定，但合作企业往往存在数量少、自身规模小、交易量小等问题，一些核心企业会因为合作企业数量少而使用人工完成供应链经营和管理，导致很多工作未通过信息系统实现，造成数据记录缺失或数据量不足。

对于此类企业，工作人员应关注企业的生产能力与经营规律、供应链的效率、产品质量控制以及合作企业的依赖度和稳定性。在这种情况下，金融企业更需要关心核心企业本身的风险对合作企业的影响，而非合作企业的流失问题。

随着各产业的发展，核心企业可能同时具备信息型核心企业和生产型核心企业的一些特征，在这种情况下，调研可以按照生产型核心企业来进行，或者分为两类不同的供应链来考量。

4.4.3 调研前期沟通

调研前期沟通的目标包括两个：
- 让核心企业充分了解工作人员期望通过调研达到的目标，并调动合适的人员参与，保证调研工作开展时有合适的对象。
- 双方一起确定调研顺序，以提升工作人员对核心企业及其供应链情况的理解，并确保调研能够全面覆盖所有关键信息点，提升调研的效果。

在设计调研顺序时，工作人员可以采用两种设计思路：
- 从调研对象进行考虑，调研采用自上而下的方式，按照对象的工作范围和管辖层次顺序来进行，先调研领导，再到专家，最后是操作人员。
- 从调研内容出发，采用自外而内的方式，按照从总体到细节的逻辑顺序，从对行业背景和核心企业的总体认识开始，逐渐深入到供应链的具体业务流程和操作细节中。

案例： 面向某生猪养殖业核心企业养殖合作方的调研时间表

A 企业是某养殖业（生猪养殖）核心企业。金融企业计划与其进行合作，基于 B 企业的小猪育肥场景，向小猪育肥的养殖户或小微企业提供贷款产品。

供应链场景情况为：B 企业完成小猪育种工作后，与合作企业签署协议，将断奶小猪交由对方进行育肥工作；合作企业可以从核心企业购买饲料或动保物品⊖进行育肥。生猪完成育肥并检测达标后，核心企业按照协议价向其回购生猪。

业务调研问题计划清单如表 4-1 所示。

⊖ 养殖业中的动保物品是指专门用于预防、治疗和诊断动物疾病，以及协助动物机体恢复正常功能的物质。这些产品可以分为兽用生物制品、兽用化学药品和中兽药三大类。

表 4-1 业务调研问题计划清单示例

调研对象	调研时间	调研了解的内容
市场部门副总经理	7月12日	1）生猪养殖业的主要商业模式、合作模式，评价企业好坏的标准 2）行业内头部企业有哪些，规模如何，经营模式的特点 3）本企业在行业内的定位、经营特点、市场占有情况，本企业主要的收益来源 4）本企业近年的规划、目标与主要经营方向 5）本企业主要经营指标情况、规划完成程度以及相关思路 6）本企业的主要合作企业（涵盖所有合作方，包括但不限于本次计划合作的场景）
市场部门研究员	7月12日	1）行业内的周期情况 2）本企业在行业内的经营特点、市场占有情况 3）行业普遍存在的风险和规避手段 4）本企业当前合作企业的育肥合作模式下的风险和规避手段 5）本企业经营管理方式的特点、在行业内的优势与劣势 6）生猪市场的情况、周期变化以及价格规律 7）政府现在和将来可预期的政策，以及可能的补贴
技术服务部门养殖专家	7月14日	1）生猪养殖的周期、主要涉及的技术，以及主要技术特点和难点 2）评估技术先进程度的方法 3）核心企业集中养殖和农户分散养殖的优缺点 4）生猪的生产周期情况，以及生猪死亡、猪瘟等风险及控制手段 5）养殖成本与收益情况
合作养殖户管理部门经理	7月17日	1）本企业对合作养殖户的定位，以及对于合作方式的短期和长期规划 2）管理合作养殖户的制度和方法，管理人员的配备 3）本企业与合作养殖户之间开展合作的方式，发展养殖户需要投入的成本 4）企业来自合作养殖户的收益在企业总体收益中的占比情况 5）合作管理与合作拓展两者之间的协调方式
合作养殖户管理部门专家	7月17日	1）合作养殖户的一般特征，即什么样的农户或企业会选择与本企业合作 2）合作养殖户的合作周期情况，选择不再合作的原因和特征 3）合作养殖户的分类方式与标准，不同类别的养殖规模情况，养殖过程中的投入情况与特征 4）合作养殖户如何应对风险，例如生猪死亡、猪瘟等自然灾害，以及市场价格变动导致的亏损等 5）本企业保护养殖户利益的方式，例如，是否会为其风险提供保障，是否有保险合作 6）本企业对于养殖户的准入制度，评价制度的执行方式与周期，以及特殊或例外情况 7）本企业与养殖户之间的交易往来的实现方式，赊销或预付的条件 8）养殖户违约时本企业的处理办法
合作养殖户管理部门业务员	7月18日	同上

4.4.4 准备调研问题

1. 外部信息收集与研究

外部信息收集与研究在调研过程中占据重要地位。通过深入学习行业研究报告、调查报告、企业年报、专业书籍和网络资源等外部信息，工作人员可以更全面地了解核心企业所处的行业环境、市场竞争态势以及供应链上下游的情况。这不仅有助于工作人员更有针对性地设计调研问题，提升问题的质量，还有助于工作人员将外部信息与后续业务调研中收集的信息进行关联分析，知晓核心企业独有的优势和经营特点，并分辨出调研时的虚假信息。

在外部信息收集与研究的基础上，工作人员一般会采用以下两种方式使用这些成果：

- 直接询问：工作人员通过展示行业知识和准备程度，促使核心企业提供更真实、准确的信息。
- 侧面验证：工作人员通过与调研对象的交流，对比和验证所收集的信息，以判断信息的真伪。这种方式在调研时通常具有出其不意的效果。

外部信息收集与研究工作通常需要具有行业知识的专业人员完成，工作团队可以采取以下两种方法解决缺乏专业人员的问题：

- 聘用外部专家：聘用外部专家可以快速获得专业的行业知识支持，但需注意专家可能存在的思维惯性和业务惯性，以及缺乏金融视角的问题，后者会严重地影响调研成果。因此，工作团队在聘用外部专家时，应要求这些专家与团队中的工作人员一起开展工作，由团队中的工作人员主导方向，由专家来提供专业的行业知识支持。
- 使用内部人员：如果金融企业拥有该行业专家，这些工作应由他们完成。他们既熟悉合作行业又了解金融行业，能够更有效地收集信息并站在金融企业的角度看待问题。

2. 调研问题分类

（1）行业总体情况

在对核心企业进行调研前，工作人员应以当前行业或行业头部企业、对标企业为对象，了解行业总体现状、特征、经营规律、管理方式、当前发展等情况，从而快速了解该行业，为后续调研提供内容板块分类以及内容组成逻辑，避免过度发散或出现遗漏。

工作人员在了解行业总体情况时，通常会着重了解以下几类内容：

- 行业内的商业模式和常见的价值链是什么样的？行业是如何挣钱的？
- 行业内如何评估一个核心企业的经营情况和风险？常用哪些数据或数值？
- 行业周期如何？周期对行业内各阶层企业的冲击与影响如何？
- 行业内各企业通常如何应对周期的冲击与影响？

- 行业的平均利润情况如何？
- 行业内有哪些企业与计划开展合作的核心企业类型相同或相似？
- 行业内供应链一般如何运作？业内核心企业如何支持和管理合作企业？

（2）核心企业情况

从调研核心企业情况开始，调研工作走入正轨，工作人员的问题也更加聚焦，主要关注两个方向：

- 了解核心企业的经营特点、业务状况及相关指标，以及与其他企业的差异点等情况。
- 了解计划合作的供应链场景在核心企业中的地位。例如，企业对于供应链的定位、供应链运营涉及的部门、该供应链与其他供应链或场景的关系、运营过程中其他部门对其支持和管理的方式等。

（3）供应链场景情况

供应链场景调研的内容和成果与供应链金融产品直接相关，主要分为两个方向。

1）**核心企业与合作企业的关系**。工作人员需要通过调研核心企业运营和管理供应链的方式，了解核心企业对合作企业的控制力、影响力，以及相关的系统和数据。具体调研内容常包括以下几个方面：

- 合作企业的分类：核心企业会对合作企业进行分类，根据分类结果采用不同的管理策略。这种分类不仅体现了核心企业对合作企业的重视程度，也反映了核心企业的管理能力和对供应链的控制力。例如，核心企业会将销售资源向高等级的下游分销商倾斜，给予更高、更多的返利措施，允许预支/赊销更多的货物；核心企业会对上游核心供应商给予更短的账期，或保障每月的最低订货量。工作人员需要了解分类的标准以及对应的管理方法和政策，这些管理方法和政策表示了核心企业的影响力和控制力，有时可作为后续风险控制的手段。例如，分销商通常在核心企业有押金，高等级分销商的押金往往更高，这种情况下有可能将冻结押金作为风险管理的策略。此外，工作人员还需要判断核心企业的管理方法和政策的客观性与科学性，过于主观的分类管理往往会引发核心企业相关人员的腐败行为，造成管理失控，给供应链及金融企业合作带来风险。
- 与合作企业的交易模式：核心企业与合作企业之间除管理行为之外，所有发生的业务与资金的往来都可以认为是交易，两者通过交易在供应链中共生共存。交易模式反映了核心企业的经营和管理思路，以及它们对供应链的控制程度。例如，一些零售行业的核心企业会要求下游加盟合作商（即分销商）使用统一的收银系统，集中收款后再向各合作商进行结算，并自动计算库存；一些会提供CRM系统实现对客户的管理服务；还有一些会通过线上商城、社交平台、线上媒体等工具，为所有的合作商提供统一线上运营的服务。需要注意的是，核心企业在交易中接入细节越多、控制力越强，往往意味着核心企业要从合作企业处分得更多的收益，合作企业可自由决定的事务和空间越少，这种剥夺合作企业经营自由度的模式不一定会带来双赢的结果。

- **合作企业的稳定性**：合作企业的稳定性是评估供应链健康程度的重要指标。频繁变动的合作企业可能意味着核心企业业务不稳定或管理能力不足。工作人员在了解稳定性时，除了需要直接了解合作企业的留存数据之外，还需要与行业同类型的企业、头部企业进行横向对比，并了解合作企业退出合作后的去向以及重新加入供应链的比例。
- **对合作企业的评价**：核心企业会定期对合作企业进行评价，以便更好地管理供应链。分类与评价不同但又有联系：分类是核心企业按照标准时间周期定期（一般为一年）将合作企业分为不同的类型，以标识出它们的重要程度和经营好坏，是一种长期的管理策略；评价一般是基于单次或多次交易，或比分类更短的时间周期对合作企业进行的评估，更侧重于短期的奖惩措施。例如，供应商原材料不良率高于 10% 会给予低评价，在货款上打折扣，或延迟付款等。评价的标准往往变动频率较高，因此工作人员不需要过于关注评价的标准，而应重点关注评价后的结果与影响，因为结果与影响会直接关系到合作企业的经营及还款能力。
- **合作企业的基础信息**：出于经营需要，核心企业会收集合作企业的基础信息，例如，地点、经营内容、规模、生产场地面积等，在一些制造业中，核心企业甚至会收集原材料供应商所使用的机床型号以保证材料加工精度和良品率符合要求。这些信息常常成为后续数据工作中描述合作企业的关键数据资源。
- **核心企业信息系统**：核心企业会依赖一系列的信息系统来管理和控制供应链的运行。例如，采购系统用于管理供应商、发起订单、确认收货、对交易进行评价等；渠道管理系统用于管理下游分销渠道的分销商评级、发货、配货、返利、押金记录、营销活动申请等。系统越完善，核心企业对于供应链的管理能力越强，可以利用的数据越多。此外，除了直接管理和控制供应链运行的系统外，工作人员在调研中还可以适当地了解周边系统情况，特别是财务系统，因为它直接关系到资金流动，对合作企业的收入有重要影响。

2）**合作企业的客观情况**。工作人员应要求核心企业人员从客观的角度阐述供应链中合作企业的各方面情况。具体包括以下几个方面：

- 所属行业：合作企业与核心企业可能分属不同行业，工作人员在调研中需要对这些不同行业的合作企业进行明确区分，例如，制造业中常用的原料供应商很多就和核心企业不是同一个行业。
- 经营规模和盈利能力：这两方面通常可以用具体的数据来衡量，其中经营规模反映了企业的市场地位和实力，而盈利能力则直接关系到企业的偿债能力。
- 经营模式：经营模式对企业经营的稳定性和盈利能力有直接影响。了解经营模式时，工作人员应深入探究行业细分领域和企业特点。例如，在工程机械行业，中大型挖掘机的服务对象是中大型工程项目，使用方往往是项目公司或承包该部分工作的团队，收款是按照项目制进行结算，如果当地项目总包方或业主方经常拖欠工程款，那么这些地区的合作企业的还款能力就会受到影响；小型起重机的服务对象很多时候是短期的小型项目甚至私人项目，资金回笼更快，风险更可控。
- 经营周期：经营周期反映了企业从支付现金购买产品或劳务开始，到售出这些产品或劳务并收回现金为止的整个过程所需要花费的时间，它是企业资金流转的重要指标。不同行业的经营周期差异较大，例如，种植业中的种子分销商与水果零售商的经营周期截然不同。对于经营周期较短或难以明确划分的行业，工作人员可以关注其淡旺季变化，以更好地理解资金需求波动。
- 合作企业地位：核心企业与合作企业之间的地位是动态变化的，合作企业的特殊性或对核心企业的利益贡献可能影响其议价能力。例如，当某供应商能提供独一无二的原材料时，核心企业往往只能被迫接受它的条件，同时核心企业的分类和评价体系对它可能也是没有约束力的。
- 合作企业需求：为了设计成功的贷款产品，工作人员必须深入了解合作企业的金融需求，包括贷款类型、贷款用途以及它们目前如何解决资金问题。这有助于精准定位目标客户群并提升产品竞争力。
- 合作企业自身经营风险与问题：合作企业在经营过程中可能面临各种风险，这些风险可能影响其还款能力。工作人员通过调研可以收集和确定两个方面的信息：一是了解合作企业有哪些常见的经营风险，这些风险是不是可以通过一些行为或数据预测，核心企业和合作企业会采用什么样的方式应对；二是风险发生后的影响，合作企业发生风险后的一段时间内，它的损失会呈现什么样的变化，在一些时间点上它的还款能力会有什么变化等。

3. 设计问题并形成清单

工作人员在设计问题时可以采用"了解调研对象—设计问题—调研问题探讨—问题定

稿—标注重点问题"这一方式，具体分为以下几个步骤：

1）**了解调研对象**：在确定调研问题前，工作人员应先了解调研对象的岗位与职责、负责的业务范围、日常工作内容，以及性格特点。

2）**设计问题**：在确定调研问题的过程中，所有金融企业调研人员应从自身需求出发，充分发散思维，围绕核心企业所在行业、核心企业自身以及供应链合作企业这三个层面来设计问题。在设计问题的过程中，工作人员应注意以下三点：

- **考虑调研对象特点**：工作人员首先应了解调研对象的岗位、日常职责及性格特点，将这些因素融入问题设计中。例如，对于经常外出、与人交往频繁的外勤人员，由于他的沟通表达能力较强，设计问题时可以减少引导性内容，问题数量也可适当减少；对于管理岗位或性格较为内向的调研对象，则可能需要通过更多的问题来引导其表达，甚至需要将所有应了解的内容详细罗列成问题清单，以确保信息的完整性，避免遗漏。
- **减少开放性的问题**：工作人员应控制问题中的介绍性知识讲解和开放性问题的数量。介绍性知识讲解是指工作人员要求调研对象对行业、核心企业及合作企业的管理、业务、信息系统等内容进行全面和系统的介绍。知识讲解能让工作人员快速地了解信息，但需要调研对象花费大量的精力和时间进行提前准备，会引起对方的不满。工作人员在调研开始之前应谨慎确定介绍性知识讲解的内容，并在调研前告知调研对象。开放性问题能让工作人员获得大量信息，但容易导致信息内容不聚焦、关键信息模糊不清，因此工作人员应有明确目标，在重点关注的方向上使用开放性问题，或在经过一些铺垫的基础上设计开放性问题。
- **力求信息收集的全面性**：尽管在后续工作中，并非所有调研得到的信息都能直接发挥作用，例如，一些管理手段并未在系统中记录，数据分析或挖掘的结论与业务经验不符，或者最终的产品设计和后续运营时并未使用调研时的信息等。但是工作人员设计问题时，仍应该尽可能地全面考虑、充分准备，确保信息收集的无死角覆盖，为后续工作积累丰富的素材和参考依据。

3）**调研问题探讨**：所有调研人员完成问题设计之后，应由工作团队中的指定人员或内部专家按照行业、核心企业、供应链合作企业三个层次对问题进行整理和分类，然后交由工作团队内的所有人员进行讨论并补充。在具体的讨论环节中，可以引入"罗伯特议事规则"以确保讨论的效率和效果。这一规则鼓励每位参与人员充分发表自己的意见，并对每个问题进行逐条确认。这样的讨论方式不仅可以集思广益，还能确保最终确定的问题更加精准和全面。

4）**问题定稿**：经过讨论后，工作人员对需要访谈的问题列表进行确认、定稿。确认的内容包括以下三部分：

- 确认调研问题内容：确认调研所有需要提问的内容。在问题较多、访谈时间有限的情况下，工作人员可以将问题分为基础问题和扩展问题两类：基础问题是指与核心业务相关，必须要了解的问题；扩展问题是工作人员基于一些思考、历史经验或观察到的现象，认为需要进一步了解的问题，在成本有限时扩展问题可以有所取舍。

- 确认问题顺序：工作人员需要将问题按照信息收集的目标进行编号，并按照由浅入深、从整体到细节、从共性到个性的方式排序。确定问题顺序既包括确定调研对象的顺序，也包括确定向调研对象进行提问的顺序。工作人员可以采取以下方法完成排序工作：先确定需要调研的问题，然后按照内容逻辑确定问题的顺序，再为这些问题匹配调研对象，最后由此确定调研对象的顺序。巧妙的问题编排具有逻辑性，可以让调研对象迅速进入状态，并调动和引导他积极思考，激发灵感，而不是简单地复述日常的工作。设计出色的调查还能帮助调研对象觉察到自身的工作可以改进的地方，激发调研对象的积极性，让其主动配合，提供一些工作心得。

- 确认引导性问题的内容：在调研访谈前，工作人员一般会准备引导性问题，用于向调研对象明确调研的目的、内容和潜在影响，从而提升他的配合程度以及调研的效率。这些引导内容会根据调研对象的不同而进行调整，可能包括金融企业的自我介绍、历史项目概述、期望沟通的主题等。此外，工作人员也可以分享之前的调研成果和外部资料的困惑，以更好地引导访谈。

5）**标注重点问题**：在形成最终调研问卷时，工作人员需要特别标注出那些要重点关注、存在疑惑以及待验证的关键内容。在现场访谈过程中，由于双方可能会深入讨论开放性问题或关键议题，有时会导致内容偏离主题或遗漏某些要点，因此，使用标记来提醒访谈者及时回归核心议题至关重要。

案例：生猪养殖业 B 企业的合作养殖户管理部门的调研问题

调研对象：合作养殖户管理部门专家XXX。

调研目标：了解生猪养殖流程与风险、评价养殖企业的方式、本企业在行业中的特点。

前期外部信息支持：《201X 年 XXX 生猪养殖业行业研究报告》（如连续 3 年的）、《XXX 上市企业年报（201X—201X 年）》（如连续 3 年的）。

调研问题设计思路：分行业知识、生产风险、深入问题三个部分，相互之间内容有重叠用于交叉验证，深入问题部分的信息有行业研究报告可交叉验证。

调研问题列表：

1　行业知识：

1.1 生猪养殖一般的参与角色（企业）包括哪些？它们各承担什么角色？

1.2 生猪养殖业是否有地域性？

1.3 生猪养殖业的成本一般是怎么分布的？

1.4 生猪养殖一般分为哪几个阶段？贵企业和合作企业在各个阶段是如何进行分工的？合作的模式主要有哪些？这些模式有何特点？对于双方有何优缺点？

1.5 生猪养殖的收益情况如何？主要支出的成本是什么？生猪养殖周期是什么样的？低谷期会有多大的损失？一般贵企业和合作企业是怎么度过低谷期的？

1.6 企业 A1、企业 A2 等生猪养殖龙头企业有什么特点？贵企业相对于它们，有什么特点？技术优势或差距如何？

2 生产风险：

2.1 养殖过程中最大的风险是什么？如何避免这些风险？前些年的猪瘟对于贵企业和合作企业的冲击有多大？

2.2 养猪能容忍多大的死亡率？成年猪和未成年猪在什么情况下会死亡？

2.3 有何监控风险的手段？这些手段目前使用情况如何？成本与收益如何？发生风险时，有什么方向可以弥补损失？

2.4 标准养猪与一些地方特色养猪（如 XX 花猪、XX 猪）的核心区别是什么？核心数值有何区别？养殖流程有何区别？风险方面有何区别？

3 深入问题（可以与外部信息交叉检验）

3.1 贵企业及合作企业的核心指标情况如何？如育种用的是二元猪还是三元猪？PSY⊖ 值情况如何？存栏率和出栏率情况是什么？合作企业的规模如何？

3.2 这些核心指标的关键影响因素包括哪些？如何减少它们的负面影响？减少负面影响的举措的成本收益情况如何？相应的合作企业采用什么样的举措是强制要求，还是企业可以自主选择？

3.3 国家补贴、环保规定以及其他政策对于生猪养殖业的影响如何？

4. 设计调研问题的关键点

在设计调研问题时，工作人员还应重点关注以下三点：

- 调研内容循序渐进，依次深入。人的学习和思维习惯是"从整体到局部，从共性到个性"，一个没有知识积累的新人应先全面了解行业的经营特点，建立对行业的整体

⊖ PSY 是指每头母猪每年提供的断奶仔猪头数，是衡量猪场效益的重要指标。

认识，然后了解核心企业总体的运营和管理思路、体系，再了解供应链的情况，最后通过对比行业与该企业的差异，进一步理解核心企业供应链的经营与管理的方法、政策、手段。例如，连锁零售行业的核心企业在前期扩张阶段的主要目标是尽可能快地开店，对于下游加盟零售店提供的免费或补贴等帮扶政策会更多，同时由于自身管理资源不足，对于加盟零售店的管理手段会比较简单；当核心企业进入稳定经营期时，在帮扶政策力度上会有所下降，但在经营帮扶力度上会增强，如提供经验更加丰富的店长、巡店的督导、更好的商品选品等，同时也会引入更加严格的管理，如增加特定商品的销售 KPI 等。不同管理方法与政策会影响这些加盟零售商的构成以及盈利能力，因此在市场测算和风险分析方面都需要有不同的考量。

- 关注核心企业与合作企业之间的有机联系。金融企业通过运营供应链产品获利的前提条件是核心企业必须健康：一方面，核心企业自身运营稳健，具备成熟且经过验证的商业模式和盈利能力，"庞氏骗局"或高风险的经营模式必然不长久，这些年出现的大量所谓互联网金融企业"爆雷"，以及民营房地产公司持续出现的风险事件即是明证；另一方面，核心企业的供应链是健康的，核心企业与供应链上的合作企业形成互惠互利的关系，供应链运转形成良性循环，过度压榨供应链企业，甚至将供应链企业作为"韭菜"收割的核心企业难以长久维系自身供应链的运转。在调研时，工作人员需要深入了解核心企业的经营方式、管理模式、对供应链的控制等情况，以综合判断其健康状况。有时，工作人员单纯依赖调研收集的信息很难得出结论，还需要在后续工作中结合外部经验、对相关数据进行交叉验证，进而验证核心企业的情况。

- 注意设计可交叉验证的调研内容。由于工作人员不是长期从事核心企业业务和管理的专家，且在有限的时间内需要理解核心企业的业务和管理逻辑，因此难以验证所有调研信息的真实性。这些错误或不真实的信息如果在后续工作中被查验出来，将会导致工作人员重新调研，造成时间和人力的浪费；更为严重的情况是，这些错误或不真实的信息没有被发现，并据此进行产品设计，最终将导致市场收益不足或风险过大，产品失败，双方蒙受损失。为了防止这些问题的出现，工作人员需要通过精心的问题设计和组合，使各个问题之间形成逻辑联系，从而能够相互验证，这样可以在后续工作中通过对比不同问题的答案来发现可能存在的矛盾或不一致之处，进而及时纠正错误认知或重新进行调研以获取更准确的信息。另外，工作人员也可以采用多人验证的方式，对不同的调研对象提出同样的问题，将不同对象的回答进行相互验证。

4.4.5 开展正式调研

1. 调研沟通

确认调研对象、时间以及问题后,工作人员即可按照计划开始调研。工作人员应根据不同调研对象的工作岗位、知识水平、性格特点等因素,针对性地选择合适的沟通形式。沟通形式主要有以下三种:

- 介绍性知识讲解:这种沟通形式是调研对象向工作人员系统性地介绍相关知识,即单向的信息传递。这种形式常用于核心企业向金融企业介绍本企业的经营和管理流程、供应链场景各方关系与交互方式、供应链管理全流程操作,金融企业向核心企业介绍贷款金融产品的设计和服务流程等。在交流过程中,除了主讲人进行讲解之外,往往还需要使用流程图、关系图等作为辅助。这种沟通形式准备时间长、耗时长、信息量大,对双方都是一种挑战,介绍方需要撰写介绍材料,有时还需要科普或解释行业的基础知识,以及约定俗成的工作方式和逻辑;接收方需要在很短时间内接收大量的知识,系统地理解行业经营的逻辑和惯例。例如,从事制造业的企业短期内理解金融产品的逻辑以及金融行业的逾期不良标准和管理手段就是一件很困难的事情。此外,由于介绍方具有信息优势,因此介绍方可能有意识地隐瞒或扭曲一些介绍内容,从而赢得利益。因此,在使用这种交流方式时,首先双方应明确主题,提前通知对方准备,以减轻双方负担;其次,此类交流应放在调研前期或单次调研的开始阶段,以提高交流效率;再次,双方应注意校验内容结果,通过向不同部门询问、与外部资料对比、利用同次沟通中收集的内容进行对比等方法进行验证;最后,工作人员应仔细整理内容,与后续调研和工作中收集的信息进行对比,甄别可靠内容,找出存疑和矛盾之处。
- 双方自由交流:这是调研中最常见且主要的交流方式。在此过程中,工作人员可以基于关注点或新收集的信息进行适度发散,以扩展所了解的信息和内容。调研对象也可以对复杂或专业问题做进一步说明,或向工作人员反向提问。自由提问是双向交流的契机,有助于双方建立信任,推动后续合作。
- 专项问题确认:这种交流通常用于确认一些疑问,例如,前后收集的信息不一致或不同调研对象提供的内容有差异等。疑问并不一定意味着错误,可能是因双方对行业背景、知识、术语、惯例等的误解而导致的偏差。然而,若不及时解决这些偏差,可能会给后续工作带来隐患。

案例： 记录生猪养殖业的系统性知识讲解的文档清单

文档用途：记录并跟踪所有需要核心企业进行系统性知识讲解的内容文档，以及这些内容的结论。

前期外部信息支持：《201X年XXX生猪养殖业行业研究报告》(如连续3年的)、《XXX上市企业年报（201X—201X年）》(如连续3年的)。

内部信息来源：核心企业B的经理、业务专家、业务人员访谈记录。

文档清单如表4-2所示。

表4-2 记录业务调研系统性知识讲解的文档清单示例

序号	问题内容	访谈对象	内容记录文档	备注
1	生猪养殖一般的参与角色（企业）包括哪些？它们各承担什么角色？	技术服务部养殖专家XXX 合作养殖户管理部门专家XXX	技术服务部养殖专家XXX访谈记录V1.0 合作养殖户管理部门专家XXX访谈记录V1.0	双方内容一致
2	生猪养殖一般分为哪几个阶段？贵企业和合作企业在各个阶段是如何进行分工的？合作的模式主要有哪些？这些模式有何特点？对于双方有何优缺点？	技术服务部养殖专家XXX 合作养殖户管理部门专家XXX	技术服务部养殖专家XXX访谈记录V1.0 合作养殖户管理部门专家XXX访谈记录V1.0	双方内容一致
3	合作企业（养殖户）与贵企业开展合作，从开始接触到最终交付成年猪的过程是怎样的？分为哪几个阶段？各阶段有哪些人参与？有什么管理制度？有哪些文件要签署？	合作养殖户管理部门经理XXX 合作养殖户管理部门专家XXX	合作养殖户管理部门经理XXX访谈记录V1.0 合作养殖户管理部门专家XXX访谈记录V1.0	需要进一步确认以下问题： 1）生猪回购问题 2）保险费用分摊问题
4	合作企业（养殖户）是如何进行管理的？管理过程中会提供哪些系统性服务？	合作养殖户管理部门专家XXX 合作养殖户管理部门业务员XXX	合作养殖户管理部门专家XXX访谈记录V1.0 合作养殖户管理部门业务员XXX访谈记录V1.0	双方内容一致
5	现有的养殖信息化系统是如何支持合作企业（养殖户）养殖的？哪些信息数据是自动收集的？如何保证这些系统被正确使用？	合作养殖户管理部门业务员XXX 信息技术部技术员XXX	合作养殖户管理部门业务员XXX访谈记录V1.0 信息技术部技术员XXX访谈记录V1.0	需要进一步确认以下问题： 1）自动收集信息的内容存在差异 2）动保物品构建数据 3）存栏率计算问题
……	……	……	……	……

2. 调研注意点

工作人员在调研过程中,需要注意以下几个问题:

- 工作人员内部应做好分工,提升效率:工作人员应明确提问人和记录人的职责。提问人需专注提问,并负责调研开始的介绍、暖场及适度拓展,还要在调研对象不理解问题时进行解释和引导。记录人则主要负责记录,在交流过快时提示减速,在结束时检查调研内容的完整性,尤其要注意检查重点标注的信息是否已经全部被收集。在记录过程中,工作人员可以使用录音设备来辅助记录,但不建议完全依赖于设备,因为做调研记录可以帮助调研人员提升自己的理解能力,使用录音再进行整理则达不到这个效果,且后续整理录音还需花费额外时间。
- 工作人员应避免调研对象相互影响:首先,工作人员应逐一与调研对象进行沟通,防止多个调研对象同时参与导致相互影响或推诿;其次,工作人员应避免上、下级一起调研,以确保下级的回答不受上级影响。
- 工作人员应保证收集信息的真实性:在尊重调研对象的基础上,工作人员要有打破砂锅问到底的精神,并运用一些技巧观察对方是否存在虚假陈述。
- 工作人员应对未回答的问题进行记录:虽然工作人员在调研开始前已经将调研目标、提纲和问题告知了调研对象,但可能会有即兴提出的新问题。若现场未得到解答,工作人员应记下这些问题,在整理阶段进行讨论和评估,再根据问题的重要性决定是进一步了解还是放弃。
- 双方共同进行总结和回顾:在一次调研即将完成时,工作人员应与调研对象就调研的问题进行一次总结和回顾,讲述所收集信息的核心内容,并确定无误。这一点非常重要,调研对象的口误或口音(调研某些传统行业从业者或年龄较大的对象时,这个问题尤其严重)、记录人笔误等会导致记录信息出现偏差,因此需要双方进行确认。

3. 合作企业实地调研

除了对核心企业人员进行调研以外,工作人员还应尽可能地对产品计划服务的合作企业进行实地调研。在这一过程中,工作人员应关注以下两个重要内容:

- 验证核心企业运营和管理供应链合作企业的真实情况:由于现实中核心企业的运营和管理制度并非百分百执行,也不可能完全达到制度文件中描述的效果,因此实地调研至关重要。工作人员需通过实地调研,了解核心企业运营和管理制度的实际执行情况,以确保它对合作企业的有效管理。同时,要注意制度设计的漏洞、灵活操作空间及工作人员在运行制度过程中的变通情况。特别要关注核心企业制度落地的灵活性,注意变动的频率与幅度,以评估其管理效果。

- 了解合作企业的真实经营情况：通过与合作企业直接接触并开展调研工作，工作人员可以收集到更准确的经营信息，并验证在核心企业调研中收集到的信息的准确性。此外，工作人员还可以收集合作企业的金融服务现状，包括解决资金短缺问题的方法、目前使用贷款的相关信息、对于贷款产品的使用感受和期望等。例如，连锁零售行业（典型的如便利店、加盟水果店、零食店等）中各加盟合作企业的启动资金一般在 30 万～70 万元，资金来源主要为自筹、短期借款两种。短期借款的情况与合作企业所在的地域高度相关：沿海省份银行贷款产品条件更加灵活，利息更低，金融服务下沉力度更大，这些地方的合作企业会更多地使用银行贷款；西部地区银行产品不丰富，银行自身也更倾向于服务大型企业，规模较小的合作企业更多地使用类金融机构的贷款、民间借贷等解决资金需求。

在进行合作企业调研时，工作人员需考虑合作企业受核心企业影响而隐瞒信息或扭曲调研结果的可能性。为了识别真实情况，工作人员可以采取一些沟通技巧和方法，如扩大调研范围、使用不同的问题表述形式、变换问题对象以及进行交叉验证等。这些方法有助于收集到更准确、全面的信息，为决策提供更可靠的依据。

4.4.6 整理调研结果

按照调研后的内容的范围，整理工作分为三个层次。

1. 单次调研整理

由于调研过程中收集的信息量大、内容陌生，且工作人员的理解和记忆能力有限，因此应在每一次调研完成之后，由提问人和记录人一起对记录的内容进行整理，以查漏补缺、相互印证：

- 对于问题清单内的信息，工作人员应将调研收集的信息记录在问题清单的问题下，标明关系。
- 对于问题清单外的信息，工作人员应按时间顺序分条目进行记录，并标注好对应的来源问题；如果没有来源问题，则可以根据内容编写问题并进行标注，以区别于问题清单中的问题，然后双方检查以确认无误。
- 如果存在多个记录人，各人可以先按照以上步骤分别整理记录内容，完成整理后集中交给其中一人进行汇总。汇总人按照问题的顺序进行核对，并相互查漏补缺，形成定稿。

2. 同类信息整理

同类信息整理的目的是进行同类信息的交叉验证。由于一次调研中可能会涉及多类信息,工作人员在调研后应将不同类的信息拆开,然后与其他调研中收集的同类信息进行内容归类。如果信息来源于问题清单,那信息的分类在问题设计时就被确定了;如果信息不来源于问题清单,而是额外收集的内容,则工作人员需要在整理时进行分类。通过同类信息整理,工作人员可以发现不同调研对象针对同一个问题或类似问题的回答可能出现的差异,然后针对这些差异制定解决方案,最终通过与调研对象进行二次沟通或核实、寻找外部资料进行验证、在后续数据分析中进行验证等方式发现真实情况。

案例:面向某生猪养殖业的调研整理记录

调研对象:合作养殖户管理部门专家、企业内生猪养殖专家。

调研内容分类:生猪养殖技术问题。

对调研内容进行整理后,下一步需确认问题清单,如表 4-3 所示。

表 4-3 调研后需确认的问题清单示例

序号	问题分类	需要确认问题
1	核心企业经营	需要确认核心企业现有 PSY 值,以及行业内其他企业的 PSY 值
2	合作养殖户经营	双方对于合作养殖户育肥时间的天数存在差异
3	合作养殖户经营	双方对于合作养殖户的肉饲比存在差异
4	合作养殖户经营	合作养殖户管理部门未提及动保的采购支持
……	……	……

3. 阶段性内容整理

阶段性内容整理是指在业务调研全部完成后,工作人员对所有已经确定的内容的整理,以保证了解的信息准确无误。信息准确无误不仅是指记录内容准确、翔实,其中的偏差、矛盾之处得到解决,更重要的是指工作人员能正确地理解核心企业所在行业、企业自身以及供应链场景的情况,并能支撑后续的数据工作更准确、高效地开展。在时间成本允许的情况下,工作人员可以采用"重现"工作法,即工作人员在理解调研内容后,基于自身的理解形成回顾材料,与核心企业人员进行一次反向交流,向对方复述核心企业行业、商业模式、经营情况以及经营方式、核心企业对其合作企业的管理方式及手段等关键内容,再由其指出错误认识或偏差并纠正。

案例:某生猪养殖业知识目录

核心企业名称:XXX 股份有限公司。

调研时间：201X 年 X 月—X 月。

资料整理时间：201X 年 X 月。

整理清单如表 4-4 所示。

表 4-4 业务调研成果整理清单示例

文档名	文档形成时间	文档类型	文档用途
行业模式整理	201X 年 X 月 X 日	整理记录	自行整理文档，记录生猪养殖业主要的经营模式、管理模式
生猪养殖业关键指标一览	201X 年 X 月 X 日	整理记录	自行整理文档，核心企业已经确认准确
XXX 企业合作养殖户管理流程	201X 年 X 月 X 日	整理记录	自行整理文档，核心企业已经确认准确
XXX 企业合作养殖户合作方式和流程	201X 年 X 月 X 日	整理记录	自行整理文档，核心企业已经确认准确
分类信息整理问题与解决记录	201X 年 X 月 X 日	原始记录	分类信息整理出现的问题及确认记录
调研时间表	201X 年 X 月 X 日	原始记录	
市场部门副总经理（第一次）	201X 年 X 月 X 日	原始记录	
市场部门研究员（第一次）	201X 年 X 月 X 日	原始记录	
……	……	……	……

4.4.7 形成业务调研成果

经过业务调研，工作人员不仅了解了核心企业的相关信息，也发现了核心企业在运营过程中存在的问题。这些问题可以分为两类：

1）暂时不影响合作推进的问题。这些问题虽然存在，但它们的具体影响程度需要在后续工作中进行验证和评估。例如，业务经营或管理方面的一些小瑕疵、业务开展中的小问题，以及金融企业在调研后仍未完全理解核心企业的业务等。

2）严重影响合作的问题。这类问题的出现往往意味着核心企业自身或其供应链场景存在问题，金融企业在面对这类问题时需慎重决定是否继续合作。具体包括以下几种情况：

- 核心企业提供不实信息：核心企业提供不实信息是最危险的事情，这是指核心企业有意识地隐瞒自己的真实情况，或利用专业知识带来的信息差来欺瞒合作的金融企业。例如：整理调研结果，发现前后信息矛盾且无法得到合理解释；对比行业常态、行业头部企业，核心企业的商业逻辑难以自洽；核心企业的关键经营指标远超行业水平，但并未能说明原因等。

- 核心企业的经营范围、计划合作的供应链场景不符合金融企业内部管理要求，导致合作基础不存在。例如，金融企业认定核心企业所在的行业存在高风险，核心企业的经营范围不在金融企业投放的行业清单内等。
- 核心企业状况不佳：这主要通过传统风险尽调方法来判断。例如，核心企业有大量的对外负债或外部担保，核心企业的利润水平显著低于同业，相关指标不符合国家行业监管要求，企业股权存在巨大隐患，财务分析结果显示存在重大风险等。
- 核心企业经营和管理存在问题：核心企业的经营和管理不规范或无法执行。例如，工作没有固定的办理流程，参与人员职责、职权混乱，业务运行流程有很大的随意性，这些都会影响企业的健康发展。
- 供应链存在隐患：核心企业对于供应链的经营和管理不善，导致供应链处于不健康、不稳定的状态。例如：核心企业的供应链合作企业极其不稳定，存在合作企业大进大出；核心企业对于合作企业的压榨过于严重，使得合作企业无法获得收益或长期亏损，整个供应链体系无法持续稳定地运转；供应链管理混乱，存在大量非正常操作或私下操作，这些都会影响供应链的稳定运转。

调研结果对后续工作具有重要的支持作用。后续系统调研、数据宽表设计、市场分析中的客户画像等工作都需要使用业务调研的成果，其中有三类成果尤为重要，可以在后续工作中反复使用，对于这些内容，工作人员可以进一步提炼成适合使用的文档或备忘录，以便后续参考和应用。

- 核心企业的业务指标及供应链指标：包括指标内容、变动范围、变动幅度等。相对于财务指标，这些指标可以直接反映相关企业的生产现状，且变动更加频繁，更加方便动态监测。
- 核心企业对供应链场景的经营与管理：包括核心企业对供应链场景的经营和管理的方式、流程和操作，以及与合作企业发生交易、往来的相关方式等。
- 合作企业的主要特征：包括合作企业的经营周期、特征、分类、需求、评价指标等。

4.5　信息系统调研

工作人员通过业务调研了解了核心企业供应链的业务经营与管理情况后，接下来需要通过信息系统调研了解业务经营和管理在信息系统中的实现方式，进而确定可以提供反映业务经营与管理数据的信息系统清单。

相比业务调研，信息系统调研的工作内容更简单，调研对象更少，它不需要对合作企业进行调研。与业务调研一样，信息系统调研也包括七个模块，分别为明确工作目标、调研前期准备与沟通、业务与管理动作分解、开展信息系统调研、信息系统问题沟通、整理调研结果、形成信息系统调研成果等。信息系统调研的工作内容如图 4-2 所示。

4.5.1 明确工作目标

作为有一定规模的企业，核心企业的主要业务经营与管理动作通常会被规范化并制定成相应制度和规范，进而落实成一系列由业务人员和管理人员实现的业务与管理动作。为了确保这些制度的准确执行，并防止任何舞弊行为，核心企业会开发信息系统，要求相关人员使用信息系统的各模块、页面和功能来实现这些业务与管理动作，并将关键业务动作记录为数据。对于工作人员而言，这些数据不仅客观展现了核心企业的业务和管理行为，还体现了它与合作伙伴之间的交易往来和合作关系，是后续开展数据工作的基础。

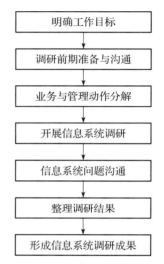

图 4-2 信息系统调研的工作内容

为了深入了解业务与信息系统之间的内在联系，并从系统中准确获取所需信息，工作人员在信息系统调研中需要完成以下三方面工作：

- 确定业务到数据的关系：工作人员需要了解"业务动作—信息系统功能—系统数据记录"链条中的对应关系，逐个找到并确保每一个业务或管理操作都能在数据中得到准确的体现。
- 记录各信息系统间的调用关系：在业务运转中，不同系统间的数据调用和功能使用是常态。这种交互直接影响到数据的质量以及后续数据加工的设计和实现。因此，工作人员需要详细记录这些调用关系，以确保数据的完整性和准确性。
- 识别系统数据的断点：在某些情况下，核心企业的业务操作可能并未完全电子化，而是依赖人工完成后再录入系统。调研人员需要关注这些数据，了解其产生方式和录入过程，并对其质量和可靠性进行初步评估。这类数据主要分为两种：一种是完全人工操作，工作人员在线下操作后再录入系统的数据，例如，制造业核心企业的采购经理在现场考察上游供应商后录入的数据，连锁零售核心企业通过派驻店长提升下游分销商的销售能力，然后将店长提升的销量录入系统；另一种是人工参与修正记录，即信息系统已记录部分数据，但需要人工输入额外参数才能得到完整结果的数据，例如，订货系统中需要业务人员输入返利、优惠等参数后才能得出的订单价格。两相比较，前者的数据可信度相对较低。

4.5.2 调研前期准备与沟通

1. 信息系统调研特点

信息系统调研工作与业务调研工作的流程和方法基本一致，但存在以下四点显著差异：

- 调研内容更有针对性：在业务调研时，工作人员需全面了解核心企业的行业背景、企业状况及供应链情况。在信息系统调研阶段，调研重点则转移到如何通过信息系统实现核心企业的业务与管理动作上。这包括建立业务动作与信息系统功能模块的对应关系，以及确认系统在实际操作中记录的数据。调研内容的扩展或验证均基于此，很少有全新内容出现。
- 调研对象不同：业务调研涉及核心企业各层级的管理人员、业务人员及业务专家，以求从多角度收集信息。而信息系统调研的主要参与者是具体执行业务或管理动作的操作人员及信息系统人员，他们通过实际操作系统来展示和验证业务与管理动作。只有在遇到明显问题时才需要更高层的管理人员或专家进行解释，但这种情况并不经常出现。
- 调研过程简单：业务调研要求工作人员精心策划，针对不同调研对象设计问题，并在询问中加以引导，同时设计验证性问题。相较之下，在信息系统调研中，在核心企业完成业务与管理动作分解后，工作人员只需根据分解内容设计简单问题及记录格式，即可开始调研。调研过程中，工作人员的主要工作是按照动作一一进行询问，观看核心企业人员的操作，然后按照标准格式进行填充和记录。
- 记录内容偏向操作细节：信息系统调研所记录的信息主要是操作层面的细节，例如，单击特定页面、在特定输入框内输入信息、客户信息的记录字段等。如果在系统上找不到某动作的操作或记录，该动作应被记录为不存在。

2. 信息系统调研对象

工作人员在制定调研清单时，必须确保调研对象包括核心企业业务部门的日常业务操作人员和信息技术部门的相关人员，这样不仅有利于后续的业务和管理动作拆解，也有利于提升整体的调研效果。原因包括以下四点：

- 工作人员需要了解真实操作情况：操作人员有自己的操作习惯，这些习惯可能并不完全符合信息系统的原始设计或标准操作流程，但它们却是真实业务生产过程中的行为反映。造成习惯的原因很多，例如，操作人员习惯性操作错误，操作人员最开始使用系统时产生了误解，操作人员为了节省操作时间投机取巧等。这些非规范的操作最终会导致实际数据记录与原始设计之间存在差异，因此工作人员需要现场观察并记录操作人员的真实操作，例如，未强制填写的地方不进行填写造成数据空值，将 A 信息填入 B 输入框等导致所需获取的数据表字段变化等。

- 信息专家能提升工作效率：参与信息系统调研的调研对象应是对系统总体设计、系统各功能模块与业务关系，以及模块间逻辑关系都非常熟悉的专家，而不能是仅仅关注某一个模块或某一个专业工种的人员。专家的参与可以确保调研过程中准确判断操作人员的操作是否正确，以及是否有遗漏，同时也能支持后续根据界面找到后台数据的工作。在一般企业中，这样的专家往往是服务该业务部门的人员，或者产品经理、产品需求等岗位。

- 避免资料与实际之间的偏差：尽管核心企业可能认为提供信息系统的建设记录、操作手册和数据字典等资料就足够了，但实际上系统设计和实际使用之间往往存在差异，造成差异的原因除了前文提到的操作人员可能不严格按照操作手册进行操作之外，还有可能是系统开发过程中的不规范，或者资料丢失和不完整。此外，随着核心企业管理要求的变化和业务内容的发展，信息系统会不断增加新功能、新数据，并可能废弃一些不用的功能和流程，长期的系统迭代会导致相关的资料庞大且难以直接使用。与其依赖人员整理和研究整个信息系统的发展历史，不如直接通过现场演示和调研了解当前信息系统的实际情况。

- 加深工作人员对核心企业业务的理解：通过现场演示和调研，工作人员可以对信息系统的操作有直观的感受，这有助于他们更深入地理解各个动作和数据。

3. 形成调研清单

前期沟通的结果应形成调研清单以支持后续工作。具体形成过程与 4.4.4 节介绍的内容相同，此处不再赘述。

案例：某制造业上游供应商信息系统调研清单

核心企业名称：XXX 股份有限公司。

调研时间：201X 年 X 月—X 月。

调研参与人：供应商管路部门采购经理 XXX，采购操作人员 XXX，技术部门供应商管理系统产品经理 XXX，系统运维人员 XXX。

资料整理时间：201X 年 X 月。

调研清单如表 4-5 所示。

表 4-5　信息系统调研清单示例

调研对象	调研时间	调研内容	调研问题名称
供应商管理员 采购系统项目经理	X月X日	1、供应商录入操作 2、供应商日常管理操作	1.1 录入操作动作分解表 1.2 录入操作记录与数据清单 2.1 日常管理操作动作分解表 2.2 日常管理操作记录与数据清单
供应商操作员 采购系统项目经理	X月X日	1、发起订单到货物确认操作 2、供应商支付结算发起操作	1.1 订单操作动作分解表 1.2 订单操作记录与数据清单 2.1 支付结算操作动作分解表 2.2 支付结算操作记录与数据清单
订单管理员 采购系统项目经理	X月X日	1、异常订单操作 2、退货、换货操作	1.1 异常订单处理操作动作分解表 1.2 异常订单处理操作记录与数据清单 2.1 退换货操作动作分解表 2.2 退换货操作记录与数据清单
供应商考评员 采购系统项目经理	X月X日	1、供应商考评操作	1.1 供应商考评操作动作分解表 1.2 供应商考评操作记录与数据清单
采购系统项目经理	X月X日	1、动作分解与系统功能对应关系 2、系统界面跳转关系	1.1 供应商管理动作分解总表（含以上 7 个分解表） 1.2 系统界面清单

4.5.3　业务与管理动作分解

信息系统调研的内容是业务活动下的业务操作步骤，一个业务活动可能包含多个具体操作步骤。例如，管理上游供应商这个业务活动涉及录入信息、关联合同及评价供应商等操作步骤。一般情况下，这些操作步骤是标准化、相互连接的，并通过信息系统实现，使整个业务与管理的过程被记录，核心企业也会将这些步骤整理成工作手册或操作指南，以减少人为错误，提高工作质量。在信息系统调研中，这些手册或指南可以帮助工作人员迅速定位业务操作及其产生的数据。

实际上，有许多核心企业并未进行标准化的操作步骤分解，因此调研人员需要与这些企业的操作人员深入交流，根据他们的实际情况分解业务活动，形成业务操作。这一过程可分为以下四个步骤。

- 明确需要分解的业务活动：核心企业拥有众多的业务活动，工作人员需要明确其中与供应链场景相关、需要拆解的业务活动，以减少不必要的调研工作。
- 了解业务活动所涉及的操作步骤及顺序：工作人员通过与操作人员沟通，可以明确完成业务活动的所有业务操作步骤和顺序。例如，录入上游供应商的业务活动可能包括新建供应商名称、生成供应商编号、录入基础信息和分类信息，以及关联供应商合同等步骤。在了解操作步骤的过程中,应避免引导操作人员仅描述信息系统相关的操作,以确保包括线下手工操作在内的所有步骤都被考虑到。
- 形成业务操作清单:工作人员会整理业务操作步骤及其使用的信息系统,形成业务操作清单。在这一过程中,工作人员可以制作图例对工作流程、信息系统之间的关系等内容进行辅助说明。但需要注意的是,这一阶段关于信息系统的内容仅来自核心企业业务操作人员的描述,详细的系统功能对应关系需在下一环节进行收集。这种两步走的工作方式旨在避免业务操作人员和信息技术人员在调研现场相互影响,确保反映真实情况。
- 进行记录检查:工作人员在完成逐个动作分解后,应将分解后的业务动作重新组合起来,然后对组合起来的内容进行检查和确认。

案例: 某制造业上游供应商录入业务操作步骤分解

调研业务活动:上游供应商管理部门进行供应商录入的流程与内容。

供应商录入业务操作在供应商管理的总体流程中的位置如图4-3所示。

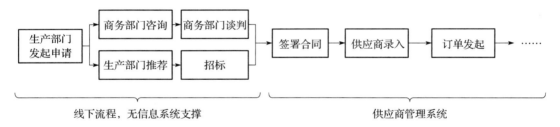

图 4-3 供应商录入业务操作在总体流程中的位置

供应商信息录入业务操作步骤清单如表4-6所示。

表 4-6 供应商信息录入业务操作步骤清单示例

序号	业务操作	对应系统模块与页面	界面输入信息	数据限定与校验
1	新建供应商名称			
2	生成供应商编号			
3	录入供应商基础信息	所有业务操作均在供应商管理系统中完成		
4	录入供应商分类	需在信息系统调研和核对工作中确认,并填充具体情况		
5	关联供应商合同			
6	输入供应商货品编号			
7	供应商审批			
8	供应商确认			

案例：某制造业上游供应商管理系统与其他系统的交互关系

该核心企业上游供应商管理系统与其他信息系统的交互关系如图 4-4 所示。

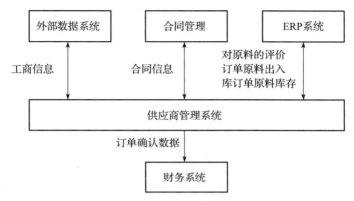

图 4-4　供应商管理系统与其他信息系统的交互关系图

上游供应商管理系统与其他信息系统交互的信息内容如表 4-7 所示。

表 4-7　供应商管理系统与其他信息系统交互的信息内容示例

系统名称	主要功能	使用部门	交互系统名称	交互信息
供应商管理系统	供应商录入	商务采购部	合同管理 外部数据系统	工商信息 合同信息
	供应商评价管理	商务采购部	ERP 系统	对原料的评价
	订单发起	生产部门（含各工厂）	无	
	订单管理	生产部门（含各工厂）/ 商务采购部	无	
	退货管理	生产部门（含各工厂）/ 商务采购部		
	供应商评级	生产部门（含各工厂）/ 商务采购部	无	
	到货与库存管理	生产部门（含各工厂）	ERP 系统	订单原料出入库 订单原料库存
	结算管理	商务采购部	财务系统	订单确认数据
……	……	……	……	

4.5.4　开展信息系统调研

1. 调研方法

信息系统调研的工作目标是确立分解后的业务操作与相关信息系统及其操作页面上功

能点、数据内容之间的对应关系，从而构建业务活动到系统的完整映射关系。

工作人员在开展这项工作时，可以采用以下两种方法，其中前一种方法在工作中更为常用：

- 从业务操作到系统的映射：工作人员依照前一节得到的业务操作清单，逐一在信息系统中找到与这些动作对应的功能点。在此过程中，需详细记录信息系统上的相关数据内容。例如，若核心企业使用供应商与订单采购系统来新建供应商，那么工作人员就应先记录"单击新增供应商—录入供应商基础信息—录入供应商营业执照—选择供应商分类—关联供应商合同—录入供应商银行账号并校验—提交审批"这些具体的操作顺序，然后记录系统各个界面所展示和记录的数据内容。这种方法更适用于那些操作流程线性、前后依赖关系明确，且系统成熟、设计科学、功能页面划分清晰的业务与管理活动。
- 从系统反推业务操作：与前一种方法相反，这种方法首先审视信息系统的各个页面及功能点和数据内容，然后将其与已有的业务操作相对应。采用此方法时，工作人员应先了解各页面大致对应的业务活动，再进行具体的业务操作，否则会花费大量的时间去遍历所有的业务操作。这种方法在处理功能发散、多个页面能实现相同或不同动作的信息系统时更为有效。例如，某系统的 A 页面能实现 a、b、c 三个业务操作，而 B 页面能实现 b、c、d 业务操作。对于此类系统，若采用第一种方法，可能会导致大量重复的记录，不利于资料的整理。这种系统设计的初衷往往是方便学习能力较差的使用者快速找到关键功能并完成操作，常见于服务消费端或多人操作系统，例如，网上商城或订货 App 等。

2. 调研注意点

信息系统调研工作需要操作人员和业务人员通过实际操作系统来验证信息系统的各项功能与业务操作步骤的关系，并记录信息系统各界面展示的各项数据信息。

在这一过程中，工作人员需要关注以下三部分内容：

- 数据值约束：数据值约束是指为数据设定一个明确的填写范围，从而减少操作人员的填写错误。数据值约束常用于可以完全枚举的数据，例如，省份、地市、企业类型等。在实现方式上，数据值约束常通过信息系统界面上的下拉菜单来实现，确保操作者只能选择预设的合规内容进行填写。
- 数据校验：数据校验是指通过设置一定的规则来预防非法数据的输入，一般用于保障重要信息、关键数据的准确性。数据校验主要包括以下三类。
  - 形式校验：此类校验禁止出现空值、空格、无意义的符号以及不符合要求的内容。例如，对身份证信息的长度和校验位进行检查，联系电话禁止输入汉字和空值等。

- **外部校验**：这种校验方式引用其他系统的数据或外部数据进行验证。例如，录入合同时，供应商管理系统与财务系统进行数据校验，从而避免后续支付环节出现问题；录入供应商统一信用代码时使用第三方数据校验，避免录入错误。此类校验需要信息系统主动发起申请，与其他系统或数据源通信以获取所需数据。系统通常会设置专门的检验按钮，操作人员单击提交后获得验证结果，只有当结果为通过或符合时，才允许进行提交。
- **自动生成**：信息系统根据操作人员录入的信息或外部校验的信息自行计算得出某些数据。这些计算逻辑通常相对简单，例如，根据身份证计算年龄，再与年龄字段进行校验。这种方式能有效地降低人工操作错误和工作量，但如果前面用于校验的信息输入有误，也会导致这些信息出错。

- 相似信息之间的区别：在进行调研和核对时，工作人员通常会发现信息系统上的一些录入信息看上去比较相似，例如，合作企业内部评级、外部评级、行业评级以及事业部评级，合作企业分类、类型、类别、属性以及性质等。工作人员应记录这些信息，然后与核心企业人员确认这些信息的含义和相互之间的区别。

此外，在信息系统调研阶段，工作人员应该更关注系统对于业务动作记录的能力，而不去考虑系统记录数据的真实性，即默认系统记录的数据都是准确的。这是因为：一方面，记录数据的准确性不能依靠简单的个例和录入数据来进行判断，而应当按照标准的检查方式对全量数据进行研究后再得出结论；另一方面，数据的准确性不仅与操作人员录入相关，也受到信息系统数据存储、处理方式的影响。因此，判断数据是否准确可用应独立出来，具体将在后续章节详细讨论。

案例：某制造业上游供应商信息录入操作与输入信息

调研业务活动：供应商信息录入。

供应商信息录入操作与输入信息清单如表 4-8 所示。

表 4-8 供应商信息录入操作与输入信息清单示例

序号	业务操作	对应系统模块与页面	界面输入信息内容	数据限定与验证
1	新建供应商名称	供应商管理—新建供应商	名称	非空校验
2			企业分类	下拉菜单数值
3			注册地—省	下拉菜单数值
4			注册地—地市	下拉菜单数值
5			注册地—区县	下拉菜单数值
6			注册地—详细地址	下拉菜单数值

（续）

序号	业务操作	对应系统模块与页面	界面输入信息内容	数据限定与验证
7			发货地—省	下拉菜单数值
8			发货地—地市	下拉菜单数值
9			发货地—区县	下拉菜单数值
10			发货地—详细地址	下拉菜单数值
11			统一信用代码	外部数据校验 使用外部数据系统调用工商信息中的统一信用代码
12			法定代表人名	无
13	生成供应商编号	供应商管理—新建供应商	供应商编号	自动生成
14			供应商行业编号	自动生成
15	录入供应商基础信息	供应商管理—基础信息录入	联系人名	非空校验
16			联系电话	非空校验
17			联系邮箱	非空校验
18			注册地邮编	非空校验
19			主营行业	无
20			注册资金	下拉菜单校验
21			成立日期	数据校验
22			成立时长	数据校验
23			供应的主要品类	下拉菜单校验
24	录入供应商分类	供应商管理—分类信息录入	企业类型	下拉菜单数值
25			企业类别	下拉菜单数值
26			供应商分级	下拉菜单数值
27			是否关联企业	下拉菜单数值
28			企业人数	下拉菜单数值
29			企业总资产规模	下拉菜单数值
30			政府参股/控股企业	下拉菜单数值
31			政府专精特新企业	下拉菜单数值
32			政府扶贫企业	下拉菜单数值
33	关联供应商合同	供应商管理—关联合同—合同信息录入	录入合同编号	外部数据校验 使用合同管理调用签约合同编号
34			供应原料品类数	自动生成
35			供应服务产品线数	自动生成
36			预计年度原料品类供应金额	无
37		供应商管理—关联合同—合同信息统计	供应原料品类总数	自动生成
38			供应服务产品线总数	自动生成
39			预计年度总供应金额	自动生成
40			主要服务产品线	自动生成
41			主要服务产品线供应金额	自动生成
42			主要服务产品线占比	自动生成
……	……	……	……	……

供应商信息录入操作的特殊字段含义说明如表 4-9 所示。

表 4-9　供应商信息录入操作的特殊字段含义说明

录入信息名称	业务定义
发货地	合作企业的供货工厂地址，如工厂与注册地不一致的，采用发货工厂地址；有多个工厂的，记录主要工厂地址；没有实体货物的，优先记录服务点地址；没有服务点的可以记录注册地址
企业分类	以公司法的规定为基础，从合作企业的角度，划分企业类型。如股份有限公司、有限责任公司、个体工商户等
企业类型	以合作企业的第一大股东性质或实际控制权进行划分，其中国有企业按照控股或实际控制人等级进行划分，区分为央企和地方国企两类，如：国有独资企业（央企）、国有控股企业（央企）、外商企业、民营企业、个人合伙企业等
企业类别	以核心企业与合作企业之间的合作方式，对合作企业提供的商品类型进行划分，如：劳务供应企业、外购成品企业、协作加工企业
供应商分级	以核心企业对合作企业的定级标准来划分，该分级用于标识合作企业的重要程度，区别于合作企业评价分级，如：核心供应商、重要供应商、普通供应商
是否关联企业	如核心企业的自然人大股东、董监高、部门或事业部经理不是合作企业的自然人大股东、董监高、部门或事业部经理，则不为关联企业，反之则为关联企业
企业总资产规模	企业实际的资产规模，可以与工商注册资金不一致
政府参股/控股企业	企业有各级政府直接参股或控股，国有独资也算作政府参股控股。政府通过基金或其他金融机构进行参股控股的不计算在内
政府专精特新企业	符合政府专精特新企业标准，并获得政府认证
政府扶贫企业	符合政府扶贫企业标准，并获得政府相关扶贫资金、补贴或享受相关政策的企业
……	……

4.5.5　信息系统问题沟通

在调研过程中，工作人员可能会遇到一些难以理解的问题，或者希望对现有信息系统的工作细节、数据细节等进行深入了解，例如，历史数据迁移问题、系统数据是否有手工批量修改记录等。为了解决这些疑问和获取更详尽的信息，工作人员可以与核心企业人员开展进一步的交流。

与业务调研阶段类似，工作人员需要做好整理工作，形成有逻辑关系的问题清单，也可以对信息系统的页面和功能进行截图或标注，用于辅助说明问题。在沟通时，双方可以直接在信息系统上进行操作演示，从而提升沟通效率。

4.5.6　整理调研结果

信息系统调研整理的目的是保证记录内容的准确性，主要包含以下两个方面：

- 检查其他系统的交互内容是不是准确的，即核对"供应商管理系统与其他信息系统的关系图"和"供应商管理系统与其他信息系统交互的信息内容"等文档的记录是否准确。
- 检查记录中是否存在笔误或缺漏。

若条件允许，工作人员最好能在核心企业信息系统上进行模拟操作，以进一步确认记录的准确性。

信息系统调研的整理工作比业务调研的更为简单。这主要是因为业务调研需要确保所收集内容的准确性，为此需设计多样化问题，针对不同工作人员进行调研以交叉验证结果，甚至要与外部资料进行对比以确认准确性。这种网状信息的整理需要投入更多精力，尤其是当不同调研对象的表述和阐述角度有差异时更为明显。相对而言，信息系统调研呈线性关系，业务活动与业务动作拆解后，只需将业务动作与系统操作相对应，形成一对一或一对多的关系，若无系统支持，则直接记录为无，过程更为直接。从图 4-5 的示例可以明显看到两种调研整理工作的差异。

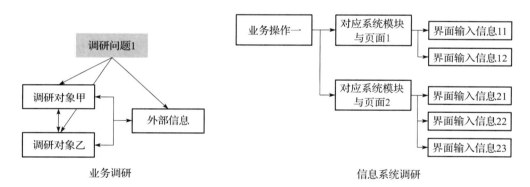

图 4-5 业务调研和信息系统调研的整理工作对比

4.5.7 形成信息系统调研成果

通过信息系统调研，工作人员已经建立了核心企业业务操作与信息系统之间的关联，为后续数据准备奠定了基础。在这一过程中，工作人员会发现一些潜在的问题。例如，部分核心企业的业务运营和管理能力并不完善，很多运营和管理活动并未落地；业务操作未能通过系统执行，或存在明显的不足，包括但不限于信息记录不全、验证功能缺失以及操作过程中的随意性。在实际工作中，由于核心企业通常非 IT 企业，其信息系统开发主要服务于业务运营和管理，基于成本考虑，它的系统可能仅满足核心业务需求，大量工作仍依赖线下操作。只有一些实力雄厚或重视信息系统的企业才会实现业务运营和管理的全面线上化。因此，工作人员应综合考量各方面的情况，从以下三方面评价核心企业的信息系统能否支持后续供应链金融产品：

- 计划合作的供应链场景是否得到了该核心企业的信息系统支持。
- 相关的业务与管理动作是否通过信息系统实现。
- 信息系统记录的内容是否准确可信。

工作人员如果认定核心企业的信息系统不能支持项目和产品，应及时向金融企业领导汇报，由领导决定是否停止项目。

第 5 章 构建数据基础

构建数据基础是指工作人员在核心企业指定的工作环境下,将核心企业的原始数据资源进行整合、处理、加工,转变为可用的数据资源。这些数据资源的形式是一系列在纵向或横向联系的数据分析基础表,每个表都根据特定目的的设计,整合并处理来自不同来源的原始数据,共同反映整个供应链的运作情况。随着后续工作开展,工作人员可能需要对数据分析基础表进行增补或优化,因此在大多数时候,数据基础的构建是一个持续迭代和完善的过程。

5.1 参与人员

构建数据基础是对各类信息系统记录的数据进行深入研究和有效整合,形成对核心企业及合作企业全面、准确的数据描述,这些数据将成为市场分析、风险分析等后续工作的基础。本部分工作的参与人员及分工情况如下:

- 金融企业参与人员:金融企业参与人员包括数据人员与法务人员。其中,数据人员需履行包括数据工程师、业务专家等两个岗位角色的职责,他们首先需要负责与核心企业沟通,提出所需的工作环境和工具,并推动其实现;其次需要负责数据工作的实施工作,完成设计数据分析基础表、填充并验证数据的任务,确保数据基础的完整性和准确性。法务人员则主要负责与核心企业的法务团队协同解决数据相关的法律问题,并共同制定相关协议。

- **核心企业参与人员**：核心企业的参与人员则更为多元，包括信息技术人员、法务人员、业务操作人员以及数据/信息安全人员。信息技术人员需根据企业内部的信息系统、数据管理制度，以及安全要求和资源状况，为金融企业人员提供必要的工作环境和工具，并解答与系统运行相关的数据问题。法务人员需要与金融企业的法务团队共同解决数据方面的法律问题，并参与相关协议的制定。业务操作人员负责在数据分析基础表的设计、数据检查和验证等环节提供必要的协助，同时帮助金融企业人员解决在数据加工和检查过程中遇到的疑问，并对异常数据进行查验。数据/信息安全人员则负责审核相关申请，确保提供给金融企业人员的数据、工作环境和工具符合核心企业的管理要求；在一些情况下，他们还会参与到合作协议的制定或审核流程中。

5.2　数据工作的前期准备

构建数据基础是供应链产品实质的数据工作的起点，也是后续数据工作顺利开展的基石。在这一过程中，金融企业将基于前期调研所收集的信息，深入了解、整合核心企业的原始数据资源，通过数据重现核心企业的业务与管理行为，最终以各数据表的形式量化记录、反映核心企业及其供应链合作企业的历史情况与现状。

在业务调研与信息调研工作中，工作人员已通过线下调研、沟通和观摩系统等方式，收集了核心企业的业务经营与管理信息。然而，反映和记录这些信息的数据的控制权依然在核心企业手中，核心企业人员可以根据自身的判断，选择性地提供数据，金融企业人员无法辨别数据真伪。随着数据工作的推进，核心企业的实际生产数据将逐渐暴露给金融企业，使金融企业能够根据自身需求探索并发现核心企业及其合作伙伴的运营模式和效果。这意味着核心企业的商业秘密和运营手段将通过数据这一客观、量化的工具被全面、客观地反映出来，并接受金融企业的评估。

由于这些数据来源于整个生产过程，其真实性可能超越仅反映经营结果的财务数据的真实性，因此，金融企业可能比核心企业更了解它与它的合作伙伴的实际状态，这显然是核心企业不愿看到的。为了避免在实际操作中出现争议，减少双方的摩擦，减轻核心企业与金融企业对接部门的压力，工作人员需要进一步做好准备工作，为后续数据工作提供有力保障。这包括建立明确的数据共享和使用规则、确保数据的准确性和完整性，以及加强双方之间的沟通与协作，共同推动供应链产品的数据工作顺利进行。

5.2.1 根据数据和系统能力对核心企业进行分类

1. 核心企业的差异

由于不同核心企业对于数据价值、信息安全的认识不同，在信息系统建设和维护方面的投入有差异，因此核心企业在提供数据时，对工作环境、操作系统、数据安全手段与工具，以及对工作人员所提的要求也不一样。按照数据和信息化能力的强弱，可以将核心企业分为以下三类：

- 高度重视数据价值且有相应系统的核心企业：这种企业往往是大型企业或信息系统能力和数据能力强劲的企业。在数据治理层面，这些企业会按照 DAMA 或 DCMM 等规范标准，建立自己的数据治理制度和机制；在数据价值层面，它们了解数据价值，将数据应用到了自身的生产经营和管理之中并获得了收益，有一些企业甚至开展了数据资产化工作，数据价值在财务上已经被计量入账；在系统支持层面，它们构建了自己的数据系统，将各类数据进行了收集和处理，且提供专门的数据专属区域以实现数据挖掘或探索；在数据安全层面，它们具有较为完善的数据分类分级以及授权制度，并对重点、敏感数据进行了加密处理。

- 重视数据但系统能力有限的核心企业：这些企业了解数据的重要性，在工作中除了使用数据完成绩效计算等工作外，可能也运用数据开展了其他工作，例如，使用数据分析辅助进行决策、监测市场销售变化、辅助进行货品选品、对上游供应的管理等。由于自身的人力资源、研发费用、盈利能力不足等原因，虽然企业有进一步发掘和管理数据的意向，但缺少专业的数据系统或专业人士的支持，例如，没有专门的数据系统、信息系统没有测试环境而只有生产环境、企业缺少专门的数据团队等，导致短期内无法充分发掘数据的价值。

- 对数据价值认识不充分的核心企业：这些企业实际并不常见，一方面是因为经过近几年大量科普后，信息化价值、数据价值的重要性已经成为社会的共识，很少有企业不进行信息系统建设、不了解数据作用；另一方面，如果企业不重视数据价值，则它很难保障自身数据的质量，而没有保障的数据就无法用数据反映和评价核心企业和合作企业，后续的供应链金融产品也就无从谈起。

在当前情况下，绝大多数企业都属于第二类企业，即重视数据但系统能力有限。主要原因包括以下三个：一是信息系统及数据建设是一个快速发展和迭代的过程，当前的系统或数据建设未必能满足业务和管理的需要，而规划和建设又是一个相对较慢的过程，导致系统或数据总是落后于需求；二是资金投入不足，尤其是传统企业，高昂的信息建设投入通常得不到企业内部管理层和经营层的认可，无法获得足够的支持，从而导致了资金投入不足；三是人力资源不足，信息系统和数据是企业业务的力量倍增器，因此需要既懂信息技术和数据技术，又懂企业业务的复合型人才，以保证所选用的技术、建设内容能符合业务的需要，但对于传统企业来说，它很难有足够的资源培养出或聘用到这样的人才。

2. 工作方式的差异

金融企业与这三类不同的核心企业开展合作，构建数据工作基础时，应采用不同的工作方式：

- 针对高度重视数据价值且有相应系统的核心企业：金融企业在保障自身数据需求的情况下，在具体实施方式和工作细节上应尽可能按照对方的要求开展工作，这样能有效地降低金融企业面临的阻力。
- 针对重视数据但系统能力有限的核心企业：金融企业应与其共同探讨实施方式，携手推进数据工作。例如，当核心企业在选择数据工具方面存在困惑时，金融企业可提供专业建议并阐明原因。
- 针对对数据价值认识不充分的核心企业：金融企业在数据获取和操作方面可能拥有较大的自由度。然而，考虑到核心企业数据的安全性和完整性，金融企业应站在对方的角度，切实保障其数据安全。同时，由于此类企业的数据可能存在缺陷，金融企业在数据检查和验证环节需投入更多精力。

站在核心企业的角度，与金融企业合作时，不同类型的核心企业会有不同的工作方式与关注点。这些差异主要源于各自的系统能力、数据安全意识以及业务需求的复杂性。

- 高度重视数据价值且有相应的系统的核心企业：这类核心企业的系统能力强、数据安全意识高，在与金融企业合作时会显得非常谨慎。在收到金融企业的数据需求后，企业会首先按照内部规范进行评估，确保所有操作都符合数据安全和业务连续性的要求。只有当金融企业的需求符合其规范要求时，核心企业才会开始准备系统、工具和数据。在某些情况下，如果金融企业的要求不符合其内部规范，核心企业人员可能还需要协调资源，采用特殊方式来满足金融企业的需求，特别是在涉及业务系统核心数据时。
- 重视数据但系统能力有限的核心企业：在实际工作中，这类核心企业会与金融企业有更多的互动交流。它们通常会借助合作的机会来了解和学习相关的数据工具、数据应用以及数据治理相关的知识和工具。这种互动不仅有助于完善核心企业自身的系统和制度，还有助于提升其在数据管理方面的专业能力。然而，核心企业在合作过程中也需要保护自己的利益，对于一些不合理或超出能力范围的需求，应该学会拒绝。

- 对数据价值认识不充分的核心企业：这类核心企业的自身能力有限，在工作过程中更多是响应金融企业的数据需求。它们通常会派驻更多的人员参与项目，以便学习、了解数据工作的方式方法，并在这个过程中逐步理解数据的价值。对于这类企业来说，与金融企业的合作不仅是一个提供数据服务的过程，更是一个理想的学习和提升的机会。

5.2.2 确定数据工作所需的内容

在金融企业与核心企业的合作中，金融企业作为数据工作的主导方，需要向核心企业明确数据工作的主要目标、需求内容清单以及需要核心企业提供支持和帮助的资源要点。双方应就这些内容进行深入讨论，并最终确定需求范围。为确保数据工作的顺利进行，双方需明确以下四个方面的内容：

- 工作环境和工具方案：数据工作实施依赖于核心企业信息设施。对于采用云计算的核心企业，其操作系统、安全等均有标准的配置，双方应聚焦于设备算力和存储需求的讨论；对于未采用云计算的核心企业，其信息系统软硬件、运维及管理等方面尚未完全标准化，双方需详细探讨操作系统、数据存储与加工环境、数据工具及安全管理等具体问题。同时，双方还需要就具体的操作系统、数据存储与加工环境、数据工具、安全管理等问题逐一进行探讨，通常情况下，由金融企业工作人员提出算力和存储等配置要求，核心企业技术人员则根据管理要求和设备能力进行评估，最终确定实施方案。
- 数据内容范围：数据工作的对象是具体的数据内容，例如，供应商订单数据、供应商基础信息、支付数据等。数据内容来源于调研的结果以及业内的经验，由于可能涉及核心企业的商业秘密，因此这部分往往是双方讨论的重点。
- 工作协作方式：在数据工作过程中，工作人员可能会遇到数据理解困难或数据与业务调研内容不匹配等问题。为此，双方需在前期沟通中建立有效机制，确保核心企业的业务和信息技术人员能及时解答或解决这些问题。
- 数据授权与保护：金融企业可能会访问和使用核心企业的敏感数据。核心企业应首先评估金融企业的数据需求，并给予相应的数据授权；同时，需从技术层面对金融企业人员的操作和研究数据进行监测和控制。此外，双方应签订法律协议来明确各自的权利和义务，以切实保障核心企业的数据权益。

双方确定的数据工作需求清单可以参考表 5-1。

表 5-1 数据工作需求清单示例

需求分类		需求内容
工作环境和工具	系统环境	1）需要能安装相关软件，操作系统可以直接使用核心企业内部操作系统 2）需要能完成数据计算的硬件设备，需要核心企业提供云服务的账号，划拨安装了操作系统软件的服务器或实例
	数据平台	1）平台能提供抽取、存储、加工、处理数据的功能 2）没有的话，可以使用数据处理工具替代
	操作终端	2 台独立的操作终端，需要 Windows 环境
	网络环境	需要能链接数据平台、处理工具、分析工具
	数据处理工具	要求 MySQL 8，Navicat 11 或以上
	数据分析工具	Anaconda3-4.3.1 以上版本，或其他数据挖掘工具
	通用工具	1）Office 套件，或 WPS 2）UE 或 Notepad++
数据内容范围		1）与上游供应商相关的业务数据 2）与上游供应商相关的内部管理数据、物料使用与库存数据 3）部分财务数据（支付相关）
数据使用环境		建议在核心企业内部云环境使用
授权与保护		1）数据加工、处理由金融企业人员进行，数据现阶段不进行输出 2）限制对数据的复制、现场不进行拍照或录像

5.2.3 确定数据方面的权利和义务

在金融企业与核心企业正式展开数据工作之前，签署法律协议是至关重要的一环。通过法律协议明确双方的责任和义务，可以有效地预防后续工作中可能出现的纠纷和问题。在签署协议时，双方应特别注意以下几个方面，以确保合作的顺利进行并保护自身的权益。

- 明确核心企业的数据权利：协议中应明确原始数据的数据资源持有权、加工权、运营权归属于核心企业。

- 明确核心企业数据授权：核心企业根据需要赋予金融企业基于产品设计和后续工作使用数据资源的权利，金融企业需要按照授权范围和场景使用数据。

- 明确授权数据内容：在协议中应明确授权使用的原始数据和结果数据的内容。由于核心企业的原始数据众多，双方可以先框定大致范围，后续再明确具体系统及原始数据表，并经过核心企业内部审批后以附件形式补充到协议中。

- 明确金融企业加工后的结果数据的权利归属：对于金融企业加工后的结果数据，其权利归属也应在协议中明确。这部分数据已经融入了金融企业的劳动成果，具有更高的价值。一般来说，这部分数据的相关权利应归金融企业所有，未经其授权，核心企业不得提供给其他企业使用。当然，双方也可以约定该数据产权为共有性质，在使用时需要得到对方的认可，或告知对方。

- 明确金融企业后续的数据权利：金融企业获得数据后，可能会进一步对数据进行加工和处理，例如，金融企业是否可以将深度加工和处理后的数据制作成数据产品或服务对外销售，以及是否需要与数据来源方进行利润分配等问题。
- 合法合规地提供数据：由于核心企业提供的数据与供应链上下游的合作企业相关，因此核心企业需要考虑其中的合法合规性问题。具体解决思路有两种：一是由核心企业修改与合作企业的合作合同协议，在协议中说明可能向第三方服务机构提供合作企业的非个人隐私数据；二是金融企业与合作企业签署合同，即合作企业在申请金融产品时与金融企业签署合同，允许其向核心企业调用自身相关数据，然后金融企业再调用核心企业数据。其中一些细节问题还将在第 9 章讨论。
- 明确参与方个人的保密协议：出于安全考虑，核心企业应要求工作人员签署保密协议，以确保核心企业的数据和信息系统的内容不被泄露。
- 明确侵权责任：协议应明确规定，出现违反协议使用数据的情况时双方的责任分配方案。

5.2.4 构建工作环境与工具

1. 确定工作环境

工作环境是指获取数据、进行数据加工的信息系统环境。工作人员需要确定以下四个与工作环境相关的内容：

- 基础系统环境：基础系统环境是指所有信息系统、数据平台运行的基础系统，涵盖云计算中的 IaaS、PaaS 环境及部分 SaaS 应用。工作人员需要评估开展数据工作所使用的系统类型和版本；对于采用云计算技术的核心企业，工作人员还需要关注数据工作是否在专门区域进行，是否已实现隔离。
- 数据平台：数据平台是指进行数据加工、处理、分析的平台，通常是核心企业的大数据平台。数据工作可以在大数据平台或平台租户上高效进行；如果没有数据平台，工作人员则需要考虑申请带有数据库的服务器及相关的工具开展数据工作。
- 操作终端：工作人员用以连接平台和系统，并进行操作的终端，包括云桌面终端、台式个人电脑、笔记本、平板电脑等。除云桌面终端外，其他终端均可通过加装核心企业内部控制软件来增强对终端的控制，确保数据安全。
- 网络环境：连接操作终端、平台和系统的网络。根据终端访问核心企业生产系统网络与公网的方式，网络环境可分为四类：只允许终端访问生产系统，不允许访问外网的完全内网环境，即完全不允许访问外网；在生产系统网络内，只有白名单终端能访问外网的网络环境，即内网终端访问外网受限；只允许特定终端访问内网，或要求外网终端通过 VPN 访问内网，即外网终端访问内网受限；外网终端不受任何控制可以访问生产系统的网络环境，即完全不受限。对于核心企业而言，上述四类环境的安全程度依次降低；如果选前两者，意味着工作人员需要到核心企业处进行工作。

此外，工作人员还需要考虑工作环境的受控情况，具体分为以下三类：

- **完全受控的环境**：数据工作在核心企业构建的云服务环境中进行，金融企业所需的数据工作专有系统环境与核心企业业务系统环境在物理上或逻辑上是相互隔离的，数据工作专有系统环境通常被称为数据专区或分析专区。数据由核心企业人员根据需要从生产系统抽取后放入数据专区，未抽取数据则无法访问。金融企业在专区内进行数据操作，对外无影响。在操作终端方面，金融企业登录专区时需使用专用终端，这种终端通常是云桌面瘦终端，受服务器端控制，操作功能受限，不允许下载和安装软件，操作会被记录和审计；当不需要使用时，服务器可以重置云桌面所安装的软件。
- **部分受控的环境**：部分受控的环境是一个中间状态，与完全受控的环境相比，核心企业在某些方面的控制力稍弱。例如，数据平台上可能没有数据专区，而是由信息技术人员设置一个独立库，将数据导入其中以供数据工作使用；允许金融企业工作人员使用自己的电脑远程登录核心企业相关系统进行操作，但需安装控制软件以防止非法操作，或要求使用跳板机登录以防止外传数据等。由于完全受控的环境需要投入大量的技术和管理成本，因此许多核心企业提供部分受控的环境，这些企业中不乏很多信息能力很强，或非常有名的企业，因为这是性价比最高的方式。
- **完全不受控的环境**：这类工作环境对核心企业来说最不安全、数据最没有技术保障。核心企业根据金融企业需求将数据从生产系统中取出，以文件方式提供给对方自行加工和分析。这种方式脱离了核心企业的工作环境，技术上不受控制，只能通过签订协议的方式来防止数据滥用或泄露。尽管一些核心企业会要求对方使用自己的终端加工和处理数据，但监控效果有限，无法完全避免数据被非法带离终端。

三类工作环境的区别可参考表 5-2。

表 5-2　三类工作环境的区别

环境分类	企业名称	系统环境	数据平台	操作终端	网络环境
完全受控的环境	企业 A	XXX 云环境（自研）	大数据平台下数据分析专区	云桌面瘦终端	完全不允许访问外网

（续）

环境分类	企业名称	系统环境	数据平台	操作终端	网络环境
部分受控的环境	企业 B	自有云环境（自研）	大数据平台	云桌面瘦终端	内网终端访问外网受限
	企业 C	XX云环境（私有化部署）	大数据平台	核心企业内部办公电脑	完全不允许访问外网
	企业 D	XX云环境（私有化部署）	在内网使用MySQL作为数据记录工具，人工操作数据库完成数据处理	金融企业安装VPN的办公电脑	外网终端访问内网受限
完全不受控的环境	企业 E	无	无	核心企业办公电脑	完全外网访问

2. 确定工具

金融企业应与核心企业一起，确定所使用的工具。按照工具在数据工作中的用途，可以将工具分为数据工具和通用工具。

通用工具：通用工具主要用于记录工作过程和成果，又可分为文字编辑工具与设计工具。文字编辑工具通常包括 Word、WPS、Notepad 等，设计工具通常包括数据库设计工具、脑图工具等。通用工具是一些常见的软件，这些工具可以部署在工作环境中，也可以脱离工作环境使用。

数据工具：数据工具是指直接用于操作数据、加工数据的软件，在工作环境由核心企业提供时，这些工具必须部署在工作环境中，否则无法开展工作。

按照数据工具在工作中的作用，可以将数据工具进一步细分为以下两类：

- **数据处理工具**：主要用于加工和清洗原始数据，形成结果数据。数据处理工具一般为各种关系数据库，例如，MySQL、Oracle 等。在信息系统较为完善的核心企业工作环境中，工作人员可以使用其内部购买或拥有的数据库作为数据工具，例如，直接使用核心企业数据平台自带的数据库，或使用数据专区的数据库工具，这样可以最大限度地使用已有资源，避免核心企业为了部署一个新类型的数据库而进行内部评估、购买数据库（实际上绝大部分核心企业不会因为开展供应链金融项目合作而额外购买数据库）、申请 IT 资源、部署等烦琐的过程，从而节约宝贵的时间。对于信息能力较弱、没有数据平台的核心企业，工作人员可以先提出数据库选型需求，再由核心企业信息人员部署相应的开源数据库或免费数据库产品；对于没有数据库部署能力，或部署时间过长影响工作进度的核心企业，工作人员还可以选择 Access，其至 Excel 这些标准的办公软件来作为数据处理工具。在这种情况下，工作人员一定要注意这些办公软件并不是用来做复杂数据处理的，它们的数据容纳能力、计算能力等均有限。例如，在 Excel 的一个 sheet 页中，在 Excel 2007 之后的版本，最多可以容纳 1048576 行、16384 列，且需要保存成 xlsx 格式，而在 Excel 97 到 Excel 2003 版本中，最多仅可以存储 65536 行、256 列，因此如果数据记录数超过这个范围，就需要拆分成不同的 sheet 页，或者对一些数据进行舍弃或合并，前者会影响工作的效率，后者可能会影响数据的颗粒度或全面性，进而影响数据成果的准确性。

- 数据分析工具：用于深入挖掘整合好的数据，以发现数据背后的规律和价值，并进行演算。数据分析工具是量化反映和评价核心企业及其合作企业的关键工具，是数据工作的必需品。传统的数据分析工具如 SAS、SPSS 等虽然功能强大但费用较高。近年来，随着 Python 的普及，更多性价比高的数据分析工具不断出现。例如，工作人员使用 Anaconda 或其他 Python 工具进行分析时，只需要部署基本软件，在使用时直接调用工具自带的算法包即可实现各类数据挖掘算法。同时，也要注意到一些简单的数据分析任务可以使用 Excel 完成，但 Excel 无法处理大量数据，且在不编写 VBA 的情况下很难直接实现决策树模型、XGBoost、随机森林以及一些复杂的数据挖掘算法。

3. 决定工作环境和工具的因素

工作环境和工具由四个因素共同决定，其中有三个因素主要源于核心企业的制度和客观能力，这些因素相对固定且难以改变，一个因素与金融企业工作人员的技能和主观努力密切相关，可以通过调动具备相关技能的人员来进行弥补。这四个决定性因素包括：

- 核心企业的管理要求：不同企业对信息系统和数据管理的要求不同。严格的企业会建立一套完整的流程和制度来规范数据的查阅、使用等环节。例如，针对哪些数据可以被查阅、查阅的形式是什么、是否允许拍照或截图、需要哪个层级的管理人员进行审批等，企业都有明确的管理流程。在一些管理极为严格的企业中，核心数据的审批权甚至掌握在董事长层级。
- 核心企业的信息安全要求：核心企业对信息系统环境有相应的安全要求。例如，数据在被审批后，加工、处理和分析数据的信息系统环境申请，以及工作人员的数据操作权限申请等，都需要遵循信息安全要求。如果采用远程登录的方式进入核心企业的信息系统操作数据，还需要安装特定的终端控件等。

- **核心企业的系统情况**：如果核心企业自身的信息系统强大且资源丰富，那么工作人员可以提出开展工作所需的环境和工具要求，由核心企业负责提供。然而，如果核心企业自身的信息系统能力不足或缺乏相关工具，为了完成数据工作，双方就需要进行协商并充分利用现有条件来完成任务。在此过程中，一些安全和管理要求上的矛盾可能需要核心企业内部进行协调解决。
- **工作人员的工作能力**：金融企业工作人员由于历史的工作经验和习惯，通常会对某些工具更加熟悉。如果核心企业无法提供这些工具，那么可能会影响他们的工作效率。

核心企业人员在完成工作环境和工具准备后，应该将准备好的内容列成清单发送给工作人员。

案例：某核心企业 A 提供的工作环境与工具清单

1）核心企业 A 情况介绍：
- **内部制度**：企业内部已经建立了完善的信息系统与数据相关制度，数据治理按照 DCMM 体系构建，信息系统安全等级保护的定级达到了三级。
- **信息系统**：企业每年会投入大量的资源建设信息系统，内部生产系统已经实现了全线上化，上游供应商的所有管理和交易动作也全部实现了线上化。
- **数据系统**：有大数据平台，且使用租户的方式构建了专门的数据分析专区，内部各部门已经使用专区开展数据分析，分析结果广泛用于各场景。
- **数据审批**：采用分级授权的方式使用数据，但涉及供应链、客户数据时需要总经理以上领导层授权。

2）核心企业 A 对于工作环境与工具的准备思路：
- **系统环境**：按照公司内部信息系统管理和数据治理要求进行准备，计算资源按照金融企业要求从云资源中划拨。
- **数据平台**：参考核心企业内部业务部门使用的规范，划分独立的数据分析专区。
- **操作终端**：按照内部管理要求，统一使用云桌面瘦终端接入工作环境。
- **网络环境**：完全不允许访问外网。
- **数据处理工具**：按照金融企业要求配置。
- **数据分析工具**：按照金融企业要求配置。

3）具体配置清单如表 5-3 所示。

表 5-3 核心企业 A 提供的高度受控工作环境的具体配置清单

系统环境与工具配置分类	配置说明	用户名	密码
系统环境	配置方式：XX 云实例 1 台 操作系统：CentOS 7.6 CPU：8 核 内存：64GB GPU：无 存储：1TB 安全配置：标准配置 访问地址：192.168.X.X	用户：TEMPuer93	密码：93gshBtYw%Uq
数据平台	配置方式：大数据平台下虚拟数据分析专区（VDA5） 登录方式：内部统一登录平台，地址为 HTTPS://XXXXXXXXXX.COM	用户：VDA5user	密码：87rFSBID$87@12
操作终端	配置方式：标准 终端编号：CD-16-07（工位为 XX7），CD-16-08（工位为 XX9） 终端分类：云桌面瘦终端 登录方式：直接登录 允许使用工具：内部统一登录平台，内网邮箱、Office 套件 其他要求：第一次登录后需修改密码	用户 CD-16-07：Data-AnY#21 用户 CD-16-08：Data-AnY%09	密码 CD-16-07：P0ass-AmuRt&94 密码 CD-16-07：p0Ass-IGFFsY!86
网络环境	完全不允许访问外网	无	无
数据处理工具	工具名称：MySQL 8，Navicat 11 安装环境：大数据平台下虚拟数据分析专区（VDA5）	用户 CD-16-07：O_guest07 用户 CD-16-08：O_guest08	密码 CD-16-07：USER-09$12 密码 CD-16-08：user-17%88
数据分析工具	工具名称：Anaconda3-4.3.1-Linux-x86_64 安装环境：大数据平台下虚拟数据分析专区（VDA5）	用户 CD-16-07：O_guest07 用户 CD-16-08：O_guest08	密码 CD-16-07：USER-09$12 密码 CD-16-08：user-17%88

案例：某核心企业 B 提供的工作环境与工具清单

1）核心企业 B 情况介绍：

- 内部制度：企业内部已有完善的信息系统与数据相关制度。
- 信息系统：企业正在建设并完善信息系统，下游客户主要的管理、供货、物流及销售、支付已实现线上化。
- 数据系统：有大数据平台。
- 数据审批：数据使用需要相关领导批准，要求由公司分管法务部门、主导与金融企业开展合作的业务部门、信息技术部门的各副总经理负责审批。

2）核心企业 B 对于工作环境与工具的准备思路：
- 系统环境：使用大数据平台所用的服务器及环境。
- 数据平台：使用大数据平台，划分一个数据集市来承担相关数据工作，后续运营时，由数据集市为金融企业提供数据。
- 操作终端：提供内部办公电脑一台。
- 网络环境：完全不允许访问外网。
- 数据处理工具：按照金融企业要求配置。
- 数据分析工具：按照金融企业要求配置。

3）具体配置清单如表 5-4 所示。

表 5-4　核心企业 B 提供的部分受控工作环境的具体配置清单

系统环境与工具配置分类	配置说明	用户名	密码
系统环境	配置：大数据平台标准配置	无	无
数据平台	配置：大数据平台下配置专属库表 库名称：FinTetch 登录方式：跳板机登录	用户 001：FinUser1	密码：7%jx^odn1
操作终端	终端编号：XX 型号电脑一台（资产编号 022020021096） 终端分类：内部办公电脑	用户 001：FinUser1	密码 FinUser1：fIn628$hL
网络环境	完全不允许访问外网	无	无
数据处理工具	工具名称：MySQL 8，Navicat 11	用户 001：User1 可使用 User1 创建新用户	密码 User1：UseR%1m
数据分析工具	工具名称：Anaconda3-4.3.1-Linux-x86_64	用户 001：User1 可使用 User1 创建新用户	密码 User1：UseR%1m

案例：某核心企业 C 提供的工作环境与工具清单

1）核心企业 C 情况介绍：
- 内部制度：该核心企业内部正在建设并完善信息系统与数据相关制度，数据治理和信息系统安全要求参考国标 DCMM2 级要求。
- 信息系统：企业正在建设并完善信息系统，下游分销商主要的管理、订单供货及销售已实现线上化，但未统一支付系统。
- 数据系统：没有大数据平台。
- 数据审批：数据使用需要相关领导批准，要求由法务部门、主导与金融企业开展合作的业务部门负责审批，并交由信息技术部门执行。

2）核心企业 C 对于工作环境与工具的准备思路：
- 系统环境：划拨 2 台服务器，操作系统及其他基础软件按照标准配置，服务器部署在内网。
- 数据平台：没有专门平台，数据平台所需的功能由金融企业自行实现，但安装的软件需要符合安全要求。
- 操作终端：申请使用 VPN 连入内网，并使用跳板机；允许金融企业使用自有电脑接入。
- 网络环境：外网终端访问内网受限。
- 数据处理工具：按照金融企业要求配置。
- 数据分析工具：按照金融企业要求配置。

3）具体配置清单如表 5-5 所示。

表 5-5 核心企业 C 提供的部分受控工作环境的具体配置清单

系统环境与工具配置分类	配置说明	用户名	密码
系统环境	提供 XX 型号服务器 2 台（资产编号为 20180532416712，31530025800750） 所需软件由信息技术人员进行评估和安装	无	无
数据平台	使用数据处理工具 原始数据按照需求进行手工导入	无	无
操作终端	金融企业自带终端	无	无
网络环境	外网终端访问内网受限 使用 VPN 连入内网，VPN 由信息技术人员进行安装	VPN 用户：YHGuest01	密码 YHGuest01：yh*92nsd^16
数据处理工具	工具名称：MySQL 8、Navicat 11	用户：YHuser1	密码 YHuser1：123$okM
数据分析工具	工具名称：Anaconda3-4.3.1-Linux-x86_64	用户：YHuser1	密码 YHuser1：123$okM

5.3 理解核心企业的数据特点

核心企业的数据源自其生产经营过程，这些数据的内容、特点与金融企业日常经营和管理所使用的数据存在显著差异。工作人员需要深刻认识到这些差异，结合调研的成果来了解并更有效地利用这些数据。

5.3.1 核心企业与金融企业的数据差异

来自核心企业的供应链数据是它控制的供应链经营、管理的真实记录，被核心企业高度控制。核心企业根据其经营和管理的需求对这些数据做出高度个性化的定义，导致这些数据与其他行业或企业的数据存在显著差异。同样，这些数据与金融企业在日常经营和管理过程中使用的数据也存在巨大差异，具体体现在以下几个方面：

- 信息真实性有差异：在金融服务中，金融企业高度关注风险，信息通常由客户直接提供，并通过外部数据进行验证和确认（包括征信、现场、电话等方式）。金融企业对客户数据的验证能力很强，大量有效信息是由金融企业收集、加工、处理并最终形成的，数据来源多样且经过验证，因此数据真实性很高。核心企业的数据主要来源于其自身经营和管理需要，一部分数据由供应链合作企业（也是供应链金融产品的客户）按照核心企业模板和要求提供，核心企业仅对最关注的内容进行验证，其他部分的真实性则有待确认；另一部分数据则来源于核心企业自身产生的数据，如订单、账款等，这类数据的真实性较高。例如，核心企业往往要求合作企业的企业信用代码、地址以及首付款账户是准确的，而企业主名称则无法进行验证，因此在实践中，在核心企业没有强制要求的情况下，很多合作企业往往会将对接核心企业的部门经理、财务等设置为企业主名称以方便沟通。

- 信息标准化程度不一样：金融服务中的信息，无论是金融业务生产经营过程中产生的信息（如借据、利息等）还是客户信息（如客户基础信息、账户信息、从外部获取的征信信息等），都是标准化、规范化的数据，不符合标准的数据会根据监管部门要求被转化为标准数据。很多时候，数据标准都引用国家标准，例如，企业客户的地址一般会采用六级地址规范，行政区划会按照 GB/T2260-2017 这样的国家标准进行填写，或在数据平台中将历史上使用其他非 2017 版标准的数据按照 2017 版的标准进行转化等。而在供应链金融中，由于不同产业、不同合作方及行业标准、国家标准的差异，不同企业的经营方式、财务核算方式、生产管理方式等也各不相同，导致数据在形式和口径上存在很大差异，甚至每年的数据口径都会有所变化，可以说数据形式、数据口径是"千企千面""每年几变"。例如，快消品行业中，各企业会不断地推出新产品，其中每年都会有重点推广产品，为了达到推广新产品的目标，最常见的方式就是每年调整给下游分销渠道合作企业的返利政策，以吸引合作企业。

案例： 某快消品行业的核心企业 A 返利政策变化情况

名词说明：返利是一种供货企业普遍使用的，用于提高下游分销商（或代理商）的销售积极性，进而提升销售量，稳定或提升自身市场份额的商业行为。一般是要求下游分销商或代理商在目标市场以及一定时间范围（时间范围与产品的生产周期密切相关，如食用油行业一般是一年）内达到指定销售额，并以此为基础计算一定百分比的奖励，所以称为返点或返利。为了保证下游分销商的稳定性，返利一般需要在一段时间后才能使用，且不允许一次性全额使用，只允许按比例使用，或有一定的使用门槛。例如，分销商在第二年订购 10 万元以上的产品，才可以使用返利，使用比例为 50%，即分销商 A 订购 20 万元的产品，可以使用 10 万元的返利抵扣货款，自己还需要缴纳另外 10 万元货款。一般情况下，作为供货方的核心企业，会依据自身经营目标和外部市场情况，每年调整返利政策。

某快消品行业的核心企业 A 每年都会根据自身经营计划，对返利政策进行调整，近几年核心企业 A 返利政策变化对比如表 5-6 所示。

表 5-6　核心企业 A 返利政策变化对比

年份	市场经营目标	返利政策概述
201X 年	快速扩展市场	按照全部销售额进行返利，年底一并计算全年返利 返利次年使用 返利可用于订货 单次抵扣比例为 20%，单次使用额度不超过 5 万元
201X 年	稳定下游分销商	按照全部销售额进行返利，每月计算当期返利 返利次年使用，经过特批，可在计算返利后三个月内使用，允许返利循环 返利可用于订货、营销活动费用抵扣 订货单次抵扣比例为 20%，单次使用额度不超过 5 万元；营销活动费用抵扣比例为 50%，单次使用额度不超过 2 万元
201X 年	推广新产品 A	按照全部销售额进行返利，产品 A 及其产品线销售额按照 150% 计算返利，每月计算当期返利 返利次年使用，经过特批，可在计算返利后三个月内使用，允许返利循环 返利可用于订货、营销活动费用抵扣 订货单次抵扣比例为 25%，单次使用额度不超过 5 万元；营销活动费用抵扣比例为 50%，单次使用额度不超过 2 万元
201X 年	推广新产品 A	按照产品 A 及其产品线销售额进行返利，其他产品销量按照 50% 折扣计算返利，每月计算当期返利 返利次年使用，用于产品 A 营销推广的返利可以在返利后三个月内使用，其他使用经过特批，允许返利循环 返利可用于订货、营销活动费用抵扣 订货单次抵扣比例为 25%，单次使用额度不超过 5 万元；营销活动费用抵扣比例为 50%，单次使用额度不超过 2 万元；产品 A 订货单次抵扣比例为 30%，营销活动费用抵扣比例为 60%，额度要求与前面一致

- 金融企业处理核心企业的数据难度更高：在传统金融中，金融企业对于各场景下的信息处理是比较标准化和规则化的，无论是客户自身提供的信息，还是外部信息，

金融企业都有成熟规范的处理方式。在供应链金融中,由于数据千差万别,金融企业不能简单地依据自己的理解来进行数据处理,而是需要结合相关方的业务方式、系统设计及数据设计的具体情况进行数据加工和处理。虽然有一定的方法论可遵循,但并没有万能的规则。

- **数据解读方式的难度不同**:在通用的金融服务场景中,金融企业有自己的数据解读方式及工作流程,在充分收集数据的基础上,依靠企业内部专业人员就可以轻车熟路地进行数据解读。在供应链场景中,金融企业需要形成一种通用的解读方式来解读一个产业生态圈中的所有小微企业,这种解读方式不仅需要依托于核心企业的数据,还需要依靠产业的业务逻辑。因为金融企业自身的解读方式所需的数据很可能是无法获取或数据获取成本不可接受的。
- **信息优势不同**:供应链金融上的各非金融方往往是该行业或相关行业的深度参与者甚至主导者,有丰富的经验。相比之下,金融企业对于行业的理解和知识掌握程度远逊于对方。即使前期经过业务调研、数据调研等工作,初步梳理了业务经营与系统之间的关系以及业务动作与数据内容之间的关系,但对于业务操作过程中实际的数据使用、数据记录情况,金融企业依然需要在构建数据基础的过程中进行检验和探索。

因此,工作人员在使用核心企业数据之前,需要构建数据内容框架,按照金融企业自己的需求、逻辑设计数据分析基础表,填充数据,检验数据,将核心企业数据转化为适合金融企业需求、方便自身开展工作的形式。在这一过程中,工作人员将进一步理解核心企业的业务逻辑以支持后续的市场分析和风险分析。

5.3.2 两类核心企业的数据差异与优缺点

1. 两类企业的数据差异

前面 4.4.2 节已经对核心企业进行了分类说明。根据商业模式的不同,核心企业可分为信息型核心企业和生产型核心企业。信息型核心企业主要负责信息流,生产型核心企业则利用供应链资源进行实体产品的生产或控制实体产品的交易。

由于这两类企业的商业模式存在差异,因此在系统建设和数据处理方面,它们有以下不同点:

- **对外合作的驱动力不一样**:信息型核心企业的商业模式的本质是收集并利用供应链上的信息和数据,最终获得收益信息,因此,它有强烈的对外合作的驱动力,可能会与多个金融企业合作以最大化数据价值。相比之下,生产型核心企业的数据主为自身业务服务，是提升对内管控力和工作效率的手段，对外合作的驱动力较弱。
- 数据可靠性和管控力：信息型核心企业的数据可能来源于平台用户的手工输入，导致数据存在一定的主观性和不准确性，问题数据难以究其根本原因，也难以选择出客观的处理方案。例如，中介服务平台的服务人员信息、货物信息、服务清单等是由入驻的平台商家录入的，平台方难以做实质性的核对。生产型核心企业由于深度参与产业链，它的数据记录直接来源于自身的生产系统或生产过程，更为原始和可靠，当出现问题数据时，一般能够迅速定位问题并找到解决方案。
- 数据内容存在差异：信息型核心企业会从获取利润的角度出发，尽可能地收集供应链上所有合作企业甚至参与者的数据，以形成一个描述整个供应链全貌的信息平台，并借此平台提升自身的商业价值。生产型核心企业更注重数据的实用性，它从节约成本的角度出发，更关注对自身生产经营有帮助的数据。例如，工业企业在组织生产时，通常会记录生产过程中的投料总量以计算投入产出的情况，评判工艺改进效果，但不会存储具体每一次投料的数据，因为这些额外的数据投入不能产生更好的成果。
- 数据标准化：由于平台特性，信息型核心企业的数据标准化程度通常较高。而生产型核心企业的数据标准化程度则取决于相关系统是否接入了平台信息，以及是否进行了数据治理。

2. 两类企业的优缺点

工作人员应充分利用信息型核心企业与生产型核心企业各有相应的特点，设计需要填充的数据内容。两类企业的优点总结如下。
- 信息型核心企业的优点在于数据内容丰富，这源于其平台属性：
  - 合作方多：信息型核心企业链接了上游的商家和下游的分销商或直接消费者，因此相比于生产型核心企业，它记录的合作企业数量更多。例如，从事食品生产的生产型核心企业的下游分销商一般是按照地域给予代理权，在以县级行政区为最小代理单元的情况下，全国最多只有 4000 个代理商，实际上由于核心企业产品有明显的地域性，它的分销商数量会远远低于这个数值；而作为平台企业，上游商家的数量会远远超过这个数值，否则难以实现盈利。
  - 自身有收集更多信息的驱动力：信息型核心企业会尽可能地收集相关的信息，扩展自身所拥有的数据量，以发现更多的商业机会，尤其是在当前大数据快速发展的时代背景下，拥有大量数据往往是信息型核心企业说服资本市场进行融资的一大利器。

- 生产型核心企业的优点在于数据价值高,工作效率高:由于核心企业控制了供应链上的核心价值产出,它所记录、加工和应用的数据必然是经营过程中最为重要、最有价值的数据。

然而,这两类企业也存在明显的缺点,需要工作人员在工作中予以关注:

- 信息型核心企业的缺点主要是内容过于庞杂,导致构建数据基础时的数据填充、数据检查工作量巨大。尤其是在信息型核心企业忙于上线开发新的系统和功能又缺少数据治理时,问题会更加突出。
- 生产型核心企业可能存在数据缺失的问题。它可能不会投入资源去收集和维护与自身业务不直接相关的数据,使得一些历史数据无法找到。

案例:某信息型核心企业 B 所拥有的上游合作企业数据情况

核心企业 B 专为乘用车主与乘用车服务商之间提供信息撮合服务。

乘用车服务商为企业 B 的上游合作企业,企业 B 为其提供信息平台进行引流,并为其运营提供资金结算以及运营工具。

在这个过程中,企业 B 收集并加工了合作企业的信息,这些信息分类示例如表 5-7 所示。

表 5-7 信息型核心企业 B 上游合作企业的信息分类示例

信息记录分类		数据情况简述
基础信息	商家名称、地理位置、主营范围等	商家自行填写,未进行验证
	所属行业	商家自行填写,未进行验证
	法人认证	外部数据验证
	联系方式	核心企业验证
	工商信息认证	外部数据验证
	企业规模	商家自行填写,未进行验证
	从业人数	商家自行填写,未进行验证
	相关资质信息	核心企业验证
	……	……
服务信息	擅长领域(自填)	商家自行填写,未进行验证
	服务领域	根据历史订单形成
	服务地理区域范围	根据历史服务客户形成
	服务质量	根据历史订单形成
	服务投诉	根据历史订单形成
	服务响应速度	根据历史订单形成
	明细订单信息	明细记录
	明细客户反馈	明细记录
	服务客户特征	根据历史服务客户形成
	……	……

（续）

信息记录分类		数据情况简述
交易行为	绑定支付工具	已有数据记录
	支付工具机构及分类	已有数据记录
	总销售额情况	核心企业统计
	订单平均贡献	核心企业统计
	客户支付特征	核心企业统计
	平均取现周期	核心企业统计
	同行结算情况	核心企业统计
	……	……
线上引流	绑定社交工具情况	已有数据记录
	使用平台社交工具情况	商家自行填写，未进行验证
	引流情况	核心企业统计
	线上活动响应	核心企业统计
	……	……
平台使用情况	平台工具使用情况	核心企业统计
	平台黏性评价	核心企业统计
	平台活跃度评价	核心企业统计
	……	……

案例：某生产型核心企业 C 上游供应商的数据情况

核心企业 C 为一家工业设备制造企业，为运输行业提供相关设备。

提供工业设备原料的企业为企业 C 上游合作企业，企业 C 从上游企业采购材料和服务，并向其支付费用。

在这个过程中，企业 C 记录合作企业基础情况以及交易相关的信息，这些信息分类示例如表 5-8 所示。

表 5-8　生产型核心企业 C 上游合作企业的信息分类示例

信息记录分类		数据情况简述
基础信息	商家名称、地理位置、主营范围等	核心企业验证
	法人认证	核心企业验证
	联系方式	核心企业验证
	工商信息认证	核心企业验证
	企业规模	核心企业验证、外部数据验证
	从业人数	核心企业验证、外部数据验证
	供应商分类	核心企业记录
	供应商分级	核心企业记录
	相关资质信息	核心企业验证
	……	……

（续）

信息记录分类		数据情况简述
生产能力	基础设备情况	核心企业验证
	生产人员资质与认证	核心企业验证
	企业评级与技术能力	核心企业验证
	业内评级	核心企业评价
	生产能力预估	核心企业验证
	……	……
交易行为	企业账号	核心企业记录
	历史已结算货款	核心企业统计
	当前未结算货款	核心企业统计
	订单信息	核心企业记录
	订单退货信息	核心企业记录
	订单评价信息	核心企业记录
	……	……

在实际工作中，工作人员应针对两类企业采用不同的工作方法，以充分发挥两类企业的数据优势。两类核心企业工作方法对比可参考表 5-9。

表 5-9 两类核心企业工作方法对比

分类	构建数据框架	设计数据分析基础表	填充数据	数据检查
信息型核心企业	可以尽可能多地覆盖数据内容 可以借鉴其他金融企业所需数据的内容框架内容，再根据自身需求进行补充 基础数据内容框架从商贸活动和交易平台共性的角度出发进行设计 个性数据内容基于前期业务调研、系统调研的内容进行设计	建议采用多数据分析基础表结构，分主题分层进行数据汇集，方便出现数据问题时逐层检查 历史数据的口径可能较多，变化较大，需要加以注意，建议尽可能进行口径转化、统一 可以借鉴其他金融企业所需数据的内容框架内容，再根据自身需求进行补充	需要评估工作量以及复杂程度建议由核心企业人员填充数据	严格数据检查，建议从数据来源的各原始数据表进行检查，即先检查，以保证数据质量，填充数据后还需要进行严格的数据检查，防止笛卡尔积数据的存在
生产型核心企业	更多围绕着核心企业的系统和数据资源进行，适当进行扩展 对于不能获取的数据，需要考虑是通过其他方式补充还是在后续分析时调整标准 基础数据内容更多是企业的基础数据 个性数据内容基于前期业务调研、系统调研的内容进行设计	一般采用2级设计，即结果和数据来源两层，以减少工作量，必要时可进行下一级设计 历史数据口径变化较少，应进行口径统一	可以由金融企业人员自行填充数据	可以从结果表出发，发现问题后追溯来源表，以提高效率

当然，在数据工作开展过程中，工作人员应充分地利用两者的优点，并在工作中补齐缺点，如表 5-10 所示。

表 5-10　两类核心企业的重点关注点与可利用内容对比

分类	重点关注点	可利用内容
信息型核心企业	解决庞杂数据的整合，尤其是各类数据表多、数据内容多的整合 解决数据口径多、数据质量问题	各行业的贸易模式和信息平台具有共性 和其他金融企业合作有标准数据
生产型核心企业	描述合作企业的数据内容可能不够	数据内容组织规范，有明确的业务经营管理主线 信息和数据系统迭代不多，业务含义和口径变化不大 关键数据的管理较规范，数据质量更高

5.4　构建所需的数据内容框架

为了保证获得的数据内容全面、完整，工作人员需要构建一个数据内容框架，将所能考虑到的数据内容分层次地放入其中；然后根据核心企业的经营特点、业务调研和系统调研的成果，规划数据内容的获取方式。

5.4.1　构建数据内容框架的思路

数据内容框架作为对所需数据的整体规划，应当展现出体系性、完整性，同时，框架需要与之前的业务调研结果相结合，确保具有实用性和可操作性。

在构建数据内容框架时，工作人员可以采用以下两种思路：

- 从数据出发：从数据出发的思路是以核心企业现有的数据为基础，构建一个尽可能囊括所有数据的框架。这种方法能够充分利用并覆盖所有数据，有利于工作人员充分利用这些数据，打破历史经验的瓶颈，发现新的价值点。但这种方法存在门槛高、工作量大的问题：首先，它要求开展工作的人员对核心企业的信息系统和数据有深入的了解，能做到基本不遗漏数据；其次，核心企业的数据行业特征明显，工作人员只有具备相当的行业积累，才能对数据进行解读；最后，由于数据量庞大且复杂，后续的分析和挖掘工作成本高昂，可能需要花费大量时间。
- 从主题出发：从主题出发的思路是首先明确要分析的主题，然后结合调研内容寻找支持主题的数据，并据此构建框架。这种方法具有很强的针对性和指向性，能够直接排除不需要的数据，提高工作效率。但缺点是可能会忽略一些潜在的价值或风险点。

在实际操作中，大多数金融企业在构建数据内容框架时倾向于采用"从主题出发"的方法。只有在双方已有深度合作，并希望进一步挖掘数据价值、探寻新机遇或更深入地了解行业及核心企业时，才会采用"从数据出发"的方法。因此，后续内容将以"从主题出发"的方法阐述数据准备工作。

5.4.2 数据内容描述的对象

金融贷款产品服务的对象是核心企业供应链中的合作企业，因此框架中数据内容描述的对象必然是核心企业和合作企业：

- 核心企业：核心企业对整个供应链具有重大影响，工作人员更关注风险层面。通常，金融企业会采用传统的风险控制管理手段进行详细调查，同时将供应链数据作为辅助或验证工具。例如，从合作企业的交易波动、生产周期及付款情况反映核心企业状况。
- 合作企业：对于合作企业，工作人员则关注市场和风险两大方面。在市场方面，主要考察合作企业是否存在贷款需求，以及它们需要什么样的贷款产品。在风险方面，侧重于评估哪些合作企业的还款风险较低，以及应如何通过评分、分级的方式进行有效区分。通常，工作人员会划分企业基础信息、经营规律、贷款需求、还贷能力、销售业绩以及核心企业关系等多个主题，然后收集数据，构建一个层次分明的金字塔结构。

图 5-1 就是某核心企业下游分销商贷款项目的数据内容框架的示例。

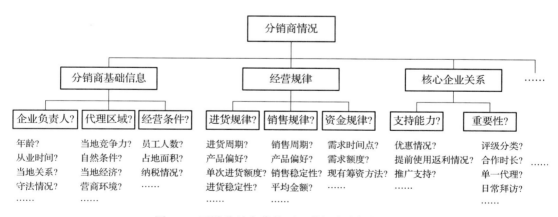

图 5-1 下游分销商贷款项目数据内容框架示例

5.4.3 规划数据内容的获取方式

完成框架构建后，工作人员与核心企业人员要一起规划这些数据的获取方式，确定哪些数据由核心企业提供,以及由哪些系统提供。对于无法获取的数据,工作人员需要考虑引入外部数据源或放弃该数据。

在规划过程中,工作人员可以标注一些需要注意的事项,以避免后续工作出现遗漏。下游分销商数据内容获取规划可以参考表 5-11。

表 5-11　下游分销商数据内容获取规划示例

数据内容框架		计划来源	调研验证情况	是否纳入本次设计	备注
分销商基础信息	年龄	核心企业	分销商管理系统有数据	是	
	从业时间	核心企业	分销商管理系统有数据	是	
	当地关系	不确定		否	可能需要进行调研
	守法情况	外部征信		否	金融企业有该外部数据源
	当地竞争力	不确定		否	可能需要进行调研
	自然条件	不确定		否	可能需要外部调研报告
	当地经济	年鉴		否	使用年鉴的农业数据
	营商环境	不确定		否	
	员工人数	核心企业	分销商管理系统有数据	是	
	占地面积	核心企业	分销商管理系统有数据	是	
	纳税情况	外部征信		否	金融企业有该外部数据源
经营规律	进货周期	核心企业	分销商订货系统有数据	是	需要对原始数据进行加工
	产品偏好	核心企业	分销商订货系统有数据	是	需要对原始数据进行加工
	单次进货额度	核心企业	分销商订货系统有数据	是	需要对原始数据进行加工
	进货稳定性	核心企业	分销商订货系统有数据	是	需要对原始数据进行加工
	销售周期	核心企业	分销商订货系统有数据	是	需要对原始数据进行加工
	产品偏好	核心企业	分销商订货系统有数据	是	需要对原始数据进行加工
	销售稳定性	核心企业	分销商订货系统有数据	是	需要对原始数据进行加工
	平均金额	核心企业	分销商订货系统有数据	是	需要对原始数据进行加工
	需求时间点	不确定		否	可能需要进行调研
	需求额度	不确定		否	可能需要进行调研
	现有筹资方法	不确定		否	可能需要进行调研

（续）

数据内容框架		计划来源	调研验证情况	是否纳入本次设计	备注
核心企业关系	优惠情况	核心企业	分销商管理系统有数据	是	
	提前使用返利情况	核心企业	分销商管理系统有数据	是	需要系统数据与线下数据结合
	推广支持	核心企业	分销商管理系统有数据	是	需要系统数据与线下数据结合
	评级分类	核心企业	分销商管理系统有数据	是	
	合作时长	核心企业	分销商管理系统有数据	是	
	单一代理	不确定		否	
	日常拜访	核心企业		是	需要线下数据支持，且线下数据可能有遗漏
……	……	……	……	……	……

5.5 完成数据分析基础表

数据框架中的具体内容以数据分析基础表的方式进行展示。数据分析基础表是记录了核心企业与合作企业各项业务数据的若干张数据表，不同的表记录了不同的业务主题以及描述对象。这些数据表是后续金融企业工作人员开展数据工作的基础。

在工作中，工作人员可以按照"框架—数据表—数据字段"的总体逻辑，将数据分析基础表的设计工作拆为框架设计命名与分层、设计表间关联方式、确定数据来源系统、设计各业务数据分析基础表、设计数据加工关系、检查来源表数据质量、确定数据填充方式等步骤。工作人员的丰富项目经验对提升设计科学性至关重要，尤其是在同类型或类似核心企业的项目中积累的经验。完成设计后，工作人员还需进行检查，确保数据表设计符合规划，防止字段和数据遗漏。

5.5.1 数据分析基础表的定义与要求

1. 数据分析基础表的定义和作用

数据分析基础表是数据内容框架的承载形式，实现了对核心企业数据的全面整合，通常会以拥有大量数据字段的数据宽表形式存在。依据数据分析的目标，数据分析基础表将原始数据按照特定设计和规律进行组织，提高了数据的集约性和使用效率。在数据整合的过程中，工作人员还会对不同来源的数据进行交叉验证，及时发现并修正异常数据，提升这些数据表的数据质量。

数据分析基础表是后续数据工作的基础。在后续的分析和决策过程中，工作人员基于原始数据衍生出新的指标或标签数据，然后通过分析这些数据以获得客观、可量化的结论。通过对数据分析基础表的操作，工作人员可以快速得到这些新指标和标签，而不需要重复从核心企业系统获取和验证数据，从而大幅减少了分析过程中不必要的数据提取环节，有效节约了时间和人力成本。

2. 数据分析基础表的设计原则

构建数据分析基础表是极其重要和基础的工作，工作人员在设计过程中需严格遵循几个核心原则以确保其有效性和准确性：

- 数据表分类与定位清晰：这些数据表应按照不同的主题或对象内容进行划分，每张表都应有一个明确的描述主题，例如，"供应商信息"的描述主题是供应商，"供应商订单详情表"的描述主题是每一笔订单等。
- 数据表描述对象明确且独一：每类数据表的描述对象是独一的，即一个对象在表中只对应一条数据记录。例如，"供应商信息表"就是专门用来描述核心企业的上游供应商的，每个供应商在这张表中只有一条数据记录，以避免数据重复和混乱，如果超过了一条，那就说明数据存在问题，供应商数据被重复记录。
- 数据分析基础表之间关系清楚：各张表之间的数据是相互关联的，这种关联既可以体现业务开展过程中的因果关系，也可以反映数据之间的逻辑联系。例如，"供应商信息表"中的"订单金额"字段，在业务定义上是核心企业向供应商订购的所有订单金额之和；在数据来源逻辑上，该字段来源于"供应商订单详情表"中的"单笔订单金额"；具体加工方式为将"供应商信息表"中的"供应商ID"与"供应商订单详情表"中的"供应商ID"关联，再将"供应商订单表"中订单剔重后对"单笔订单金额"字段中的数值进行累加，而后填入"供应商信息表"中的"订单金额"字段。
- 描述数据内容全面：在设计时，工作人员应按照数据内容框架设计，尽可能考虑到各主题下所有相关的数据字段，以确保数据内容覆盖全面、数据维度丰富。
- 数据来源明确：工作人员在设计时应明确标注表中每个数据字段的来源、处理方式和异常数据处理方法。这不仅有助于保证数据的准确性和可靠性，还能在出现问题时迅速定位并解决。

需要说明的是，数据分析基础表专注于数据的整合和加工，并不涉及将数据进一步加工成复杂指标或标签。因为在此阶段，过于细致的数据加工可能会抹杀数据的原始细节，不利于后续工作。

5.5.2 数据分析基础表的命名与分层

1. 数据表命名

为了确保数据表的易用性，工作人员在对数据分析基础表命名时应遵循一定的命名原则或要求。在工作中，常见的原则和要求包括以下几点：

- 命名的直观性：表名最好能够直观地反映数据对象的名称，这样使用者可以迅速理解表的内容；最好选用英文名命名，以免因个人对于缩写的理解不同而出现误解和偏差。
- 命名规范性：表名的各部分构成应具备一定的规律，以方便解读。
- 有效区别于核心企业系统数据表：为了避免混淆，新设计的数据表名应与核心企业现有系统中的数据表名有明显区别。这有助于在后续工作中快速区分两者。
- 有效区别各个数据基础表：不同的数据基础表之间也应有明显的命名差异，以便使用者可以根据表名迅速了解该表所包含的内容。
- 能体现版本控制与管理：考虑到基础表在后续工作中可能会因需求变化或数据质量问题而进行修改，工作人员可以在表名中加入设计编号和生成时间等信息，以便后续的版本控制和管理。

工作人员可以将数据分析基础表命名与摘要信息进行统一记录，形成清单，如表 5-12 所示。

表 5-12 数据分析基础表清单示例

设计版本	表英文名	表中文名	描述对象（英文）	描述对象（中文）	对应内容
V1.0	coop_detail_201X00	分销商经营概况	coop_id	分销商	—
V1.0	coop_distribution_201X00	分销商基础信息	coop_id	分销商	分销商基础信息（含企业负责人、代理区域、经营条件等） 分销商自身企业性质
V1.0	coop_evaluate_201X00	分销商评级评价	coop_id	分销商	分销商对于核心企业重要性 分销商经营能力（综合评价）
V1.0	coop_order_201X00	分销商订货统计	coop_id	分销商	分销商经营能力（进货） 分销商经营规律（进货） 分销商资金需求情况 核心企业可能的支持（订货款支持）

（续）

设计版本	表英文名	表中文名	描述对象（英文）	描述对象（中文）	对应内容
V1.0	coop_order_detail_201X00	分销商订单详情	order_id	订货单	分销商经营能力（进货） 分销商经营规律（进货） 分销商资金需求情况
V1.0	coop_rebate_201X00	分销商返利统计	coop_id	分销商	分销商经营能力（销售） 分销商与核心企业捆绑程度
V1.0	coop_rebate_detail_201X00	分销商返利详情	rebate_id	单笔返利记录	分销商经营能力（销售） 分销商经营规律（销售）
V1.0	coop_rebate_use_detail_201X00	分销商返利使用详情	rebate_id	单笔返利使用记录	分销商经营能力（销售） 分销商经营规律（销售） 分销商与核心企业捆绑程度

2. 数据表分层

此外，由于不同的数据分析基础表之间存在数据汇集、加工和相互引用的复杂关系，因此工作人员需要建立一个清晰的数据表分层结构。这种结构应从上到下、从统计概览到明细数据进行组织，以便后续建立表与表之间的关联关系。这种分层关系可以通过图形化方式直观展示，以提供一个全面的数据表关系视图，同时与相应的数据基础表清单一起使用，让使用者更全面地了解所有数据基础表的情况，确保数据分析基础表的有效性、可读性和可维护性。

例如，图5-2就是分销商主题下数据表之间的分层和关联结构关系。分销商概况由与分销商相关的数据汇总形成，订货数据和返利数据则由下一层更为明细的数据汇总形成，下层明细数据之间又存在着联系。

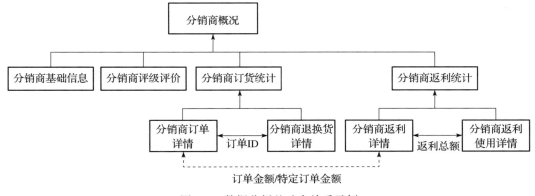

图5-2 数据分析基础表关系示例

5.5.3 设计数据表之间的关联方式

数据表分层之后，不同层级的数据表、同一层级的不同数据表之间要建立关联关系。这种关联关系通常通过数据表的主键和外键来实现。其中，主键是数据表中唯一标识每条数据记录的数据字段，外键则用于与另一个数据表的数据字段建立关联。例如，"供应商信息表"中的"供应商 ID"作为主键，确保了每个供应商都有一个唯一的标识；而"供应商订单表"则通过其"供应商 ID"这一外键字段与"供应商信息表"进行关联；同时，"供应商订单表"中的"订单商 ID"作为该表的主键，唯一标识了每个订单。

数据表之间的层级关系不同，所使用的关联方式会存在差异。

- 上下层级数据表之间，上一层级数据表的数据指标数值是下一层级数据表中数据的汇集和计算，这意味着上层表中的一条记录可能会与下层表中的多条记录相对应，因此上层表的主键不是下层表的主键。
- 同一层级数据表之间，描述相同对象的不同数据表的主键通常是同一个。例如，"分销商基础信息""分销商评级评价"和"分销商订货统计"这三张表都围绕分销商这一实体展开，因此它们的主键可能会采用相同的字段，如"分销商 ID"。

工作人员在设计时，需要注意那些看似相似的数据表实际上描述的是不同的实体或概念。例如，"分销商返利详情"和"分销商返利使用详情"虽然都与返利有关，但它们描述的是不同的方面。前者关注的是按销售记录逐条记录的返利金额，而后者关注的是返利的使用情况。因此，这两张表的主键是不同的："分销商返利详情"的主键可能是"返利记录 ID"，而"分销商返利使用详情"的主键可能是"返利使用流水 ID"。

为了更好地理解和记录数据表之间的关联关系，工作人员可以采用实体关系图（ER 图）这一工具。通过 ER 图，我们可以清晰地展示出实体（即数据表）、属性（即数据字段）以及它们之间的关系（包括主键和外键的关联），从而使得这些关联关系更加易于理解和分析。例如，图 5-3 记录的是某核心企业上游供应商的数据 ER 图。

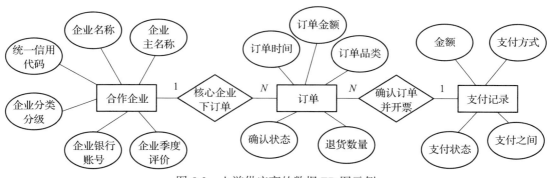

图 5-3 上游供应商的数据 ER 图示例

5.5.4 确定各数据来源系统

1. 三类数据来源

数据基础表的数据来源于核心企业的信息系统，工作人员有三种选择数据来源系统的方式，这三种方式在设计难度、数据加工难度和所需资源方面依次增加。

（1）选择分析系统/数据系统的成型结果数据作为来源

这些数据是经过整合和加工的数据。出于提升业务经营和管理效率的需要，核心企业会将不同来源的数据，按照需求进行集中和加工，形成提供给管理人员直接使用的数据。这些数据一般是依托于核心企业的数据平台或是经营分析系统形成的。例如，核心企业会利用数据系统将渠道分析商的基础信息、订货信息、退换货信息、交易往来信息、返利信息等数据进行集中加工，形成分销商画像或是统计报表，提供给相关系统进行展示或管理。

这些数据的优点在于：

- 数据已经完成了整合和加工，工作人员使用时可以不必再对各数据的关联方式、统计口径等进行研究，大幅减少了工作量。

这类数据的缺点在于：

- 这类数据按照管理需求经过了高度整合和加工，是为管理人员服务的，工作人员无法深入了解数据背后的加工逻辑，核心企业的业务人员也难以直接提供相关知识的支持，如果核心企业设计、整合和加工数据不科学，或出于各种原因有意地扭曲了数据，那么会给后续的工作带来潜在的风险。

（2）选择生产系统的结果数据作为来源

这类数据直接来源于生产系统，需要工作人员自行加工。核心企业开展经营和管理工作，需要建设生产系统，以支撑其与合作企业的业务交互或资金往来。不同核心企业，不同供应链场景，生产系统会不同。例如，制造业企业与供应链上游合作企业发生业务往来的关键生产系统是供应商管理系统、采购系统/订单系统，对于下游则是渠道管理系统、CRM系统；物流企业经常通过一个平台完成收单和承运管理，这个平台就是上下游生产系统；零售企业的供应链场景往往集中在下游，其核心系统一般是渠道管理系统、收银系统。财务系统记录了核心企业与合作企业的资金往来信息，是所有企业记录和管理交易成果的系统。这些生产系统在运行过程中，会记录每一个相关交易记录的原始数据，然后按照自身的特点对这些数据进行处理，形成结果数据，以供业务管理人员或其他系统调用。

这类数据的优点在于：

- 数据直接来源于生产系统，核心企业的业务人员同样会直接使用这些数据开展经营和管理工作，因此数据可靠性有保障。

- 数据与业务之间的关系更加紧密，数据记录业务的逻辑清晰，遇到问题时核心企业人员可以迅速提供知识支持或业务解答。

这类数据的缺点在于：
- 工作人员需要花费大量时间对不同生产系统之间的数据关系和整合方式进行研究和探索，还可能需要大量试错。
- 生产系统由于经营和管理的变化，会经历大量的迭代开发，可能造成数据口径的变化，使数据准确性下降。

（3）选择生产系统的原始数据作为来源

金融企业可以直接使用生产系统中的原始数据作为数据来源。这类数据具有数据量大、内容细节丰富、保存大量原始信息的特点，使用起来有很强的灵活性。

这类数据的优点在于：
- 工作人员可以按照自身所需的标准、口径对数据进行加工，从而满足金融企业的个性化要求。例如，核心企业一般是基于企业规模、市场地位、与自身之间合作地位，以及带来的价值等方面对合作企业进行考量，而金融企业则会从经营的稳定性、盈利能力、稳定的还款能力等角度考虑。要满足这种要求，工作人员必须使用原始数据来进行加工。

这类数据的缺点在于：
- 工作人员需要花费大量的时间来熟悉这类数据，了解数据的内容与特点。
- 对数据进行复杂加工会需要更多的人力和物力，最后常常造成成本与收益不成正比。

2. 确定主要来源与验证补充数据

理论上，工作人员应在众多的数据来源中选择最为准确、成本最低的数据来源系统。但在实际项目中，单一系统往往无法满足分析基础表的全部数据要求，且数据应通过相互验证才能保证准确。因此，工作人员通常依据核心企业的定位以及主客观形势来选择某一个系统的数据作为主要来源，其他系统的数据作为验证或补充。数据来源与数据验证的组合方式主要包括以下三类：

- 选择分析系统/数据系统的成型结果数据作为主要数据来源，使用其他数据进行验证或补充：当项目时间紧张且分析系统或数据系统的数据质量较高时，可以选择这种方式；在数据系统完备的大型核心企业开展工作时也通常会选择这种方式。
- 选择生产系统的结果数据作为主要数据来源，使用原始数据进行验证或补充：当工作人员经过评估认为核心企业数据对于项目或产品非常重要，生产系统有大量的结果数据可以使用分析系统或数据系统的数据不能满足需求时，工作人员可以使用原始数据进行验证，甚至进行有限的加工，形成个性化的、独有的数据指标，以更好地支持金融场景的应用。例如，生产系统记录了大量明细数据，这些数据将用于产品的风险规则，直接影响合作企业的授信和用信；项目市场空间不明确，需要数据提供市场分析或客户画像支持以协助设计产品。这种方式是最常见的选择，它不仅充分利用了前期的业务与调研成果，减少了与核心企业业务部门的沟通量，还保证了数据质量，在节约成本和数据质量之间达到了较好的平衡。

- 选择生产系统的原始数据作为主要数据源：当金融企业计划深耕某一个行业，运用数据以构建具有独特竞争力的产品，且核心企业生产系统从原始数据到结果数据的加工脉络清晰，核心企业愿意提供长期的支持时，可以采取这种方式。选择这种方式时，工作人员可以充分挖掘原始数据的价值，自行加工形成个性化数据指标或标签，以此作为产品和运营的数据依据。这种方式有助于工作人员进一步研究原始数据，充分挖掘原始数据的价值，完成大量行业知识沉淀和数据沉淀，形成与行业高度契合的产品、运营手段及数据资产，构建自身独有的"护城河"。表5-13是同一主题下不同数据源的数据示例。

表 5-13　同一主题下不同数据源的数据示例

示例	分析系统/数据系统的数据	生产系统的结果数据	生产系统的原始数据
核心企业采购数据	采购行为与供应商画像数据	供应商管理报表 供应商订单分析报表	单笔订单数据（含订单、到库、确权、发票、付款等全流程过程记录）
合作企业销售数据	分销行为与分销商画像数据	分销商管理报表 分销商支付报表	单笔订单数据（含订单、预付款、生产、发货、返利、退换货、结算、补退款等全流程过程记录）
车辆轨迹	车辆路线热点分布 车辆行驶统计热力图数据	车辆行驶标识 车辆服务	单车辆行驶定位数据（定时采集）
电商平台商户交易	商户行为画像	商户销售报表 商户管理报表	单笔销售数据

另外，随着后续工作不断开展，工作人员需要分析的数据可能会不断增加，数据来源可能会随之变更、迭代和优化，例如，原先使用分析系统的数据，后改为使用生产系统的结果数据。数据来源变化的原因可能包括以下两种：

- 在数据准确性检查过程中发现原先计划的数据源质量无法满足要求，需要变更数据源；例如，发现数据中存在大量的空值，无法进行分析。
- 随着分析和运营的深入，原有的数据内容不足以满足需求，需要新增数据指标或标签。在这种情况下，如果原有数据源无法满足新增需求，就需要寻找新的数据源，通常会考虑更上游或更细粒度的数据源，即从"分析系统/数据系统的成型结果数据"转向"生产系统的结果数据"，甚至进一步到"生产系统的原始数据"。

5.5.5 设计各数据分析基础表的内容

一个完善的数据分析基础表应尽可能地涵盖来自核心企业各系统或人工形成的、描述数据对象的数据，且这些数据口径明确，数据加工逻辑清晰，能在后续的数据工作中让使用者迅速了解数据字段的含义。为了达到这一目标，工作人员需要按照以下三个步骤开展数据分析基础表设计工作。

1. 整理已有的数据资源

在确定数据来源与验证数据对应的系统后，工作人员需要进一步收集并确认需要从各系统收集的明细数据内容。按照收集信息的来源，这些数据通常包括以下四类：

- 核心企业日常管理所使用的数据：这类数据一般是核心企业经营过程中特别重要的数据，反映了它在供应链场景中的运营情况，数据质量和数据价值都很高。这类数据一般是数据仓库或经营分析系统中的结果数据，业务定义与口径可能与业务系统中的有差异，工作人员在使用这些数据时，需要了解其业务定义和口径，确保能够按照统一标准与其他数据进行整合。
- 业务操作中涉及的数据：这类数据是核心企业业务人员进行操作时录入和产生的数据。工作人员通过前期信息系统调研时收集了这类数据的范围，再通过收集相关资料及与信息技术人员进行沟通以定位到具体的后台数据表和数据字段，最后在前期工作成果的基础上完善内容，形成来源设计。表 5-14 是在 4.5.4 节中的表 4-8 的基础上的进一步完善。这些数据为生产系统的结果数据，数据表和数据字段均来源于生产系统。

表 5-14 生产制造核心企业业务操作对应的数据表和字段示例

序号	业务动作	对应系统模块与页面	界面输入信息内容	数据表名（英文）	字段名（英文）
1	新建供应商名称	供应商管理－新建供应商	名称	company_partner_info	company_name
2			企业分类	company_partner_info	company_sort
3			注册地－省	company_partner_info	adress_province
4			注册地－地市	company_partner_info	adress_city
5			注册地－区县	company_partner_info	adress_area
6			注册地－详细地址	company_partner_info	adress_detail
7			发货地－省	company_partner_info	stash_province

（续）

序号	业务动作	对应系统模块与页面	界面输入信息内容	数据表名（英文）	字段名（英文）
8	新建供应商名称	供应商管理－新建供应商	发货地－地市	company_partner_info	stash_city
9			发货地－区县	company_partner_info	stash_area
10			发货地－详细地址	company_partner_info	stash_detail
11			统一信用代码	company_partner_info	company_license
12			法定代表人名	company_partner_info	company_legal_person
13	生成供应商编号	供应商管理－新建供应商	供应商编号	company_partner_info	company_ID
14			供应商行业编号	company_partner_info	industry_ID
15	录入供应商基础信息	供应商管理－基础信息录入	联系人名	company_base_info	company_connection_person
16			联系电话	company_base_info	company_phone
17			联系邮箱	company_base_info	company_mail
18			注册地邮编	company_base_info	company_mail_num
19			主营行业	company_base_info	industry_sort
20			注册资金	company_base_info	registered_capital
21			成立日期	company_base_info	registered_date
22			成立时长	company_base_info	registered_duration
23			供应主要品类	company_base_info	supply_category
……	……	……	……	……	……

- 系统设计与建设文档涉及的数据：工作人员可以通过阅读历史设计与建设文档，收集其中与合作企业相关的、有价值的数据。这些文档包括系统操作说明书、需求文档、功能设计文档、数据表设计文档、开发文档等。工作人员收集这些数据时首先需要核心企业技术人员支持，其次需要花费大量时间来阅读与理解技术文档，最后还需要花费大量的时间对感兴趣的数据进行逐一核验，以避免设计与建设不一致的情况，这个过程时间长且成本很高，因此，建议工作人员按照自身经验，基于自身所关注的问题，或前期所列出来的数据内容框架，重点关注相关领域，而不做全面的探索。这类数据可能是生产系统的结果数据，也可能是原始数据。
- 其他与合作企业的数据：这类数据通常是记录合作企业行为，但不会直接对接业务系统，也不会直接影响供应链场景中交易的数据，例如，车辆的行驶数据、工程机械的物联网数据等。相比系统设计与建设文档涉及的数据，工作人员要学习、使用这类数据时通常需要更大的成本，因此他们只有在非常必要的情况下，才会考虑收集这些数据。例如，服务货运司机的贷款产品通常需要使用行车轨迹，这时工作人

员就会考虑收集这些数据。这类数据主要为生产系统的原始数据，少部分可能是结果数据。

2. 对数据资源进行整理

工作人员需对收集到的各类数据资源和字段进行细致梳理。首先，工作人员需要厘清每个数据字段的业务定义，确保数据是自身所需要的。当有多个类似的数据时，工作人员最好能将数据都纳入设计，以保证不出现遗漏；其次，工作人员需要明确数据来源和加工逻辑，以保证这些数据字段的形成路径清晰，在出现问题时能进行追溯。

3. 设计基础表数据字段

工作人员需要按照业务需要，将数据字段进行组合。在组合过程中，工作人员应注意以下几点：

- 科学设计字段名称：字段的名称应直观反映其含义，避免使用难以理解的缩写或汉语拼音的缩写；如果金融企业或核心企业对于数据字段名称有相应的规范，最好能遵循规范。工作人员在设计数据字段时，应设计多个理论上是唯一值的字段。例如，在企业基础数据表中，企业ID、企业统一信用代码、企业名称这三个字段在理论上都应该是唯一值。
- 科学排列各数据字段：具有相似或相近意义的字段应尽可能地放在一起，以方便分析时使用。例如，描述合作企业基础信息的名称、统一信用代码、地址、经营人、企业性质等信息可以放在一起；描述交易的总金额、总次数、半年金额、平均单笔金额等可以放在一起。
- 描述内容清晰：工作人员应尽可能全面、清晰地描述各数据字段，以免造成误解。
- 设计独立的数据序号：工作人员应设计一列数据记录序号，这一序号无实质含义，仅用于标注各数据所在的列，以方便后期数据查找、检查和管理。

此外，在设计过程中，工作人员应注意数据存储和操作所使用的数据库，不同的数据库的数据类型设计会有所不同，如果数据分析基础表的数据类型和数据来源处的数据类型不一致，还应充分考虑数据类型之间的转化关系。

案例：下游分销合作企业经营概况表设计

合作企业经营概况表是描述合作企业当前主要基础信息的数据表，数据表存储使用的是 MySQL 数据库。

数据表各字段设计如表 5-15 所示。

表 5-15　数据表各字段设计示例

字段中文名	字段英文名	字段类型	是否允许为空	是否主键
序号	serial_nub	int（128）	N	
企业 ID	coop_id	char（255）	N	Y
企业名称	coop_name	char（255）	N	
企业统一信用代码	coop_license	char（255）	N	
企业地址	coop_address	text	N	
企业联系方式	coop_phone	text	Y	
代理经营区域	coop_op_area	varchar（255）	Y	
企业评级	coop_lv	varchar（64）	Y	
今年累计订货次数	toy_order_nub	int（128）	Y	
今年累计订货额度	toy_order_amount	float（128）	Y	
今年重点产品订货次数	toy_keyprod_order_nub	int（128）	Y	
今年重点产品订货额	toy_keyprod_order_amount	float（128）	Y	
今年累计退换货次数	toy_keyprod_ref_nub	float（128）	Y	
今年重点产品退换货额度	toy_keyprod_ref_amount	float（128）	Y	
去年返利金额	toy_rebate_amount	float（128）	Y	
今年已用返利金额	toy_rebate_used	float（128）	Y	
……	……	……	……	……

5.5.6　设计数据表的数据加工关系

1. 确定结构化数据与半结构化数据

工作人员在完成数据分析基础表的规划和字段设计之后，数据字段的业务目标与业务口径基本已经确认，接下来要进一步确定每个数据字段的技术口径。技术口径关乎数据的获取方式和加工标准。

工作人员在设计数据加工关系之前应将数据分为结构化数据与半结构化数据：

- 结构化数据：结构化数据一般是指在一个记录文件中以固定格式存在的数据，它需要有标准的数据模型，规定各数据字段中的数据内容、数据格式与长度，以及这些数据内容如何被存储、处理等，然后再按照模型生成数据。结构化数据常见于关系数据库中，以二维表的形式存在，每一行代表一个实体，且每行的属性相同。在处理结构化数据时，需确保按照预定的数据模型和加工标准进行操作，电子表格一般存储的也是结构化数据。
- 半结构化数据：半结构化数据通常是指对于数据内容或组合有明确定义，但不以关系数据库的数据表形式进行存储的数据。常见的半结构化数据包括物联网数据、各类日志数据、JSON 串数据等。

此外，还有一类数据被称为非结构化数据，是指完全没有模型或其他手段进行定义的数据，例如，Word 文档、PPT 文档、图片、音频文件等。由于这类数据的处理相对复杂，通常与供应链场景没有直接的关系，因此工作人员不会将其纳入数据来源范围。

2. 结构化数据加工

结构化数据是最常见且应用最广泛的数据类型，是核心企业的生产系统中最主要的数据。工作人员在数据工作中主要使用和分析的对象也是结构化数据。对于结构化数据，工作人员设计的加工方式主要包括以下三种：

- 引用原值：工作人员不做任何加工，直接使用来源系统中对应数据字段的原始内容。
- 计算关系：工作人员使用基本的数学运算对原始数据内容进行加工，例如，计数、累加、相乘、相除、计算中位数、计算平均值等。
- 筛选计算关系：工作人员根据特定条件从数据来源系统的数据字段中筛选内容并进行计算，然后填充到另一张表的字段中，例如，销售额大于 1000 元的销售记录、在某省的企业记录。工作人员在进行筛选时，设置的筛选条件可以是一个或多个，条件之间的关系可以是并集、交集或合集。

工作人员设计完结构化数据的加工关系后，应将加工方式增加到原有的数据表设计中，以方便查询数据的来源和加工方式，可以参考表 5-16。

3. 半结构化数据加工

（1）半结构化数据定义与特点

半结构化数据在供应链金融所使用的数据中占比不高，但其重要性不容忽视。这类数据通常是按照一定时间段定期采集或由特定事件触发的明细数据或描述行为的底层数据，具有数据量大、数据解读难度大、数据处理过程复杂等特点。由于这类数据大多是明细数据，数据粒度非常小，因此它一方面能更加真实地反映对象的行为特征，避免核心企业在收集和处理过程中出现数据丢失或扭曲的情况，另一方面能给工作人员提供更多的分析方向，具有非常高的价值。

典型的半结构化数据就是车辆的轨迹和行为数据。这些数据由物联网设备直接从车辆上采集，因车辆类型、用途以及核心企业的技术能力的不同而有所差异。例如，载重货车主要采集行动轨迹；工程机械则会额外采集如挖掘次数、升降操作次数、工作时间等设备运行数据。这些数据的采集和传输都是由物联网设备自动完成的，数据真实记录了设备的运行状况，且数据之间可以相互验证，确保了数据的真实性和可靠性。

表 5-16 结构化数据加工示例

字段中文名	字段英文名	...	来源数据表	来源数据字段	加工方式	备注
序号	serial_nub		—	—	—	自动生成
企业 ID	coop_id		company_info	company_id	引用原值	
企业名称	coop_name		company_info	company_name	引用原值	
企业统一信用代码	coop_license		company_info	company_code	引用原值	
企业地址	coop_address		company_info	company_address	引用原值	
企业联系方式	coop_phone		company_info	company_address	引用原值	使用 coop_id 关联 company_info
代理经营区域	coop_op_area		company_agency_info	agency_area	引用原值	使用 coop_id 关联 coop_id
企业评级	coop_lv		coop_evaluate_201X00	lv_taget	引用原值	使用 coop_id 关联 coop_id
今年累计订货次数	toy_order_nub		coop_order_201X00	order_id	删选今年的数据后计数	使用 coop_id 关联 coop_id
今年累计订货额度	toy_order_amount		coop_order_201X00	order_amount	删选今年的数据后求和	使用 coop_id 关联 coop_id
今年重点产品订货次数	toy_keyprod_order_nub		coop_order_201X00	order_id	删选今年的重点订单的数据后计数	使用 coop_id 关联 coop_id
今年重点产品订货额	toy_keyprod_order_amount		coop_order_201X00	order_amount	删选今年的重点订单的数据后求和	使用 coop_id 关联 coop_id
今年累计退换货次数	toy_keyprod_ref_nub		coop_order_201X00	order_amount	删选今年的数据后计数	使用 coop_id 关联 coop_id
今年重点产品退换货额度	toy_keyprod_ref_amount		coop_rebate_201X00	rebate_id	删选今年的数据后求和	使用 coop_id 关联 coop_id
去年返利金额	toy_rebate_amount		coop_rebate_201X00	rebate_amount	删选去年的数据后求和	使用 coop_id 关联 coop_id
今年已用返利金额	toy_rebate_used		coop_rebate_use_detail_201X00	use_amount	删选今年的数据后求和	使用 coop_id 关联 coop_id
...	...		...	...	...	...

收集和使用车辆的轨迹和行为数据能让金融企业准确定位到每一个设备的运行情况，从而给供应链金融产品设计、产品风控以及运营提供巨大的参考价值，甚至可能使金融企业比核心企业更了解合作企业。但收集和使用这些数据时，工作人员需要面临以下挑战，这些挑战同样适用于其他的半结构化数据：

- 数据难以理解：在实际工作中，很多核心企业会直接采购成熟的物联网产品，使用对方成型的数据，导致核心企业对这些物联网设备产生的半结构化数据的了解有限，无法提供与自身业务系统中的结构化数据同等的专业知识支持。在这种情况下，单靠工作人员无法完成数据理解工作。
- 数据收集和处理的成本高：由于车辆的轨迹和行为数据的来源方数量众多，采集时间间隔短，因此这些数据的数据量特别庞大，处理难度和成本很高。通常工作人员需要使用核心企业提供的专门的数据环境来进行处理。

（2）半结构化数据加工设计步骤

工作人员对于半结构化数据的加工设计可以分为以下几个主要步骤，为了方便理解，此处以物联网数据为例进行说明：

- 尽可能地收集相关资料：对于任何数据，想要完全从零开始进行解读都是不可能完成的，对于半结构化数据尤其如此，因此工作人员需要从各个方面尽可能地收集相关资料，并以此为线索开展研究和验证。常见的资料包括：
  - 物联网设备厂家提供的资料：物联网设备厂家在提供物联网设备时，一般会提供设备说明书或使用手册，以说明设备能提供的标准数据内容、数据提供方式、设备操作方式等；如果核心企业采用的是这些厂家的标准产品，那么工作人员可以通过阅读这些资料了解物联网的数据设计，知晓物联网的数据内容。
  - 物联网数据对接方案：一些物联网设备企业还会自行建设物联网设备的统一数据平台，或按照核心企业的需要构建专属的数据平台，用于接收自己设备产生的物联网数据，再将数据提供给使用这些设备的核心企业。在这种情况下，物联网企业向核心企业提供数据的对接方案中通常会包含核心企业获取的物联网数据的内容。
  - 物联网数据存储和应用设计：如果前两者的资料都难以找到，那么工作人员还可以从核心企业如何存储和应用数据入手，收集相关资料。一般核心企业获取原始的物联网数据后，会先将原始数据进行集中存储，然后基于自身经营和管理的需要对数据进行加工，形成各种应用，例如，运输行业的路线规划、车辆服务等。从这一思路出发，工作人员可以寻找原始数据存储的方案以了解存储在核心企业的数据，或依据应用中所使用到的数据反向推理出该应用所需要的数据。
- 同类项目经验：当以上所有的资料都无法找到时，工作人员还可以借助历史项目的经验进行猜测，然后抽取样本数据进行验证。但是这么做会带来巨大的不确定性风险，不推荐使用。

- 抽样数据研究验证：在知悉物联网数据基本内容后，工作人员可以从原始的数据中抽取部分数据进行验证，以确认数据内容是否符合资料描述，以及数据内容的组合方式。例如，不同的数据内容之间采用的分隔符号是"|"还是","。在抽取样例数据时，工作人员需要尽可能地按照对象的时间、地域、类型等维度分散抽取，以保证各种情况的数据都被抽取到。此外，对于地理位置数据，工作人员还需要注意不同的坐标转化的问题。

- 结构化数据并进行验证：在了解半结构化数据的内容和组合方式后，工作人员可以使用程序将部分数据转换为结构化数据，形成存储数据的二维数据表。这样做一方面可以规范其数据格式，降低当前工作人员使用和阅读数据时的难度；另一方面可以探索后续数据加工的方式，因为半结构化数据是无法与结构化数据共同使用的，只有转化为结构化数据表形式才能与其他数据表组成数据分析表。对于这部分数据，工作人员还应同时验证数据，以进一步确定数据的正确性。

- 确定有价值数据的范围：在原始的半结构化数据中，有很多数据是一些非关键信息，或物联网设备自带信息，与车辆的地理位置、运行状况并无关系，因此工作人员需要按照前期定下来的目标，从这些数据中挑选出能有效描述合作企业行为、有价值的数据，为后续形成指标和标签做好准备。

- 提前确定并验证关联数据的方式：为了能与其他数据表组成分析基础表，了解数据之间的关联方式是必不可少的。对于物联网数据这种描述行为的数据，甚至需要通过几层关系，才能将某物联网设备所记录的信息和某企业或实体对应上。例如，通过物联网设备的编号关联到某一辆车，再通过该车辆关联到某个合作企业或人。在实际工作中，对于关联数据的字段要高度注意，并反复验证。虽然对于数据表的关联验证工作往往在数据设计之后进行，但对于物联网的数据验证应提前完成，这一方面是由于数据量大、数据复杂，提前验证能降低成本，另一方面是因为物联网数据不完全由核心企业控制，数据质量可能没有那么好。例如，一些物联网设备中标注某一数据是该车辆的归属人/公司，很多工作人员会想当然地使用该数据去关联合作企业，但实际上这个数据可能是不准确的，导致物联网设备归属数据不可用。比如，由核心企业委托第三方公司购买安装的物联网设备上所记录的归属人/公司就是第三方公司；转售获得的二手物联网设备记录的依然是该设备之前的归属人/公司；物联网设备管理简单粗暴，没有登记归属人/公司等。
- 设计数据加工标准：工作人员按照所需要的数据内容设计数据加工逻辑。相比于结构化数据，工作人员需要已有的数据情况来制定加工计划。例如，由于物联网数据量巨大，非常占用存储空间，因此很多企业会定期清理原始数据。对于不在此范围内的数据，工作人员只能考虑放弃加工；而对于在此范围内的数据，工作人员应考虑采用与核心企业结果数据相同的加工逻辑进行加工。

5.5.7 检查来源表的数据质量

在完成设计并填充具体数据之前，工作人员需要对来源表数据进行数据质量摸底检查，以初步评估数据的基本质量，判断数据可用性，为后续的工作提供指导。

完整的数据质量检查工作包括实际数据表与设计检查、关键数据唯一性检查、外部数据关联性检查、数据形式准确性检查，以及对数据字段内容的准确性逐个进行的内容实质性检查等五个部分。本阶段的数据质量摸底检查仅包括实际数据表与设计检查、关键数据唯一性检查、外部数据关联性检查三部分。原因包括以下两点：一是检查的目标并非深入了解数据表的细节，而是做数据内容初筛，判断基本的可用性；二是全面的数据检查的成本过高，且需要核心企业的人员的配合，无法在短期内完成。

数据质量摸底检查三部分的工作内容分别如下：
- 实际数据表与设计检查：工作人员需检查系统中实际数据表与原始设计是否一致，具体包括数据字段的名称、类型、长度、码值等。其中，对名称、类型及长度的检查可以采用抽样方式，而对码值的检查则通过提取全量数据进行。例如，若数据表设计中"合作企业重要性分级"字段的码值为"1""2"或"3"，则需要提取该字段数据并去重，验证是否仅有这三种码值。
- 关键数据唯一性检查：工作人员需检查那些不应出现重复值的关键数据。这些数据通常作为数据表描述对象的唯一标识。重复值可能导致同一个对象存在多条不同的记录，进而影响数据的准确性。例如，合作企业应具有唯一的 ID，以便正确归类和关联其在核心企业的其他行为数据；如果合作企业有两个 ID，则会导致后续工作中无法关联其他数据。
- 外部数据关联性检查：工作人员需测试两个拟关联的数据表之间的关联方式是否有效。不同的数据表之间需要通过关联字段进行关联。例如，合作企业的基础信息表和订单结算表通常通过合作企业 ID 字段进行关联。关联性检查就是测试这种关联是否实际可行。若工作人员发现关联字段不能实现一对一的关联，则需考虑使用其他字段或方法来完成不同数据表的关联。

当发现数据检查结果不佳时，工作人员需要和核心企业人员沟通，一起解决发现的问题：

- 解决实际数据表与设计不符的问题：工作人员需根据实际情况，详细记录并确定数据表中各字段的具体情况，并据此编写出实际的数据表结构。
- 解决关键数据一致性问题：双方需要先找出数据重复的原因，并制定合并重复数据的策略。例如，合作企业 ID 重复可能是由历史系统数据迁移导致的，此时应选取合作企业最新生成的 ID。这些合并策略应详细记录，以便后续数据整合。若数据无法合并，经核心企业人员确认后，也可采取删除重复数据的方式，以确保关键数据的一致性；在后续制定解决策略时，工作人员也可以参考此处的方法。
- 解决外部数据关联性问题：双方需要设计新的关联方式，通常有两种思路。一是双方确定一个新的关联字段，例如，如果合作企业 ID 无法实现全面关联，可以考虑使用企业统一社会信用代码来代替；二是采用多字段联合关联的方式，这种方式常用于解决关联字段中"一对多"的问题，例如，可以使用"合作企业 ID"与"合作企业名称"两个字段进行关联，以确保需要关联的数据记录形成一一对应的关系。

5.5.8 完成数据填充

确认来源数据后，工作人员需要与核心企业人员进行沟通，将数据填充进设计好的数据分析基础表。数据填充方案包括以下两部分：

- 技术实现方式：技术实现方式是指从各数据来源收取数据，完成数据清洗、加工并填入宽表的各个数据字段中，最终形成完整的数据分析基础表。这一过程可以通过编写操作代码和运行数据库来实现，也可以通过操作电子表格来完成。在实施过程中，工作人员除了应遵循前期制定的操作规范以确保数据质量外，还需要关注数据加工的顺序。由于数据分析基础表采用分级分类设计，上层数据表中的许多字段都来源于下层数据表的数据加工处理，下层数据表之间可能存在数据引用和加工关系，因此，工作人员必须精心设计各数据表的数据加工和处理顺序，以确保数据的准确生成。特别是在选择系统批处理生成数据分析基础表时，各批处理之间的依赖关系必须准确无误。例如，分销商经营概况表的订货数量、订货金额等来源于分销商订货统计表，而分销商订货统计表的数据又来源于分销商订单详情表的各个订单计数和金额求和，那么在数据填充方案中，应先填充订单详情表中的数据，然后基于它生成订货统计表数据，最后生成分销商经营概况表数据。

- **操作方式**：操作方式解决的是由谁来进行数据操作，以及如何通过操作生成数据分析基础表的问题。这主要是一个管理层面的问题而非技术问题，双方最好能在前期的法律协议中明确相关责任和义务。在实际工作中，出于对数据安全的考虑，核心企业可能会要求金融企业提供明确的数据分析基础表设计和数据填充技术实现方案，然后由核心企业的人员来进行实际操作。一些管理严格的核心企业可能只允许工作人员提供数据分析基础表的设计方案，然后由自己的技术人员根据该设计来制定实现方案。在这一过程中，工作人员要与核心企业技术人员进行大量的沟通，以帮助他们正确理解数据分析基础表的设计逻辑和数据口径。即使如此，仍然可能会出现数据质量不满足需求的情况，从而导致双方需要多次进行数据检查和修正。

在进行填充方案设计时，工作人员应特别注意多个数据来源向同一个数据表填充数据的问题。如果方案设计不当，很容易导致数据错误或相互矛盾的情况出现。

5.6 检查并修正填充后的数据

数据填充方案执行完成后，数据分析基础表就会成为存储大量实体数据内容的数据表。接下来，工作人员将主导对填充后数据的检查，并根据检查结果对数据表和数据内容进行必要的修正。

按照是否需要结合具体场景进行数据准确性判断，可以将数据的准确性分为基础准确性和场景准确性：

- 基础准确性关注的是数据本身，即将数据脱离具体业务背景，仅从数据角度审视其准确性。例如，在合作企业的数据表中，每个合作企业应对应唯一的企业ID，如果出现2个或2个以上，那就说明数据内容出现了错误；企业成立年限应为正数，如果是负值，则显然数据是错误的。在检查过程中，工作人员应首先确保数据的基础准确性，一是因为它是准确性的基础，基础都不准确，在场景中必然是错误的；二是因为这一检查有标准的逻辑和方法，检查效率更高。
- 场景准确性是将数据放到具体场景中判断是否准确。例如，合作企业成立年限数值本身没有限制，但如果核心企业要求合作企业成立至少5年，那么成立年限小于5年的数据则视为错误。场景准确性的检查方法又可分为单字段检查和多字段检查。其中多字段检查通常会涉及深度业务逻辑的数据问题，工作人员只有通过一些深层次的检查或分析工作才会发现。例如，评价很低，被标注为限制合作金额的上游供应商身份的合作企业却拥有大量的订单；下游的分销商使用的返利金额超过去年的返利总金额等。这些问题并不意味着数据一定是错误的，工作人员经过和业务部门核实后，可能会得到以下信息：评价低的合作企业能获得大量订单的原因是它供应的零部件是独一的，市面上没有其他的供应商能提供这样的零部件；使用了超量返利的分销商的原因是前年的返利没有使用完，经过核心企业相关管理人员特批后将前年的返利转结算到了去年，导致该分销商使用的返利金额超过了去年返利总金额。

在本阶段，数据内容检查工作将围绕着基础准确性进行，同时纳入单字段的数据场景准确性检查。其中，数据基础准确性的检查主要包括内容唯一性检查和内容形式校验，顺序为先进行内容唯一性检查，确保数据表中描述的对象具有唯一性；再进行内容形式校验，以纠正不合法数据。

5.6.1 数据内容唯一性检查及问题处理

1. 检查内容

在设计数据分析基础表时，工作人员明确了数据描述的对象，并确定该对象的唯一标识或内容。最常见的唯一性检查方法是对唯一性标识或内容进行重复值统计，如果发现重复值，就意味着检查未通过。在时间允许的情况下，建议工作人员对所有与对象直接相关的数据字段执行唯一值检查。

案例：合作企业经营概况表的唯一性检查设计

合作企业经营概况表是描述合作企业当前主要基础信息的数据表，合计有 9 个字段，需要通过唯一性检查确认每一个合作企业都只有一条记录。

对各字段的检查方式与检查结果的记录如表 5-17 所示。

表 5-17　对各字段的检查方式与检查结果的记录示例

字段名	字段说明	检验方式	检查结果
企业 ID	合作企业在核心企业的标识 ID，每一个分销商只有一个 ID	检查唯一值，不允许有重复	无重复值
企业名称	合作企业在工商部门登记的名称，与标识直接相关，一个标识应只对应一个企业名称	检查唯一值，不允许有重复	无重复值
企业统一信用代码	合作企业在工商部门登记的三证合一号（即以前的工商执照编号），与标识直接相关，一个标识应只对应一个三证合一号	检查唯一值，不允许有重复	无重复值
企业地址	合作企业在工商部门登记的经营地址，一个标识应只对应一个企业地址	检查唯一值，不允许有重复	除空值外，无重复值
企业联系方式	合作企业的联系电话，一个标识应只对应一个企业联系方式	检查唯一值，不允许有重复	除空值外，存在 10 个重复值

（续）

字段名	字段说明	检验方式	检查结果
代理经营区域	描述合作企业的行为，一个标识应只对应一个代理区域	检查唯一值，不允许有重复	除空值外，无重复值
去年返利金额	描述合作企业的行为	三个值组合起来，按照概率不应出现重复值	除空值外，无重复值
企业评级	描述合作企业的行为		
去年分销销售额	描述合作企业的行为		

2. 常见问题

在进行唯一性检查时，最常见的问题是合作企业基础信息重复与交易记录重复。

（1）合作企业基础信息重复

合作企业基础信息重复的情况通常分为以下两类：

- 所有对象信息标识重复：包括企业 ID、企业统一信用代码、企业名称及企业联系方式等所有信息标识对象均重复。
- 部分对象信息标识重复：例如，企业 ID 重复，但其他信息不重复；企业统一信用代码重复，但其他信息不重复等。

导致合作企业基础信息重复的常见原因包括以下几个：

- 数据表加工过程出现问题和差错，这通常会导致所有对象信息标识重复。
- 业务管理上的疏忽，企业或操作人员的不规范操作导致录入了错误数据。
- 核心企业的业务系统迁移或数据迁移出现错误，尤其是 ID 重复的情况最为常见。
- 数据重复录入或先后录入信息但未更新原有信息记录，这是导致企业名称重复、企业统一信用代码重复的主要原因。
- 企业和核心企业的合作中断过，后又恢复，导致企业名称重复，或所有对象信息标识重复。
- 系统开发时没有注意管理，导致测试数据混入其中。

（2）合作企业交易记录重复

合作企业交易记录重复的情况通常分为以下两种：

- 同一个交易流水 ID 下，有多笔不同的交易记录，如两笔交易金额不同的交易记录。
- 多笔交易流水 ID 下，交易记录一致，如两笔交易记录除了 ID 之外，交易金额、对手、发生时间都是一致的。

导致合作企业交易记录重复的常见原因包括以下三个：

- 数据表加工过程出现问题和差错。
- 系统本身 bug 或运行错误。例如，业务系统重复记录交易、业务系统批量处理错误等。
- 操作人员操作不规范导致重复记录。例如，操作过程中断后，操作人员没有结束或废除之前的操作，而重新开始一笔记录，从而导致重复的记录。

3. 问题确认与原因定位

工作人员应将所有发现的问题逐一进行分类，确定产生这些问题的原因，并统一记录在清单中。

问题确认与原因定位包含四个步骤，步骤的设计可以参考图 5-4。这些步骤也可以用于后续的内容形式校验。其中，核心企业沟通主要用于确认问题，并初步对问题进行分类，后续三个步骤主要用于问题及原因的查验核实。

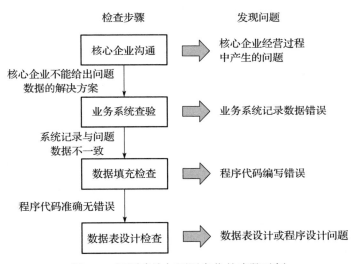

图 5-4　问题确认与原因定位的步骤示例

数据内容唯一性检查中各步骤的工作内容具体如下：

- 核心企业沟通：工作人员与核心企业的业务人员和技术人员进行深入沟通，确定问题确实存在，并逐步分析以了解产生问题的原因。在沟通过程中，工作人员需要注意两点，一是相同的问题现象可能有不同的原因，例如，客户 ID 重复可能是由于系统处理错误，或由于历史数据、系统开发时的测试数据意外混入；二是为了确保高效沟通，工作人员需挑选出具有代表性的问题数据记录，进行详细标注和说明，从而帮助核心企业人员更清晰地理解问题。

案例： 合作企业经营概况表的重复值问题沟通资料

合作企业经营概况表是描述合作企业当前主要基础信息的数据表，合计有 9 个字段，经过检查，发现重复数据有 150 条。

各字段的重复值检查结果统计记录如表 5-18 所示，有重复值的明细数据记录如表 5-19 所示。

表 5-18 各字段的重复值检查结果统计记录示例

字段名	唯一值数量	重复值情况
企业 ID	10000	无重复值
企业名称	10100	有 40 个 ID 下有 2 个企业名称 有 30 个 ID 下有 3 个企业名称
企业统一信用代码	9995	有 5 个 ID 下有 2 家企业名称 有 10 个 ID 下没有企业名称，即为空值
企业地址	10050	有 30 个 ID 下有 2 个企业地址 有 10 个 ID 下有 3 个企业地址
企业联系方式	8500	有 1500 个空值，但无重复值
代理经营区域	10000	无重复值
去年返利金额	—	三个值组合下有 60 个重复值
企业评级		
去年分销销售额		

表 5-19 有重复值的明细数据记录示例

序号	问题描述	企业 ID	企业名称	企业统一信用代码	企业地址	企业联系方式	代理经营区域	去年返利金额/万元	企业评级	去年分销销售额/万元
1	与序号 2 的企业名称、统一信用代码、企业地址、代理经营区域重复；其余唯一性满足	100001	A1 食品有限责任公司	10MA00000000XXXXXX	地址 X1	16XXXXXXXXX	X1 市 X1 区	100	金牌代理	300
2	与序号 1 的企业名称、统一信用代码、企业地址、代理经营区域重复；其余唯一性满足	100002	A2 食品有限责任公司	10MA00000000XXXXXX	地址 X1	17XXXXXXXXX	X1 市 X1 区	100	重点代理	300
3	与序号 4 的企业 ID、企业名称、企业地址、代理经营区域、联系方式重复；其余唯一性满足	100500	B1 食品有限公司	541200000000XXXXXX	地址 M1	13XXXXXXXXX	M1 市 N1 区	50	金牌代理	155

（续）

序号	问题描述	企业ID	企业名称	企业统一信用代码	企业地址	企业联系方式	代理经营区域	去年返利金额/万元	企业评级	去年分销销售额/万元
4	与序号3的企业ID、企业名称、企业地址、代理经营区域、联系方式重复；其余唯一性满足	100500	B1食品有限公司	4L8900000000XXXXXX	地址M1	13XXXXXXXXX	M1市N1区	50	金牌代理	155
5	与序号3、序号4的企业ID重复；其余唯一性满足	100500	B2食品有限公司	8763000000000XXXXXX		15XXXXXXXXX	L1市K1区	60	银牌代理	200

- 业务系统查验：业务系统数据缺陷会使数据源头污染，从而影响后续所有的数据，且这一问题无法通过技术手段进行根本性解决，因此业务系统查验是问题数据核验的第一步。针对重复数据问题，双方可以直接在业务系统中进行查询验证，逐一核对系统内的数据，确认是否存在重复记录。如果系统查询结果显示存在重复数据，且与先前发现的问题一致，则表明数据填充和数据表设计方面并无问题，后续工作的重点将转向处理这些重复数据。如果系统查询未发现重复数据，或发现的重复数据与问题不符，则意味着数据填充或数据表设计可能存在问题。
- 数据填充检查：数据填充过程出现的错误会导致正确的数据出现错误的结果，这些问题通常与代码密切相关，例如，代码本身有漏洞、代码未能完全运行等。填充检查可以按照以下顺序进行：
  - 检查代码内容和运行逻辑，确认没有明显漏洞；在这一过程中，技术人员需逐一运行代码，逐一排查可能的问题。
  - 检查日志，确定代码得到执行。
  - 重新运行代码，并将新生成的数据与先前发现问题的数据进行比对，如果结果一致，双方可以确定数据填充工作没有问题。
- 数据表设计检查：存在缺陷的数据表设计会导致数据被错误整合，从而引发问题。在排除前两类错误之后，工作人员需要回顾数据表设计的关键要点，并对出现重复数据的来源数据表的原始数据内容进行检查以判断问题所在。
  - 如果未发现重复数据，则表明在数据表中对原始数据的处理存在问题，需要重新进行设计。

- 如果在原始数据中发现了重复数据，则意味着原始数据本身存在重复，即原始数据的质量有问题，在这种情况下，工作人员需要进一步查找数据来源系统，并与核心企业的业务人员及技术人员进行沟通，逐一确定这些问题的真实原因并逐一解决。

4. 问题处理

通过以上四个步骤确定了问题的产生原因后，工作人员应与核心企业人员一起确定重复数据问题的解决方案。

（1）处理重复数据

重复数据的处理方式主要包括以下三种：

- 删除不准确的数据：这种方式相对简单直接，通常是在数据分析基础表上删除那些重复的、不准确的或测试数据。具体的删除标准应由核心企业确定，并且删除的数据也应与其逐一确认，以确保数据的准确性和完整性。
- 合并数据：当遇到如合作企业 ID 或统一信用代码等唯一标识重复，但相关行为数据（如订单额度、返利金额等）不一致的情况时，工作人员通常会采用合并数据的方式。合并数据又分为完全合并和选择性合并。完全合并是将多条相关数据的数值进行求和，然后归并到同一个 ID 下；选择性合并则是从多条数据中选择一条，将其记录在该 ID 下。例如，ID 为 A 的合作企业有两条销售金额记录，分别为 10 万元和 5 万元，如果采用完全合并的方式，则 A 企业的销售金额为 10+5=15 万元，如果采用选择性合并的方式，则 A 企业的销售金额是 10 万或 5 万元。在进行数据合并时，工作人员应区分不同的数据字段，并根据核心企业的指导选择最正确的数据记录。如果核心企业无法给出明确指导，工作人员可以按照以下四个原则设计数据合并方案：
    - 取最核心/最关键系统的数据：工作人员选取和企业所在的业务关联系数最高的业务系统的数据作为正确数据。例如，上游供应商企业使用的系统一般是供应商管理系统/订货系统，核心企业管理下游分销企业一般使用渠道管理系统，因此工作人员可以选用这些系统的数据记录；对于企业 ID、企业名称等，还可以使用财务系统的企业记录作为数据记录来源。
    - 取最多交易量或最新交易的数据：对于核心企业来说，要完成交易必然要求其自身的数量是正确的，因此工作人员可以选择发生最多交易量或最新一次交易的企业数量和记录作为数据记录来源。
    - 取最新更新记录的数据：距离当前时间点越近的数据通常是最新数据，因此工作人员可以按照时间排序，选取系统中最新的记录作为信息记录来源；

- 使用外部信息判断数据记录：工作人员可以使用国家标准或行业标准进行判断，例如，标准的手机号位数为 11 位，满足这个标准则认为该数据是正确的数据。

案例：处理某合作企业的重复数据

企业 ID 为 B 的合作企业，有如表 5-20 所示的三条不同的数据记录。工作人员对有差异的 3 个字段分别采用不同的合并数据方式，具体处理方式为：

- 代理经营区域：使用序号 1 的数据，虽然所有数据都来源于市场部门渠道管理系统，但序号 1 数据的更新时间最近。
- 返利数据：使用序号 2 的数据，该数据直接来源于财务系统计算出的返利数据，也是数据最终的来源，市场部门渠道管理系统中返利计算与管理模块应该直接使用该数据。
- 企业统一信用代码：使用序号 3 的数据，该数据为当前国家工商管理部门登记的统一信用代码，其他数据疑似历史曾用统一信用代码；

完成处理后的数据记录如表 5-21 所示。

表 5-20 待处理的数据记录示例

序号	企业 ID	企业名称	统一信用代码	代理经营区域	去年返利金额/万元	不需要处理的数据
1	100500	B 食品有限公司	541200000000XXXXXX	M1 市 N1 区	50	……
2	100500	B 食品有限公司	541200000000XXXXXX	M1 市 N2 区	70	……
3	100500	B 食品有限公司	4L8900000000XXXXXX	L1 市 K1 区	60	……

表 5-21 完成处理后的数据记录示例

序号	企业 ID	企业名称	统一信用代码	代理经营区域	去年返利金额/万元	不需要处理的数据
1	100500	B 食品有限公司	4L8900000000XXXXXX	M1 市 N1 区	70	……

- 保留重复数据：这是一种不常见的处理方式。在某些情况下，工作人员会选择保留重复数据。这通常发生在工作人员无法判断或处理重复数据，或者判断这些重复数据实质上是不同的记录时。例如，存在多条交易记录流水号不重复但其他交易信息一致，或者交易双方、金额、时间一致但流水号和其他信息不一致的情况，这通常被视为多条实质不同的交易记录。在保留重复数据时，工作人员需要对这些重复数据分别给予新的标号，以区分为多条不同的记录。

此外，在实际工作中，对于数据内容不重要或重复量很小的数据，工作人员和核心企业人员可能选择不对这些数据进行修正。这种做法可能会给后续工作带来隐患，因此不推荐使用。

（2）修正错误数据

工作人员发现数据问题后，修正错误数据的方法有以下两种：

- 使用代码修正：确定了数据问题之后，首选的修正方式是修改生成结果数据内容的代码，并重新生成数据。这种方式效率高，通过系统批量处理数据，避免了手工处理的烦琐和错误。由于数据检查是一个持续的过程，后续工作中还可能发现新的数据问题，因此需要不断提升数据质量。通过程序代码实现数据修正，可以方便地增加或修改代码以适应新的数据修正需求。
- 使用人工修正：当数据量不大，且使用代码无法修正时，可以考虑人工逐一进行修正。但这种方式容易造成遗漏，且如果后续再次发现问题，还需要再次进行修正。因此，应尽可能减少使用人工修正的方式。如果确实需要使用，应做好修正记录，将所有人工修正的数据整理成清单，并统一导入数据表进行更新，以确保数据的准确性和一致性。

（3）形成工作记录

工作人员应当对所有的数据问题及修正措施进行详细记录，以便为后续工作提供有力的支持。在后续的数据分析过程中，若发现当前的处理手段未能从根本上解决问题，或者引发了新的问题，那么就需要回顾这些记录，重新调整处理策略。同时，金融企业的员工还应对处理前后的数据进行全面统计，以准确记录经过处理后实际可用的数据量。工作人员形成的工作记录包括两部分：

- 修正方式与原因记录：这部分应详细记载问题的成因、采取的修正措施，以及相关的代码文件。技术人员还应在代码中添加相应的注释，以便未来查阅和理解。
- 问题数据修正方式与结果记录：对所有存在问题的数据记录进行标注，说明每一条问题记录是采用何种修正方式处理的。在实际操作中，由于问题记录数量可能非常庞大，当修正的数据记录达到1000条甚至更多条时，对每一条记录都进行详细标注可能会显得不切实际，但当工作人员采用人工修正时，即使修正的数据记录再多，也必须进行记录。

案例：合作企业经营概况表的唯一性校验及修正记录

合作企业经营概况表经过1次数据修正，修正记录编号为MF201X-01，修正时所使用的修正方式记录如表5-22所示，使用程序进行修正的数据内容记录如表5-23所示，使用人工进行修正的数据内容记录如表 5-24 所示。

表 5-22 修正方式记录示例

修正方式编号	问题描述	修正数据方式	处理数据记录数	修正后代码文档名称
MF201X-01	由于企业改名，导致同一企业 ID 下企业名称重复	在 XXX 表中取最新的企业名称	50	合作企业加工 V1.01
MF201X.-0102	由于企业有跨区域经营行为，导致同一企业名称下有多个地址	不认为是错误，需要修改结果数据表设计	79	合作企业加工 V1.01
MF201X.-0103	由于行政区域管理不严格，导致同一企业 ID 下有多个代理区域	人工清理不规范的行政区域名称	204	—
MF201X.-0104	历史数据，导致企业地址为空	根据企业工商信息填充企业地址 人工清理，并统一从后台数据表写入	84	mf_company_temp 表（合作企业遗产地址表）
MF201X.-0105	同一个企业 ID 下，返利数据有重复记录	数据来源修改为财务系统下相关数据表	12	合作企业加工 V1.01

表 5-23 使用程序进行修正的数据内容记录（这种记录不常见）

数据记录编号	修正版本编号	修正方式编号	企业 ID	企业名称	企业统一信用代码	……
1	MF201X-01	MF201X-01	100500	B2 食品有限公司	876300000000XXXXXX	……
2	MF201X-01	MF201X.-0102	100500	B1 食品有限公司	4L8900000000XXXXXX	……
3	MF201X-01	MF201X.-0102	100500	B1 食品有限公司	541200000000XXXXXX	……
4	MF201X-01	MF201X.-0102	100002	A2 食品有限责任公司	10MA00000000XXXXXX	……
5	MF201X-01	MF201X.-0102	100001	A1 食品有限责任公司	10MA00000000XXXXXX	……
……	……	……	……	……	……	……

表 5-24 使用人工进行修正的数据内容记录

数据记录编号	修正版本编号	修正方式	记录修正方式	企业 ID	企业名称	企业统一信用代码	……
1	MF201X-01	人工	保留此记录，但使用记录 3 中的返利金额，改为 100	100500	B2 食品有限公司	876300000000XXXXXX	……

（续）

数据记录编号	修正版本编号	修正方式	记录修正方式	企业ID	企业名称	企业统一信用代码	……
2	MF201X-01	人工	删除此记录	100500	B1食品有限公司	4L8900000000XXXXXX	……
3	MF201X-01	人工	删除此记录，用返利金额替代记录1的该字段	100500	B1食品有限公司	541200000000XXXXXX	……
4	MF201X-01	人工	保持此记录，但企业评级使用记录10的记录，改为金牌代理	100002	A2食品有限责任公司	10MA00000000XXXXXX	……
5	MF201X-01	人工	删除此记录	100001	A1食品有限责任公司	10MA00000000XXXXXX	……
……	……	……	……	……	……	……	……

5.6.2 数据内容形式校验及问题处理

1. 检查内容

数据内容形式校验是在确保数据唯一性的基础上，对数据进行的更深入的检查，这一检查应覆盖所有数据字段，以确保数据的准确性和完整性。

数据内容形式校验按照检查内容，可以分为空值检查、异常值检查、数据值范围检查三类；按照检查的数据属性，可以分为离散型数据的检查和连续型数据的检查。一般异常值检查大部分是离散型数据检查，而数据值范围检查主要是连续型数据检查，也有部分是离散值数据检查。

- 空值检查：工作人员确认数据字段是否存在非法空值。数据字段出现空值有两种可能：
  - 初始录入时产生的空值：这通常是因为业务系统没有强制录入要求，或者业务人员因疏忽或不理解如何录入信息而未录入导致的。
  - 计算产生空值：这可能是由于信息系统或数据系统在生成数据设计或执行时出错，导致生成了空数据或未按要求生成数据。非法空值会严重影响数据分析的准确性和完整性，因为空值字段无法反映对象的特征属性，无法进行统计和加工，也无法与其他数据字段一起衍生出新的数据内容。
- 异常值检查：异常值检查用于检查、识别与数据表设计或原始数据来源不一致的数据值。例如，企业名称数据字段的值应该为一串汉字或其他语言的文字，如果名称为一串乱码，则这些就是异常值。异常值可以分为两类：

- 内容完全不能满足数据要求，无法解读其真实含义的异常值，常见的包括 "-""%""*" 及空格等符号。
- 内容满足数据要求，但格式存在异常的异常值：这类异常值虽然人可以理解，但机器处理起来较为困难。以企业经营面积为例，数据表设计要求该字段的值为阿拉伯数字，面积单位为平方米，且面积单位不在数据表中体现，则异常值可能是"三十平方米""30m2""三十"等。异常值的产生原因同样可以分为初始异常与计算产生两种情况。造成的影响也与空值相同。

- 数据值范围检查：工作人员检查数据值是否符合常识，并初步判断数据是否符合特定场景的需求。相对于空值和异常值，数据值范围问题的类型多样，产生的原因也较为复杂，需要具体问题具体分析。错误的数据值会错误地反映对象的特征属性，基于这些异常数据值进行的数据加工和衍生数据内容也必然是错误的。与空值和异常值相比，错误的数据值更为隐蔽，如果不仔细检查或在设计检查方案时考虑不周全，很容易造成遗漏，从而带来更大的损失。范围检查具体包括以下内容：
  - 检查数据值是否在常识范围内：例如，检查企业成立日期范围，发现"9999-12-31"这样不存在的日期，或"1895-12-01"这样违反常识的日期。
  - 检查不同数据字段之间是否存在矛盾：例如，分销商所在地市为东莞市，区县为南山区，明显南山区属于深圳而不属于东莞。

在检查方式上，从空值检查到数据值范围检查，难度和复杂程度逐步提升。工作人员通常遵循从易到难的原则，即先进行空值检查，再进行异常值检查，最后进行数据范围值检查。

- 空值检查：空值检查相对简单，只需确定需要检查的字段，然后直接查询带有空值的数据记录即可。
- 异常值检查：异常值检查则相对复杂。首先需要确定要检查的字段，然后识别异常值的数据类型和内容，逐一检查数据记录。常见的检查要求如下：
  - 不允许任何异常字符：所有数据字段中任何地方都不允许出现特定的字符。
  - 不允许单独出现异常字符：数据字段中不能只有这一个字符而没有其他内容，如字段中填写内容为"-""%""*"等符号。
  - 特定位置不允许出现异常字符：按照字符在数据内容的出现位置，具体又可以分为首部不允许、尾部不允许，以及中间不允许。如"北京-西城区"的"-"属于中间不允许，"*食品有限公司"中的"*"符号则属于首部不允许。
  - 部分数据内容允许出现特定异常字符：某些数据字段中不允许出现该字符，如企业名称字段中填写的"%有限公司"中的"%"符号是不允许出现的，但返利使用进度字段中填写的"70%"中的"%"符号是允许出现的。同样，按照出现位置也可以分为首部不允许、尾部不允许，以及中间不允许等。

- 数值字符检查：针对纯粹使用数值表示的字符往往需要独立检查，如订单金额、累计结算金额、累计返利金额等。因为这些数据都采用阿拉伯数值进行记录，以方便后续进行数据加工和计算，且在正常的信息系统设计中，这些数据在数据表中的数据类型应该是整数型或浮点型。因此，只要是数值型的数据，都应该检查是否出现了汉字、带单位的字符等情况。
- 字符长度辅助检查：对于一些特定的数据内容，还可以使用字符长度辅助进行异常值检查，典型的如企业主身份证信息、企业联系电话等。可以按照字符长度来检查是否异常，如身份证的字符长度是 15 位（一代身份证）或 18 位（二代身份证），不符合的则为异常值。

● 数据值范围检查：数据值范围检查是最复杂的检查。工作人员在确定需要检查的字段后，需要依赖历史经验和核心企业人员的支持列出数据值范围的检查要求。在检查非常复杂的数据时，工作人员可能还需要借助核心企业系统设计文档中的记录。检查内容按从简单到复杂的顺序依次包括以下四部分：

- 正负值检查：检查数据字段中是否出现了不合理的负值或正值，例如，检查企业采购订单数、企业返利金额等字段是否出现负值。
- 极值检查：检查数据字段的极大值和极小值，判断数据值是否超出了合理范围，例如，存在订单数最大值为 1000 万的企业，这就明显超出了一般的常识。
- 统计数值检查：通过检查字段的平均数和中位数等指标，判断数据是否存在过大或过小的情况，如果需要，还可以增加四分位数的统计，如果数值超出设计或业务经验则意味着可能存在问题。
- 关联字段检查：关联字段检查最复杂且成本高，需要先确定关联字段和关联逻辑，完成关联逻辑所需的数据准备，然后进行检查。这种检查方式应在使用前进行充分的论证和准备，且检查的字段需要基于已完成检查的数据字段进行，这样才能保证数据检查呈现一环扣一环的逻辑严密性。检查的内容规划格式可以参考表 5-25。

表 5-25 明细情况表中关联字段、关联逻辑与数据准备示例

关联字段	关联逻辑	数据准备
省、地市、区县	省关联地市、地市关联区县	全国行政区划关系
销售金额、返利金额	返利金额可以由销售金额按比例进行计算	返利比例

（续）

关联字段	关联逻辑	数据准备
销售金额、企业评级、代理区域	企业评级由销售金额、代理区域进行计算	企业评级规则
返利金额、使用返利金额	返利金额大于等于使用返利金额	无
……	……	……

由于形式校验的涉及内容广泛，因此工作人员在进行正式检查前，应先按照形式校验的集中检查方式，对各数据表的数据字段和内容进行研究，然后设计出各字段的形式校验方式与要求，最后进行检查。其中工作人员需特别关注数据值范围检查，应充分考虑各种可能存在的数值情况，以避免遗漏。

案例：合作企业经营概况表的内容形式校验

合作企业经营概况表是描述合作企业当前主要基础信息的数据表，合计有 9 个字段，需要通过形式校验以保证数据准确性。

数据的检查要求包括：

- 所有数据都需要进行空值检查，然后按照要求逐个进行异常值检查，最后进行数据值范围检查。
- 异常字符包括除标准汉字（含繁体字）、英文、数字之外的所有字符，部分字段中，汉字为异常字符。
- 数据值范围检查根据不同的字段设置个性化指标。

检查要求清单示例如表 5-26、表 5-27 所示。

表 5-26　合作企业经营概况表中各字段的异常值检查要求清单示例

字段名	异常值检查要求	备注说明
企业 ID	完全不允许异常字符	
企业名称	完全不允许异常字符	不允许出现英文或其他字母；少数民族文字需要手工进行检查
企业统一信用代码	完全不允许异常字符	
企业地址	首部不允许出现异常字符，尾部不允许出现异常字符	
企业联系方式	完全不允许异常字符，数值字符检查	不允许出现汉字数字
代理经营区域	首部不允许出现异常字符，尾部不允许出现异常字符	
去年返利金额	完全不允许异常字符，数值字符检查	应该完全为数值
企业评级	完全不允许异常字符	应完全为汉字
去年分销销售额	完全不允许异常字符	应该完全为数值

表 5-27　合作企业经营概况表中各字段的数据值范围检查要求清单示例

字段名	正负值检查	极值检查	统计数值检查	关联字段检查	其他要求
企业 ID	无	无	无	无	无
企业名称	无	无	无	无	无
企业统一信用代码	无	无	无	无	无
企业地址	无	无	无	无	无
企业联系方式	无	无	无	无	无
代理经营区域	无	无	无	省关联地市、地市关联区县 关联外部数据，行政区划按 GB_T2260-2017 标准进行校验	无
去年返利金额	不允许出现负值	不超过 100000000（即 1 个亿）	使用四分位数、平均值、中位数进行检查	去年返利金额大于或等于今年使用返利金额 去年返利金额为去年分销销售额的 5%～15%	无
企业评级	无	无	无	无	无
去年分销销售额	不允许出现负值	不超过 100000000（即 1 个亿）	使用四分位数、平均值、中位数进行检查	无	无

2. 问题原因定位

问题原因定位的工作过程与唯一性检查一样，包含核心企业沟通、业务系统查验、数据填充检查、数据表设计检查四个步骤，此处不再赘述。

3. 问题处理

（1）处理问题数据

工作人员通过内容形式校验发现问题后，需要将这些问题列成清单，与核心企业业务人员和技术人员进行沟通，基于不同问题制定不同的处理方式。

- 处理数据记录中的异常值字段：
    - 保留异常值：对异常值进行保留，一般是一些不重要的数据字段，这些异常值并不会对后续的工作造成太大的影响。如果采用保留异常值的方式，那么应对该字段进行特殊标注，以防止后续对数据进行加工或与其他数据值进行衍生加工时出现问题。
    - 修正异常值：制定修正方案对异常值进行修正，例如，删除原有的异常值、将汉字数字转化为阿拉伯数字、删除携带的单位等。在制定方案时，修正方案要穷举出所有异常值类型以及内容，并根据修正后的数据内容调整数据类型，否则需修正所有的异常值。
- 替代异常值：采用其他的数值替代异常值。替代数值的来源有三种：一是重新计算数值，一些数据字段是依据其他字段的数据生成的，只要了解生成逻辑就可以重新计算，例如，核心企业给合作企业的返利比例是总销售额的 15%，当合作企业的返利金额为异常值时，可以自行计算；二是由核心企业人员使用手动方式补充数值，这只适用于异常值数量较少的情况；三是使用统计学的原理找到替代数值，例如，使用众数、平均值、中位数等。
- 删除异常值字段：当异常值过多且无法用其他方式处理时，工作人员可考虑删除整个异常值字段。删除异常值字段意味着结果数据表中不再有该数据字段，也不会用于后续的工作。
● 删除整条数据记录：当一条数据记录中异常值过多，或关键数据存在异常值使得该条数据无法使用时，工作人员也可以考虑删除整条数据记录。这意味着该数据记录将不再用于后续工作。
● 保留数据：与唯一性检查一样，工作人员可以选择不处理问题数据，保留数据用于下阶段工作，但这样会给后续工作带来严重的问题，因此不推荐使用这样的处理方式。

（2）修正错误数据

工作人员修正错误数据的方法与唯一性检查的方法相同，此处不再赘述。

（3）形成工作记录

工作人员在处理这些数据时，同样需要对处理方式进行记录。与数据唯一性检查和处理相比，形式校验更注重对单个字段的核查与修正，而非多个字段的联动处理。但考虑到形式校验的内容比唯一性检查的更多，工作人员需要修正的内容可能也会更多，因此在记录处理时，修正的内容需要分为多个表进行记录，具体应包括以下四部分：

● 检查与结果数据总体统计：工作人员应对原有数据、检查发现的问题数据、数据处理方式、结果数据等数据进行统计，形成总体情况概览。
● 删除数据说明：工作人员需要明确说明是否有数据字段被删除、删除字段的原因、影响及后续的处理计划等。
● 各项检查详情与处理数据统计：工作人员应按照检查中各项内容以及具体的数据处理方式进行分类统计。由于一条数据记录可能在多个检查内容中都有问题，因此在统计时可能会出现重复计算的情况，造成合计值大于统计表的问题数据条数的情况。

例如，一条数据记录的 A 字段在空值检查中发现有空值，B 字段在异常值检查中发现有非法字符，C 字段在数据值范围检查的正负值检查中发现为负数不符合要求，那么这样一条数据记录就会被记录 3 次异常，在合计值中被记录为 3。统计应涵盖所有问题数据的处理方式，包括保留、修正、删除数值及删除整条数据记录等四种方式。

- 处理方式详细记录：详细记录包括两部分，一是区分数据、异常值、数据值范围这些不同的检查内容，分别建立明细记录表；二是记录各种问题的修正内容、修正方式等，以便后续查询和了解处理过程。如果工作人员使用代码来对问题数据进行批量处理，需在记录中明确标注所使用的代码版本号，确保处理过程的可追溯性。

案例：合作企业经营概况表的异常数据处理记录

合作企业经营概况表是描述合作企业当前主要基础信息的数据表，合计有 9 个字段，经过形式校验后需要进行修正。

修正前的数据检查结果统计如表 5-28 所示，这些数据问题均需要进行修正；各项检查详情与处理数据统计如表 5-29 所示；合作企业基础信息表处理方式明细清单如表 5-30、表 5-31 所示。

表 5-28 修正前的数据检查结果统计示例

统计内容	涉及数据条数
原有数据	10000
问题数据	200
删除问题数据	100
修正问题数据	105
保留问题数据	30
处理后数据	9900

表 5-29 各项检查详情与处理数据统计示例

检查内容		问题数据条数	保留异常值	修正异常值	删除异常值	删除数据记录
空值检查结果		80	20			60
异常值检查结果		70		20	10	40
数值范围	正负值检查	50	10	30	5	5
	极值检查	50		30		10
	统计数值检查	10	10			
	关联字段检查	20	5	15		
合计（有重复计算）		280	45	95	15	125

表 5-30　合作企业基础信息表处理方式明细清单示例 – 异常值检查

修正方式编号	字段名	检查结果	修正说明	涉及数据记录数
MF201X-1101	企业ID	存在异常字符 *,&	修正异常值：直接删除所有异常字符	10
MF201X-1102	企业名称	存在异常字符 *,&	修正异常值：使用外部工商数据，按照统一信用代码查找补充企业名称 删除数据记录：删除找不到统一信用代码，且其他字段为空值的企业	50
无	企业统一信用代码	无	无	无
无	企业地址	无	无	无
MF201X-1103	企业联系方式	存在汉字数字 存在小写的 L	删除异常值：非汉字数字的进行删除，删除后留空值 修正异常值：用数据代替同义汉字，用1代替小写的L	删除异常值：5 修正异常值：25
无	代理经营区域	无	无	无
无	去年返利金额	存在异常字符 %	保留异常值	20
无	企业评级	无	无	无
无	去年分销销售额	无	无	无

表 5-31　合作企业基础信息表处理方式明细清单示例 – 数据值范围检查

修正方式编号	字段名	检查结果	修正说明	涉及数据记录数
无	企业ID	无	无	无
无	企业名称	无	无	无
无	企业统一信用代码	无	无	无
无	企业地址	无	无	无
无	企业联系方式	无	无	无
MF201X-1110	代理经营区域	关联字段检查：存在区县和地市不相符；出现地市名变省名	修正异常值：使用外部工商数据，按照统一信用代码查找补充地市	50
无	去年返利金额	无	无	无
无	企业评级	无	无	无
MF201X-1111	去年分销销售额	极值检查：存在销售额大于10亿元的分销商 统计数值检查：存在10%的分销商销售额小于1万元	保留数据	10020

(4)需要注意的问题

在进行数据范围检查和处理时应特别注意,特别是对于生产过程产生的数据。当发现大范围的数值异常且原因不明时,工作人员应马上标注这些数据,并在后续的数据单字段场景准确性检查及深入分析中进一步核实和处理。这是因为数据范围的判断往往基于工作人员的常识,而这些常识可能与企业的实际运营情况存在差异,贸然处理可能造成错误。例如,通常情况下,某时段的企业订单金额应为0或正数。但在实际中,由于一些核心企业会将退货扣减的金额计入订单金额,因此订单金额小于0也是正常的情况,不应该进行修正。此外,若企业政策发生变化,如退货金额计入订单的制度实施了一段时间后取消,那么工作人员还需要额外考虑这些历史数据的处理方式。

5.6.3 数据单字段场景准确性检查及问题处理

1. 检查内容

相比于数据内容唯一性检查和数据内容形式校验,数据单字段场景准确性检查更注重与具体业务场景的结合。这种检查方式是根据供应链的实际情况来验证数据的准确性,从而识别出那些虽然在形式上无误,但与实际经营情况不符的问题数据。数据场景准确性检查是一项复杂的任务,并且需要在后续的市场和风险分析中不断完善。然而,由于单字段检查相对简单且后续反复概率低,因此建议工作人员在进行基础准确性检查时一并完成,以确保数据的准确性和可靠性。

单字段检查的方式是针对单个字段逐个进行统计,观察其数值分布是否符合供应链生产经营场景的实际情况,并作出判断,这一工作需要得到核心企业的业务人员的支持。具体包括以下三个步骤:

- 确定需要检查的重要字段:经过前期的唯一性检查和内容形式校验,数据的基本质量已经得到了保障,因此在进行数据场景准确性检查时,应集中关注重点字段,对重点字段进行检查;在确定重点字段时,需要与核心企业人员进行沟通,以保证该字段确实有检查的价值,对于其中的数值型数据,最好能由核心企业提出数据分层的思路。
- 对字段数据进行统计分析:根据字段的数据类型,对字段进行统计分析。有两种统计方式可供参考:
  - 对于数值型数据:工作人员主要采用分段分层的方式进行统计。通常,工作人员可以与核心企业一起确定分段分层标准,例如,按照经营年限将合作企业划分为稳定长期合作(10年以上)、长期合作(4～9年)、新晋合作(3年以下)三类。如果核心企业未能提供分层的标准，那么可以采用以下三种方式：一是利用统计学分层分段，例如，四分位数、五分位数等；二是按照历史项目经验自行确定各分层；三是按照习惯使用整数进行分层，例如，按照 100、200 等整数对金额、数量、次数等数值型数据进行分层，这种方式虽然不科学，但符合人们的习惯。

- 对于离散型数据：工作人员可以直接统计各离散值出现的数量，或与数值型数据组合，建立二维表进行组合分析。例如，横向为企业分级，纵向为各省市，以此统计各省市中各分级企业的数据量。组合分析需要深度地使用到核心企业的业务知识，虽然会提升统计分析的丰富程度，但也会提升分析成本，因此，这种分析在此阶段很少被使用。

● 沟通确认统计结果：与核心企业的业务人员进行沟通，以确认统计方式及统计结果符合核心企业的业务经验。如果不符合，则需要对统计方式进行修正。

案例：使用分类统计的方式对合作企业订单统计表进行单字段检查

工作人员对合作企业订单统计表的相关字段进行分段统计，然后根据分布情况进行检查，再与核心企业人员一起判断数据是否准确，确定各字段分层标准，最后判断数据是否准确。

数据的统计思路如下：

● 涉及年限的部分、服务业务条线数均按照离散变量处理。
● 所有有关平均订单金额的字段，如累计平均订单金额、今年累计平均订单金额、近 1 月累计平均订单金额等，均按照相同的数据分层分段标准进行统计。
● 所有有关订单评价的字段，如累计订单评价、今年订单评价、近 6 个月订单评价等，均按照相同的数据分层分段标准进行统计。
● 所有以月为统计单位的数据，均以年为单位进行反推，如近 3 月订单金额，各分层分段的阈值计算方式为（今年订单金额分层 /12）×3，并取整。
● 所有分层分段阈值均为左闭右开。

合作企业订单统计表的单字段检查示例如表 5-32 所示。

表 5-32　合作企业订单统计表的单字段检查示例

字段名	单字段数据场景准确性检查规则	核心企业支持人员	说明
企业 ID	无		
企业名称	无		

（续）

字段名	单字段数据场景准确性检查规则	核心企业支持人员	说明
合作年限	按年为单位，统计各年限的合作企业数 超过15年的统一计为15年以上		按照离散型数值处理
累计供货年限	按年为单位，统计各年限的合作企业数 超过15年的统一计为15年以上		按照离散型数值处理
累计订单数	按照0～100，100～500，500～1000，1000～1500，1500～2000，2000～2500，2500～3000，3000以上分8段统计，再进行检查		
累计订单金额	按照0～2000，2000～10000，10000～20000，20000～30000，30000～40000，40000～50000，50000～60000，60000以上分8段统计，单位为万元，再进行检查	业务人员：采购部A1 技术人员：信息技术部D1	按照总的平均订单为20万元，基于订单数进行估算
累计平均订单金额	按照0～5，5～10，10～20，20～30，30～40，40～50，50～100，100以上分8段统计，单位为万元，再进行检查		
累计已结算金额	按照0～200，200～1000，1000～2000，2000～3000，3000～4000，4000～5000，5000～6000，6000以上分8段统计，单位为万元，再进行检查		
累计退货比例	按照0～0.1%，0.1%～1%，1%～2.5%，2.5%～5%，5%以上分5段统计，再进行检查		参考质量管理标准
累计退货金额	按照0～20，20～100，100～200，200～300，300～400，400～500，500～600，600以上分8段统计，单位为万元，再进行检查		
当前服务业务条线数	按业务条线数为单位，统计合作企业数	业务人员：采购部A2 技术人员：信息技术部D1	按照离散型数值处理
平均订单评价分数	按照50以下，50～60，60～70，70～80，80～90，90～100分6段统计，再进行检查	业务人员：采购部A3 技术人员：信息技术部D1	
平均企业评价分数	按照50以下，50～60，60～70，70～80，80～90，90～100分6段统计，再进行检查		
今年订单数	按照0～10，10～100，100～200，200～300，300～400，400～500，500～600，600以上分8段统计，再进行检查		
今年订单金额	按照0～20，20～200，200～400，400～600，600～800，800～1000，1000～1200，1200以上分8段统计，单位为万元，再进行检查	业务人员：采购部A1 技术人员：信息技术部D1	
今年平均订单金额	按照0～5，5～10，10～20，20～30，30～40，40～50，50～100，100以上分8段统计，单位为万元，再进行检查		同累计平均订单金额
今年已结算金额	按照0～20，20～200，200～400，400～600，600～800，800～1000，1000～1200，1200以上分8段统计，单位为万元，再进行检查		

（续）

字段名	单字段数据场景准确性检查规则	核心企业支持人员	说明
今年退货比例	按照 0~0.1%，0.1%~1%，1%~2.5%，2.5%~5%，5% 以上分 5 段统计，再进行检查	业务人员：采购部 A1 技术人员：信息技术部 D1	参考质量管理标准
今年退货金额	按照 0~2，2~20，20~40，40~60，60~80，80~100，100~120，120 以上分 8 段统计，单位为万元，再进行检查		
今年服务业务条线数	按业务条线数为单位，统计合作企业数	业务人员：采购部 A2 技术人员：信息技术部 D1	按照离散型数值处理
今年平均订单评价分数	按照 50 以下，50~60，60~70，70~80，80~90，90~100 分 6 段统计，再进行检查	业务人员：采购部 A3 技术人员：信息技术部 D1	
近 1 个月订单数	按照 0~1，1~8，8~16，16~25，25~34，34~43，43~52，52 及以上分 8 段统计，再进行检查	业务人员：采购部 A1 技术人员：信息技术部 D1	按照今年订单数近似平均值分层
……	……	……	……

2. 问题原因定位与处理

与唯一性和形式校验不同的是，场景准确性的判断标准很多来自于核心企业人员的业务经验，问题并不一定真实存在。工作人员常常需要在后续分析时对数据进行进一步的验证。

因此，工作人员不需要在本阶段进行问题原因定位，也不应直接进行处理，而是在发现的问题数据后面增加数据表字段来进行标注，以备根据后续了解的情况进行处理。部分工作人员也可以在标注之外增加额外的数据字段，记录本阶段的建议修正值，以备后续工作参考。

3. 形成工作记录

与形式校验中的异常值处理一样，单字段检查需要针对数据各字段进行检查和处理，同时还可能需要修改数据表设计，增加数据字段（包括标识字段和建议修正值），因此建议工作人员采用与异常值处理同样的记录方式。

5.6.4 数据处理版本管理

数据处理版本管理包括数据处理内容记录与历史数据版本记录两部分。

1. 数据处理内容记录

数据处理内容记录包括工作人员处理、修正数据所使用的方法、标准和手段。由于数据检查、数据修正处理是分多个阶段进行的,因此工作人员会有多个记录。为了科学地管理这些修正记录,工作人员应对其进行统一编码。工作人员对记录进行编码时,应注意以下三点:

- 编码需要直接反映修正的时间:编码中应包含最终确定代码的时间,为避免跨月难以确定时间,工作人员可以年份为文档时间,如"MF201X-01"中的"201X"即表示年份,且编码中的修正时间一般为工作人员完成该版本的时间。
- 编码需连续:为了保持记录的连贯性和可追溯性,记录的编码应是连续的。例如,"MF201X-01"之后应是"MF201X-02""MF201X-03"等。
- 编码记录要全面:即使是手工处理的数据,该记录也应作为一个独立版本进行编码,但可以备注没有调整代码。

为了方便相关人员使用和查阅,所有的修正记录应整理成一个表格。这样,当需要回顾或检查数据修正过程时,可以迅速定位到相关的记录和信息,清单格式可以参考表5-33。

表5-33 修正记录清单格式示例

序号	修正版本	修正问题数量	涉及数据条数	对应检查类型	涉及问题梳理	是否调整数据表设计	备注
1	MF201X-01	20	500	唯一性检查	1)解决供应商管理系统中同一个企业ID下有多个历史企业名称的问题 2)解决供应商管理系统中同一个企业ID下有多个评级数据的问题 3)将返利数据来源改为财务系统,解决同一个企业ID下有多个返利数据的问题	是	有手工修正数据
2	MF201X-02	10	300	空值检查 异常值检查	1)使用外部企业工商登记信息,解决供应商管理系统中企业名称为空的问题 2)使用外部企业工商登记信息进行解析,解决代理区域不准确的问题	是	无
3	MF201X-03	5	450	异常值检查	使用数值转换,解决部分数值为汉字的问题	否	无
4	MF201X-04	3	200	数据值范围检查	使用财务返利数据与销售数据进行计算,校正评级数据	否	有手工修正数据
5	MF201X-05	1	55	数据值范围检查	手工修正部分评级数据	否	纯手工修正数据

2. 历史数据版本记录

历史数据版本记录是对数据每次修正的详尽记载。在核心企业提供的环境中开展工作时，核心企业可能因信息管理策略而定期清理或限制访问历史数据，因此工作人员应对曾经构建的数据分析基础表进行命名和状态标注，以便在有需要时申请恢复数据或回溯数据。为了提高管理效率，工作人员在进行历史数据表命名时应遵循一定的规范，具体可以参考表 5-34。在示例中，数据表命名的规范主要包含以下两点：

- 在数据表名后附加修正版本的名称：这样做可以清晰地指出该数据分析基础表所使用的代码与哪个修正版本相对应。若数据未经修正，则表名后应使用上一个版本的名称，从而方便识别当前数据表与哪个修改版本相匹配。
- 对于手工修正的数据记录，也应作为结果数据表进行存档，并在表名中明确标注"手工修正"字样，以示区分。这种命名方式有助于快速识别哪些数据表是经过人工调整的。

表 5-34 修正版本及对应数据表命名规范示例

修正版本	对应结果数据表	当前状况
MF201X-01	coop_detail_201X01 coop_order_201X00 coop_distribution_201X00	删除
MF201X-02	coop_detail_201X02 coop_order_201X02 coop_distribution_201X00	删除
MF201X-03	coop_detail_201X03 coop_order_201X02 coop_distribution_201X00	删除
MF201X-04	coop_detail_201X04 coop_order_201X02 coop_distribution_201X00 coop_detail_artificial_201X04（手工修正）	可用
MF201X-05	coop_detail_201X05 coop_order_201X02 coop_distribution_201X00 coop_detail_artificial_201X04（手工修正） coop_detail_artificial_201X05（手工修正）	可用

5.7 数据分析基础表定型

数据分析基础表通过检查与修正后，其中的数据内容已基本可用。工作人员需要将当前版本的数据表内容固化，形成设计文档名录清单，清单格式可以参考表 5-35；清单中涉及的具体设计文档可以参考前文的内容。

表 5-35　数据表设计文档名录清单格式示例

内容	最终版本名称
基础数据表设计	v1.4
修正版本	MF201X-05
ERP 图版本	v1.3
数据表名称	coop_detail_201X05 coop_order_201X02 coop_distribution_201X00 coop_detail_artificial_201X04 coop_detail_artificial_201X05

需要说明的是，此处的数据分析基础表只是阶段性的定型。在后续的数据分析过程中，新的数据问题可能会被发现，数据内容可能不再满足需要，需要新增数据字段，或重新设计和填充数据，到时还需要重新丰富、修改数据分析基础表。

5.8　实际工作中的常见问题

构建数据分析基础表确实是一个连续且需要不断迭代的过程，它高度依赖于核心企业的全面支持。这种支持不仅包括数据记录、经营资料、系统设计文档等客观资源的支持，还包括核心人员的主观能力的支持，如具备良好的数据意识、深谙业务与数据的内在联系、能理解工作人员的需求和目标等。

然而在实际工作中，核心企业的主客观支持往往难以达到理想状态，因此工作人员需要采取相关策略解决以下常见问题。

5.8.1　设计资料缺失

设计资料缺失是常见的问题，造成资料缺失的原因有很多，例如，前期系统快速上线导致的设计文档不完整、系统历史久远造成的文档遗失，或外购第三方产品时文档移交不全等。面对这种情况，应对策略主要有以下两种。

1) 使用前期调研成果，通过系统追溯找到相关数据：这种方法可以脱离于设计资料直接找到相关数据，因此主要适用于缺少资料或资料不可用的情况。该方法依赖于前期业务与系统调研的工作成果，通过系统追溯，工作人员可以定位业务动作对应页面信息，以及页面输入信息后写入的数据表和数据字段，从而找到与业务动作相关的记录。

此方法的优点在于：

- 数据的可靠性高，这些通过溯源工作收集的数据的真实性已经得到了验证。

此方法的缺点在于：

- 数据内容的范围受限，只能收集在业务系统页面上呈现的内容，这会导致数据内容范围缩小，且只能围绕核心企业业务动作收集数据。
- 工作量较大，由于需要使用生产系统的原始数据进行加工，工作人员需要在数据表设计、数据字段加工以及检查和处理等工作上花费更多的时间。

案例： 使用前期调研结果溯源某服务平台订单数据

服务平台为线下各商家提供客户与商家的撮合服务。商家在平台注册后，可以获取到客户的需求，并为客户提供服务。

该平台是基于某开源系统二次研发形成的。由于人员流失，一些核心的系统和数据设计文档缺失。由于该平台功能过多，因此工作人员决定对客户下订单、商家管理订单、商家订单结算、客户订单评价、平台对商家的管理这几个核心经营与管理的动作进行溯源。

工作人员通过系统调研和数据查证，对订单管理所涉及的数据进行溯源，将收集的信息进行整理，形成的记录如表 5-36 所示。

表 5-36　对订单管理相关数据进行溯源的记录示例

填写内容/页面输入框（内容）	订单编号	订单内容	订单金额	……
业务系统填写人员	张三	张三	张三	……
业务系统	线上商城	线上商城	线上商城	……
业务系统模块	订单管理 – 订单查询与操作	订单管理 – 订单查询与操作	订单管理 – 订单查询与操作	……
系统所属页面	订单详情	订单详情	订单详情	……
页面信息	订单编号	订单商品内容	订单总金额	……
信息说明	订单编号为下单后自动生成		订单后优惠的总金额	……
信息技术填写人员	李四	李四	李四	……
后台数据表	order_info	order_info	order_info	……
后台数据表字段	order_ID	order_subject	order_amount	……
数据字段类型	char（64）	char（255）	float（128）	……
数据映射说明	无	无	无	……

2）逐个核实资料以完成数据准备：这种方法适用于存在可用的设计资料，但资料部分内容真实性需要确认的情况。工作人员需要针对资料中所记录的数据设计进行验证，以确定设计文档的准确性。与第一种方法相比，这种方法的成本和收益与资料完整程度和真实性相关，完整程度和真实性越高，工作人员花费的成本会越低，所能收集使用的数据内容也会越多。

5.8.2 各系统之间数据存在差异

各系统之间数据存在差异是一个普遍问题，这主要是由于同一名称的指标或统计数据在不同业务系统中存在数值不一致的情况。例如，财务系统中的存货数据与 ERP 系统中的存货数据可能不一致，订单系统中的支付数据与返利系统中的支付金额也可能有出入。造成这个问题的原因是核心企业缺少数据治理，对重要数据指标缺少业务定义与数据标准规范，使得同一名称的指标出现了多个业务口径或统计口径。在出现数据差异时，工作人员需要从中确定一个作为使用的数据，而放弃其他。在选择数据时，工作人员可以依据以下标准：

- 被多方关联和应用的数据：这类数据被其他多个数据或应用直接或间接关联和使用。例如，订单金额这一数据会直接用于计算返利金额，同时也是计算下游分销商评级中销售指标评级的基础。
- 最源头的数据：越接近业务操作源头的数据，被加工的程度就越小，因此可靠性、准确性一般更高。
- 影响到真实现金收支的数据：由于数据的主要作用是量化合作企业的经营情况并评估其资金需求和还款能力，因此应优先考虑那些直接反映核心企业与合作企业真实资金往来的数据。

此外，需要特别强调的是，一些金融企业往往对核心企业的数据问题抱有幻想，认为可以通过人工来弥补数据问题，例如，当数据资源不明确时，工作人员希望通过人工阅读系统代码，逐个厘清数据表和数据字段。然而，从技术角度看，这种想法并不可取，原因包括以下三方面：

- 实现难度极高。要想通过人工阅读系统代码来厘清数据表和数据字段，相关人员只有必须非常了解业务开展过程，才能基于系统支持的业务流程和功能开展工作。这对于核心企业自身的技术人员来说都是一项挑战，工作人员更无法通过短期的访谈达到这一要求。
- 成本极高。对系统和数据表进行全面摸排，并准确找到所需数据，意味着摸排人员需要对系统逻辑和数据有深入的了解。这项工作的难度不亚于重新建设一个系统，需要花费大量的人力成本。
- 这样的工作结果不可持续。核心企业的业务系统需要不断地开发以满足业务发展的需求，因此这项工作很可能变成一个需要不断投入人力的"无底洞"，得不偿失。

5.8.3 构建数据基础失败

构建数据基础失败是指工作人员无法使用核心企业数据构建所需的数据，或工作人员评估数据无法满足后续工作的需要。

从核心企业的角度来看，造成数据基础构建失败的因素可以分为两类：
- **核心企业主观问题**：这类问题源于核心企业内部人员的主观因素。例如，企业内部沟通不畅、相关人员无法有效调动资源，或核心企业决定不合作并有意中断支持等。
- **核心企业客观原因**：核心企业主观配合程度很高，但由于客观条件不满足导致构建失败。常见的客观原因包括以下三类：
  - **数据资源难以明确**：这通常是由于核心企业的信息系统和数据资源管理能力不足造成的，例如，设计文档、数据表设计、数据字典等资料缺失。在这种情况下，连基础的数据分析基础表的设计都难以完成，工作更是无法开展。
  - **各类型数据无法有效组合，导致关键数据缺失**：这通常是由于信息系统设计的割裂，分散在各系统间的数据无法通过特定的数据字段进行有效关联造成的。例如，供应商管理系统可能缺少统一信用代码、合作企业账户、订单支付数据等信息，同时财务付款采用线下流程，这导致在构建数据分析基础表时，工作人员无法将财务系统中的支付记录与供应商管理系统中的合作企业进行有效关联，从而造成关键数据的缺失。
  - **数据质量存在问题**：在检查过程中，工作人员发现大量的唯一性、异常值问题，这些问题严重影响了数据质量，使得数据无法支持后续的分析工作。其中，数据唯一性问题是最为严重的，其次是空值和异常字符的问题。对于这些问题，工作人员需要根据项目的具体情况进行综合判断。根据经验，如果合作企业的唯一值问题占比在 5% 以下，通常是可以接受的。

工作人员确认原因后，可以采取不同的处理方式：
- **对于主观问题**：需要金融企业和核心企业的高层领导达成共识。工作人员应整理存在的问题，并向双方领导汇报，以便领导层能够调动资源来推进项目。
- **对于客观问题**：如果认定核心企业的客观问题无法通过技术手段解决，工作人员应直接判断为核心企业的数据无法满足当前的数据驱动供应链产品项目模式，由相关人员向金融企业领导汇报，并采取相应措施：
  - 终止项目，不再进行合作，这种操作是最为常见的处理措施。
  - 变更为其他的合作方式：例如，由金融企业提供其他的、标准的贷款产品，以核心企业作为进件合作渠道，为这些产品进行客户引流等。这种操作较为少见，因为核心企业的数据从侧面反映了其管理能力，如果核心企业的管理混乱，其供应链中的合作企业往往会出现"劣币驱逐良币"的恶性循环，金融企业为这些合作企业提供贷款会有巨大的风险。

第 6 章

市场分析测算

金融企业与核心企业合作是基于对收益的追求。在进行市场分析测算时,工作人员首先需要深入了解合作企业的金融需求和现有服务状况,然后从市场的角度,通过一系列的分析工作完成收益、成本与费用及利润的量化测算,最终回答市场需要什么样的产品,以及产品的市场效果如何这两个问题。

6.1 参与人员

市场分析的目标是解答三个问题,即当前的市场状况如何、市场需要哪种类型的产品,以及这类产品可能带来的利润水平。这些分析所使用的数据指标和参数来源于核心企业供应链场景,这些数据的提供离不开核心企业人员的支持,具体的分析工作则由金融企业人员完成。

本部分工作的参与人员及分工情况如下:

- 金融企业参与人员:金融企业参与人员包括数据人员、非数据人员中的产品经理。其中,数据人员需履行的职责包括数据工程师、数据分析师、业务专家等三个岗位的职责,即负责基于核心企业的数据进行处理和加工,完成市场现状分析,构建客户画像,并进行市场测算。为了保证市场分析和客户画像的准确性,数据人员应积极参与市场调研和调研结果的整理。产品经理作为产品设计的核心人员,需要从前期调研中整理提炼出供应链场景、合作企业现状及合作企业的需求信息,并组织开展对合作企业的调研以获得市场的一手资料，为数据人员提供市场分析、客户画像构建及市场测算的思路、建议和参数，并协助数据人员完成市场分析；同时，产品经理也通过参与市场分析积累产品设计的灵感和知识。

- 核心企业参与人员：核心企业参与人员包括信息技术人员、调研时参与过工作的业务操作人员，以及其他被协调部门的人员。其中，信息技术人员的主要任务是帮助金融企业工作人员开展数据分析工作，帮助解决或解释在前期未被发现的数据问题，并根据金融企业的需求对数据进行深度加工或补充；业务操作人员需要帮助工作人员整理前期调研中的市场相关信息，对不明确的内容进行说明澄清和补充；此外，业务操作人员还需协助工作人员对计划投放产品的合作企业开展调研，负责收集相关信息。在工作过程中，核心企业参与人员可能需要协调其他部门人员参与。例如，在连锁零售行业调研下游加盟商时，核心企业参与人员需要协调核心企业的区域招商管理部门参与；在机械制造业调研购买设备的小企业时，他们需要协调售后部门或客服部门参与等。这一协调过程往往需要相关领导的协助，有时甚至需要企业高层领导的介入。

6.2 分析步骤

市场分析的主要工作包括以下几个步骤：

- 市场调研：工作人员将前期调研结果系统性整理后，通过对供应链中合作企业的调研，一方面能初步形成客户分群的思路并确定有需求的合作企业特征，另一方面可以了解市场上现有同类产品的情况。
- 数据二次加工：工作人员在数据分析基础表的基础上对数据进行二次加工和处理，并根据实际情况对数据进行修正和完善，最终生成能够更精确地描述合作企业市场特性和行为模式的数据。
- 合作企业现状分析：工作人员利用二次加工后的数据，结合历史经验与客户分群，对合作企业的经营状况进行深入分析，以发现其独特的经营特征。这些经营特征具有验证作用，能对前期业务调研时收集的核心企业经营规律、合作企业经营特征，以及市场调研收集的合作企业画像等内容进行验证，帮助工作人员判断这些内容是否真实、供应链金融市场及合作基础是否存在；此外，这些特征还会作为后续客户分群的基础，为进一步开展市场测算提供支持。
- 市场测算：工作人员设置参数，利用合作企业的数据测算出产品可能的收益，以及达到该收益的产品大概的要素情况。测算过程具体包括以下四个步骤：

- **合作企业分群**：工作人员利用加工后的数据，基于市场现状分析的结果，形成描述合作企业特征的标签，然后基于这些标签进一步构建出企业画像。通过这些画像，工作人员可以对合作企业进行区分，形成不同的客户分群，为接下来的市场测算提供支撑。
- **测算指标选择**：工作人员依据调研和数据分析的结果，选择适用于市场测算的指标。
- **测算参数设计**：工作人员对比调研中收集的市场上已有产品的情况，设置包含了产品要素、市场与风险指标、成本等一系列参数的测算方案。工作人员不仅需要设置方案中参数的合理数值范围，还需要深入考虑参数间的组合方式，以及可能的市场反应。
- **测算实施**：工作人员使用测算方案，基于不同的合作企业分群进行验算，得出各种方案下可能的收益与损失。通过反复的测算，工作人员最终可以确定目标收益最优要素组合、产品的最佳投放时机，以及产品在投放过程中可能的市场反应和节奏、各项指标的时序变化预测等结果。

● 分析工作记录，整理并形成结论：工作人员将整理和汇总整个分析过程和成果，形成结论。这些结论直接影响金融企业是否继续开展项目的决策；当金融企业决定继续开展工作时，这些结论还会为后续的风险分析提供明确的依据和目标，并为产品设计、产品运营提供坚实的基础。

由于市场分析测算工作类似于"沙盒推演"的过程，各工作环节可能会循环进行以实现优化。市场分析测算工作各环节的关系如图 6-1 所示。

由于存在循环工作的机制，因此工作人员在设计分析方案时，除规划资源和时间外，还需明确循环的启动和结束条件。

● 循环启动条件：当发现当前设置无法满足测算预期，或需要设置不切实际的参数才能达到预期

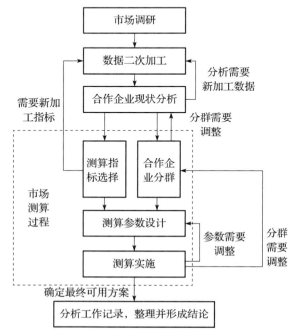

图 6-1 市场分析测算工作各环节的关系

市场收益时，工作人员应启动循环，回溯至之前的环节，重新设计参数或构建画像，再进行测算。
- 循环结束条件：当工作人员使用合理参数成功达到预期市场收益，或经过验证确认无法实现市场收益时，工作可以结束。

6.3 市场调研

6.3.1 前期核心企业调研内容整理

在前期对核心企业的调研过程中，工作人员已从核心企业的各业务部门、管理部门收集了大量关于行业、核心企业及合作企业的相关信息，并记录在各类调研文档中。为了提升效率，工作人员需要从以下四个方面有针对性地整理内容：

- 行业与核心企业的经营情况和规律：虽然合作企业是金融企业的产品客户，但合作企业的经营规律必然受行业和核心企业经营规律的影响，因此工作人员需要从源头了解这两者的规律，主要包括以下三部分内容：
  - 行业和核心企业市场起伏的周期：例如，养殖业 3～4 年的大小年规律，连锁零售行业加盟运营方式的更新周期等。
  - 核心企业对于上下游供应商的订货与分销方式：例如，制造行业向上游供应商从订货到付款的管理方式，粮油行业中下游分销商从订货到销售的流程。
  - 核心企业与上下游企业之间现金流动的方式：例如，连锁零售行业的加盟商从订货到分账的流程等。
- 核心企业区分合作企业的方式：工作人员需要了解可以使用哪些指标或特征来对不同的合作企业进行区分，并作为后续对合作企业分群的参考。这些指标和特征通常来源于核心企业经营管理中已经存在的数据，如销售金额、订货金额、供应商分类、代理商等级等。在实际工作中，核心企业可能使用复合条件进行分群，例如，核心企业以分销金额为分类基础，根据不同省份的情况设置不同的分层标准，在市场占比高的省份中，好的分销商会要求更高的金额。
- 合作企业的金融需求及解决金融需求的手段：这些内容包括合作企业资金的特征与分布、合作企业资金缺口出现的场景或时间、合作企业资金缺口的规模、合作企业解决资金问题的手段等。由于信息来源于核心企业中非金融人员的一些经验性认识，因此工作人员需要对调研记录内容进行挖掘或在调研过程中进行引导，以发现现象后隐藏的资金需求。例如，连锁零售行业中核心企业提供给合作企业的返利需要在次年使用，而一些企业会在某个时间点提前申请使用返利，甚至愿意以打折为代价提前使用，这意味着这些企业可能在该时间点有资金需求。
- 核心企业已经开展合作的金融产品的情况：核心企业为了强化对合作企业的管理能力或提升合作企业的经营能力，可能与其他金融企业开展了合作。工作人员需要从以下三个方面了解已经开展合作的金融产品的情况：
  - 金融产品要素：要素包括贷款客户的基础要求、贷款额度、贷款周期、还款方式等。
  - 合作模式：内容包括核心企业与第三方金融企业合作的产品形态、推广方式、费用计算方式等。例如，产品是否有保险机构参与、核心企业是否推荐了客户、核心企业是否参与线下尽调、使用核心企业数据所需要支付的费用的计算方式等。
  - 产品运营情况：内容包括产品实际运营中的合作企业申请情况、通过比例、贷款额度分布、产品易用性等使用感知、产品使用后的评价和优化建议等。

在整理过程中，工作人员如果发现前期核心企业的调研内容中缺少了相关信息，应及时进行沟通，补充收集这些内容。

6.3.2 面向合作企业的调研

为了防止核心企业出于自身利益，隐藏或扭曲实际信息，工作人员除了从调研内容中获取信息外，仍然需要对合作企业进行调研。

1. 确定调研对象

（1）筛选不适合调研的企业

工作人员在确定调研的合作企业时，首先需要根据历史经验及来自核心企业的信息，筛选最不可能成为客户的企业。被筛除的企业主要包括以下三类：
- 大中型企业：核心企业的供应链中同样可以有大中型企业，例如，制造业的上游供应商可以是大型钢铁厂、汽车制造企业，粮油企业的下游分销商可以是大型连锁超市。这类企业由于规模较大，通常具有多元化的融资渠道和较强的资金实力，其资金需求往往超出了供应链金融产品能提供的范围，因此不可能成为供应链金融的目标客户。
- 合作不稳定的企业：这类企业与核心企业建立的合作状态不稳定，核心企业的数据难以反映其真实经营情况。如果基于核心企业数据对其进行授信准入和额度计算，结果往往不能满足这类企业的需求，而如果给予其较大的额度则有可能带来风险，因此工作人员可以考虑放弃这部分企业。但需要注意的是，有一些合作企业会采用"变换马甲"的方式来进行合作，即原企业更换名字之后重新与核心企业合作，造成这种情况可能是合作企业自身的原因，例如，为了享受政策优惠开设子公司而变更企业，也可能是核心企业内部管理制度的原因，被迫更换名字。对于这些企业，工作人员可以仔细考虑是否将其纳入调研名单。
- 交易金额过小的企业：企业交易金额过小的原因可能是自身的经营能力弱，收益不高，金融企业给予其贷款会带来风险，也可能是企业与核心企业的交易量小，核心企业的数据难以反映其真实经营情况。而交易金额过小的具体标准可以由工作人员自行决定。

（2）确定调研企业名单

接下来，工作人员需要确认调研企业名单，名单的形成通常有以下三种方式：
- 金融企业主导：工作人员独立筛选出部分调研企业，并通知核心企业。在抽样选择调研企业时，工作人员需综合考虑多种因素，选取最为合适的企业，这些因素既包括客观条件，如销售金额、订单金额、地域、企业规模和返利金额等，也包括核心企业的主观分类，如合作企业等级和合作企业评级等。
- 核心企业主导：核心企业提供一些典型的合作企业清单供工作人员确认，或者提出选择调研企业的思路，由工作人员据此确定具体的调研企业。
- 双方联合选择：双方可以先各自提出部分企业名单，然后合并或者共同确认调研名单。在实际操作中，也可以由核心企业先提供一份调研企业清单，工作人员再根据这份清单选择与这些合作企业相似的其他企业，以确保所收集的信息能够相互验证。如果采用双方联合选择的方式，那么工作人员需要区分并标注核心企业推荐与金融企业自行筛选这两类调研企业。

此外，工作人员在确定调研名单时，还应注意以下两点：
- 标注重点调研对象：在确定调研对象时，工作人员应识别出那些具有代表性或需要重点服务的目标对象，并将它们标记为重点调研对象，以便在调研过程中给予特别的关注和重视。
- 预留调研空间：在制定调研企业清单时，工作人员应预留一定的空间，适当增加调研企业数量，以应对可能出现的调研失败情况。

调研企业名单的格式可以参考表 6-1。

表 6-1 调研企业名单示例

调研企业	对象分类	对象说明
合作企业 A	核心企业推荐	
合作企业 B	核心企业推荐	重点调研对象

（续）

调研企业	对象分类	对象说明
合作企业 C	核心企业推荐	
合作企业 D	自行筛选	销售金额、合作等级与合作企业 A 同类，重点调研对象
合作企业 E	自行筛选	重点调研对象
合作企业 F	自行筛选	销售金额、合作等级与合作企业 B 同类
合作企业 G	自行筛选	
……	……	……

（3）确定名单企业的具体沟通对象

最后，工作人员应逐一确定调研企业清单的具体沟通对象，这里的沟通对象特指合作企业中负责回答调研问题的人员。合作企业给核心企业业务部门预留的联系人可能不是企业主，而是商务人员或经理等无权决定贷款事宜的人员，这些人不适合作为沟通对象。

核心企业应协助金融企业找到正确的沟通对象，通常的做法是将业务系统或财务系统中预留的联系人和联系方式作为线索，进行有效的沟通和寻找。

2. 规划调研方式与分工

开展调研时，工作人员应仔细考虑在调研过程中与核心企业的协作方式。鉴于金融企业人员与合作企业之前并无接触，若贸然行事，可能会面临找不到正确调研对象、调研对象拒绝交流或信息收集不准确等问题。因此，核心企业的协助至关重要。常见的协助形式包括帮助预约调研对象、向调研对象阐明调研目的，以及陪同进行调研等。然而，随着核心企业参与度的提高，也需注意合作企业可能存在的信息隐瞒或核心企业有意识引导回答问题的情况。

常见的调研方式包括电话调研和实地调研两种：电话调研的成本较低，但效果可能欠佳，难以判断真实情况；实地调研的成本较高，但效果更为显著。工作人员可根据调研对象选择合适的方法，例如，对重点调研对象进行线下实地调研。此外，由于电话调研涉及众多对象，他们的理解和表达能力各异，且电话沟通时间有限，因此要求工作人员需具备丰富的线上沟通经验和技巧。为了提高效率，金融企业可将电话调研任务集中交由一名工作人员完成。

3. 设计调研内容

（1）调研所涵盖的内容

工作人员调研的内容主要包括以下几个方面：

- 合作企业的收入来源及特点：由于合作企业可能有多个合作伙伴，与核心企业的交易只是其业务的一部分，因此了解合作企业的全部收入来源和特点有利于工作人员评估其整体经营状况和贷款偿还能力。

- 合作企业在供应链中的位置及行业经营特征的影响：这两者直接影响合作企业的贷款需求。例如，上游供应商可能在接到订单时面临暂时性的资金短缺，收到订单的时间决定了贷款需求的时间点，资金缺口的时长直接影响借款时长；快递的揽件点，对于其企业客户往往采用月结的方式，而对于上游的承运平台则是日结，这样就会形成 1 个月的回款周期，对于这些揽件点，业务发展越快很可能意味着垫款金额越大，会直接带来了贷款需求。
- 合作企业的贷款用途：核心企业提供的信息可能与合作企业的真实贷款用途存在差异，这点尤其需要注意。
- 合作企业的还款习惯：合作企业的还款习惯直接影响贷款发放后的违约率。例如，一些合作企业可能存在每月只还部分款项、最后统一还清所有贷款的不良还款习惯，这会导致违约风险增加。这种情况在不了解征信且有民间借贷历史的企业中尤为常见。
- 合作企业使用金融产品的反馈：工作人员不仅应关注合作企业对于利率、额度、还款方式等金融要素的反馈，还应深入了解其在使用金融产品过程中的实际体验和感受，如操作的便利性及对利率计算等金融知识的理解程度。
- 合作企业的金融需求及如何解决金融需求：内容与核心企业调研整理中的一致。
- 核心企业开展合作的金融产品的情况：内容与核心企业调研整理中的一致。
- 合作企业不使用贷款的原因：工作人员通过调研该问题可以从另一个方向了解合作企业的需求点和关注点，例如，合作企业是否真的不需要贷款、是否缺乏贷款产品的有效推广、是否对贷款利率和贷款方式存在疑虑、是否担心利率问题或认为现有的某些贷款产品的操作过于复杂等，如果在这一过程中能找到对标的竞品信息则更好。

（2）调研设计及注意点

工作人员在设计具体调研问题时，除了应注意问题之间的逻辑关系，做好问题之间的过渡处理外，还可以设置好问题的重要性等级、必须了解的问题，以及可以放弃的问题。在面对不同的调研对象时，根据其配合程度、问题回答的完整性等，工作人员可以适当地减少问题。调研问题设计的具体过程与记录方式如 4.4 节所述，此处不再赘述。

在设计调研内容时，工作人员还应注意信息型核心企业与生产型核心企业的区别。一般来说，工作人员与信息型核心企业合作时，应投入更多的资源进行调研，原因包括以下两点：

- 合作企业稳定性低，交易量记录不全面：合作企业与此类核心企业的合作关系相对灵活，容易受到各平台政策、产品及服务变动的影响。当某个平台能提供更优惠的政策、更好的服务或更多的流量时，合作企业可能更倾向于与该平台合作。这种灵活性意味着信息型核心企业可能仅掌握合作企业的部分交易量,由于合作关系的不稳定性,工作人员需要增加样本量才能更全面地了解合作企业的真实情况和需求。
- 合作企业接触过大量金融产品:一般情况下,信息型核心企业的合作企业都会与多个类似的平台进行合作,因此它们接触的金融产品和服务种类会更多。这使得它们对金融产品有着更深入的了解和丰富的使用经验。工作人员调研这类企业可以获取更多关于金融产品需求、使用偏好、市场趋势等方面的信息。

4. 完成调研

工作人员根据计划开展具体的调研工作,收集相关信息,并记录调研内容。通常情况下,对合作企业的调研由金融企业人员完成,这样能更好地从金融专业的角度收集合作企业的信息。具体的执行部门可以是供应链产品的部门,也可以是运营或客服部门。

在调研过程中,调研执行人员除了需要记录调研的结果外,还应记录调研过程以备后续查找和甄别数据真实性。记录格式可以参考表6-2。

表6-2 调研过程记录表示例

调研对象	对象分类	调研方式	未回答问题	工作人员	调研时间
合作企业A	企业主(个人大股东)	实地走访	无	甲	201X0601
合作企业B	企业主(实际控制人)	实地走访	无	甲	201X0601
合作企业C	企业总经理	电话调研	贷款用途	丙	201X0601
合作企业D	企业主(实际控制人)	实地走访	无	乙	201X0601
合作企业E	企业总经理	电话调研	贷款需求	丙	201X0601
……	……	……	……	……	……

6.3.3 调研成果整理

工作人员完成调研之后,应将核心企业和合作企业的调研成果进行对比,两者一致的内容可以作为后续工作的依据;对于不一致的内容,工作人员可以不予采纳,也可以进行记录留档,以备后续进行数据现状分析时对一些分析现象或结果进行查验。

对于需要详细记录的内容,工作人员应单独记录,如第三方金融产品情况、不同等级合作企业享有的权利、不同类型企业的金融需求等。

案例:某粮食加工行业核心企业A的下游分销商的调研成果整理

1)供应链的基本运行方式:
- 某粮食加工行业的生产周期为1年,每年下游分销商定时支付订货款,并写明订货量,核心企业根据总订货量组织生产,生产完成后,分销商取货并支付剩余货款。

- 1 年之中，分销商可以增加订货，核心企业可以补充生产，但补充生产量有限，不能超过订货量的一定比例。
- 订货款和订货量决定了分销商 1 年内可以销售的总商品量。

2）供应链产品规划：
- 金融企业计划与核心企业进行合作，为其下游分销商提供贷款产品。
- 下游分销商可以使用该贷款产品支付订货款或剩余货款。

3）调研情况简介：
- 核心企业的下游分销商分布在 10 个省，合计 1000 家。
- 合计调研了 60 家，核心企业根据内部管理的分销商评级、销售金额分层，推荐了分布在 5 个省的合计 25 家合作企业；金融企业依据地域、销售金额分层、分销商评级、返利情况等，选择了对 7 个省，合计 100 家合作企业进行调研。
- 调研问题合计 3 大类，20 个小类，80 个问题。
- 最终成功调研 85 家企业，合计 76 家企业完整地回答了所有问题。其中，电话调研 45 家，覆盖 7 个省，有 36 家企业完整地回答了所有问题；实地调研 40 家，覆盖 5 个省，有 40 家企业完整地回答了所有问题。

4）调研收集与确认信息简介：
- 调研收集与确认信息的内容概述见表 6-3。
- 第三方金融产品现状见表 6-4。

表 6-3 调研收集与确认信息的内容概述

调研内容大类	调研内容小类	收集与确认信息的内容概述
行业与核心企业的经营情况与规律	行业运行情况	……
	合作企业管理方式	……
	分销商等级分布及各等级享受的服务、优惠和特殊待遇	分销商合计分为 4 个等级，按照订货金额、合作年限，区分省份设置： 1. 战略分销商：合计 100 家，数量占比 10%，订货量占比 30% 2. 重点分销商：合计 200 家，数量占比 20%，订货量占比 30% 3. 区域重点分销商：合计 500 家，数量占比 50%，订货量占比 38% 4. 区域分销商：合计 200 家，数量占比 20%，订货量占比 2% 不同等级享受的订货折扣上限、返利使用条件、营销活动支持、退货和补货、是否允许进一步分销均有不同，详见《分销商权利表》
	……	……

（续）

调研内容大类	调研内容小类	收集与确认信息的内容概述
合作企业的周期规律与特征分类	经营周期	经营周期为1年，具体分为以下几个阶段： 1. 订货：合作企业进行订货，按照货物总价的50%提交订货款 2. 收货：合作企业收到货物，并在2个月内补齐剩余货款 3. 退货与调整：在下一次订货开始前，合作企业可以将不需要的货物进行退货，或请求补充货物并支付货款；补充货物不得超过原有订货量的10%；如果核心企业没有可生产或可调拨的货物，也无法补充；期间退货不退款 4. 结算：核心企业按照最终的订货量计算费用，将多出来的货款退还
	确认订货量方式	从订货优惠、返利使用、市场需求及外部资金成本4个方面来决定是否购买： 1. 订货优惠在年初公布，是指订货达到不同的金额后，会有打折优惠；打折优惠不影响返利，即返利按照打折前的金额进行计算 2. 返利使用在年初公布，包括单次使用额度限制、单次使用比例限制、使用时间段限制，以及特定产品使用限制 3. 市场需求是指消费者的偏好，不同省份的偏好有所不同，A、C省的分销商对于消费者有相当大的影响力；B、D、E省的消费者较为稳定，不喜欢新品；F、G、H省的竞争较大，分销商订货量不大；其余省分销商的销量很小，不在目标市场列 4. 外部资金成本最少被考虑，只有A、D省的分销商使用借款订货，其余省的分销商有过了解，但没有进行操作
	客户支付情况	……
	各维度分层行为相似度	……
	……	……
合作企业的金融需求及如何解决金融需求	各经营周期的贷款需求	1. 订货：用于订购更多的货物 2. 收货：用于支付剩余货款 3. 退货与调整：用于短期经营周转，尤其是青黄不接的时期 4. 结算：无需求
	贷款产品的接触与使用情况	核心企业甲与银行X合作过个人经营性贷款产品，只有A、C两省有过使用，存量仅2户 调研对象中仅有15%了解过这个产品，推广力度不足，且合作企业的使用意愿不高 所有省份的分销商均与其他金融机构了解过贷款产品 详细见《第三方金融产品现状表》
	各维度分层贷款需求情况	……
	各维度分层贷款使用情况	1. A、C、D省年订货金额在300万元以上的分销商在订货优惠达到5%以上时，会使用外部资金贷款进行订货 2. A、B、C、D、E、F省年订货金额在100万元以上的分销商会使用外部资金帮助资金周转，而非订货 3. 合作时间3年以上、订货量稳定的分销商使用贷款的可能性更高
	……	……

表 6-4 第三方金融产品现状示例

金融产品	产品归属机构	贷款性质	利率（年化）	申请条件	授信依据	额度上限	借款时长	还款方式	省份	客户反馈
X 易贷	A 银行	核心企业甲的合作企业	10%	核心企业甲的白名单合作企业		白名单额度	24 个月	每月付息，到期还本	所有	1. 还款方式不灵活 2. 不在白名单内，无法申请
XX 贷	B 银行	小微企业经营贷	12%	1. 纳税额 X 万元以上 2. 企业主无不良记录 3. 其他未知	未知	30 万~50 万元	12~24 个月	每月付息，到期还本	A、B、C、D、E	1. 经常审批不通过，审批下来的额度也不够 2. 利率太高 3. 还款方式不灵活
E 贷通	C 银行	个人经营贷	12%	1. 企业主无不良记录 2. 企业主有不动产作为抵押物	未知	20 万元	12~36 个月	每月付息，到期还本	A、B、C、D、E、F、G	1. 申请流程太麻烦 2. 额度不够 3. 还款方式不灵活 4. 使用房屋担保太麻烦
X 信贷	D 贷款公司	农业小微企业	15%	未知	未知	20 万元	0~12 个月	随借随还	C、D、E	1. 利率太高 2. 怕利率计算不正规

工作人员在进行调研记录整理的过程中，应从供应链金融产品设计、运营的角度出发，着重关注以下四个方面的问题：

- 合作企业的需求程度：通过观察合作企业的生产经营状况、资金问题的解决方式及外部借款情况，工作人员可以有效判断其是否有资金需求，以及对资金的需求程度。例如，合作企业若在经营过程中出现阶段性资金短缺，频繁使用民间借贷，或对核心企业的商票、银票进行快速贴现，这些都可能是资金需求强烈的信号。这种需求的存在意味着金融产品有潜在的市场空间。
- 合作企业不使用贷款的问题：即便合作企业有资金需求，也并不意味着它们会接受贷款产品。因此，探究那些有资金需求但拒绝贷款的合作企业背后的原因至关重要。例如，合作企业认为贷款的利息计算不明确，担心上当；贷款利率过高；贷款申请太苛刻，进行过多次申请，但没有成功；申请太烦琐，不会操作；贷款还款方式太呆板，不如民间借贷灵活等。有需求但不使用的原因可以分为三个部分，分析这些原因有助于金融企业优化产品设计并支持本章中市场分析测算时的参数设计工作。

- 产品金融要素原因：例如，利率、还款方式、贷款额度、风险策略等。
- 产品运营方式原因：例如，申请的流程和利率计算方式是否明确，应还款的内容是否清晰，是否有专门的推广和客服等。
- 客户自身认识的原因：例如，客户不喜欢负债经营，客户只认可国有银行等。
- 合作企业使用贷款的原因：与前一条相对应，工作人员还需要了解做得好且被合作企业所接受的贷款产品的情况。
- 合作企业的贷款使用计划：理想状态下，金融企业提供的供应链贷款产品是为合作企业提供短期周转资金的，对于上游供应商，这些资金会用于与订单相关的方面；对于下游分销商、购买者、消费者，这些资金则用于支持与核心企业的交易顺利进行。然而，实际的资金用途可能偏离这一初衷。例如，资金可能被用于扩大再生产、偿还其他贷款，甚至用于企业主的个人消费。通过调研了解这些情况，有助于工作人员更好地评估贷款风险，并制定相应的风险管理措施。

6.4 数据二次加工

6.4.1 二次加工的目标

通过构建数据分析基础表的工作，工作人员已经获得了核心企业记录的描述合作企业的基础数据。工作人员根据实际需要，将这些数据进行二次加工形成新的数据结果，进一步衍生出新的数据内容。在进行数据二次加工时，工作人员会依托已经完成的各个数据分析基础表，将一个基础表中的描述对象作为一类数据内容进行加工，形成描述合作企业该类行为的特征数据。例如，对订单数据表中的数据进行加工，会形成描述合作企业在订单方面行为的特征数据。加工的特征数据一般是按照时间段形成的汇总、计数、中位数、平均值、方差、变异系数等统计值。二次加工所衍生的具体数据内容会因为工作人员的风格、各金融企业的知识沉淀、各供应链场景的差异、核心企业的数据内容而有所不同，此处不做赘述。

在实践中，数据二次加工并非是一个必要步骤，是否需要开展该工作由工作人员自行决定，一些数据分析人员也会越过二次加工而直接进行合作企业分析。这种直接使用基础数据加工的做法会提升加工的复杂性，给分析人员的数据加工和分析工作带来更多的挑战，尤其是数据较为复杂时，分析人员容易出现顾此失彼的情况。

6.4.2 二次加工的工作步骤

数据二次加工的工作内容按照顺序可分为设计数据表、设计数据加工关系、完成数据填充、检查与修正数据四个步骤，这些工作的内容与前文 5.5 节与 5.6 节中数据工作的内容基本一致，此处不再赘述。

工作人员在进行数据二次加工时，应对加工方式进行记录，以备后续数据检查，记录格式可参考表 6-5。

表 6-5　使用不同的数据分析基础表进行二次加工的示例

二次加工后的数据字段（中文）	二次加工后的数据字段（英文）	来源基础数据表（中文）	来源基础数据表（英文）	加工方式
供应商 ID	supplyCompany_ID	供应商基础信息表	supcoop_detail_201X00	不加工
供应商发货地与公司所在地是否一致	location_whether	供应商基础信息表	supcoop_detail_201X00	从 sPlace 字段中加工出发货地市，从 coop_location 字段中加工出公司所在地市，两者一致记为 Y，不一致记为 N
供应商评价变化	sc_eva_change	供应商评级评价	coop_evaluate_201X00	使用评级字段 evaluate_lv 对不同年的评价进行对比，分为：不变（评价不变）、不稳定（评价上下浮动）、稳步上升（评价上升，中间没有下降，可以有走平）、稳步下降（评价下降，中间没有上升，可以有走平）
供应商分类变化	sc_cla_change	供应商评级评价	coop_evaluate_201X00	使用分类字段 classification 对不同年的评价进行对比，分为：不变（分类不变）、不稳定（分类浮动）
201X 年按月订单金额最高值	order_amount_max_201X	201X 年订货订单详情表	order_amount_max	在 201X，按月份对 order_amount 进行求和，取最大值
201X 年按月订单金额最高值所在月	month_order_amount_max_201X	历史订货订单详情表	order_amount_statistics	取出 month_order_amount 在 201X 年的最大值所在月的月份数

6.4.3　二次加工的工作特点

与构建数据分析基础表的工作相比，数据二次加工有以下三个工作特点：
- 加工成果直接用于满足分析需求：在构建数据基础的阶段，数据加工的主要任务是探索、整合核心企业已有的数据资源，并将这些数据按照逻辑抽取并加工，形成不同分层、相互之间有联系的数据表，数据表的划分标准是核心企业与合作企业之间不同的业务动作、交易行为。数据二次加工更注重金融企业的分析需求，工作人员需从这一角度出发来处理数据。

- 加工成果更加聚焦：在构建数据基础的阶段，工作人员为了保证能获得更多、更丰富的数据，会创建多个数据表，从不同的角度描述核心企业、合作企业等不同对象。例如，描述核心企业的上游供应商，会有描述合作企业基本情况的供应商基础信息表、记录合作企业历史评价的分销商评级评价表、按月统计的订单金额与数量统计表、记录某一年订单所有信息的销售订单详情表等。在数据二次加工阶段，工作人员的关注点是合作企业，因此他们需要将所有相关信息整合到一个综合的数据表中，并对数据的加工深度和广度有更高的要求，力求通过二次加工全方位地反映合作企业的特征。
- 加工处理过程更复杂：构建数据分析基础表主要涉及对结构化数据的操作，数据二次加工可能会涉及更复杂的数据处理。例如，对非结构化数据的处理，包括从企业名称中抽取具有地域属性的关键词，从而加工出地域属性；从手机号中抽取号段，判断手机号码所属的地域等。

6.4.4 两类企业的工作侧重点

工作人员在对信息型核心企业与生产型核心企业的数据进行二次加工时应各有侧重。

- 信息型核心企业：信息型核心企业拥有丰富、多样的数据，合作企业的类型和性质往往也存在较大差异，这使得二次加工工作具有以下两个特点：
  - 先确定指标再进行加工：由于数据丰富，因此盲目加工可能带来大量的无效工作。为了提高工作效率和降低成本，工作人员可以设计需要加工的内容，计划形成的各项指标和标签，再有针对性地进行数据加工。
  - 重点加工近期数据：合作企业的稳定性较低，意味着在时间记录上可供二次加工的数据可能较少。因此，对过长时间段的数据进行复杂的二次加工可能价值有限。工作人员在加工时应重点关注近期的数据。
- 生产型核心企业：生产型核心企业的数据内容相对简单，数据量相对较少，这使得二次加工工作具有以下两个特点：
  - 可以边探索边加工：由于数据量可能相对较少且合作企业的性质较为统一，工作人员可以一边进行数据探索和分析，一边结合实际需要来细化数据加工的方向和内容。
  - 可选择加工更长期的数据：工作人员可以考虑对更长时间段的数据进行深入分析，以找到长期的趋势和规律，从一些经营时间较长的企业中甚至可以加工出若干个行业小周期的数据。

6.5 合作企业现状分析

合作企业现状分析的工作内容是基于数据二次加工的结果，对合作企业的各个维度进行组合分析，力求从各个方面反映出合作企业群体的特征情况，分析结果将作为后续的指标加工和客户画像工作的参考与依据。

6.5.1 规划分析特征

按照变动规律、频次及加工的复杂程度，合作企业的特征包括以下三类：

- 基础特征：这些特征一旦形成后变动机会就很少，或不可能变动。例如，企业地域信息、企业性质、企业司法信息（仅有部分核心企业有记录）、企业基础设施等。这类特征分析可以使用核心企业已有的数据，不需要进行复杂加工。
- 静态特征：这些特征的变动有一定的周期性，变动完成后在一段时间内相对稳定。例如，合作企业评级、外部评价、相关认证等。这类特征分析同样可以使用核心企业已有的数据，不需要进行复杂加工。
- 交易行为特征：这些特征由合作企业的短期交易行为形成，是合作企业的收入来源、供应链中的位置、与核心企业交易规律的综合体现，还侧面反映了合作企业的贷款需求。因此，交易行为特征是工作人员分析的重点，包括交易的规模、稳定性、周期性三个方向：
  - 交易的规模：交易的规模特征能够体现合作企业与核心企业之间业务往来的密切程度及合作企业的经营习惯。常见的交易规模特征包括总交易金额、平均单笔/单次/单产品交易金额、分时间段的交易金额等。这些特征所反映出来的内容往往具有多面性，工作人员需要结合交易稳定性、周期性中的特征指标进行综合分析。例如，下游供应商的订货金额多，在核心企业合作的角度上，反映了两者关系稳定；在合作企业经营的角度上，如果订货次数同样也多，但平均订单金额小，可以说明合作企业经营能力强，货物销售周期短，还款能力有保障，如果订货次数少，但平均订单金额大，则说明合作企业存在较强的资金需求，或期望从核心企业处获得更高的返利，后一种情况又进一步说明了其与核心企业关系密切。
  - 交易的稳定性：稳定性可以使用订单金额、订单数、订单平均值的方差、标准值，以及变异系数等统计指标衡量，其中变异系数可以有效地避免数值绝对值过高或过低的影响，是常用的稳定性指标。合作企业的交易稳定性越高，说明经营稳定，这不仅带来了稳定的现金流，有利于企业的财务状况，还可以让企业的生产人员更加稳定，不会出现盲目扩展或突然收缩，有利于企业的生产管理及质量管理。但从另一个方面来说，过于稳定也会使生产经营变得完全可预期，企业可以根据预期安排资金，从而缺少贷款产品的需求。

- **交易的周期性**：交易的周期性是合作企业经营规律的体现，可以从侧面反映出其资金需求的情况，通常以 1 年为周期进行分析，以多年同一时间段的交易统计值来展现，例如，3 年平均 1 月的销售金额、3 年平均 2 月的销售金额、3 年平均 1 月的订单数等。但交易周期性并非在所有场景中都能适用，一是受限于可用的数据，例如，种植业的种子销售行业 1 年只有 1 次订货，下游分销的合作企业只有订货数据而没有销售数据，那就无法计算出周期特征；二是有一些行业本身的波动性很小，无法计算出周期性。一般来说，以月销售额来评估，最高值与最低值不超过 10% 的，都可以认为是没有明显周期性的行业。图 6-2 反映了某企业 3 年的交易金额数据的周期性。

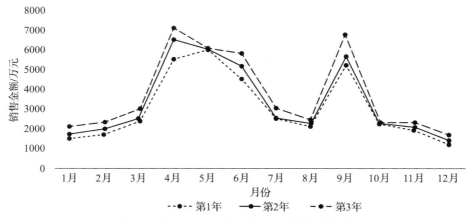

图 6-2　某企业 3 年的交易金额数据的周期性

工作人员可以基于以上三个特征方向，结合行业和核心企业的特征、已有的数据对上游供应商进行具体的统计指标设计，如表 6-6 所示。在设计过程中，工作人员应注意以下三点：

- 区分已经存在的指标，这些已存在的指标可以直接用于后续分析。
- 应充分利用一些行业特有的数据，将其加工成指标。
- 区分信息型核心企业与生产型核心企业的差异。例如，信息型核心企业与合作企业的合作深度和稳定性会相对较低，工作人员在进行交易稳定性统计时，应选择更小的时间颗粒度，并缩短统计的时间范围，同时还可能出现合作企业的交易周期性不明显的统计结果。

表 6-6 上游供应商统计指标示例

指标名称	指标分类
近 12 个月订单数	交易规模
近 24 个月订单数	交易规模
近 12 个月订单金额	交易规模
近 24 个月订单金额	交易规模
近 12 个月平均单笔订单金额	交易规模
近 24 个月平均单笔订单金额	交易规模
近 12 个月订货事业部／分公司／子公司数	交易规模
近 24 个月订货事业部／分公司／子公司数	交易规模
近 12 个月平均月结算金额	交易规模
近 24 个月平均月结算金额	交易规模
……	……
近 12 个月评级变动标识	交易稳定性
近 24 个月评级变动标识	交易稳定性
近 12 个月评价得分平均值	交易稳定性
近 24 个月评价得分平均值	交易稳定性
近 12 个月评价得分标准差	交易稳定性
近 24 个月评价得分标准差	交易稳定性
近 12 个月平均月订单数	交易稳定性
近 24 个月平均月订单数	交易稳定性
近 12 个月平均月订单金额	交易稳定性
近 24 个月平均月订单金额	交易稳定性
近 12 个月月订单金额变异系数	交易稳定性
近 24 个月月订单金额变异系数	交易稳定性
近 12 个月结算金额变异系数	交易稳定性
近 24 个月结算金额变异系数	交易稳定性
……	……
近 5 年 1 月平均订单数	交易周期性
近 5 年 1 月平均订单金额	交易周期性
近 5 年 1 月平均订单金额变异系数	交易周期性
近 5 年最高订单数月份	交易周期性
近 5 年最高订单金额月份	交易周期性

6.5.2 设计组合分析

1. 选择组合分析的数据内容

单纯的数值统计只能显示出不同特征的数值分布情况，但无法显示出不同特征之间的关联关系，例如，仅对销售稳定性指标进行统计，无法判断稳定性是与合作时长相关，还是与地域相关。因此，工作人员应选取多个数据内容进行组合分析，常见的可用于组合的内容包括以下几个方面：

- 合作企业基础信息：企业基础信息常包括企业类型、企业地域、企业注册资本、企业性质等，这些数据容易被理解，在各个核心企业中都会被记录；但这些数据常存在数据填写不规范、数据质量不高、数据有缺失等问题，需要工作人员进行一些加工，以实现统一标准。例如，表 6-7 记录的是企业性质映射加工关系，工作人员通过映射的方式，对不规范的企业性质进行统一。

表 6-7 企业性质映射加工示例

原数据字段内容	加工后的数据内容
央企	国企
地方国企	国企
地方国有控股企业	国企
国有独资企业	国企
省国资委下属企业	国企
……	……

- 企业主基础信息：企业主基础信息包括企业主的年龄、从业时长、户籍、是否为本地人以及产业规模等。由于这些数据常常存在缺失或不准确的情况，因此工作人员需要进行数据清洗和加工，例如，通过身份证号提取户籍所在地，通过对比户籍所在地与合作企业所在地来判断企业主是否为本地人等。

- 核心企业的评定：核心企业通常会对合作企业进行评定，例如供应商等级、销售商等级等。这类信息由核心企业内部确定，标准统一且稳定性高，因此可以直接用于分析。此外，上游供应商的供应产品分类也可以作为评定的一个变体进行考虑。

- 经营时长分层：能长久经营的企业，说明其具有一定的经营能力，并在与核心企业的合作中有收益。经营时长是一个连续变量，为了方便观察和分析，工作人员可以对经营时长进行分段统计，然后与其他指标组合进行分析，例如，将经营年限时长分为 0～3 年、3～5 年、5～8 年、8～10 年、10 年以上，然后分别统计这些时长对应的合作企业的数量、平均订单数量、订单平均金额的数值。此外，合作时长以及经营时长与合作时长的比值也可以作为反映合作企业与核心企业合作持续时长的维度进行分析。

- 交易行为分层：工作人员可以将合作企业与核心企业的交易行为的数值划分成不同的区间，将合作企业的其他数值按照区间进行统计。常见的交易行为数值可以分为两大类：

- 直接用于衡量交易的绝对值指标：例如，总订单/订货/交易金额、平均单笔订单金额、月平均订单数量、订单平均金额等交易指标。
- 经过加工后衡量交易波动幅度的指标：例如，月订单金额方差、月订单数量方差、订单平均金额变异系数等。

2. 设计组合分析统计表

确定组合分析所使用的维度之后，工作人员可以按照分析目标设计统计表，以企业成立年限为维度的统计表的设计可参考表 6-8。

表 6-8 以企业成立年限为维度的统计表

企业成立年限分群	企业数	近1年企业平均订单金额	近1年企业订单金额变异系数	近1年企业订单金额方差	近1年企业订单平均金额	……
0～3 年						
3～5 年						
5～8 年						
8～10 年						
10 年以上						

3. 设计的注意点

选择组合分析的内容和设计统计表时，工作人员需要注意以下四个方面：

- **区分各行业的特性数据**：一些行业有着衡量自身行业经营情况的特殊指标，这些指标相对于可以用于任何行业的共性指标具有更高的价值，能帮助金融企业快速评价合作企业的经营情况。例如，餐饮行业的翻桌率、生猪养殖行业的 PSY 值等，都是衡量行业经营情况的关键指标，这些指标必须被纳入分析维度中。
- **平衡分析成本与收益**：工作人员在确定分析维度的具体内容和颗粒度时，需要权衡分析的成本与收益。虽然更详细的内容和更精细的颗粒度可能揭示更多的规律细节，但也会增加分析的复杂性和成本。因此，工作人员需要选择合适的颗粒度，以确保分析既具有深度又符合成本效益。例如，地域是一个常用的分析维度，工作人员需要结合核心企业的管理方式与市场分布情况综合考虑维度的颗粒度：如果核心企业的业务市场在全国的分布较为均匀，且以省为单位进行管理，那么以省为维度的颗粒度进行分析是合适的；如果市场主要分布在若干省，或以市为单位管理，则应以市为颗粒度。以上两种情况中，如果将地域的颗粒度进一步细化为市和县，则可能造成巨大的额外工作量，且与核心企业的管理脱节，造成浪费。

- 注意分层设计的科学性：工作人员在使用时长、销售金额、平均金额等分层维度时，应注意分层的数值设计。工作人员可以采取以下两种方式进行分层：
  - 完全人工划分层次：工作人员以经验为基础，人工设定整数值为分层边界数值，然后分别统计各层之间的合作企业数。由于是根据经验划分的分层，各层合作企业的分布很可能不符合预期，常见的情况是分布不均衡，一些分层中的合作企业很多，一些分层中则又很少有企业分布；因此工作人员通常需要根据情况进行多次调整，以保证分布均衡。
  - 在聚类结果的基础上进行调整：工作人员先通过聚类模型计算出分层边界数值，然后在此基础上人工调整分层的数量分层边界值，形成分层。例如，人工设置参数，要求模型将企业按照销售额度分为 6 个分群；或在聚类的基础上调整各层的分层边界数值，使其成为整数，再依据此整数边界重新统计各层的企业数。另外，工作人员在进行分层设计时，所分的层次应控制在 8 个以下，过多的层次会导致数据过于分散，不利于整理发现规律。分层设计可以参考图 6-3。

编号	下限	上限（含）
1	0	32.55
2	35.7	100.68
3	102.66	350.81
4	357.9	685.02
5	700.84	1552.9

聚类模型计算分层

编号	下限	上限（含）
1	0	35
2	35	100
3	100	350
4	350	700
5	700	1500

调整后分层

图 6-3　先聚类后调整的分层设计示例

- 及时放弃无意义的组合分析设计：组合分析的数据内容的选择是一个"提出假设—统计探索—验证价值"的过程，工作人员在工作过程中需要不断提出新的假设，开展统计，然后寻找规律和价值。如果一些维度的组合方式经过统计之后发现没有分布规律，那么这些组合分析是没有意义的，工作人员应该放弃它们。

6.5.3　进行数据统计

1. 数据统计与注意点

完成分析框架和分析维度的选择之后，工作人员需要在此基础上开展统计分析，并计算出结果。相比于之前的数据加工，数据统计更偏重于对已有数据的计算，不涉及复杂的数据表关联、数据值处理等；且由于统计工作是基于数据分析基础表进行的，通常不需要核心企业参与生成数据，核心企业只需要提供统计工具即可。

在统计过程中，工作人员需要通过以下四个方面的工作来保证过程与结果的准确性：

- 做好过程记录：在统计过程中，工作人员应尽可能地记录数据统计过程，尤其是使用过的函数，以确保数据统计的可追溯性。
- 对存在关联的数据设定检查条件，用来辅助发现计算错误与异常值：例如，在合作企业与核心企业稳定合作的情况下，各年的订货数、平均订货金额、总订货金额这 3 个数值就存在关联关系，3 个数据在不同年份的变动应在一定范围内，不应出现大幅涨跌。
- 保存重要底稿：当出现需要多次计算才能形成结果的情况时，工作人员应保存中间计算结果和计算底稿，便于在出现错误时进行分阶段的检查和修正工作，避免从头计算，产生额外的成本。
- 做好行业特色数据检查：针对某些行业特有的数据维度，工作人员在完成统计后应将其与业务调研时收集的数据进行核对，或与核心企业的业务人员进行沟通确认，以确保数据的准确性和行业相关性。

2. 数据验算

完成统计计算之后，工作人员应对统计结果进行验算以保证数据的准确性。由于统计的内容多，因此验算的内容可以分为以下四个层次：

- 选择的统计对象的字段是否准确，例如，统计销售金额是 sale_num 字段，但函数错写成了 sale_num_avg。
- 统计的范围是否准确，例如，需要统计全年的销售额，但误写成了 1～6 月的销售额。
- 使用的函数或代码是否准确：检查函数和代码的准确性，相似的函数以及带有筛选条件的代码是最容易出错的地方。
- 交叉验算：例如，可以用多种函数完成同一个统计目标的，工作人员通常可以使用另一种函数对原有结果进行验算；如果同一个统计值可以使用其他字段进行验算，那么工作人员应该计算这些字段进行相互验证。但在验算中，应注意查阅前期工作中采用填充统计值进行修正的数据的处理记录，以免出现验算错误。

数据统计过程中，工作人员可能会遇到数据问题导致的统计数值无法计算的情况，例如，当计算的分母为空值或 0 时，无法计算出结果。对于这些数据的处理方式，工作人员可以参考第 5 章提到的措施，对问题数据进行修正或人工填充。

6.5.4 总结特征规律

完成数据统计后，工作人员需要对统计结果进行细致观察，记录最显著的特征与规律，并整理成总结性文字。为了表现更直观，工作人员可以使用图形结合统计数据一起展示，这些图形包括柱状图、折线图、环图、饼图、面积图等，但工作人员应避免使用文字云等无法准确展示具体数值的图形。

在特征与规律总结完成后，工作人员需将其与调研成果进行对比和验证：

- 高度一致的内容：工作人员可以确认作为测算数值表与合作企业分群的依据。
- 存在差异的内容：由于核心企业提供的信息来源于业务经验，合作企业的调研存在片面性以及对方的理解偏差等原因，收集到的内容与全面统计形成的信息存在偏差是正常情况。工作人员需要与核心企业进行沟通，了解这些差异产生的原因。在得到合理解释的情况下，这些偏差是可以接受的；同时，工作人员也可以考虑重新进行合作企业的调研，以验证这些差异。
- 调研成果中未被发现的内容：这些内容是最具价值的内容，应直接作为测算指标和客户画像的加工依据。但为了保证准确性，工作人员可以与核心企业就这些新发现的内容进行沟通和验证。
- 完全相悖的内容：这种情况非常少见。若遇到此类情况，可能意味着核心企业对合作企业的认知存在严重误解或故意误导金融企业，甚至存在合作企业的调研结果被核心企业完全操控的嫌疑。此时，工作人员应立即向金融企业领导汇报，由领导层做出进一步决策。

6.6 市场测算

市场测算的最终目标是测算出产品运营过程中的收益、成本及费用，以及最终的利润，判断出市场的价值，并为后续的风险分析、产品设计提供目标值。

6.6.1 合作企业分群

不同的合作企业在贷款意愿、贷款需求额度、贷款审批通过可能性方面均存在差异，因此工作人员需要依据特征对企业进行分群，提高后续测算的准确性。

1. 分析意向调研客户特征

通过调研，工作人员收集到了使用过贷款、有贷款意向的合作企业，以及不使用贷款的合作企业的数据。经过合作企业现状分析，工作人员得出了描述这些企业行为的各项指标，以及企业的一些特征。接下来，工作人员可以依据现状分析中所使用的数据进行分析，以探索这两类企业在各项特征上是否存在显著差异，数据统计值是否将两类企业有效区分。

如果工作人员确定能找到特征，那么后续的客户分群将更有依据，测算结果将更加精准；如果不能有效区分，那么后续的客户分群则需要依据历史经验进行。

在实践中，工作人员通常对两类企业在一些关键指标上进行统计，通过对比差异来找出规律，例如，有贷款需求的客户集中在某些地域，或集中在某一个订货金额范围内。这一过程与合作企业的现状分析具有相同点，因此这项工作通常与合作企业分析工作合并进行。也有一些工作人员会使用分类模型进行一些数据建模探索，但这种方式的成本过高，并不适合在此处使用。

案例：核心企业 A 的下游分销场景中高贷款意向的合作企业特点

核心企业 A 从事零售行业。工作人员对核心企业 A 分布在 4 个区域，共计 300 家下游分销商进行调研和信息收集。

工作人员使用核心企业的数据对分销商进行分析，发现高贷款意向的分销商有以下主要特征：

- 成立 4～7 年的重点区域代理商。
- 往年返利全部使用，且需要提前使用本年度返利。
- 年销售额为 150 万～350 万。
- 主要分布在中部 7 个省份。
- 所需贷款周期一般为 6～8 个月。

2. 建立合作企业分群

合作企业的分群工作包括两个阶段：首先通过指标形成标签，工作人员根据企业特征情况给予企业标签，保证同一标签下的企业在某一方面具有相同点或相似性；然后组合标签形成分群，工作人员通过标签的组合将合作企业分成不同的分群。

（1）设计标签

根据形成标签所使用的指标数量，标签可以分为两类：单指标加工形成的标签和多指标加工形成的标签。在市场测算阶段，为了降低成本，工作人员通常只会使用单指标加工形成的标签。

案例：使用近 3 年平均订货金额指标形成标签

工作人员根据下游分销商近 3 年平均订货金额指标进行分层，合计形成 5 个标签。

这些标签的详细情况见表 6-9。

表 6-9　近 3 年平均订货金额指标形成的标签

标签编号	标签名称	分层标准	涵盖企业数
M1	低订货金额企业	近 3 年平均订货金额为 X1 万～X2 万元	150
M2	中低订货金额企业	近 3 年平均订货金额为 X2 万～X3 万元	500
M3	中订货金额企业	近 3 年平均订货金额为 X3 万～X4 万元	750
M4	中高订货金额企业	近 3 年平均订货金额为 X4 万～X5 万元	400
M5	高订货金额企业	近 3 年平均订货金额为 X5 万～X6 万元	220

通常情况下，工作人员主要使用核心企业的数据形成标签，但在成本充足的情况下，工作人员也可以利用外部数据形成标签。这些外部数据大多是外部单位给予企业的分类或评价，例如专精特新企业、"小巨人"企业、科技创新型企业、军工企业等。这些标签的定义通常由外部单位给出，不需要工作人员在分析的基础上进行定义。

（2）组成分群

工作人员对这些不同的标签进行组合，形成合作企业分群。按照形成分群所使用的标签数量，分群工作可以分为以下两类：

- 单标签形成分群：工作人员使用一个标签形成分群。这种方式的优点是简单、成本低、可以快速实现，缺点则是各分群之间的企业特征区隔不明显。用于分群的单标签通常是合作企业的核心指标，例如一定时间段的销售额、订单数等。
- 多标签形成分群：工作人员使用不同类型的多个标签进行组合，形成分群。使用多个标签形成分群可以让各分群的客户特征更丰富、更精准，但会付出更大的工作量，例如，分销商 A 可能具有高稳定性分销商、头部分销商、订货贷款需求分销商、重点战略合作分销商等标签。不同标签可以相互叠加，形成新的标签，例如，高稳定分销商分群由连续 12 个月进货量稳定分销商、长期合作分销商、返利使用充分分销商 3 个标签叠加后形成。在市场测算时，工作人员应充分考虑精准和工作量之间的平衡。使用多标签分群对工作人员的要求更高，需要其在市场现状分析、调研对象分析验证的基础上，整理出数值差异大、能反映出不同企业特征的指标，再通过对指标的分析设计构建出合适的标签，在时间成本足够的情况，工作人员还可以使用一些数学工具辅助进行设计。多标签形成企业分群如图 6-4 所示。

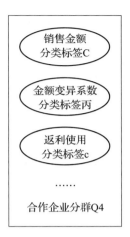

图 6-4 多标签形成企业分群

工作人员在使用标签进行企业分群时，需要注意以下几个方面：

- 分群应全面覆盖企业：所有合作企业都应被分群，以确保后续的测算不会遗漏任何企业。
- 企业分群具有唯一性：合作企业分群是互斥的，即最终每个合作企业只能有一个分群。
- 注意区分不同行业数据：不同行业、不同核心企业的数据存在差异，因此不能盲目套用已有的分群经验。例如，同样是制造业的上游，塑料加工行业和工程机械制造行业向上游合作企业进行采购的订单规律、金额和周期均不一样，因此工作人员如果使用订单金额、订单数量或平均订单金额等指标对合作企业进行分群，各分群的金额阈值也应不同。
- 需要解决企业分群冲突的问题：工作人员同时使用多个标签组合对企业分群时，可能会导致同一个企业符合多个分群的特征。在这种情况下，工作人员应建立一个标准，对各分群设定冲突规则，规定有多个分群的企业的处理方式，保证分群不重合。例如，工作人员可以设置优先分群 1 的冲突规则，当企业 A 按照分群结果可以归入分群 1、分群 2、分群 5 时，会优先归入分群 1。
- 在测算中调整企业分群：在完成分群进入测算环节时，工作人员可能会发现分群数量不符合要求，分群过多会增加参数设置的难度，分群过少则可能将一些具有自身特征的企业归入了其他分群中从而影响测算进度。对于分群过多的情况，工作人员可以对数据特征相近的分群进行合并；对于分群过少的情况，工作人员可以在原有基础上对企业数量较多的分群进行拆分，也可以在建立分群时有意识地多建立一些分群，为后续工作留下空间。

完成分群之后，工作人员应对企业分群冲突的处理规则、企业分群依据、分群采用的指标标准、涵盖的企业数量进行记录。

案例：某粮食加工行业核心企业 B 的下游分销商分群

核心企业 B 的下游分销商分群情况见表 6-10。

分销商分群冲突的处理规则基本如下：

- 分群 8 为最优先，只要满足分群 8 的条件即分入该群，不再进入其他分群。
- 对于分群 1～5 中的企业，当分群冲突时，优先分群的顺序为 1、2、3、4、5。
- 对于分群 6～7 中的企业，当分群冲突时，优先分群的顺序为 6、7。

表 6-10　下游分销商分群表示例

分群编号	分群依据说明	分群标准	涵盖企业数
1	依据调研结果中已经使用了其他金融贷款的企业的特征，扩展到所有合作企业	地域为 A、B、C、D 省，近 3 年平均订货金额为 X1 万～X2 万元 地域为 E、F 省，近 3 年平均订货金额为 X3 万～X4 万元	500
2	依据调研结果中有强烈意愿使用贷款的企业的特征，扩展到所有合作企业	地域为 A、B、C、D 省，近 3 年平均订货金额为 X5 万～X6 万元，订单的退换货比例为 Y1%～Y2% 地域为 E、F 省，近 3 年平均订货金额为 X7 万～X8 万元，订单的退换货比例为 Y3%～Y4%	1200
3	使用合作企业分析结论中订货有明显规律、订货量较大的合作企业	地域为 A、B、C、D 省，近 3 年平均订货金额为 X9 万～X10 万元，近 3 年平均订货金融变异系数小于 Z1% 地域为 E、F 省，近 3 年平均订货金额为 X11 万～X12 万元，近 3 年平均订货金融变异系数小于 Z2%	2000
4	使用合作企业分析结论中订货有明显规律、订货量稳定、合作时间较长的合作企业	地域为 A、B、C、D 省，近 3 年平均订货金额为 X11 万～X12 万元，近 3 年平均订货金融变异系数小于 Z3%，合作时间超过 M1 年 地域为 E、F 省，近 3 年平均订货金额为 X13 万～X14 万元，近 3 年平均订货金融变异系数小于 Z4%，合作时间超过 M2 年	3000
5	使用合作企业分析结论中重点分销商以上级别分类，且订货有明显规律的客户群	地域为 A、B、C、D 省，级别为战略分销商、重点分销商、区域重点分销商，近 3 年平均订货金融变异系数小于 Z5% 地域为 E、F 省，级别为战略分销商、重点分销商，近 3 年平均订货金融变异系数小于 Z6%	4000
6	成立时间短、交易量不大、交易不活跃的合作企业	合作年限小于 M3 年，近 3 年平均年订货金额少于 X 万元	6000

（续）

分群编号	分群依据说明	分群标准	涵盖企业数
7	交易量很小、基本不可能使用贷款产品的合作企业	近3年平均年订货金额少于X万元，近3年总退货换货单少于X	7000
8	交易量巨大的合作企业	近3年平均年订货金额大于X1万元，近3年平均年订货金额大于X2万元	150

3. 剔除不参与测算的企业

通过前期的市场现状分析与客户分群，工作人员会发现一些企业与产品定位明显不符。这些不可能使用贷款产品或不匹配贷款产品的企业主要分为两类：

- 企业自身主观条件不匹配：这些企业主要包括6.3.3节中提及的不参与调研的大型企业以及海外企业、港澳台企业等。这些企业在资金的需求额度、用款时长、申请贷款所需要的内部管理等各个方面，都与贷款产品不匹配，或这些企业由于自身的性质导致其不是金融企业内部管理要求的目标客户，金融企业无法为其提供该产品之外的服务。通常，工作人员在整理调研信息时已经有了这些企业的名单，此时可以直接将它们剔除。

- 企业客观条件不符合：这些企业主要包括6.3.3节中提及的企业，或在后续分析中所发现的合作不稳定的企业以及交易金额过小的企业。以低交易规模的合作企业为例，它们与核心企业的交易量小，可能是因为企业本身的经营规模小，盈利和还款能力缺乏保障；或者它们与核心企业的交易不频繁，因此无法被核心企业有效地约束和控制。即使尝试将这些企业纳入服务范围，由于交易金额过小，计算出的授信额度也会非常小，无法满足其资金需求。工作人员在整理调研信息时可能已经大概了解了一些情况，但判断低交易规模或低稳定性的指标及指标数值标准需要通过分析数据来确定。

4. 形成测算客户群

工作人员在原有客户群的基础上标注出被剔除的客户，形成最终测算的客户群并进行记录。记录的内容包括以下两部分：

- 测算用客户明细清单表：清单表不仅包括了测算客户的ID、名称、分群等信息，还包括了可能用于测算的一些基础指标，便于工作人员在后续测算阶段对这些数据进行加工和处理。清单表的形式可参考表6-11，而清单表中所包含的具体数据内容则由数据分析基础表和二次加工的内容所决定。

表 6-11 测算用客户明细清单示例

企业编号	企业分群	是否参与测算	核心企业内部分级	近3年企业平均进货金额/万元	尚未使用返利金额/万元	……
A1	1	Y	重要代理商	120	5	
A2	1	Y	重点代理商	300	20	
A3	1	Y	重点代理商	250	20	
B1	2	Y	重点代理商	420	30	
B2	2	Y	重点代理商	600	35	
H1	8	N	金牌代理商	2600	100	
F1	6	Y	金牌代理商	1700	85	
B3	2	Y	重要代理商	450	30	
G1	7	N	重点代理商	2000	100	
E1	5	Y	重点代理商	1500	60	
……	……	……	……	……	……	

- 各分群中参与测算的客户数据统计表：工作人员需要在原有的分群统计基础上标注出各分群参与测算的人数，统计表的样式见表 6-12。

表 6-12 参与测算的客户数据统计表示例

分群编号	参与测算的客户数	不参与测算的客户数	总客户数
1	485	15	500
2	1200	0	1200
3	2000	0	2000
4	3000	0	3000
5	4000	0	4000
6	5600	400	6000
7	1500	5500	7000
8	0	150	150
合计	17785	6065	23850

6.6.2 测算指标选择

1. 测算指标的要求

经过合作企业分析之后，工作人员已经确认了合作企业的特征，以及最能反映这些特征的指标。在测算阶段，工作人员需要在这些指标中挑选出最为合适的指标作为产品收入测算的依据。在选择指标时，工作人员应注意以下四个方面：

- 选择反映合作企业关键能力特征的指标：工作人员应选择那些能够反映合作企业贷款需求、盈利能力或经营能力的指标，这些指标通常从交易性特征指标（见 6.5.3 节）中选取。

- 选择体现行业特点的指标数据：如果工作人员在收入测算时完全依据一些通用的指标进行测算，那很难构建起金融企业的差异化优势。因此，工作人员应通过对于行业特有的规律的研究，去发掘或引入能反映这些规律的独特数据。例如，一些行业的产品在行业内或市面上有标准的定价，工作人员可以引入这些数据作为指标使用，典型的如各期货市场中的挂牌商品。
- 选择多维度数据共同参与：工作人员可以选择多个反映合作企业能力的指标一起用于测算，从而提升测算的全面性。这种情况下应确保这些指标描述的是合作企业不同的行为维度。例如，订单总金额和订单稳定性是两个不同维度的指标，订单总金额是金额算数加总的数值，反映的是合作企业的经营规模；订单稳定性是使用方差或变异系数计算出的结果，反映的是合作企业在每个时间段内是否有稳定的订单来源。
- 避免使用非生产数据：工作人员应该避免使用估算或填补的数据，否则会造成测算误差，例如，构建数据分析基础表的数据内容时使用众数、平均数、中位数等填充的数据内容。

2. 单指标测算与多指标测算

工作人员筛选出合适的指标后，还需要确定是使用单指标还是多指标组合作为测算的依据，这两种方式各有特点。

（1）单指标测算

单指标测算是指工作人员以一个指标为基准进行测算。例如，在计算贷款授信额度时，工作人员对订单总金额进行基本的数学运算，得出的结果即为合作企业的贷款授信额度。由于在市场测算时，工作人员需要快速完成测算，不要求过于精准的结果，所以单指标测算是最为常见的计算方式。指标测算所使用的一些常见指标及用法可参考表 6-13。

表 6-13　一些常用于贷款授信金额计算的指标示例

行业分类	指标名称	指标用途	常用方式举例
通用	近 1 年订单/订货量金额	计算贷款授信金额	近 1 年订单/订货量金额 × 系数
通用	近 1 年订单/订货量金额	计算贷款授信金额	按照总金额分层，不同层次给予不同授信金额
通用	近 6 个月平均订单金额	计算贷款授信金额	近 6 个月平均订单金额 × 系数
通用	月订单/订货量金额变异系数	辅助计算贷款授信金额	按照变异系数分层，不同层次给予不同系数；系数使用方法见上
通用	去年返利金额合计	辅助计算贷款授信金额	去年返利金额 × 平均返利比例 × 系数

（续）

行业分类	指标名称	指标用途	常用方式举例
通用	平台近3个月交易金额	计算贷款授信金额	平台近3个月交易金额 × 平均利润率 × 系数
粮食贸易	购买粮食重量	计算贷款授信金额	购买粮食重量 × 国家粮食收购价
养殖业	当前猪存栏头数	计算贷款授信金额	当前猪存栏头数 × 平均猪体重 × 期货市场价格
连锁零售	已开店数量	计算贷款授信金额	已开店数量 × 固定授信额度
……	……	……	……

这种方法的优点有：

- 测算过程简单方便，可以降低指标测算的成本，减少测算时可能发生的错误。
- 便于其他人员理解。
- 可以选择数据质量最好的指标，降低因人工补充、填充数据造成的误差等。

这种方法的缺点在于，测算的维度过于单一，例如，使用订单总金额进行测算，就会忽略订单的稳定性问题。

（2）多指标测算

多指标测算是指综合运用描述合作企业不同方面的多个指标进行测算。例如，工作人员可以先按照合作企业的订单稳定性对其进行分层，对不同分层的企业给予不同的系数，再将企业订单总金额乘以相应的系数，得到该企业的授信额度。

这种方法的优点在于，反映的内容更加全面，测算结果更加精准。

这种方法的缺点在于，选择指标和设计测算方案需要花费更多成本，且计算的成本和难度更大。因此，在实际中多指标测算会控制指标的数量，并确保指标反映了不同的交易维度。当工作人员希望进行更复杂的测算时，也可以使用更多的指标构建评分卡来进行测算，但会带来工作复杂程度和工作量的剧增。

6.6.3 测算参数设计

测算参数决定了测算结果的科学性与准确性，工作人员需要设计的参数包括收益、成本与费用两个方面，这两方面的参数可以有不同的颗粒度。

1. 制定收益测算参数

（1）需要设计的参数

金融收益参数是指与金融产品收益直接相关的参数，主要包括以下几方面内容：

- 年化利率：年化利率是合作企业对于贷款的第一印象和直观的感觉。更高的利率意味着金融企业在相同贷款额度下能获得更高的收益，但同时也可能导致客户使用产品的意愿降低。在确定利率时，工作人员应参考市场利率或自身其他产品的利率。鉴于供应链金融产品的客户相对稳定和可靠，利率可适当调低。

- 贷款授信额度：贷款授信额度是合作企业可使用的贷款金额。额度越高，金融企业在相同利率下的利息收入也越高，但合作企业违约的潜在损失也会增大。在供应链金融中，额度通常根据合作企业与核心企业的交易行为来计算，并同时设定一个最高限额，即合作企业最高只能申请到这个额度。这个限额一般由金融企业根据内部管理制度和核心企业的情况自行设定。
- 借款时长：企业借款时间越长，金融企业能持续获得现金流的时间也越长。例如，同样一笔贷款，3年的时长意味着金融企业可以在3年内稳定地获得利息，而如果贷款期限仅为1年且客户在第二年不再续贷，则金融企业将失去后续的利息收入。在供应链金融产品中，随借随还是一种较为常见的还款方式，这意味着单个合作企业的借款时长很可能是不确定的。工作人员在进行市场测算时，需要根据所有客户的使用需求估算一个平均借款时长。估算借款时长可以依据合作企业的经营周期、与核心企业发生交易的周期、合作企业贷款用途、同类产品或历史项目经验值等。

案例：某粮食加工行业核心企业C的下游分销商的借款周期

工作人员从合作企业使用贷款的用途与目的出发，结合调研收集的合作企业在订货、收货、退货与调整等阶段愿意使用贷款的比例进行加权平均，最终确定借款周期如下：

- 订货阶段：用于订购更多的货物，确定用款周期为11个月。
- 收货阶段：用于支付剩余货款，确定用款周期为10个月。
- 退货与调整阶段：用于短期经营周转，尤其是青黄不接时期，确定用款周期为6.5个月。

- 产品申请通过率：这是一个统计值，其计算口径为申请通过的合作企业数/总申请合作企业数。其中总申请合作企业数＝总目标合作企业数，即被分群、确认有可能进行产品申请的所有合作企业。产品申请通过率与金融企业的风险策略密切相关。风险策略越严格，产品申请通过率越低。这背后反映的是合作企业的质量以及金融企业对这些企业的了解程度。低通过率可以降低风险，但也可能影响贷款投放额度。
- 产品使用比例：这同样是一个统计值，其计算口径为使用贷款额度/贷款授信额度。该参数描述的是通过贷款申请的合作企业实际使用了多少贷款。实际场景中，由于

合作企业可能有多种金融产品和融资渠道选择，因此可能会出现申请贷款但最终未使用的情况，产品使用率越高，说明产品设计越成功。只有当合作企业实际使用贷款时，金融企业才能获得利息收益。在其他条件相同的情况下，产品使用率越高，金融企业的收益也越高。不过，产品使用率通常与利率呈负相关关系，即利率越高，产品使用率可能越低。估算贷款成功率可以依据调研中合作企业的反馈、其他金融企业的产品情况以及历史项目经验值。

- 不良贷款比例：客户如果不偿还贷款，就会形成金融企业的不良贷款。在测算时，工作人员采用不良贷款比例作为贷款损失参数。这类参数一般由金融企业按照历史经验进行估算，选择估算依据时，可以参考同类的供应链金融产品的情况，或参考个人经营性贷款、同类地域或行业客户的情况。随着产品的运营，不良贷款比例一般会不断增加，到产品末期，不良贷款比例一般会达到相对较高的状态。

（2）不需要独立考虑的因素

在实际运营中，还存在一些难以直接量化的因素，它们对产品的运营效果有着深远影响，但无法直接转化为具体参数。工作人员通常使用其他参数来间接反映它们所带来的结果。这些因素包括以下内容：

- 授信条件：这是金融企业为合作企业提供贷款时所设定的条件。除了普遍要求的企业主个人无不良信用记录等共性条件外，不同金融产品还有特定的授信条件。作为面向特定场景的供应链金融产品，其基本要求之一是申请产品的客户必须是相应核心企业的上游或下游合作企业，此外还有一些基于供应链场景数据、外部数据形成的授信条件。授信条件这一因素会通过产品申请通过率体现。
- 授信额度依据：授信额度依据是金融企业用来计算合作企业贷款额度的标准。例如，面向全社会客户的个人经营性贷款产品常使用纳税额度进行计算，或根据企业主提供的房屋公允价值估算；而供应链金融产品则可能依据订单金额、历史订单、交易金额或使用符合要求的评分卡来计算授信额度。授信额度的精确计算需要由后续的风险分析工作完成，在市场分析阶段，工作人员使用贷款授信额度进行估算。授信额度依据会通过贷款授信额度体现。
- 还款方式：还款方式常包括等额本金、每月付息到期还本、一次还本付息、随借随还等。还款方式可以通过借款时长来体现。
- 产品操作友好度：产品的申请操作越简单便捷，使用越方便，客户申请和使用贷款的成功率就会越高。操作和使用体验涉及界面设计、关键信息表达、流程流畅性、操作引导、客户运营支持等多个方面，无法量化，工作人员会直接使用申请成功率或产品使用率来进行评价。
- 收益时序变化参数：金融产品从设计完成到市场推广和客户接受，再到大规模运营需要一个过程。工作人员可以通过产品使用比例变化来描述这一过程。随着运营时间的增加、产品推广力度的增加，客户对产品会更熟悉，产品使用比例会提升；当市场上具有竞争力的产品增加，客户有其他产品可以选择时，产品使用比例会下降。

各类参数设计可参考表6-14。

表 6-14 各类参数设计示例

参数	参数单位	举例
年化利率	%	8%
贷款授信额度	元或万元	300000
借款时长	月	12
产品申请通过率	%	85%
产品使用比例	%	60%
不良贷款比例	%	1%

（3）不需要考虑的因素

工作人员在进行市场测算时，有两个因素不在测算范围内，也不会在参数设计中进行考虑：

- 罚息收入：当合作企业使用了贷款产品却未按时还款时，就会产生罚息。理论上，罚息可以视为一种额外的收入来源。然而，在实际操作中，要准确估算罚息收入非常复杂，这需要考虑产品的行业特点、核心企业和合作企业的具体情况、产品的利率水平、还款方式、借款额度、借款时长等多个因素。更何况，这些因素很难同时满足相似条件，使得罚息收入的预测变得极为困难。此外，从产品设计的角度来看，罚息并不应被视为正常收益的一部分。因此，在进行市场测算时，通常不会将罚息收入纳入考虑范围。
- 产品暂时中止：金融企业在产品运营过程中可能会因自身或外部原因暂时中止产品的运营，从而停止向客户提供贷款。这种情况显然会对收益产生影响。然而，产品暂时中止通常被视为一种小概率事件，且发生时间和持续时间都是无法预测的。因此，在进行市场测算时，这种不确定性使得考虑产品暂时中止对收益的影响变得不切实际。

在设置收益参数时，为确保测算结果不脱离市场客观现状与产品运营的实际情况，工作人员应当注意以下四点：

- 综合多方因素进行参数设计：工作人员应充分利用外部产品信息、市场调研数据以及自身的历史经验和业务经验来合理设计参数。这样可以确保参数设置更加贴近市场真实情况，提高测算的准确性。例如，工作人员在设计产品使用率时，一方面通过前期调研，收集合作企业信息，得到有 15% 的合作企业存在资金需求，有 10% 的合作企业经常要使用信用卡或个人消费贷款来获取资金这一信息，那么说明至少有 10% 的人有向金融企业进行借贷的习惯，有 15% 的客户有潜在的需求；另一方面，根据同行业、同类型产品运用的经验，发现同类产品的贷款实际使用额度/总贷款授信额度为 80%，将两者进行综合，该产品使用率的范围可以定为 8%（10%×80%）～12%（12%×80%），初始放款成功率设为上下限的平均数 10%。

- 设置参数上下限：为避免参数设置过于极端和不切实际，工作人员应为每个参数设定合理的上下限，数值在这一范围内调整变动。

- 应注意各参数之间的联系：不同的参数之间往往存在相互影响。例如，当年化利率上升时，产品的吸引力可能降低，从而导致产品使用比例下降；同样，借款时长增加可能会增加不良贷款的风险。因此，在设置参数时，工作人员需要综合考虑这些相互影响，确保各参数之间的协调性。

- 为交易额很低但依然参与测算的合作企业设置特殊规则：对于一些交易额较低但依然参与测算的合作企业，金融企业应在贷款授信额度方面设置特殊规则。例如，可以设定一个最低授信金额，以确保这些企业能够获得具有实际经营意义的贷款额度。可以想象，如果金融企业给合作企业提供几千元的授信额度，必然会给产品带来负面口碑。

最终，工作人员在完成相关参数的设计并进行组合之后，可以形成一套测算方案参数。测算的本质是金融企业通过参数的调整，最终获得一个最佳的组合，用于产品设计，并为后续的风险工作提供方向。

案例：某粮食加工行业核心企业 C 的下游分销商的收益参数设计

下游分销商的收益测算所用的参数设计采用公共参数与个性参数相结合的方式。

各参数设置的相关说明如下：

- 公共参数：所有客户群在年化利率、产品申请通过率、借款时长等方面共用相同参数，参数设计见表 6-15。

- 个性参数：前期通过客户画像，合计形成了 8 类客户分群，不同分群的贷款授信额度计算、放款成功率、不良贷款比例、产品使用比例均有差异，各参数设计见

表 6-16、表 6-17、表 6-18、表 6-19。

- 不良贷款比例、产品使用比例等参数变化的颗粒度为季度。

表 6-15　公共参数：年化利率、产品申请通过率、借款时长

参数	初始参数	下限	上限	设计依据
年化利率	8.50%	7.50%	9.00%	按照市场已有产品设计
产品申请通过率	80.00%	75.00%	90.00%	按照自身已有产品设计
借款时长	订货阶段：平均周期为 11 个月 收货阶段：平均周期为 10 个月 退货与调整阶段：平均周期为 6.5 个月	-	-	调研形成结果

表 6-16　个性参数：贷款授信额度计算

客户分群	Y1Q1	下限	上限
客户分群 A	3 年订货额平均值 ×0.6	3 年订货额平均值 ×0.5	3 年订货额平均值 ×0.7
客户分群 B	3 年订货额平均值 ×0.6	3 年订货额平均值 ×0.5	3 年订货额平均值 ×0.7
客户分群 C	3 年订货额平均值 ×0.8	3 年订货额平均值 ×0.6	3 年订货额平均值 ×1
客户分群 D	订货额 ×0.7	订货额 ×0.6	订货额 ×0.8
客户分群 E	订货额 ×0.8	订货额 ×0.7	订货额 ×0.9

表 6-17　个性参数：放款成功率

客户分群	Y1Q1	Y1Q2	Y1Q3	Y1Q4	Y2Q1	Y2Q2	……	上限调整范围	下限调整范围
客户分群 A	5.00%	15.00%	15.00%	20.00%	20.00%	25.00%	……	2.00%	2.00%
客户分群 B	5.00%	10.00%	10.00%	10.00%	10.00%	15.00%	……	2.00%	2.00%
客户分群 C	2.00%	2.00%	10.00%	10.00%	7.00%	7.00%	……	1.00%	1.00%
客户分群 D	2.00%	2.00%	10.00%	10.00%	7.00%	7.00%	……	1.00%	1.00%
客户分群 E	10.00%	10.00%	15.00%	10.00%	15.00%	15.00%	……	1.00%	1.00%
……	……	……	……	……	……	……	……	……	……

表 6-18　个性参数：不良贷款比例

客户分群	Y1Q1	Y1Q2	Y1Q3	Y1Q4	Y2Q1	Y2Q2	……	上限调整范围	下限调整范围
客户分群 A	0.00%	0.00%	0.10%	0.10%	0.15%	0.15%	……	0.05%	0.03%
客户分群 B	0.00%	0.00%	0.10%	0.10%	0.15%	0.15%	……	0.05%	0.03%
客户分群 C	0.00%	0.00%	0.00%	0.10%	0.15%	0.15%	……	0.03%	0.02%
客户分群 D	0.00%	0.00%	0.00%	0.10%	0.15%	0.15%	……	0.03%	0.02%
客户分群 E	0.00%	0.00%	0.00%	0.10%	0.10%	0.15%	……	0.03%	0.02%
……	……	……	……	……	……	……	……	……	……

表 6-19　个性参数：产品使用比例

客户分群	Y1Q1	Y1Q2	Y1Q3	Y1Q4	Y2Q1	Y2Q2	……	上限调整范围	下限调整范围
客户分群 A	20.00%	30.00%	35.00%	35.00%	50.00%	50.00%	……	5.00%	5.00%
客户分群 B	20.00%	30.00%	35.00%	35.00%	50.00%	50.00%	……	5.00%	5.00%
客户分群 C	20.00%	20.00%	20.00%	30.00%	35.00%	35.00%	……	5.00%	5.00%
客户分群 D	20.00%	20.00%	20.00%	30.00%	35.00%	35.00%	……	10.00%	10.00%
客户分群 E	10.00%	20.00%	20.00%	30.00%	35.00%	35.00%	……	10.00%	10.00%
……	……	……	……	……	……	……	……	……	……

2. 制定成本与费用参数

（1）产品成本与费用参数内容

产品的成本与费用主要包括以下几类：

- 产品研发的人工成本：这是金融企业为产品研发投入的业务部门各类人员的成本。它与项目实施的时间长度、投入的人员数量和等级成正比。金融企业在制定供应链金融项目计划和方案时会先确定一个基本的投入计划，并在实际工作中进行调整。在测算时，工作人员可以根据计划投入的人工成本进行参数设定，或在计划投入的基础上估算一个浮动的范围值作为参数。

- 产品开发成本与维护成本：供应链金融产品通过信息系统为合作企业提供服务，产品开发成本涉及组织信息科技部门人员和外包开发人员的投入，投入人员多、开发量大则成本高；而维护成本则包括产品运营过程中的软硬件维护、信息平台的开发与维护等。开发成本通常由信息技术部门评估后由业务部门确认，开发工作的内容较为标准和固定，其工作量的估算相对稳定；维护成本可能由金融企业统一承担，也可能按产品分摊给业务部门，该产品被分摊的那一部分费用可作为参数纳入测算。

- 运营成本：金融企业除了信息系统维护投入外，还需要投入相关人员，例如渠道推广人员、客服人员、与核心企业沟通的人员等。如果这些人员与其他产品共用，那么成本可以被分摊。另外，产品经过一段时间的运营后，各项问题会逐步解决，客服工作量会下降，总体工作量也会平稳地下降，此时可以考虑降低运营投入。

- 核心企业费用：核心企业可能会参与产品推广，并要求金融企业支付费用，这些费用的计算方式可能按照固定金额计算，也可能根据产品投放的金额按比例计算。具体情况会因为核心企业参与的成本、推广的力度、投入的资源而有所不同。

- 其他产品支出：所有与产品相关但没有在以上几个方面中体现的内容均可归入此类，

例如，一些产品在设计时为了避免客户违约造成损失，会引入保险公司对贷款进行保险，由此产生的保费即为其他支出。金融企业开展一些专门的产品营销推荐活动而产生的花费等也属于此类。

- 资金成本：产品成本与费用中其实还有一个很重要的因素，即资金成本，但因其与供应链场景数据无关，所以在此不做详细叙述。无论是自有资金还是外部资金，金融企业贷款产品都存在资金成本，这通常会在管理部门进行核算，并在金融企业内部专门的会议上影响产品设计内容和上线决策。例如，商业银行计划财务部门的FTP，即内部资金转移价，就是资金成本的一种形式。

（2）产品成本与费用参数数值设计

按照这些成本与费用参数的数据值是否会变动，可以将参数分成三类。工作人员应根据不同类型的参数选用相应的规则。参数的类型与测算依据见表6-20。

- 固定值：这类参数一旦确定，就不会随着产品运营的情况发生变化，包括项目研发人工成本、产品开发成本、按照固定金额向核心企业支付的费用。
- 时序变化值：这类参数会随着运营时间的增长而发生变化，包括产品维护成本、运营成本。
- 与业务相关的变化值：这类参数与产品发展情况直接相关，产品发展越好，投放越多，金额也就越大，包括按照比例向核心企业支付的费用、大部分的其他产品支出。

表6-20 产品成本与费用参数的类型与测算依据

参数类型	测算使用方法	测算依据
项目研发人工成本	固定值	投入人员
产品开发成本	固定值	投入人员
产品维护成本	时序变化值	年为时间单位
运营成本	时序变化值	投入人员数量 × 时间
核心企业费用（按比例支付）	业务量相关值	贷款余额 × 比例
保险	业务量相关值	贷款余额 × 保险费率
营销投入	业务量相关值	按活动计算，或按照贷款余额比例计算
资金成本	业务量相关值	贷款余额 × 利率
……	……	……

实际运营中，金融企业可能对于产品运营的业务部门还会有一些成本的分摊，但这些分摊通常难以精确到具体产品，因此不建议将这些成本列入具体产品的成本与费用参数中。

对于一些金融企业来说，按比例支付的核心企业费用、其他产品支出以及产品开发成本等具有明确投入金额或分成比例的部分，是成本控制和预算规划的重点；而其他成本与费用部分则难以逐个计算成本。这种情况下，工作人员可以选择将其他成本与费用部分作为一个整体来计算成本，计算方式为按照产品进行分摊估算。

案例：某粮食加工行业核心企业 C 的下游分销商的产品成本与费用参数设计

产品各成本构成情况如下：

- 项目研发人工成本：预计需要投入 12 人月，人工成本为 24 万元；延期极限为 16 人月，人工成本为 26 万元。
- 产品开发成本与维护成本：开发预计投入自有人员 0.5 人月，外包厂家 3.5 人月，人工成本为 6 万元 / 人；维护成本经分摊后为 1.5 万元 / 年。
- 运营成本：以 1 年为单位，第 1 年预计投入 24 人月，其中客服、催收为 1.5 人，合计投入 18 人月，产品推广、与核心企业沟通为 0.5 人，合计投入 6 人月，成本为 30 万元 / 年。从第 2 年开始，预计投入为 18 人月，其中客服、催收为 1 人，合计投入 12 人月，产品推广、与核心企业沟通为 0.5 人，合计投入 6 人月，成本为 25 万元 / 年。
- 核心企业费用：核心企业采用固定比例计算费用，比例为贷款余额的 1%。
- 成本与费用测算结果表见表 6-21。

表 6-21 成本与费用测算结果表

成本与费用类型	第 1 年支出 / 万元	第 2 年支出 / 万元	第 3 年支出 / 万元	合计 / 万元	备注
项目研发人工成本	24～26	0	0	24～26	
产品开发成本	6	0	0	6	
产品维护成本	1.5	1.5	1.5	4.5	
运营成本	30	25	25	80	
核心企业费用（按比例支付）	-	-	-	-	按照贷款余额的比例计算支出
资金成本	-	-	-	-	按照贷款余额的比例计算支出
合计	61.5～63.5	26.5	26.5	114.5～116.5	

3. 测算参数颗粒度调整

工作人员可以根据金融企业内部管理要求、时间成本对测算参数的颗粒度进行调整，以实现提升精准度或降低测算难度的目标。

（1）提升测算精度

当测算要求更高的精准度时，工作人员可以从以下四个方面调整各相关参数，但是提高精准度应建立在足够的调研、历史经验以及数据分析的基础上,否则会变成单纯的数字游戏。

- 增加不同参数之间的动态计算关系:在有相关数据或经验值支撑的基础上,工作人员可以量化各参数之间的联系,构建相互联动的测算模式。例如,当利率提升 1% 时,可以设定贷款产品使用率会相应下降 2%;当借款时长增加 12 个月时,不良贷款比例可能提升 0.05% 等。
- 增加贷款授信额度的计算方式:工作人员可以使用多种额度计算方式进行测算,然后对不同的计算方案进行比较和选择。
- 提升时间颗粒度:为了更精确地反映业务变化,工作人员可以将放款使用率、不良率和产品使用比例的时间颗粒度细化到月;此外,工作人员还可以加上一些月度的动态化参数,以便动态化地测算业务发展情况,例如在不同月份设置不同的产品使用比例。
- 精细化运营成本:在运营部门的支持和配合下,工作人员可以将运营成本拆分到单独的月份并落实到相关人员,以便更准确地核算和控制成本。

(2)降低测算难度

在时间或人力资源有限的情况下,工作人员可以采取以下几种方式对相关的参数进行简化处理,以降低测算难度,节约成本。

- 简化贷款授信额度计算:工作人员通过对合作企业设置固定的贷款授信额度来降低计算难度。这种固定额度可以根据不同的客户群来设置,也可以对所有客户采用统一的贷款授信额度,避免了复杂的计算过程。
- 简化借款时长计算:由于非随借随还产品的借款时长是固定的,因此工作人员不需要额外估算;对于随借随还的产品,工作人员可以假设其借款时长也是固定的,简化估算工作。
- 合并不同分群的产品申请通过率或产品使用率:不同分群的企业特征不一样,其产品申请通过率和产品使用率必然也不一样。工作人员可以将不同分群的产品申请通过率或产品使用率设置成一个数值,从而减少不同分群的参数设计和计算的工作量。
- 合并产品申请通过率和产品使用率:为简化测算过程,工作人员可以将产品申请通过率和产品使用率合并为单一的产品使用率参数。
- 降低相关参数的颗粒度:将不良率、产品使用比例等参数的时间颗粒度从更细的时间单位(如月)降低到以年为单位,这样工作人员就能减少数据收集、处理和测算的工作量。

工作人员在采用简化的方式进行计算时,应记录简化前与简化后的方法,以方便后期进行检查，记录格式见表6-22。

表 6-22 参数简化处理

参数	简化前计算方式	简化后计算方式
贷款授信额度	分群客户计算表	3年订货金额平均值 ×0.8
借款时长	分阶段计算表	10个月
产品申请通过率	数值变化表	第1年：35% 第2年：45% 第3年：55%
不良率	数值变化表	第1年：0.5% 第2年：0.75% 第3年：0.9%
产品使用比例	数值变化表	第1年：30% 第2年：50% 第3年：70%

6.6.4 测算实施

市场测算的实施工作是一个反复尝试、不断迭代的过程，具体的流程如图6-5所示。

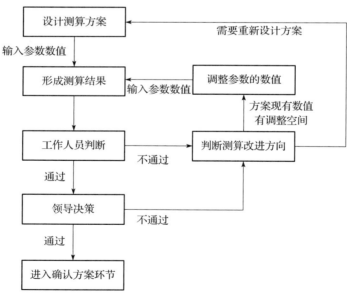

图 6-5 市场测算流程

1. 市场测算与结果探讨

（1）测算步骤

市场测算的本质就是将不同的客户分群与设置好的参数数值相匹配，进而计算出预期的利润。测算的具体流程分为以下四步：
- 测算收益：根据已经分好的客户群体，对合作企业按照预先设定的收益参数进行逐一计算，得出不同客户分群下各个合作企业的实际贷款金额、预计收入收益。
- 测算成本与费用：成本与费用包括以下三个部分，工作人员需要分别完成三者的计算，然后再将结果相加。
  - 业务量相关的成本：根据企业的业务发展量计算其产生的多个成本和费用，例如按比例支付核心企业的费用等。
  - 时序变化的成本：按照产品规划运营的时间长度计算出不同时间段内产生的成本与费用，然后进行累加，例如产品运营过程中不同阶段的费用。
  - 固定的成本：例如，产品研发人工成本、产品开发成本。
- 计算利润：以年或月为单位，按照以下公式计算各时间段的利润。

$$收益 - 成本与费用 = 利润$$

- 判断评估测算结果：工作人员得出利润之后，需要对测算结果进行评估，主要是判断测算出的利润是否满足企业的预期目标和市场定位。如果利润未达到预期，或者成本与收益的比例不合理，那么就需要对测算方案进行迭代。重新进行测算可能涉及调整收益参数、重新评估成本与费用，或者优化客户群体分类等。

（2）测算收益的实施方法

测算收益的过程中，工作人员最为重要的工作是根据产品申请通过率这一参数计算出能申请到贷款的企业数量。其中最大的问题是在测算时如何将各个参数的统计值与个体企业相匹配。以产品申请通过率参数为例，这个参数是一个统计值，它并不针对具体某一个合作企业的审批结果进行判断，而是从整体上反映企业通过审批的概率；而测算收益则需要对合作企业逐个测算。为了解决这个问题，工作人员可以采用以下 3 种方法：

- 随机法：随机法即构造一个随机函数，对不同分群的合作企业，按照产品申请通过率的数值随机生成标签来决定它们是否通过审批，然后计算出通过审批的合作企业的贷款授信额度，以及最终使用的贷款额度。相比于后文提到的方法，随机法中的每个企业都是独立测算的，与授信额度的计算过程相互独立。因此随机法筛选出来的企业名单可以与各种复杂的贷款授信额度计算方式相结合。但随机法也存在问题，每次测算迭代时重新使用随机函数可能会导致通过审批的合作企业名单发生变化，从而引起测算结果的波动，例如，A 企业在前一次测算中的结论为通过，授信金额为 100 万，但后一次测算的结论则为被拒绝，授信金额为 0，这样就造成了结果差异。随机法的流程如图 6-6 所示。

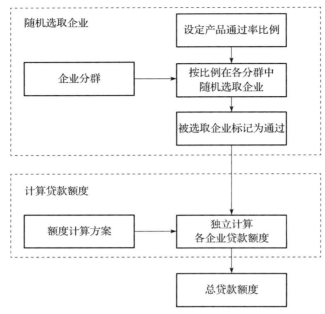

图 6-6　随机法的流程

案例：某粮食加工行业核心企业 C 的下游分销商的测算记录（使用随机法）

工作人员使用随机法进行测算，测算基础信息如下：

- 该核心企业的合作企业合计分为 8 个群。
- 测算贷款额度所使用的基础数据为近 1 年的订单总额，计算授信额度的系数为 0.8，额度不封顶也无保底。
- 成本与费用中，产品开发成本、产品维护成本全部在第 1 年（Y1）计算，总额为 55 万；运营成本、核心企业费用（按比例支付）每年独立计算，运营成本逐年下降。
- 营销完全由核心企业承担，核心企业采用按贷款比例的方式获得费用，不参与计算。
- 资金成本按照当前情况计算为 3%，产品利率为 5.5%。

单个企业的明细测算情况见表 6-23。

测算结果的统计情况见表 6-24、表 6-25。

表 6-23　单个企业的明细测算记录

企业名	企业分群	201X 年订单额/元	……	是否通过	授信贷款额/元	使用贷款额/元	测算借款时长/月	测算收益/元	测算费用金额/元
A 企业	1	1000000	……	Y	900000	720000	12	18000	5760
B 企业	1	1500000	……	Y	1350000	1080000	12	27000	8640

(续)

企业名	企业分群	201X年订单额/元	……	是否通过	授信贷款额/元	使用贷款额/元	测算借款时长/月	测算收益/元	测算费用金额/元
C企业	1	3200000	……	N	0	0	0	0	0
D企业	2	4000000	……	N	0	0	0	0	0
E企业	3	2900000	……	Y	2320000	1856000	8	30933	14848
……	……	……	……	……	……	……	……	……	……

表 6-24　统计 – 总测算结果表（时序变化）

时间/年	测算收益/万元	贷款损失/万元	测算费用金额/万元	其他成本与费用/万元	利润/万元
Y1	200	25	1.6	90	83
Y2	350	58	2.8	35	254
Y3	450	94	3.6	30	323

表 6-25　统计 – 分群测算收益结果表

企业分群	时间/年	授信贷款额/万元	使用贷款额/万元	累计贷款损失/万元	测算收益/万元	测算费用金额/万元
1	Y1	1500	1200	6	19	10
1	Y2	1750	1500	10	21	12
1	Y3	2000	1800	15	23	14
2	Y1	1000	800	4	13	6
2	Y2	1200	1000	7	14	8
2	Y3	1350	1150	10	14	9
3	Y1	1100	950	5	15	8
3	Y2	1250	1100	7	16	9
3	Y3	1350	1250	10	16	10
-	-	-	-	-	-	-

- 金额转换法：这是一种对随机法进行极大简化的测算方法，其逻辑是将不同分群的合作企业看成一个整体进行测算，将企业的产品申请通过情况转化为贷款金额的比例。首先，该方法先假设没有产品通过率，那么所有的合作企业均可通过审核，由此可以计算出不同客户分群在申请全部通过时的授信额度；然后，将这个额度乘以产品通过率，得到实际的贷款授信额度。这种方法最大的缺陷在于，无法模拟真实的合作企业是否通过产品申请，从而导致测算结果存在偏差。该方式的核心计算公式如下：

合作企业贷款总额度 = 贷款授信额度 × 产品使用率

贷款授信额度 = 假设所有合作企业均可通过的贷款授信总额 × 各分群产品申请通过率

案例：某粮食加工行业核心企业 C 的下游分销商的测算记录（使用金额转换法）

工作人员使用金额转换法进行测算，测算基础信息如随机法案例。

单个企业的测算情况见表 6-26。

测算结果与随机法案例相比，统计 – 总测算结果表、统计 – 分群测算收益结果表没有差异，但明细记录有差异，体现在以下两点：

- 没有"是否通过"这一说明企业是否通过产品审核的字段。
- "授信贷款额"字段直接使用"授信贷款额 × 贷款产品审批通过率"进行计算。

表 6-26 企业明细测算记录示例

企业名	企业分群	201X 年订单额/元	…	企业评分等级	计算金额授信贷款额/元
A 企业	1	1000000	…	A	800000
B 企业	1	1500000	…	B	1000000
C 企业	1	3200000	…	A	2000000
D 企业	2	4000000	…	B	1600000
E 企业	3	2900000	…	C	1500000
…	…	…	…	……	……

- **分群统计法**：这是一种更为简单的测算方法，它直接在合作企业分群统计数据的基础上进行测算。首先，工作人员按照分群统计各分群的合作企业数、计算贷款授信额度的指标；然后按照"分群申请通过的企业数 = 产品申请通过率 × 分群企业数"的公式进行计算，并对结果进行取整，从而得到整个分群申请通过的企业客户数；再与计算贷款授信额度的指标相结合，计算出各分群贷款授信的额度。这种测算方法耗费时间短，计算速度快，工作人员可以快速调整和迭代测算，但其缺陷也更为明显，一是相比于金额转化法，测算精度更低，说服力更弱；二是这种方法只适用于较为简单的贷款授信额度计算方案，无法用于较为复杂的授信方案测算。因此，在时间充裕的情况下，不推荐工作人员使用这种方法。

此外，工作人员选择不同的测算方法会导致后续的测算记录出现差异，工作人员只有采用随机法进行测算才能得到明细级的测算记录。

案例：某粮食加工行业核心企业 D 的下游分销商的测算记录（使用分群统计法）

工作人员使用分群统计法进行测算，测算信息如下：

- 该核心企业的合作企业合计分为 6 个群。

- 测算的基础为近 1 年的订单总额，计算授信额度的系数为 0.8，额度不封顶，也无保底。
- 借款时长为 12 个月，不允许提前还款。
- 测算时，采用企业平均订单额来计算。

测算结果表见表 6-27。

表 6-27 使用分群统计法的测算结果表

客户分群	合作企业数	近 1 年订单额合计/万元	企业平均订单额/万元	产品申请通过率	预计申请通过企业	测算授信金额/万元
1	500	250000	500	95.00%	475	237500
2	1200	480000	400	90.00%	1080	432000
3	2000	700000	350	80.00%	1600	560000
4	3000	900000	300	70.00%	2100	630000
5	4000	1120000	280	70.00%	2800	784000
6	3000	960000	320	75.00%	2250	720000
合计	13700	4410000	321.90	-	10305	3363500

（3）测算结果讨论

完成测算后，工作人员需对测算结果进行观察和记录，并讨论判断其是否符合预期。由于金融企业对核心企业的定位和产品运营的目标存在差异，因此其对产品运营的期望值可能会有不同。通常工作人员讨论所使用的产品运营指标需要考虑以下几个方面：

- 贷款金额：贷款金额包括当前合作企业未归还的当前余额，以及合作企业所有历史贷款的累计金额。一方面，贷款是利息收入的基础，贷款规模与利息规模直接相关，在利率确认的情况下，贷款额投放越大，收益指标越好。另一方面，累计金额的变化可以用于判断贷款产品的生命周期和外部需求情况，支持相关的贷款管理。金融企业除了考虑总体收益规模，还会基于自身运营情况、上级机构的运营要求以及与核心企业的合作深度等因素，为收益规模设定阶段性目标，例如 6 个月内的规模、1 年内的规模、各分群合作企业的收益等。在实际运营过程中，贷款余额指标和市场因素有很大的关系，正确的产品投放时机、金融企业的营销与运营投入、核心企业的支持及地推团队的努力等，均能提升收益指标。但投入的增加也会导致成本与费用的增加，进而影响利润指标。
- 利润指标：利润是金融企业开发和运营产品的核心目标，也是金融企业判断测算方案是否达到要求的主要考量因素之一。除了总体利润，金融企业还有可能考量分阶段以及各合作企业分群的利润状况，或结合长尾客户的特点来综合评价其贡献的价值。

- 贷款合作企业规模指标：合作企业的规模是收益与利润的基础；此外，有了足够规模的合作企业信息和关系沉淀，金融企业还可以考虑对这些企业进行深度运营，进一步提供其他的金融产品。因此，对部分金融企业而言，尤其是有规模的金融企业，客户规模指标尤为重要。
- 坏账损失指标：在市场测算阶段，本指标无法被估算出来，但由于本指标非常重要，因此工作人员通常使用同类项目的历史经验，或参考内部管理的要求制定坏账损失指标。
- 结合产品生命周期考量相关指标：任何的产品都有生命周期，在不同的生命周期阶段，收益、利润、规模的数值都有自身的特点。例如，在产品导入阶段，合作企业需要了解、熟悉产品，收益和客户的增长速度较慢，利润可能是负值；在发展阶段，产品迅速拓展，收益和客户的增长速度较慢，利润开始由负转正等。而产品生命周期的各个阶段受到行业周期、外部竞争产品等多重影响，在测算阶段无法明确细节，只能预估一个时间段，例如，产品导入期为上线后 0～6 个月，发展期为 7～12 个月等。这些内容将会影响收益、利润、规模的分阶段目标设定，进而影响工作人员及其领导对于测算结果是否符合要求的判断。

案例： 某供应链场景 2 年期关键指标测算结果

工作人员使用金额转换法进行测算。

测算的时间精度为季度，2 年合计 8 个季度。

坏账率按照同类项目估算，第 1 年坏账从第 3 季度开始计算，每季度预计上升 0.1%。

贷款金额、预计利润以及贷款企业规模等各重要指标测算结果见表 6-28。

表 6-28　重要指标测算结果表

时间	贷款金额 （当前数）/ 万元	贷款金额 （到达数）/ 万元	贷款企业规模 （当前数）	贷款企业规模 （去重累计数）	预计利润 / 万元
Y1Q1	1500	1500	30	30	−50
Y1Q2	5700	5200	110	135	−25
Y1Q3	18000	17000	350	410	5
Y1Q4	15000	22000	280	450	15
Y2Q1	22000	29000	550	620	25
Y2Q2	28000	33000	720	810	35
Y2Q3	35000	39000	850	1120	50
Y2Q4	30000	41000	690	1680	55

除此以外，工作人员在考量测算结果时，应避免预测过于乐观，需要预留一定的调整空间作为缓冲。一方面是因为市场情况千变万化，测算结果并不等于真实情况，另一方面是当前没有考虑风险因素，风险策略将拒绝部分客户，这会导致客户规模、贷款规模、收益规模等变小。

2. 测算结果记录

工作人员在完成一次测算并探讨完测算结果后，应对测算结果的记录进行详尽的整理。这些记录主要包括统计记录和明细记录两种：

- 统计记录：统计记录以统计表格展示，方便工作人员查看测算结果是否达到目标，也方便领导在决策时能一目了然地知晓测算情况。具体包括如下两个部分：
  - 分群测算收益结果：分群测算收益结果是按照不同合作企业分群，记录在测算参数下得到的各分群的测算结果数据，包括了各客户分群的利润数据、成本及费用数据。如果测算方案中包含了不同客户分群的时序参数（见表6-29），测算结果中还需记录各分群的这些结果数据在不同时序下的变化情况（见表6-30）。

表 6-29　不同客户分群第 1 年不同时间段的产品使用率参数

客户分群	一季度	二季度	三季度	四季度
分群 1	60.00%	65.00%	75.00%	65.00%
分群 2	65.00%	75.00%	85.00%	75.00%
分群 3	55.00%	65.00%	70.00%	65.00%
分群 4	70.00%	80.00%	85.00%	80.00%

表 6-30　不同客户分群第 1 年不同时间段的预计利润

客户分群	一季度/万元	二季度/万元	三季度/万元	四季度/万元
分群 1	12	13	15	13
分群 2	19.5	22.5	25.5	22.5
分群 3	27.5	32.5	35	32.5
分群 4	49	56	59.5	56

  - 总测算结果：总测算结果是所有的收益、成本、费用以及利润数据的汇总值。
- 明细记录：明细记录是具体测算数据的记录，需要精确到每一个合作企业。明细记录的数据量巨大，一般存储在数据库中，工作人员为了方便检查和计算，可以在合作企业分群完成后，在合作企业的数据指标后面增加参数字段与结果字段。参数字段用于检查分群的参数是否正确匹配，而结果字段则记录具体的测算结果。相关的记录可以参考前文的表6-21、表6-22、表6-23。

- 最后，这些明细记录会被加总，以形成统计记录。需注意的是，明细记录中仅包含与业务量相关的成本及费用数据；固定值和时序变化值则需在统计结果中单独计算。

3. 测算方案汇报

工作人员在不断进行测算工作后，会积累出多套较为满意的测算方案。工作人员应在整理方案时，从以下三个角度对各个方案进行综合对比，然后向领导进行汇报：

- 产品运营关键指标：这些指标即前文 6.6.4 节中提到的贷款余额、利润、贷款企业规模等指标。通过这些量化指标的对比，领导可以直观地看到各个方案的经济效益差异。
- 核心企业合作收益：如果金融企业期望与核心企业达成更广泛或更深层次的合作，产品可能是双方合作的开始。这种情况下，金融企业领导应更加关注使用产品的合作企业客户数量、核心企业费用等指标，也可以从更高层面考虑，将产品作为整个合作方案的一部分，并融入总体合作中。
- 金融企业其他利益：除了与核心企业合作产生的直接收益外，金融企业还可能获得其他利益，例如社会影响、外部奖励等。

金融企业内部在进行方案对比评价时，通常会采用评分法或投票法等定量与定性相结合的方法来选出最佳方案。内部相关人员通过对方案进行投票或评分，最终选出评分最高或得票最多的方案。

在实际工作中，金融企业也可以将测算方案与核心企业一并探讨，由双方共同决定。

4. 最终测算方案审查

在选出方案之后，工作人员应对方案内容进行全面的检查和审核，以确保方案的可行性和科学性。审核具体包括以下几个方面的内容：

- 方案相关记录的完整性：检查测算方案各项参数、指标和客户分群等内容的记录是否完整，确保测算贷款授信额度所使用的指标、客户分群的定义准确且无异议，并生成完整的过程记录。
- 与调研信息的贴合性：验证测算方案中的参数、指标和客户分群是否与调研所收集的信息相贴合，确保与数据分析的结论相一致，避免出现矛盾之处。
- 测算指标的科学性：评估测算方案中所选用的指标是否能真实反映合作企业的经营能力和经营周期特征。
- 客户分群的科学性：确认客户分群是否科学，各分群之间是否有明显的特征区隔。
- 产品要素的科学性：评估年化利率、贷款额度、借款时长（含还款方式）等参数的数值组合是否符合市场需求，并具有市场竞争力。

- 风险的可控性：检查产品贷款通过率、不良贷款比例等指标是否脱离了风险管理的要求，以及强行满足这些指标是否会带来信用风险，从而确保风险在可控范围内。
- 实际运营的可行性：评估在实际运营中是否能达到测算中的各项指标，以确保方案的实际可行性。

5. 确定测算结果方案

经过探讨与检查，金融企业将确认最终的市场测算方案，并以此来推进后续工作。方案在后续工作中将发挥以下三种作用：

- 引导风险分析工作：产品贷款通过率、不良贷款比例等指标是风险工作中需要实现和控制的主要目标。测算方案中设定的数值可以为风险工作提供大致的目标值，引导实际风险分析工作的开展。
- 作为产品设计的依据：测算方案中与产品金融属性相关的要素，可以作为产品设计的依据或产品设计的线索，例如贷款利率、用款时长等。
- 作为后续市场运营指标的参照：测算中明确的指标参数值可以作为后续市场运营的指标参照，例如各时间点产品预计服务的合作企业数、产品使用率、实际发放贷款的额度、不良贷款比例等。金融企业在进行产品运营时，可以依据这些指标数值设置 KPI 以推动产品运营，也可以据此设置运营指标监控数值以监控产品的发展情况，保证产品健康发展并创造经济效益。

6. 测算实施过程中的注意点

市场测算工作是通过调整各项内容和参数来寻求理论上最优结果的过程。工作人员应重点关注内容和参数调整的思路与方式，避免参数调整脱离实际。

（1）内容与参数调整

在调整内容和参数时，工作人员可以采用以下两种思路：

- 基于初始内容和参数进行逐步微调：当初始测算结果与期望值相差不大时，工作人员可以使用这种方式，既节省成本又可以保证参数调整的合理性，避免出现不切实际的数值组合。
- 跳跃式内容和参数调整：当初始测算结果与期望值相差悬殊，或对初始参数设计缺乏信心时，工作人员可采用这种方式，以求快速找到测算的思路与方向，并不断逼近最佳的方案。以参数调整为例，工作人员先使用数值差异较大的几组参数进行测算，得到几组差异较大的结果，然后根据结果在不同组的参数之间选择数值并进行调整和测算，不断逼近期望的测算结果。这种方式最大的问题是测算时各内容和参数的调整幅度过大，很容易形成脱离实际的参数组合，并带来额外的工作量。

在测算迭代过程中，确保内容和参数组合贴近实际至关重要，脱离实际意味着测算已经变成了数字游戏。为此，工作人员在进行内容和参数调整时需要与相关人员进行沟通，沟通内容与对象包括以下两大类：

- 客户分群的调整：这些内容的调整可以直接由项目工作人员进行。一般情况下，来源于核心企业和合作企业调研成果的客户分群不建议进行调整，而基于数据聚类产生的客户分群是算法生成的，可以进行调整。
- 参数的调整：收益测算参数中的阈值设置大量来源于调研和历史项目的经验值，为了防止单纯追求测算结果而设置不切实际的阈值数据，这些参数的调整应由金融企业的领导、业务人员来确认。成本与费用参数的调整更为复杂，需要金融企业负责该产品的领导出面进行沟通后确认，包括：
  - 项目研发人工成本：人工成本来源于产品部门，可以由部门领导自行决定，但人员投入的减少可能带来数据处理存在遗漏、需要简化测算程序、降低测算精度等问题，给产品设计和运营带来隐患。
  - 产品开发成本与维护成本：该成本与后台研发部门、信息科技部门的人员投入相关，成本调整需要不同部门之间进行沟通，实践中这项成本很难进行调整。
  - 运营成本：该成本与后台运营部门、客服部门的人员投入相关，成本调整需要不同部门之间进行沟通，实践中常见的方式是后台运营部门减少人员投入以降低成本，但可能带来的问题是负责产品的部门人员工作量增大、客户满意度下降等。
  - 核心企业费用：降低或取消费用是对金融企业和核心企业原有商业模式的调整，需要双方领导进行沟通。在采用按贷款比例计算费用的情况下，降低比例会影响核心企业的积极性，影响产品推广的效果以及对合作企业的运营效果。当核心企业与多个金融企业合作时，不建议调整比例。
  - 其他产品支出：其他产品支出需要依据实际情况而定，涉及产品设计的部分，负责该产品的领导或产品经理可以自行决策。

（2）参数检查

工作人员需要将参数检查工作贯穿整个测算周期。

- 测算前：在测算开始之前，工作人员应对参数数值进行预估，并设定合理的上下限。这些上下限之间的数值变动应保持在一个合理的范围内，避免出现过大的调整幅度。条件成熟时，建议工作人员实现利率、产品使用率、借款时长等参数之间的动态关联，以便这些参数能根据实际情况自动调整。

- 测算中：在测算过程中，工作人员需要时刻关注调整的参数数值与前期调研收集到的合作企业的期望及外部产品信息之间的对比。一旦发现数值与理想情况或现有产品存在偏差，工作人员应结合产品的运营情况进行判断，评估产品的综合竞争力，并思考是否能通过市场运营策略来实现这些数值。
- 确定方案时：在确定最终方案时，工作人员应再次对比前期调研结果和外部产品信息，并将与自身产品相似或具有竞争力的外部产品附在方案中，以供领导参考，并让领导从更高层面对产品参数进行最后一道把关。

6.7 分析工作记录整理并形成结论

在完成分析工作后，工作人员应对分析工作的过程和结果进行整理，形成文档清单，以便在后续工作中快速找到相关资料。最后，工作人员应形成分析工作的最终结论，并向领导汇报，由其进行决策。

6.7.1 分析工作记录整理

在确定最终方案后，工作人员应对整个工作内容进行详尽的整理，形成有条理的、可阅读的分析工作记录与结论的文档记录。文档记录整理后应包括以下五个部分：

- 调研记录：调研记录应包括整理前和整理后的前期调研内容。如果后期有过补充调研，也应包括补充调研的内容。
- 数据加工过程记录：数据加工过程记录涵盖数据二次加工的所有相关文件，包括数据的来源、处理方法和最终的数据集，以及分析中各项特征指标的数据文件与所使用的代码。
- 现状分析：现状分析包括了合作企业现状分析工作阶段的文件、客户指标加工与合作企业分群的文件以及所使用的代码；如果工作人员在测算工作中重新调整了客户分群，还应记录调整的原因及结果；此外，工作人员与核心企业的沟通确认内容也应在此部分进行记录。
- 测算方案与过程：测算方案与过程详细描述了测算方案和整个测算过程。其中，测算方案应包含所有的经过讨论且被记录的方案；测算过程记录应包含每次调整参数的原因、调整之后的参数，以及根据参数测算的收益、成本及利润等结果。如果工作人员是通过操作数据库进行测算的，也应提供相应的数据库操作代码或脚本。
- 测算结论：作为最终的结果文件，测算结论应包含测算过程中最终确定方案的全部内容，以及确定该方案为最终方案的原因以及会议记录；如果经过测算，金融企业决定不再推进工作，此处同样也应记录原因。

与前一章节中的构建数据基础工作一样，由于分析中的具体操作可能是在核心企业提供的内部工作环境中完成的，因此一些细节的过程文件，尤其是涉及客户数据的部分可能无法带出该工作环境。在这种情况下，工作人员应与核心企业进行充分沟通，确保能够获取各工作步骤的统计数据和最终的测算结论文档内容；所有的工作过程文档都应进行整理并要求核心企业妥善保存。这样不仅方便后期检查和工作迭代，还能帮助工作人员厘清当时的工作逻辑，及时发现并修正可能存在的失误。

工作记录与结论清单见表 6-31。

表 6-31　工作记录与结论清单

工作记录分类	工作文档名称	直接相关文档
调研记录	A 企业（核心企业）调研整理表	
	A 企业（核心企业）调研结论清单	A 企业（核心企业）调研整理表
	A 企业上游合作企业调研问题清单	
	A 企业上游调研企业名录	
	调研详情记录	A 企业上游合作企业调研问题清单 A 企业上游调研企业名录
	A 企业上游合作企业调研结论清单	调研详情记录
	补充调研问题清单	现状分析主要结论清单 V1.0
	补充调研企业名录	
	补充调研详情记录	补充调研问题清单 补充调研详情记录
数据加工过程记录	企业数据加工表及说明 V1.0	
	企业数据加工表 V1.0– 代码	企业数据加工表及说明 V1.0
	企业数据加工表及说明 V1.1	测算值表与客户分群设计 V1.1 指标设计 V1.0 企业数据加工表及说明 V1.0
	企业数据加工表 V1.1– 代码	企业数据加工表及说明 V1.1 企业数据加工表 V1.0– 代码
	……	
现状分析	指标设计 V1.0	
	交叉分析统计表设计 V1.0	
	结果统计 V1.0	
	现状分析主要结论清单 V1.0	
	……	
测算方案与过程	测算值表与客户分群设计 V1.0	
	测算值指标统计表 V1.0	测算值表与客户分群设计 V1.0
	客户分群统计 V1.0	测算值表与客户分群设计 V1.0

（续）

工作记录分类	工作文档名称	直接相关文档
测算方案与过程	测算值表与分群 V1.0- 代码	测算值表与客户分群设计 V1.0
	测算值表与客户分群设计 V1.1	测算值表与客户分群设计 V1.0
	……	
	测算方案 V1.0	
	测算方案 V1.0 测算结果	
	测算方案 V1.0- 代码	
	……	
最终结论文档	企业数据加工表及说明 V2.0	
	企业数据加工表 V2.0- 代码	
	测算值表与客户分群设计 V2.1	
	测算值指标统计表 V1.0	
	客户分群统计 V2.0	
	测算方案 V2.0	
	测算方案 V2.0- 测算结果	
	测算方案 V2.0- 代码	
	合作企业分析结论清单	

6.7.2 形成分析结论

金融企业领导在收到最终测算方案后，应基于方案及附属文件做出相关决策：

- 市场具有空间，继续推进工作：分析和测算结果证明项目有市场空间，可以按照步骤继续推进后续风险分析、产品设计等工作。
- 市场测算不理想，对工作进行调整：当出现以下情况时，领导应考虑进行工作调整或终止合作，其中调整可以是改变产品形态、改变核心企业合作方式，或探讨是否有可能申请特殊政策以继续推进项目等。
  - 无法形成盈利：经过反复测算之后，工作人员可能发现在任何合理参数下的测算都无法实现市场目标并产生盈利。
  - 客户群不符合预期：即便利润可以满足预期，但如果产品服务的客户群体的需求、特征与金融企业原定的目标客户群或投放政策不一致，或产品参数严重偏离客户调研需求，项目后续推进和市场运营工作同样难以完成。
  - 综合收益达不到期望值，金融企业的项目投入与产出不符。
  - 和核心企业无法就市场预期达成一致意见：出现这种情况的原因通常是核心企业预期过于乐观，对金融企业提出一系列要求，而实际测算并非如此。核心企业常见的要求包括：要求更高的返利或相关的费用、承诺为其大批合作企业提供贷款、要求更低利率的贷款等。

第 7 章

风险分析

风险是金融企业在构建供应链金融产品时最为关心的内容。工作人员首先需要使用核心企业提供的数据开展工作,完成对核心企业的风险判断,以及对合作企业的定性风险分析和定量风险分析,然后再进行模拟测算和调整,最终形成场景风险策略。

7.1 参与人员

风险分析的工作内容涉及核心企业与合作企业的风险分析和评估,因此该工作应尽可能地由金融企业人员独立完成。但是,当遇到补充调研、数据理解难题或无法解释的分析结果时,金融企业参与人员仍可能需要核心企业的支持。

本部分工作的参与人员及分工情况如下:

- 金融企业参与人员:金融企业参与人员包括数据人员、风险人员,其中,数据人员需履行的职责包括数据分析人员、风险专家、业务专家等三个角色的职责,即负责明确分析目标与要求,利用数据进行量化分析,并基于核心企业数据对合作企业进行深入分析,构建评估模型。
- 核心企业参与人员:核心企业参与人员包括业务操作人员、信息技术人员。其中,业务操作人员的主要任务是解答金融企业在分析过程中发现的异常结果,并提供必要的业务解释和背景信息;信息技术人员则负责为金融企业提供数据相关问题的支持。

在风险分析工作中，金融企业参与人员的工作过程、相关成果原则上应对核心企业保密，以避免潜在的风险。但在实际工作中，特别是在核心企业提供的工作平台和环境中进行数据处理、建模和分析时，很难做到对核心企业完全保密。因此，双方工作人员必须严格遵守保密要求，确保风险分析工作的敏感性和机密性得到妥善保护。

7.2 风险分析工作简介

7.2.1 风险分析工作的目标

对于金融企业而言，风险有多种类型，例如巴塞尔体系的市场风险、信用风险以及操作风险三大主要风险。本书所论及的供应链金融产品的风险集中在信用风险，工作人员通过对核心企业风险、合作企业的各方面展开分析，对供应链场景中存在的信用风险进行发现和评估，形成应对方式，然后再进行测算和调整，最终形成用于产品对客户的场景风险规则。

7.2.2 风险分析考量的对象与内容

金融企业对于贷款产品信用风险分析相关对象的层级，以及造成信用风险的原因，可以分为三个层次：

- 外部宏观经济与行业情况：外部宏观经济与行业情况决定了合作企业申请贷款的意愿与企业申请贷款后的还款能力。这两项信息所涵盖的范围广、内容多，金融企业内部会有相应的机制获取这些信息并进行评估和决策。本书不探讨由外部经济情况带来的风险。
- 核心企业风险：核心企业的经营情况直接决定了上下游合作企业的收入情况，从这个角度看，供应链金融最大的风险通常来源于核心企业。对核心企业进行风险调查，判断是否与核心企业开展业务，是供应链金融项目的具体工作开始前（即在第 3 章的工作开始前）就应该开始的工作。不同的金融企业开展风险调查会有自身的方法与要求以及信息收集机制，例如，要求"好企业、好资产、好团队"的三好标准，或使用杜邦分析法进行分析等；本书将不再对传统的核心企业风险尽调和分析工作进行阐述，而是着重讲述利用供应链场景数据对核心企业进行风险分析的方法。
- 合作企业风险：合作企业是贷款产品的直接使用者。使用核心企业的数据对其进行风险评级是本章最为主要的工作目标，具体的分析工作分为两部分：不使用数学建模的定性风险分析，以及利用数据建模的更精确的定量分析。

7.2.3　风险分析工作的特点

相对于其他的贷款产品分析工作，供应链贷款产品的风险分析包括以下三个特点：

- **需要依赖核心企业的场景数据**：与个人消费贷、经营贷等依赖第三方征信数据和其他通用数据源不同，供应链金融产品在前期风险分析中主要依赖各个核心企业提供的供应链场景数据。
- **使用数据进行定性分析与量化分析**：在分析过程中，工作人员需要使用数据模型，基于场景数据，对核心企业和合作企业进行量化分析，得出定性与定量的结论。这些分析工具的基础是数据以及数学算法模型，具有科学性；分析过程是可重复、可验证的，不同的人员使用同样的方法和相同的数据，得出的结论是一致的。
- **具有明显的场景属性**：个人消费贷产品服务的是个人客户，其风险规则的大部分内容是一致的；供应链金融产品服务的是特定核心企业的上下游合作企业，其判断用的场景风险规则与供应链场景紧密相关，需要基于核心企业的情况进行设计，因此不同产品之间的场景风险规则区隔明显，无法共用。完成场景风险规则后，金融企业再按照自身风险管理的要求把适用于所有产品的共性风险规则添加上去，形成产品最终的业务风险规则。

7.2.4　风险工作的主要构成

风险工作的内容按照顺序可以分为以下几个部分：

- **风险信息收集与调研**：在这一阶段，金融企业将对核心企业和合作企业开展风险调研，收集相关信息，这些信息将作为风险分析的线索或依据。这项工作可以与第6章的调研工作合并进行，以避免重复工作，提高效率。
- **核心企业风险分析**：工作人员使用供应链数据对核心企业的经营情况进行分析，并结合在传统风险尽调中所收集的信息形成关于核心企业经营情况的分析结论和趋势，判断核心企业是否存在风险。
- **合作企业定性风险分析**：工作人员以行业知识和业务经验为基础，制定规则对合作企业的定性风险进行判断。具体内容包括反欺诈数据探索、关联企业风险分析以及交易量剧烈变动风险分析三个部分。
- **构建模型对合作企业进行量化风险分析**：金融企业基于数据构建聚类或分类模型，对产品所服务的合作企业进行风险分析，从风险角度探索合作企业的分类或分级方式和标准。分析过程中所使用的数学方法与核心企业的数据情况相关，可以是聚类模型或者是分类模型，在实际操作中，使用聚类模型的情况会更多一些。

- 形成最终场景风险规则：工作人员需要重新进行市场指标测算，根据测算结果考虑规则调整，以达到风险与收益平衡，并形成场景风险规则。

7.3 风险信息的收集与整理

金融企业可以对业务调研（第 4 章）和市场调研（第 6 章）所收集的以下几类信息进行整理，用来支撑或对比后续数据分析的结论：

- 行业与核心企业的经营周期、生产周期。
- 核心企业与合作企业之间的关联关系：这里的关联不仅指业务上的往来，更包括双方是否存在股权关联、是否有相互投资，以及董监高之间是否存在关联关系。
- 合作企业的周期规律与特征分类。
- 合作企业经营困难或资金短缺的原因。
- 合作企业的贷款用途以及还款习惯。
- 与合作企业交易物品的分类情况。
- 工作人员在收集这些信息时，传统的风险尽调信息收集应同步进行。

7.4 核心企业经营风险分析

7.4.1 传统风险分析方法

金融企业传统风险分析是重要且不可越过的一部分工作，其不仅为数据风险分析提供方向和线索，还会与数据分析的结论合并在一起成为金融企业内部审定产品的材料。

传统风险分析一般在数据分析工作之前开展，其内容主要包括企业背景调查、财务分析、行业与市场风险评估、经营管理评估、抵押物评估、法律与合规精调、信誉度调查等，在供应链场景中，除了抵押物评估之外的工作通常都会得到执行。不同的金融企业在执行时的具体工作细节以及提交的材料各有差异，且传统方法不是本书重点，因此不做赘述。

但是，这些传统风险分析方法主要关注企业的基础经营情况，分析所使用的数据主要是财务数据、内部管理数据，而较少使用供应链数据去发掘核心企业的经营状况，忽略了供应链数据的重要性，从而难以全面发掘核心企业的经营状况和潜在风险，也很难发现核心企业的一些不诚信行为。这需要通过供应链数据分析进行补全和验证。

7.4.2 供应链数据分析方法

1. 分析方向与内容

使用合作企业的供应链数据来分析核心企业是一种反向分析法，是用合作企业的情况反推核心企业，逻辑基础是合作企业与核心企业在健康的经营与发展模式下应呈现出高度的经营关联性。这种关联性具体体现为：当核心企业经营状况良好时，其合作企业通常也会繁荣；反之，如果核心企业出现经营问题，其合作企业往往会受到负面影响。如果出现一方兴旺、一方衰弱，那么必然是有风险的，例如，核心企业伪造数据，人为营造繁荣；核心企业压榨合作企业，获取短期利益等，这样即使核心企业能实现短期兴旺也必然是昙花一现。

在实现方式上，供应链数据分析工作主要围绕核心企业的生产规律展开。工作过程是先分析统计生产规律与变化情况，再与核心企业的情况进行对比确认问题存在，最后得出结论，具体包括生产变化周期与数值变化幅度两个分析方向：

- 生产变化周期分析：生产变化周期是指供应链交易金额在时间上的变化情况，这一变化周期与生产周期直接相关，这些周期的信息则来源于调研工作所收集的信息。例如，对于某商品，上游供应商从收到订单到完成原料生产用时 1 个月，核心企业的平均生产周期为 1 个月，销售的平均周期为 2 个月，分销商获得返利的时间是销售后 1 个月，那么从上游供应商订单的增加到最终下游分销商返利的增加的时间就是 $1+1+2+1=5$ 个月，从周期上反映则如图 7-1 所示。实际工作中，核心企业会有库存管理、生产预测等管理手段，对整个供应链各环节的数值分布会有所影响，比如削弱上游供应商的采购数据量的波峰并填平波谷，但总体上的趋势应是一致的。对比核心企业的经营情况，如果出现巨大的差异那就说明其中存在问题，例如，出现前期供应商订单数量大跌，但接下来销售量大增的情况。

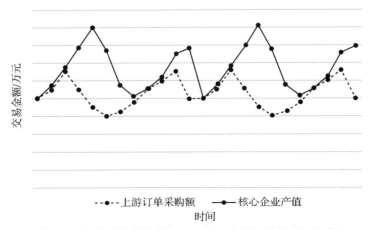

图 7-1 上游订单采购额与核心企业产值的周期对比示例

- 数值变化幅度分析：数值变化幅度分析的是各合作企业与核心企业的交易数据增长或下降的幅度数值。这种分析内容通常与行业密切相关，需要工作人员依据行业特点进行具体分析，但也有以下几类各行业通用的分析内容：
  - 交易品类关联性分析：这一分析主要应用于上游供应商企业。在生产工艺不变的情况下，为同一个核心企业提供同品类产品的各个上游供应商，其提供的材料或服务的增长或下降趋势及幅度理论上应该是一致的。例如，在汽车制造业中，如果作为核心企业的汽车制造商计划扩大生产规模，那么为其提供发动机、轮胎、电气设备等关键部件的供应商的订单量也应该呈现出相应的增长趋势。一旦发现某些供应商的订单变化与其他供应商存在显著差异，这可能就是一个需要深入调查的异常点。
  - 交易指标变化分析：这一分析关注的是单个企业在与核心企业的交易过程中，其交易数据在不同阶段的变化情况。对于上游企业来说，这通常是指从订单变为货款的过程，其中涉及订单、核心企业确权、开具发票和实际支付等多个环节，对于下游企业来说，则是货款变为货物的过程。这些环节之间的时间间隔和金额比例通常会在一个相对稳定的范围内波动。如果某个环节的时间间隔出现异常增长，或者订单/货款的金额发生异常变化，以及实际情况与行业内的情况存在明显差异，都可能是潜在问题的信号。例如，长期以来，上游供应商从开具发票到付款的时间平均为 15 天，但近 6 个月以来，这一时间变成了 30 天，不仅高于历史，也远高于行业内的平均数值 18 天，这意味着工作人员应该关注核心企业的经营风险。
  - 交易金额变化分析：这一分析主要关注企业订单金额或购货金额是否出现剧烈的波动，无论是暴增还是暴降，工作人员都应该予以关注，并纳入问题清单中。因为剧烈的波动往往意味着核心企业在组织生产过程中可能面临一系列风险和挑战。暴增的挑战是企业在组织生产时资源不足，例如产能扩张的限制、基础设施建设的需要、熟练工人的缺乏以及管理制度和流程的改进等。这些资源的不足会带来质量下降、资金链紧张、盲目扩张的低效等。而暴跌则意味着生产收缩、产能过剩、盈利能力下降、团队不稳定等更加严重的后果。具体的暴增和暴降的判断阈值，需要工作人员结合行业的普遍情况、历史走势以及外部环境因素进行综合判断。
  - 交易单品价格变动分析：在交易过程中，大宗商品的价格会持续处于波动状态，个别核心企业会串通上下游进行造假。工作人员可以结合具体的交易环节情况对大宗商品（尤其是在交易所交易的有公允价值可查的大宗商品）的价格情况进行分析。例如，在实践中工作人员发现出库时间在签收时间之后的情况，然后进一步查验后发现是大宗商品价格有剧烈波动，如果早几天出库，市场公允价值的变动高达 6%。这种造假行为的泛滥，往往是核心企业管理不力的典型结果，也是核心企业经营中的重大风险。

- 重大金额交易分析：任何时候核心企业的大金额交易都应该被重点关注，具体包括交易对手、交易频率、交易方式、历史同类交易情况等。正常的重大交易对于交易双方都是重要的商业活动，在带来收益的同时也会带来风险；更有一些企业会利用虚假的重大交易进行非法活动，例如，某公司在 2018—2021 年期间通过虚构贸易业务，虚增收入超过 86 亿元人民币。

工作人员确认问题存在后，对发现的异常点进行整理并提交给风险人员，由风险人员以此为线索，根据金融企业的相关要求开展后续工作。

案例： 某制造业核心企业上游供应数据的异常点情况

工作人员使用过去 5 年制造业核心企业向上游供应商进行采购的订单数据进行分析。通过分析，发现的问题见表 7-1。

表 7-1　发现的问题

问题/现状描述	使用数据说明
核心企业采购订单各品类金额共同的高峰点在 3 月，最低值在 10~11 月；其中有 2 个大品类在 4 月达到最高峰；1 个大品类全年相对稳定（浮动在 10% 以内）	过去 5 年的历史订单金额
核心企业采购订单各品类数量共同的高峰点在 5 月，最低值在 10~11 月；其中有 2 个大品类在 4 月达到最高峰；1 个大品类全年相对稳定（浮动在 10% 以内）	过去 5 年的历史订单数量
二级品类下 A、B、C 有 3 年的同比增长速度为 15%，同品类 D、E 的增长速度仅为 5%	X1、X2、X3 年订购数量
核心企业总产量的年度增长率为 17%，但 M、N、J、K 有 3 年的同比增长速度小于 2%	X1、X2、X3 年订购数量
Q、Y、Z 在 X1 年的增长速度超过 30%	X1、X2 年订购数量
……	……

2. 分析方法的特点

使用合作企业的供应链数据来反向分析核心企业是一种能避开核心企业干扰、快速发现问题线索的有效方法。这种方法具有以下 4 个特点：

- 数据的客观性:合作企业的供应链数据来源于核心企业的生产系统。与财务数据相比,供应链数据更原始,数据没有被过多地加工、处理或归类,从而避免了数据处理过程中产生的歧义和信息损失。此外,数据基本不会被篡改,一方面是由于生产过程的连续性和关联性,这类数据难以被随意篡改,核心企业无法随意捏造数据;另一方面,核心企业也不会允许随便对这些数据进行造假,因为这些数据直接关系到生产过程,修改数据将会严重干扰企业的正常运营与生产。
- 分析工作高度个性化:每个核心企业都有其独特的生产经营和管理制度,并配有相应的信息系统,且这些系统所记录的数据业务内容、标准、技术口径也具有独特性。为了进行有效的数据分析,工作人员需要深入理解这些个性化的数据以及背后的生产经营和管理制度。尽管前文已经讨论过一些通用的方法和框架,但在实际分析工作中,工作人员仍然需要与核心企业进行沟通,根据各个核心企业的情况开展个性化的分析。
- 需要投入成本开展分析工作:在分析工作中,工作人员不仅需要通过不同数据和维度的组合来发现现状,还需要针对这些现状与历史情况、行业情况、核心企业调研结果进行对比,其中有大量探索和验证的工作,需要投入大量的时间和人工。
- 数据存在一定的滞后性:分析需要依赖核心企业生产周期的规律。生产周期因行业而异,可能是几周、几个月甚至一年。因此,无论是上游供应数据还是下游分销数据,在反映核心企业的实时生产经营状况时都会存在一定的时间滞后。例如,上游供应商提供的材料或服务的增长与核心企业产量的增长以及销售的增长之间会存在一个时间差。尽管供应链数据的变化与核心企业的生产或销售变化在曲线趋势上可能相似,但在时间上它们并不会完全重合。

因为这些特点,工作人员在使用这种方法时,往往会和传统分析方法一起使用,相互进行验证。

3. 分析结果运用

对于核心企业风险的判断将决定金融企业是否与其开展合作。而这些判断往往需要有金融企业领导或是各个部门在综合考量各个方面后进行决定。

因此,工作人员通过分析工作发现核心企业经营风险的一些现象或问题往往并不能直接决定最终结果,只能作为风险评估的依据或证据之一,与其他风险尽调成果一起记录在风险报告中;或是作为线索成为下一步风险尽调和分析的基础,交由其他人员进一步开展工作。

7.5 合作企业定性风险分析

合作企业定性风险分析具体包括反欺诈数据探索、关联企业风险分析以及交易量剧烈变动风险分析三个部分。其中，反欺诈数据探索最为重要，其核心目标是识别和预防潜在的欺诈行为，确保数据的真实性。如果无法解决欺诈问题，那么所收集的数据将无法真实反映合作企业的实际状况，进而影响到产品的场景特性和有效性；关联企业风险分析的成本高，交易量剧烈变动风险分析则需要大量的投入与业务经验，一些金融企业出于成本的考量，可能不会开展这两类工作。

7.5.1 反欺诈数据探索

在贷款产品的申请人层面上，风险防范的首要任务是反欺诈防范，预防申请人没有还款的意愿，出于欺诈的目的申请贷款。

要实现反欺诈，最重要的就是证明贷款人的真实性，防止贷款人捏造虚假信息申请贷款。在其他贷款产品中，金融企业常使用各类外部第三方数据进行虚假信息反欺诈，例如运营商三要素验证、地址核验、交易对手检测、真人核验、银行卡号与个人信息验证等；而在供应链金融产品中，金融企业能够利用核心企业的数据进行虚假信息反欺诈。通过前期的工作，金融企业对核心企业的数据已经有了深入了解，数据业务口径与技术标准、数据产生的业务动作与系统来源等关键内容清晰，金融企业使用这些数据进行反欺诈更加准确可靠。

1. 筛选可用于反欺诈的数据

（1）常见的备选数据

在第5章构建数据基础时，工作人员已经将核心企业记载的与合作企业相关的数据进行了整理，并形成了可用的数据。工作人员可以在这些数据中选择与合作企业或合作企业关键人员身份相关的信息作为反欺诈数据的备选。这些数据通常包括：

- 企业名称：合作企业在核心企业注册的全称，由于企业名称与资金往来密切相关，该数据通常是准确的。
- 企业统一社会信用代码：核心企业通常会记录这一关键信息，尽管它可能未直接存储在业务系统中，而可能是在合同管理系统或财务系统中记录。核心企业一般会有规范的合作方管理，因此该数据通常是准确的。
- 企业银行账户与开户行信息：企业银行账户、开户行信息同样关系到企业资金往来，该数据通常是最准确的数据。

- 企业地址：企业地址数据的准确性受多种因素影响，包括合作企业在供应链中的位置、核心企业的管理制度以及信息系统的完备性。在上游企业中，若核心企业具备完善的订单生产管理、物流管理等制度和系统，则合作企业的地址信息往往更加准确。对于下游企业而言，如果核心企业拥有渠道管理系统或自行进行配送，那么地址数据的准确性也会相应提高。然而，某些行业的企业地址数据存在大量的错误或是地址的可用性不高，例如，物流行业中对于物流司机的地址记录往往是不完整或是错误的，钢材贸易时记录的送货地址常常是项目地而非下游企业的真实所在地。
- 企业主名称：理论上，所有的核心企业都会收集合作企业主的信息，甚至将其作为必须填写的信息录入系统或纳入管理。然而，在实际操作中，企业主信息的质量往往存在问题，常见的问题包括两种：一是企业主在填写时可能没有使用真实姓名，例如使用"王老板""李老板"等称谓，这种情况在下游分销商数据中较为常见；二是填写的可能不是企业主的名称，而是与核心企业对接的销售人员、财务人员或总经理的名称，这在上游供应商中具有一定规模的企业里更为常见。
- 企业主联系方式：与企业主名称数据类似，企业主联系方式也存在一定的问题。除了信息不真实或填写错误的情况外，还可能出现填写固定电话但未填写区号、联系电话位数错误、电话号码位数不足或联系电话未及时更新等问题。

（2）检查并完善备选数据

有了备选数据后，工作人员需要对这些数据进行数据质量分析，确定最终可用的数据。在第5章构建数据基础时，工作人员对这些数据的基础准确性进行了检查与修正，数据空值、异常值的问题已经解决，但数据的实质内容是否能真正达到可用的程度还需要进一步确定。不同的数据内容选择不同的检查方式：

- 企业名称：工作人员可以将财务支付记录与提供数据的业务系统中的记录进行比对，以财务数据验证企业名称的准确性；如果发现数据不准确，工作人员应回溯第5章的工作，用财务系统的信息替换掉业务系统的信息。在验证数据时，工作人员还可以抽取部分企业的名称，然后通过外部工商信息进行真实性验证。
- 企业统一社会信用代码：方法同企业名称。
- 企业银行账户与开户行：方法同企业名称。
- 企业地址：工作人员可以先通过"省/自治区""市/盟/自治州""区/县""镇/乡/街道""村"等关键字对现状进行判断，然后在地址精度与数据处理难度之间找到平衡点，最后确定可以达到的地址数据的精度水平，以及需要进行的数据处理工作。

通常情况下，如果现有数据无法提供详细到园区、楼栋级别的详细地址，工作人员可以考虑降低地址的精细度要求再进行检查，例如，将企业地址的精细程度改为区县、街道或是社区级别；如果现有数据中的上级地址缺失或不全时，典型的表现是地址数据直接记录到了具体的街道但缺失了省、市、县（区）等上级地址数据，工作人员需要使用外部数据或系统其他数据（如固定电话号码）进行补充，或请求核心企业相关人员予以协助，例如，下游分销商的企业地址可以咨询对应的业务部门人员，分销商的地址可以咨询区域经理或管理人员，或是合作合同的管理人员；上游供应商的企业地址可以咨询供应商管理人员等。在验证数据时，工作人员采用的方法包括使用外部数据和咨询相关人员。

- 企业主名称：工作人员需要检查确认缺失或不完整的数据，然后与核心企业人员进行沟通协调，如果确认无法补齐，那么这部分数据可能需要被放弃使用；如果可以从其他系统中补充，或是通过相关人员补充，则需要组织统一的数据补充工作。
- 企业主联系方式：方法同企业主名称。

（3）确认备选数据

工作人员完成数据检查和完善后，应对数据质量进行判断，选取其中质量较高、可用于反欺诈的备选数据清单。在这些数据中，企业统一社会信用代码、银行账户与开户行、企业主名称及联系方式应是优先考虑的数据。

核心企业数据证明了合作企业是否与核心企业存在真实的交易关系。如果核心企业不能提供任何反欺诈数据，那么意味着金融企业完全无法依据核心企业的数据做出反欺诈判断，产品运营会有巨大的风险，通常情况下金融企业的高层领导及内部风险部门不会批准此类产品。因此，工作人员应尽可能地找到其中可用的数据。当出现所有数据的质量都不能满足要求的情况时，工作人员应与核心企业人员进行沟通，采用人工处理的方式解决这个问题。一般处理方式是，由核心企业整理出合作企业名称、企业统一社会信用代码等信息，完善到第 5 章的数据基础中，再推进后续的分析工作；核心企业后续应建立制度，保证这些数据能准确、及时地提供给金融企业。

2. 确定数据使用方式

在确定了可以用于反欺诈的备选数据之后，工作人员需要根据数据的情况确定这些数据的使用方式，常见的使用方式有两种：

- 完全使用核心企业数据判断：这种方式主要依赖核心企业提供的数据进行判断，若申请企业不在名录中或不符合设定的条件，其申请将被拒绝。由于供应链金融产品与核心企业的业务场景紧密相连，这种方式成为最主要的使用方式。在使用时，可以只使用一种数据进行判断，也可以使用多种数据进行综合判断，但工作人员必须谨慎选择数据，并确保数据的准确性，以避免误判。
- 核心企业数据与第三方数据混合使用：当核心企业的数据质量不足以完全支持所有的校验时，工作人员可以考虑将核心企业数据和外部第三方数据组成反欺诈数据。例如，通过核心企业留存的企业统一社会信用代码从外部信息源查询企业名称，再与核心企业的记录数据进行比对。

在确定数据使用方式时，工作人员需注意以下三点：
- 设置合适的判断方式：工作人员设计使用多条数据并行判断时，可以考虑设置判断的严格程度。由于核心企业的数据并不完美，因此实际中工作人员一般倾向于宽松判断。
  - 宽松判断：这种判断方式主要是防止"错杀"，只需要多个数据中有满足其中一个或几个条件的数据即可通过。例如，只要企业名称或企业统一社会信用代码与核心企业的记录一致，即可判断该企业符合要求。在此过程中，工作人员可以设置判断逻辑，例如先判断企业统一信用代码，再判断企业名称，最后判断企业银行账户。
  - 严格判断：这种判断方式主要是防止错误通过，即所有的数据均满足条件才能通过。
- 企业银行账户的特殊使用方式：在前文提到的六类常用反欺诈数据中，企业银行账户的数据使用方式更多：其他五类数据主要用于合作企业申请贷款产品时的准入审批阶段，而企业银行账户除了用于准入阶段外，还可以在金融企业向合作企业放款时使用。
- 引入外部数据校验的可能性：一部分核心企业不会系统性清理已经不再使用的历史数据，这导致一些已注销或吊销的合作企业、不再使用的企业联系人和电话记录等可能仍在核心企业留有记录。因此，工作人员如果决定使用这些数据，那么还应结合外部第三方数据进行反欺诈核验。

最后，应将这些使用方式制定为贷款产品的场景风险规则的组成部分，成为贷款申请决策的依据。

案例：某核心企业 A 的上游企业反欺诈数据使用方式

核心企业 A 为信息型核心企业，构建了服务平台，用于撮合上游服务提供商与下游服务需求方。

工作人员经过调研、数据清理与抽样验证，确定企业 A 服务平台的数据情况如下：

- 上游服务提供商的数据分为两类，一类是较早注册的企业，仅要求登记企业统一社会信用代码，并人工核验了所留联系电话；较晚注册的企业使用外部数据对企业统一社会信用代码、联系方式与联系人信息进行了认证，以及对注册人进行了活体认证与实名制认证。
- 由于是信息型平台，根据所留联系方式均能找到相关企业，但不能确定联系电话的使用者为企业主本人。
- 由于成本问题，核心企业未建立对已有信息的定期认证机制。

工作人员确定反欺诈数据及其使用方式如下：
- 使用服务平台的企业统一社会信用代码、企业主名称与联系方式、企业银行账户作为核心企业 A 的反欺诈数据，验证合作企业是否存在，以及是否为服务平台上的企业。
- 使用外部第三方数据进行补充验证，必要时申请金融企业人工参与，以人工审核为最终结果。
- 使用反欺诈数据的具体验证流程如图 7-2 所示。

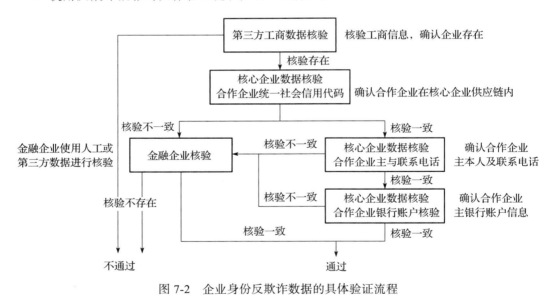

图 7-2　企业身份反欺诈数据的具体验证流程

7.5.2　关联企业风险分析

《中华人民共和国公司法》《企业会计准则》《上海证券交易所股票上市规则》《上海证券交易所科创板股票上市规则》等法律和文件中都包含了对关联交易和关联企业的具体规定。例如，《中华人民共和国公司法》规定："关联关系，是指公司控股股东、实际控制人、董事、监事、高级管理人员与其直接或者间接控制的企业之间的关系，以及可能导致公司利益转移的其他关系。"财政部颁布的《企业会计准则第36号——关联方披露》对关联方的定义为："一方控制、共同控制另一方或对另一方施加重大影响，以及两方或两方以上同受一方控制、共同控制或重大影响的，构成关联方。控制，是指有权决定一个企业的财务和经营政策，并能据以从该企业的经营活动中获取利益。"根据《上市公司收购管理办法》，控制的认定需根据持股50%以上、可以实际支配的表决权超过30%、能够决定公司董事会半数以上成员的选任、可实际支配的股份表决权足以对股东会决议产生重大影响等四方面进行判断。在实际关联企业的分析工作中，工作人员会依据自身经验、内外部数据支持，以及成本对关联企业的定义进行调整，将一些法律中没有规定的内容纳入关联企业的考虑范畴，例如核心企业董监高的亲属控股、核心企业关键岗位的中层干部控股等。

在具体分析时，工作人员应重点关注合作企业的两类关联关系，一是合作企业与核心企业存在关联关系，二是合作企业之间存在关联关系。

1. 合作企业与核心企业的关联分析

（1）关联关系分类

合作企业与核心企业是否存在关联关系是金融企业最为关心的问题，也是风控的重点之一。根据实际经验，当合作企业与核心企业存在关联关系时，以下两种关联关系需要重点关注：

- 核心企业设置"壳公司"：这些公司在进行交易后，资金经过各种方式和渠道会流回核心企业自身。如果这种公司是核心企业为虚假交易而特意设立的，那么其潜在风险是巨大的。
- 核心企业相关人员成立公司与核心企业进行关联交易：绝大多数情况下，这种行为意味着相关人员存在以权谋私的行为。虽然核心企业通常会采取措施来杜绝这种情况，但在实际中这种情况仍然屡见不鲜。这种关联交易的危害程度需要具体问题具体分析。

（2）分析方式与使用的数据

工作人员需要综合利用内部数据与外部数据，按照以下4个步骤对关联企业进行分析，发现存在关联关系的企业以及可能产生的影响：

- 通过股权数据分析判断实际控制关系：厘清各企业的实际控制关系是确定核心企业与合作企业关联关系的基础。在实际工作开始之前，工作人员必须定义哪些情况构成关联交易，例如核心企业直接控股、核心企业通过其他子公司控股、核心企业董监高控股等。金融企业考虑越周全，标准涉及的情况越全面，发现风险的可能性就越高，但付出的成本也更高。明确关联交易的定义和边界后，工作人员可以使用以下两种数据进行分析，判断是否存在控制关系：

- 使用来自核心企业的数据进行分析：工作人员可以通过查阅核心企业的公开信息和内部资料，以及调研访谈收集的数据，找到与核心企业有实际控制关系的合作企业。这种方式的成本低，且能快速获取信息。但是，这种方式仅适用于信息披露充分的核心企业；当核心企业刻意隐瞒信息或是资料信息不完整时，工作人员必然会遗漏关联企业。
- 使用外部数据进行股权关系分析：工作人员可使用外部数据，查询各个合作企业的股东信息，形成股权穿透图，从而找到该企业的实际控股人。这种方式能找出股权上核心企业控制的公司，但存在以下四个主要问题，一是消耗成本巨大，工作人员需要对合作企业逐个进行穿透，且可能存在多层股权穿透的情况；二是分析结果与外部数据的质量相关；三是需要使用图数据库等专业工具进行研究，要求工作人员具备相应技能，且核心企业提供的环境中有这些工具；四是这种方式仅仅能发现直接被控股的企业，如果合作企业采用其他方式进行控制，那么股权穿透是难以发现的。在分析工作中，工作人员可以使用关系图谱等工具，对一些复杂的股权穿透关系进行分析和展示，具体如图 7-3 所示。

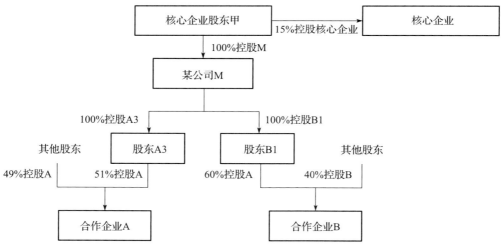

图 7-3　股权穿透关系图

- 使用交易资金流向进行分析：分析交易资金流向是判断关联交易是否存在危害的方式。关联公司并非一定用于非法用途，也不一定是"壳公司"，具体还需要结合交易对象进行详细分析。如果关联企业与除了核心企业之外的其他企业也有交易行为，且最终交易出去的资金没有回流到核心企业，那么这样的关联企业可以被视为正常企业。同样地，金融企业可以通过核心企业的资料、访谈，以及一些第三方来获取数据，并从中获取相关信息。如果金融企业是银行，并且是核心企业和合作企业的开户行，那么银行还可以通过构建交易流水的关系图谱来深入分析交易资金的流向。交易资金流向同样可以用关系图谱进行展示，如图7-4所示。

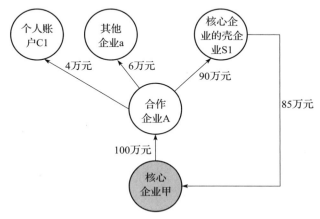

图7-4 可疑的交易资金流向

- 使用交易指标或相关标签进行分析：除了资金流向之外，一些交易指标的异动或是标签分布也可用于分析是否存在实际控制关系。常用的交易指标或标签包括以下四种：
    - 交易额增长指标：交易金额可以根据金额绝对值和金额增长数量进行判断，交易金额越大，风险越高；短期内有爆发性增长，同时伴随其他同类供应商交易金额下降或是增长缓慢，则意味着可能存在风险；工作人员对作为上游供应商的关联企业进行分析时，尤其应该关注交易金额。
    - 交易的品种分布：工作人员需要结合交易的品种，综合判断可能的影响。如果关联企业是上游供应商，且是独家供货或是近似垄断地提供某一品类的材料或服务时尤其需要注意；如果关联企业是下游分销商，则需要注意并非其独家销售但其他分销商的销售量很少或市场接受程度低的商品。
    - 交易模式标签：如果关联企业的交易方式与其他企业存在明显的差异，则需要注意。这里的交易方式包括支付方式、货款周期等一系列与交易相关的内容。
    - 交易评级和企业评级标签：对关联企业给予较高的评价或评级是核心企业常见的手段，因此工作人员需要从各个角度将关联企业与其他企业进行对比，确定是否有明显的偏差。对于上游供应商，工作人员可以选择供应商品类、合作时长、供应商交易金额等角度进行分析；对于下游分销商，工作人员可以选择订货金额、地域、合作时长等角度进行分析。

- 确定关联企业交易的影响：通过以上分析，工作人员基本可以确定存在关联关系的合作企业名单。然后工作人员需要量化关联企业交易的影响情况，并判断关联企业可能带来的风险。量化的内容通常包括以下三个方面：
  - 关联企业的分布情况：结合关联企业的评级、评价等标签，分析关联企业的数量分布以及占比情况。
  - 关联企业的重要性情况：根据关联企业的交易内容进行判断，分析关联企业的交易内容是否为重要内容，以及重要交易品种的情况。
  - 关联企业的交易金额情况：分析关联企业的交易金额数值在总体交易中的占比情况，以及在各类不同交易模式中的占比情况。

在实际过程中，由于工作成本、工作工具与环境、时间成本等因素的限制，金融企业往往不会强制要求工作人员按照这个顺序严格地执行这四个步骤的工作，而是会适当地调整，选择部分合作企业进行分析：

- 按规模确定分析目标：工作人员会优先筛选出交易规模大、交易频率高的合作企业进行分析。
- 通过调研确定目标：工作人员结合核心企业的内部数据、相关人员调研和外部信息，确定需要重点关注和分析的企业。

（3）确定分析结果的使用方式

在确定了关联企业和交易行为的情况，并初步分析其关联交易的影响后，工作人员应将情况进行整理，并与风险人员进行沟通，以确定适当的使用方式，常见的使用方式包括以下三种：

- 完全忽略：完全忽略关联企业的风险。工作人员通常在两种情况下会采用该做法，一是未进行过深入的关联关系研究，因此无法准确评估相关风险；二是即使进行了关联关系分析，但出于控制关联交易成本的考虑选择性忽略，这是因为发现并精确计算关联关系不仅需要大量外部数据的支持，还需要金融企业配备图数据库工具并开发相应的分析功能，而当前的资源不能满足这些需求。
- 终止项目：工作人员如果发现关联企业众多、影响巨大的情况，终止项目可能是规避后续风险的必要措施。例如，出现大量关联企业，导致贷款可能大部分都成为关联企业的专属贷款；确实出现了虚假交易的"壳公司"；关联企业的交易量占比巨大等。

- 通过风险规则限制合作企业使用贷款产品,常见的做法包括以下三种。
  - 不允许关联企业申请贷款产品,关联企业的申请都会被拒绝。
  - 对关联企业的额度进行控制:允许关联企业申请贷款,但授信额度要被控制,额度会比同类的其他企业低。
  - 关联企业不纳入白名单:关联企业不能纳入核心企业推荐的、免于金融企业风险审核的名单中,即关联企业申请贷款时必须经过金融企业的审核。

在实际关联交易分析过程中,工作人员会发现核心企业子公司的存在。对于这些核心企业出于成本、管理或财务目的而设立的子公司,工作人员及风险人员需要谨慎评估其交易的真实性和风险水平,并根据金融企业内部相关要求来决定处理方式。

工作人员确定了关联企业的分析结果及其使用方式之后,需要将这些内容转变成标准的判断条件描述,并入场景风险规则中。

此外,分析中发现的一些有价值的内容还可以用于后续风险模型的构建。例如,在核心企业的评级中,有大量关联企业占据了高等级,那么评级的客观性就应被质疑,后续量化模型的参数中也不应该使用核心企业的评级数据。

2. 合作企业之间的关联分析

(1)分析方法与使用数据

在处理合作企业之间可能存在的关联关系时,工作人员面临着更复杂的情况。工作人员在发现和判断核心企业的关联企业时,是以核心企业为中心,去发掘其他企业与核心企业之间的关系,本质上是去发现多对一的关系。合作企业数量众多,要发掘它们之间的关系本质上是去发现多对多的关系,这是一项极其巨大的工程,且合作企业是中小微企业,也并非现代企业,同类型的企业之间通常存在无法通过数据或公开信息发现的亲友关系。

因此,工作人员在开展合作企业之间关联关系发现时,通常会根据自身的资源和能力采取以下四种不同的处理方式:

- 不研究关联关系:由于成本和时间限制,工作人员可以选择直接放弃研究合作企业之间的关联关系。
- 简单分析:为了平衡成本和风险管理,工作人员可以选择对合作企业的股权关系进行初步分析。这种分析通常基于工商信息登记内容,主要关注直接股东,而不进行深层次的股权穿透或管理层关系分析,例如,不进行多层股权穿透分析、不考虑企业管理层的关系等。这是一种高性价比的关联企业研究方式,因为产品服务的合作企业绝大部分为中小微企业,股权结构一般较为简单,也没有严格的董监高定义和准确信息,采用这种方式可以满足绝大部分的分析需求。

- 针对重点企业分析：工作人员可能会选取交易金额大或具有其他重要特征的合作企业进行更深入的关联分析。这种分析可以更加详细和全面，类似于前文提到的合作企业与核心企业的关联交易分析，但也可以根据需要进行适当简化。
- 集中分析：对于已经建立贷款关系的存量客户，工作人员可以定期调取外部数据进行全面的关联分析。这种方法能够提供更全面的视角，但也需要巨大的计算资源、专业的图数据库工具和开发人员支持，一般的金融企业无法承担这样的成本。另外，这种分析是一种事后分析，它更多地应用于风险评估和后续管理，而非项目初期的决策支持。

通过以上分析，工作人员基本可以确定存在关联关系的合作企业名称以及关系情况。出于工作成本以及合作企业自身性质的考虑，工作人员可以不进行过于细致的量化分析。

（2）确定分析结果的使用方式

在确定了合作企业的关联关系后，工作人员应将情况进行整理，并与风险人员进行沟通，确认是否使用。最为常见的使用方式是，金融企业将确定为存在关联关系的合作企业作为一个贷款主体给予授信，避免实质上的同一个企业申请多笔贷款。

同前文一样，工作人员需要将这些内容转变成标准的判断条件描述，并入场景风险规则中。

7.5.3 交易量剧变的风险分析

1. 交易量剧变风险

当核心企业的经营情况发生变化时，其上下游合作企业的数据必然会随之波动，工作人员在分析核心企业与合作企业变化趋势相关性的同时，必须深入考虑合作企业自身经营数据的变化，特别是要警惕剧烈的数据波动可能给合作企业带来的风险。中小微企业由于自身的资金能力、基础设备、人力资源、生产管理能力，以及其上下游所能提供的支持等资源均有限，风险承受能力相对较弱，因此无论是数据的快速增长还是下滑，都可能对其构成威胁。

- 交易量剧烈增长时，上游合作企业为应对核心企业的订单激增，需采购更多设备和原料，并增加人手，这将导致短期内支出骤增，从而加大资金链断裂的风险；订单量剧增会给生产直接带来压力，可能直接影响生产质量，一旦生产质量下降，将引发核心企业的大规模退货或换货，进而影响回款和生产进度；同时，由于核心企业付款通常存在账期，交易量的激增会导致应收账款大量增加，给合作企业带来显著风险，这在近年来的餐饮和房地产行业中已屡见不鲜。对于下游合作企业而言，交易量的增长首先会引发资金风险。这些企业在向核心企业订购商品时，通常需要现金支付或预付定金，交易量的增加意味着它们需要支付的金额也随之增加，进而造成现金流紧张。同时，交易量的增长也意味着存货增加，如果合作企业没有新增的市场，其销售回款将成为一个严峻问题，近年来酒类市场的状况已经充分展示了核心企业压货给下游分销商带来的问题。
- 当交易量急剧下降时，合作企业的收入也会随之急剧减少。对于上游供应商来说，交易量剧减意味着订单剧减，收入也随着大幅下降；对于下游合作企业来说，稳定的商品供应被打破，随之而来要面对的是老产品客户的流失，以及新产品推广的成本与风险；对于平台类合作企业而言，交易量的下滑将直接导致其稳定的客户流量大幅减少，进而影响收入。

2. 交易量剧变分析

（1）交易量剧变的判断

在实际工作中，当工作人员面对核心企业与合作企业的交易数据时，首先要判断数据是否存在剧增剧减的情况，然后进一步评估这种变化是否会带来风险。工作人员在判断时应综合考虑以下几个方面的因素：

- 核心企业与合作企业的关系：如果两者关系紧密，合作企业对核心企业的依赖性越强，那么合作企业受核心企业经营状况变化的影响就会越大。一般情况下，生产型核心企业的影响大于信息型核心企业，这两类核心企业的区别见5.3.2节；在生产型核心企业的供应链中，向核心企业直接提供原材料、产品和服务的上游供应商受到的影响最大，从核心企业订购商品进行分销或销售的下游分销商受到的影响会小些；信息型核心企业与上下游合作企业的交易量剧增剧减所带来的影响相对来说是最小的，因为这些合作企业除了与核心企业合作外，还会和其他平台合作，甚至也会有自己的销售渠道和供应渠道。
- 绝对值与趋势：评价剧增和剧减的数据不仅要看数据的绝对值，还需要结合变化的速率和趋势情况一起判断。例如，长期增长趋势下的剧增，或是数量上剧增但环比月增长率相对不剧烈等情况的风险会小一些。
- 核心企业产品变更影响：核心企业变更产品线必然对合作企业造成影响；当新产品开始推向市场或大规模生产时，上游供应商的订单量会上升，下游分销商的订货量也会上升；已有产品减产或被缓慢淘汰时，订单和订货量均会下降。
- 淡旺季影响：任何产业和企业的生产都存在淡季与旺季，这些信息在第4章的业务调研中已经进行了收集和整理，并在第 6 章市场分析测算工作中得到了验证，结合调研收集的核心企业生产周期的时长，工作人员可以据此判断合作企业交易量剧增或剧减的原因是否为淡旺季。
- 相同品类供应商变化：对于上游供应商，如果提供相同品类产品、原料或服务的另一个供应商的订单量下降了，那么其他供应商的订单就会增加。
- 同地域或同类型分销商变化：对于下游分销商，在市场相对稳定的情况下，如果核心企业在其同一个地域内发展了另一个分销商，或是发展了同一类型的分销商，原有分销商的订货量必然会下降。
- 合作企业交易变化：由合作企业交易对象变化导致的剧增或剧减。例如，合作企业之前向多个企业提供原材料，现在只向核心企业一家提供原材料，由此导致交易量剧减。这种情况仅分析核心企业的数据是无法核实的，还需要对合作企业进行访谈。

（2）形成判断标准

在确定了合作企业的关联关系之后，工作人员应将情况进行整理，并与风险人员进行沟通，确定判断剧变的条件，具体包括：
- 判断剧变的指标：一般以交易金额为判断指标，少数情况下交易数量也可作为指标，或者两者同时成为指标。
- 判断的条件：依据指标对合作企业进行判断时需要依赖一些判断条件，这些条件一般可以直接使用合作企业现有的标签或在分析时所考虑的一些数据维度，例如企业地域、淡旺季、企业评级、企业类型等。
- 判断的阈值：进行判断的具体阈值，超过该阈值范围即可认定为剧变。在设置阈值时，不同指标的阈值、判断剧增的阈值与判断剧减的阈值都可以不相同。例如，在淡季（3～9月）时，如果销售金额的增幅超过 35% 或销售数量的增幅超过 30%，则可判断为剧增；如果销售金额的降幅超过 30% 或销售数量的降幅超过 25%，则可判断为剧减。

在实际实施中，判断条件与阈值需要工作人员结合对核心企业行业的理解、调研情况以及自身的业务经验来进行判断，并没有一个通用的标准可以参考。

（3）设计判断结果输出方式

最后，工作人员需要设计判断结果的输出内容与形态，常见的输出包括以下三种：
- 存在/不存在风险：这是简单的"是/否"二元判断，当判断存在剧增或剧减时，则输出"是"，不存在则输出"否"。
- 风险剧变评分：工作人员采用评分卡的方式，对不同的情况构建评分，最后根据评分判断是否存在风险,以及计算风险的分值。这种方式较为复杂,需要使用多个相关指标构建评分卡,维护的成本很高,一是构建评分卡通常需要工作人员依据自身的工作经验,或是和核心企业的业务人员共同完成;二是评分卡涉及各种指标及其权重的组合,构建、演算、讨论和调整等过程需要大量时间和人员的投入。

- 风险剧变评级:工作人员依据变化的幅度或是评分卡的分值进行评级,并输出不同的评级结果。这种方式相比前两种更受欢迎,一是工作的成本可控,工作人员可以选择依据单一指标进行评级,也可以先构建评分卡再进行评级,前者的成本远远小于构建评分卡;二是评级的输出定义和内容可以由工作人员自行决定,例如,可以输出为"高/中/低"三级,也可以按照风险从高到低输出"1/2/3/4"四个等级。当然,这种方法同样离不开工作人员的经验和核心企业人员的支持。

案例:某核心企业上游供应商交易量风险输出形态(风险分值)

工作人员采用评分卡的方式对核心企业上游供应商的交易量变动及其风险进行判断。

判断内容 UI 情况如下:

- 核心企业供应链稳定,产量增长稳定,年增长率为 5%～10%,上游所需原料增长率基本同步。
- 核心企业供应原料品类稳定,供应商短期内无变动。
- 核心企业产品交易量的旺季为 7～9 月,按照 3 个月生产周期计算,上游供应商订单的旺季为 4～6 月。

最终剧变风险评分标准见表 7-2,剧变评分与评级对应标准见表 7-3。

表 7-2 剧变风险评分标准

评分依据	风险分值
旺季(4～6月)订单量同比下降30%及以上	30
旺季(4～6月)订单量同比下降20%～30%	25
旺季(4～6月)订单量同比下降10%～20%	20
年增长率同比下降30%及以上	30
年增长率同比下降20%～30%	25
年增长率同比下降15%～20%	20
过去12个月中,超过10个月同比下降	40
过去12个月中,超过8个月同比下降	30
过去12个月中,超过6个月同比下降	20

表 7-3 剧变评分与评级对应标准

评分范围	评级标准
（90-100]	高风险
（80-90]	中高风险
（70-80]	中风险
（60-70]	中低风险
（50-60]	低风险
50 及以下	无风险

3. 确定分析结果的使用方式

在确定了剧变的判断规则之后，工作人员应将情况进行整理，并与风险人员进行沟通，以确定适当的使用方式。常见的方式包括以下三种：

- **完全忽略**：任何剧烈的变化都被认定为风险，但不会引发后果。
- **直接拒绝**：将剧增剧减直接变成贷款的判断条件，一旦发现合作企业存在剧增剧减的情况，或是分值达到一定阈值时，金融企业将直接拒绝其贷款申请。由于产品本身服务的企业数量有限，这种一刀切的处理方式不利于产品运营和收益，对风险极端厌恶的金融企业，或是金融企业认为存在交易量剧增剧减的合作企业有极大风险时会采取这种方式。
- **用于控制授信金额**：这是最为常见的使用方式，具体做法是将判断输出结果作为风险规则组成之一，用于控制授信金额。常见的使用方法包括以下三种：一是作为一条风险规则纳入总体规则，进而控制授信的额度；二是直接调整授信额度，即在使用规则完成对合作企业授信计算的基础上，根据剧变风险分值或分级控制最终额度，例如，达到高风险的企业，最终授信额度打八折，中风险的企业打九折；三是调整和控制最高授信额度，这种方式只控制贷款上限，当计算出的授信金额未达上限时，企业的贷款额度不受影响。

同前文一样，工作人员需要将这些内容转变成标准的判断条件描述，并入场景风险规则中。

案例：通过不同方式控制交易量剧增剧减的合作企业的授信额度

企业 A 申请的贷款产品设计为：企业没有被风险规则拒绝，进入授信环节后，金融企业会使用评分卡对其进行评分，（70-80] 分的授信金额为 70 万元，（80-90] 分为 90 万元，（90-100] 为 100 万元，授信金额上限为 100 万元。

在无交易量评级评分规则干预下,企业 A 按照标准评级得分为 91 分,授信金额为 100 万,达到产品授信金额上限。

按照交易量评级评分规则,企业 A 的交易量波动风险评级为高。

三种不同控制授信额度的方式对比见表 7-4。

表 7-4 三种不同控制授信额度的方式对比

控制额度方式名称	规则使用方式	企业 A 被调整情况描述	调整后授信金额
无规则	无规则	未调整的原始状态 企业 A 得分为 90 分 授信金额为 90 万元 授信上限为 100 万元 最终授信为 90 万元	90 万元
独立风险规则	评分卡最终评分 ×0.8	调整后企业 A 得分为 72 分(90×0.8) 授信金额为 70 万元 授信上限为 100 万元 最终授信为 70 万元	70 万元
调整授信额度	原有额度 ×0.8	企业 A 得分为 90 分 调整后的授信金额为 72 万元(90×0.8) 授信上限为 100 万元 最终授信为 72 万元	72 万元
调整授信额度	授信金额上限 ×0.8	企业 A 得分为 90 分 授信金额为 90 万元 调整后的授信上限为 80 万元(100×0.8) 最终授信为 80 万元	80 万元

7.6　对合作企业进行量化分析

相比于前文提到的定性分析,构建模型是一种可以更为精确和客观地对需要贷款产品的合作企业的经营情况进行定量分析的方法。通过构建模型、引入算法,工作人员可以实现对合作企业的分类分级量化评估,进而为贷款产品的准入和授信金额提供决策支持。

定量分析以模型算法为基础,能够将描述合作企业的数据转化为可以量化的数值,从而获得更强的数据逻辑性和说服力。为了构建有效的量化模型,工作人员需要将行业知识与算法建模能力相结合,形成客观反映合作企业经营能力和还款能力的量化模型。同时,量化模型还应符合金融企业内部对于风险管理的要求,找到风险控制与市场覆盖的平衡点。

在具体的工作中,建模工作分为确定分析目标、确定建模思路并选择算法、构建特征工程、使用算法建模、输出模型分析结果等步骤。

7.6.1 确定分析目标

与定性风险分析相比，建模风险分析的目标依然是评价合作企业风险、形成场景风险规则，区别是需要使用模型进行量化评价。这一目标可以进一步细分为两个主要内容：

- 对合作企业进行风险层面的分级分类：工作人员使用数据进行深入探索，以确立统一的评价规则，从而对合作企业进行科学的分级分类。这种分级分类需要能够全面反映合作企业的风险特征，或者至少能突出金融企业最关心的风险特征；分级分类的结果不仅用于决定是否批准合作企业的贷款申请，还将作为确定授信金额的依据。例如，根据合作企业的不同评级，可以采用不同的授信额度计算系数，并设定不同的最高授信额度。

- 确定合作企业的贷款产品属性：贷款产品属性直接关系到合作企业能使用什么样的贷款，这些属性即第 6 章所提到的贷款授信金额、利率、还款方式等。实际工作中，风险分析主要确定的产品属性是贷款授信金额及其计算方式。

当风险分析应用于不同的供应链场景时，其具体目标可能会因产品模式、商务模式、数据条件等方面的差异而有所变化。例如，在合作企业整体质量较高、还款能力较强，且贷款产品有保险公司提供担保的情况下，风险分析的重点可能会转向确定授信额度，而对企业是否有较高违约风险的分析则可以相对减少；核心企业如果拥有大量合作企业的历史贷款记录数据，工作人员就能通过分类算法更准确地识别出违约风险较高的企业特征，并以此建立分级分类。

在确定分析目标时，工作人员应先进行评估，这通常涉及项目参与人员根据当前情况向具有决策权的领导进行汇报，并在获得领导同意后再开展具体的分析工作。

7.6.2 确定建模思路并选择算法

构建数据模型是数据量化分析的最主要手段，不同的建模思路与方法会直接影响分析的效果。工作人员在确定思路和方法时，应从以下两个步骤进行考虑：

- 确定模型算法类型：工作人员需要选择是采用聚类算法还是分类算法来构建模型。按照机器学习算法的分类，聚类属于无监督学习，分类则是有监督学习。通常，金融企业在运营普惠贷款产品时，由于客户量巨大，且还款、违约、催收等贷后数据内容丰富，因此会先使用已有的风险策略运行一段时间，积累客户数据后再使用分类模型进行分析，对客户重新进行分类和计算授信额度；或是采用 A/B 测试的方式，在运营产品的同时使用分类模型不断分析客户，输出和应用分析结果。相比之下，供应链金融产品面对的合作企业有限，核心企业也未必有合作企业的历史贷后数据，这导致金融企业缺少足够的数据，也无法采用先积累客户数据再优化模型的方式，因此，供应链金融产品建模更多采用的是聚类算法，只有当数据条件满足时才可能使用分类算法。
- 确定具体的模型算法：不论是聚类算法还是分类算法，具体的算法类型都很多，以分类算法为例，既有比较传统的 ID3、C4.5、C5.0、CART 等决策树算法，也有较新的 XGBoost、随机森林等算法，工作人员还可以使用深度学习模型来实现分类。具体使用哪种模型进行探索，除了与数据相关之外，很大程度上还受金融企业的管理要求约束和影响，如一些较为保守的金融企业可能会要求模型具备可解释性，那么工作人员只能使用决策树这种较为传统的算法。

1. 聚类算法及特点

在机器学习分类中，聚类算法是无监督学习。聚类算法是指按照某个指标把数据集分割成不同的类或者簇，使类内元素的相似性尽可能大，类间元素的相似性尽可能小，并对相似的数据进行归簇，从而达到聚类的效果。通俗来说，聚类算法就是根据某些指标的数值分布情况进行分类，将相近或相似的对象归为一类。

在构建模型进行分析时，聚类算法的优势包括以下三个方面：
- 适用范围广：聚类算法不需要预先标注的正负样本，只要数据质量符合要求，就可以应用聚类算法进行分析。这一特点使得聚类算法在多种场景下都能广泛应用。
- 对数据量要求不高：与分类算法相比，聚类算法对数据量的要求不高，即使只有几百条数据记录也可以进行相对有效的分类；而如果使用分类算法，数据量不足会直接影响模型结果的质量。这使得聚类算法在数据量相对较少的情况下尤为有用。
- 建模简单：聚类算法的建模工序和过程简单，可以节约大量的时间成本。例如，不需要将数据拆分为训练集、测试集和验证集，而是直接使用全部数据进行建模；建模完成后不需要额外的验证步骤；参数调优相对简单等。

聚类算法作为无监督学习的主要缺点是其建模结果无法通过历史数据进行直接验证。这具体体现在以下两个方面：
- 依赖主观判断：聚类算法很多时候需要与层次分析法（AHP）一起使用，导致建模过程中存在大量的人工经验和主观判断，一是所使用的指标需要人工参与判断和选择；二是最终形成的分类分级依赖人的判断，即使算法可以生成基于某个指标的最佳分群数量和阈值，但在实践中往往会由工作人员选择他们认为最合适的分群数量和阈值。
- 缺乏可量化验证：由于没有正负样本，因此聚类效果无法使用历史数据验证结果，没有混淆矩阵、AUC、ROC、F1 Score 等工具和指标进行判断，聚类结果的优劣往往需要在产品实际运营的过程中根据业务表现来间接评估和调整。

在供应链金融领域，聚类算法是更常见的建模方法。这主要是因为核心企业描述合作企业的数据通常具有以下两个特点：第一，核心企业往往缺乏这些企业的历史贷款或违约数据；第二，合作企业的数量相对较少，导致可用的数据记录有限。聚类算法的优点使其能够很好地适应这些数据的特点，从而有效地完成对合作企业的分级分类任务。

2. 分类算法及特点

在机器学习分类中，分类算法属于有监督学习。它根据已有的数据特征和对应的类别标签来训练模型，使得模型能够学习从数据特征到类别的映射关系，当新数据输入时，模型能够根据其学习到的映射关系对新数据进行类别预测。通俗地说，分类算法会基于已有的不同分类下对象的特点，构建一系列规则条件，在下一次遇到同样的对象时，可以按照这个规则将其分类。

相比于聚类算法，分类算法的优点非常明显，因此在个人贷款产品领域内，金融企业大量使用分类算法支持运营。具体优点包括以下几个方面：

- 算法的数学支持力度更强，模型构建更科学：分类算法基于严谨的统计学和数学原理，能够确保模型在构建过程中获得更有力的数学支持。
- 算法输出的结果符合"大数定律"，对客户的分类更加精准，也更有说服力。
- 能够发现新知识：分类算法更多地依赖数据算法而非业务经验，更注重从数据中挖掘新知识，这有助于工作人员更深层次地理解行业特点和客户行为；一些业务人员无法察觉或是被忽略掉的规律，都可以被模型发现。
- 模型结果可验证：在使用分类算法构建模型的过程中，工作人员首先会把数据分为训练集、测试集和验证集，或是在数据量不足时分为训练集和验证集；工作人员通过训练集构建模型、发现规则，然后在验证集上运行规则，对结论进行验证。
- 有客观标准度对结果进行验证：工作人员可以使用 AUC、ROC、F1 Score 等指标量化评估结果，从而客观地对模型性能进行评价，并对模型参数进行调优。

相比于聚类算法，分类算法的缺点主要体现在两个方面：

- 对数据内容的要求更高：相比聚类算法，分类算法对于数据内容的要求更高，主要包括以下三个方面。
  - 需要足够的数据量：分类算法需要足够的数据量来训练模型，以避免过拟合和偏差。在很多供应链场景中，一个核心企业的合作企业数量都在数千及以下，这种数量级的数据，即使满足了其他条件，也是无法使用分类算法的。相比之下，聚类模型是将数据集分割成不同的类或者簇，使类内元素的相似性尽可能大，即保证同一类的企业有着"最多的相似点",因此聚类算法对于数据量没有过多的要求。
- 需要正负样本数据:这一要求是制约分类模型应用的关键因素。分类算法要求数据集包含明确的正负样本,例如在信贷领域,贷款人的数据应标示出违约或逾期和正常还款。在提供数据的核心企业侧,大部分核心企业很难拥有合作企业与金融企业发生贷款交易的数据。在实践中,一些金融企业可能改变正负样本的定义口径,改为使用核心企业的其他数据当作正负样本,例如未及时支付货款的下游分销商、未及时交付货物的上游供应商等,但即使如此,依然会出现样本严重不足的情况。
- 正负样本均衡:如果负样本(如违约客户)数量过少,分类模型可能会出现重大偏差。而供应链金融中正负样本的数量差异巨大,导致无法构建出模型。

● 部分模型算法难以兼顾可解释性:在分类算法中,一些算法选择的数据指标以及形成的分类规则往往难以用业务经验和行业知识解释,导致一些保守的金融企业从业者难以接受。

7.6.3 构建特征工程

构建特征工程是使用算法进行数据分析的前提。特征工程的核心目标是发现和创造出能够深刻反映合作企业特点、蕴含大量合作企业特征信息的数据指标和变量,这些变量不仅需要蕴含丰富的企业特征信息,还需要符合后续建模的要求。特征工程的构建通常包括四个主要步骤:

● 数据理解与探索:工作人员对所拥有数据的业务含义、数据标准进行梳理,并在此基础上进行数据内容的分布分析,评估数据的可用性、覆盖率和准确率,例如,对数据空值、异常值等的统计、对数据阈值分布的统计等。第4章、第5章完成的就是这一部分工作。

● 数据清洗:数据清洗是指工作人员对已发现的问题数据进行处理,提高数据质量,第5章完成的就是这一部分工作。

● 构建特征数据:构建特征是指基于业务知识构建与目标变量相关的特征,构建特征可以是针对某一项指标进行处理,例如,对某一项指标进行归一化处理,使其数值的具体分布区间发生改变等;也可以是将多个指标或标签加工成一个新的指标或标签;第6章中的部分内容也可能包含了一些构建特征数据的工作;在实施过程中,完成构建特征后,工作人员将获得一张具有非常多字段,且包含了各类数据的数据分析基础表。

- 选择特征数据：选择特征数据是从宽表中选择出最有价值或最合适的数据特征作为模型输入的特征数据。在进行选择时，可以采用专家法直接选择重要的特征数据，也可以使用数理方式选择，或是两种方式同时使用。

在这四个步骤中，前三个步骤在前文中已经有过论述，因此，下面将重点阐述选择特征数据的方式与内容。按照选择特征数据的判断依据，可以将方法分为专家法与数理方法两种。

1. 使用专家法

（1）使用专家法的优缺点

专家法是指金融企业邀请行业内专家，利用他们的丰富经验来设计和选择特征数据。当金融企业涉足不熟悉的行业，或要求模型特征工程所使用的指标具有较强的可解释性时，金融企业往往会选择专家法。在实际工作中，金融企业通常会要求核心企业的业务专家一并参与该工作，或是完全由其来选择特征数据。

在使用专家法工作时，金融企业可以要求专家全程参与特征工程的数据理解与探索、数据清洗、构建特征数据、选择特征数据四个步骤，特别是构建特征数据和选择特征数据这两个关键环节，更需要专家的深度参与。这样不仅能充分利用专家的专业知识和行业经验，还能减少因工作人员对行业及经营理解不足而造成的成本浪费。

使用专家法构建特征数据和选择特征数据的优点包括以下三个方面：

- 指标业务解释性强：专家基于其业务经验选择的指标具有很强的可解释性，往往更容易说服金融企业内部具有决策权的领导、管理人员以及风险人员。
- 指标数据加工难度低：这些指标通常是现成的或是基于现有数据进行简单加工即可得到，可以降低数据工作量。
- 指标数据使用方式明确：专家在选择指标时，通常会提供具体的使用方法和判读标准，例如，认定持续合作5年以上的企业为稳定企业、养殖生猪500头以上的养殖户为大户等，这大大降低了数据探索的时间和出错的可能性。

使用专家法的缺点同样包括三个方面：

- 要求行业专家对口：不同行业存在不同的行业知识，即使是同一个大行业下不同的小行业之间也会存在差异，例如连锁零售行业中，不同定位的连锁超市的考量指标就会存在差异，高端定位的超市会考虑店面面积，认为过大或过小的店面均不利于提高利润率；而定位为成熟中老年社区的超市则不会考虑面积这一因素。因此工作人员在选择专家时，应尽可能地选择市场定位相同或相似，且生产或经营同样类型的产品或业务的行业作为参照，再选择专家。
- 专家知识和经验可能具有局限性：专家自身的知识和经验来源于自己的工作经验，

一方面，专家的知识和经验可能是不足的或是具有片面性的，即使是行业资深专家也可能有未了解的知识，或是知识没能及时更新；另一方面，这些知识和经验是历史的沉淀和总结，无法提供和及时发现新的知识。

- 专家知识和经验需要进行量化：虽然专家能够很好地解决是与否、重要和非重要等定性问题，但对于如何评估重要程度、如何给予指标合适的权重，单纯依靠专家进行判断难以实现。

专家法的 3 个缺点中，前两个只能依靠选择合适的专家，以及专家提升自身的知识水平来解决；而对于专家知识和经验的量化问题，工作中通常会采用层次分析法来解决，这是一种将定性和定量分析相结合的方法，能够在处理复杂决策问题时，利用有限的定量信息使决策过程数学化和量化，并提供可行的解决方案。

（2）层次分析法简介

从本质上看，层次分析法是利用专家知识的评分法。专家们基于已有指标，对这些指标的重要性进行排序，进而选出最为重要的指标，并确定各个指标的权重。使用层次分析法构建特征工程一般包括以下四个主要步骤：

1）确定评价目标：风险分析主要关注的是合作企业的还款意愿和还款能力，其中还款能力更容易通过供应链数据进行判断。该行业的专家往往不能准确理解还款能力这一概念，为了更直观地评估，工作人员可以将还款能力转化为更具体的评判标准，例如评判企业盈利能力的方法，或找到能产生稳定收益的企业特征等。

2）形成指标清单：工作人员在原有指标的基础上进行衍生，划分出不同的类型和层次，形成一份全面的指标清单。形成清单的工作通常包括以下两个步骤：

- 构建衍生指标：为了更加全面地描述合作企业的情况，工作人员需要在已有的指标上衍生出更多的指标，并形成指标清单；设计衍生指标的思路可以参考第 6 章市场分析的内容。
- 找到主要指标：将指标清单提交给专家，由专家根据经验选择合适的主要指标。当指标特别多、专家难以选择时，工作人员还需要通过一些方法或是结合数理方法一起，在众多衍生指标中找到具有代表性的主要指标。例如，工作人员可以使用皮尔逊相关系数计算各指标之间的关联关系，再选择关联度较低的指标做代表性指标；当多个指标之间存在高关联度时，工作人员可以选择其中一个最有代表性的指标而放弃其他指标；在使用皮尔逊相关系数时，工作人员应根据实际场景与合作企业进行调整，不能完全参考传统标准。

3）构建判断矩阵：专家基于这些指标清单，先选择这些指标中被认为重要的指标，再对这些指标的重要性进行排序，并形成矩阵。在进行指标排序时，工作人员除了要听取专家的意见，还需要提醒专家尽可能地选择不同维度、不同内容的指标。例如，对于下游分销商来说，销售金额和销售稳定性固然重要，但库房面积、经营年限、区域等指标也应纳入专家的考虑范围。当然，最终意见应以专家结论为准。

4）形成指标权重表：根据专家排序形成的系数矩阵，工作人员计算出各指标的权重。权重系数越高，指标的重要性越大。

在实践中，AHP 方法是最常见的方法之一，其优点包括以下四个方面：

- 风险较小：AHP 方法充分利用行业专家的知识，并通过数据量化的方式呈现，确保所选指标能全面反映企业特性，较少出现遗漏。
- 方法具有可解释性：AHP 方法中的指标选取和权重计算都基于行业专家的判断，且指标数量适中（一般项目中不会超过 7~9 个），因此工作人员很容易向金融企业的内部管理机构解释模型原理以及选择指标和计算权重的过程，这点对于领导层年龄结构较老的金融企业尤其重要。
- 工作速度快：使用 AHP 方法可以节省指标计算、选择和权衡的时间，避免大量企业内部关于指标权重的讨论，提高工作效率。
- 计算方法简单：只要专家提供了排序，计算的过程就很容易实现，不存在复杂的数学模型计算，降低了错误率。

使用 AHP 方法的主要缺点除了专家法的通病外，还有指标内容受限这一问题。由于人的思维和信息处理能力有限，专家无法对过多的指标进行判断和排序，可能导致一些重要指标被遗漏。

案例：使用 AHP 方法确定特征指标

金融企业首次进入某食品零售行业，合作的核心企业为某类食品的制造商，产品服务对象为向该制造商订购食品的下游分销商。

金融企业没有相关行业经验，因此在完成特征工程时以 AHP 方法为主，确定特征工程所需的指标：

- 构建特征工程时，工作人员将基础的指标划分为经营能力与合作企业实力两个指标分类，并基于这两个分类在原有的指标基础上构建了大量衍生指标。
- 使用皮尔逊相关系数对衍生指标进行关联性分析（见表 7-5），移除或合并关联性大于 0.5 的指标，最终得到 8 个指标，其中，经营能力指标有 6 个，合作企业实力指标有 2 个，指标分类见表 7-6。

表 7-5　衍生指标关联性分析

	指标 1	指标 2	指标 3	指标 4	指标 5	指标 6	指标 7	指标 8	指标 9	指标 10	指标 11	指标 12	指标 13	指标 14	指标 15
指标 1	1														
指标 2	0.9953	1													
指标 3	0.7128	0.7141	1												
指标 4	0.7804	0.6458	0.6151	1											
指标 5	0.7142	0.8542	0.6779	0.6779	1										
指标 6	0.2942	0.0242	0.2073	0.2073	0.3207	1									
指标 7	0.5186	0.1556	0.0815	0.0815	0.058	0.032	1								
指标 8	0.565	0.4503	0.5446	0.495	0.3466	0.2555	0.3084	1							
指标 9	0.8123	0.6419	0.4651	0.3884	0.3233	0.2758	0.3671	0.363	1						
指标 10	0.1033	0.1981	0.2804	0.3591	0.336	0.3546	0.4443	0.407	0.3181	1					
指标 11	0.5658	0.0349	0.0077	0.0622	0.1545	0.1632	0.0764	0.1616	0.4045	0.3838	1				
指标 12	0.7922	0.2118	0.2277	0.2088	0.0748	0.2059	0.0908	0.2723	0.3983	0.2196	0.1935	1			
指标 13	0.4003	0.0571	0.3163	0.3822	0.3065	0.6667	0.083	0.2872	0.597	0.3405	0.3025	0.456	1		
指标 14	0.6122	0.2207	0.2357	0.278	0.2961	0.2357	0.4014	0.5153	0.7601	0.2992	0.2526	0.5	0.9874	1	
指标 15	0.3712	0.2512	0.2607	0.2782	0.2026	0.4592	0.3111	0.6114	0.8625	0.7342	0.5968	0.9137	0.8286	0.8806	1

表 7-6 指标分类

一级指标	二级指标
经营能力	指标 a1
	指标 a2
	指标 a3
	指标 a4
	指标 a5
	指标 a6
合作企业实力	指标 b1
	指标 b2

- 专家先对经营能力与合作企业实力进行评价，形成两者的系数矩阵，见表 7-7。

表 7-7 经营能力与合作企业实力的系数矩阵

指标因素	经营能力	合作企业实力
经营能力	1.000	4.618
合作企业实力	0.217	1.000

- 专家分别对经营能力的 6 个指标和合作企业实力的 2 个指标进行评价，形成经营能力 6 个指标的系数矩阵，见表 7-8；合作企业实力 2 个指标的系数矩阵见表 7-9；同时，专家确定 8 个指标评分的正负关系，当评分关系为正时，指标值越高，得分越高，评分关系为负时则相反。

表 7-8 经营能力 6 个指标的系数矩阵示例

指标因素	指标 a1	指标 a2	指标 a3	指标 a4	指标 a5	指标 a6
指标 a1	1.000	4.174	3.270	3.680	2.960	2.900
指标 a2	0.240	1.000	1.034	1.245	1.289	0.606
指标 a3	0.306	0.967	1.000	1.310	1.236	0.842
指标 a4	0.272	0.803	0.763	1.000	0.591	0.748
指标 a5	0.338	0.776	0.809	1.692	1.000	1.065
指标 a6	0.345	1.651	1.187	1.337	0.939	1.000

表 7-9 合作企业实力 2 个指标的系数矩阵示例

指标因素	指标 b1	指标 b2
指标 b1	1.000	4.618
指标 b2	0.217	1.000

- 工作人员将两者进行融合，计算出 2 类 8 个特征指标的权重，并将评分的正负关系标注进表中，见表 7-10。

表 7-10　2 类 8 个特征指标的权重与评分的正负关系

指标分类	具体指标	权重	评分的正负关系
经营能力（0.82）	指标 a1	0.326	正
	指标 a2	0.095	正
	指标 a3	0.102	正
	指标 a4	0.077	负
	指标 a5	0.103	负
	指标 a6	0.116	正
合作企业实力（0.18）	指标 b1	0.136	正
	指标 b2	0.044	正

2. 使用数理方法

数理方法是使用数学算法来客观地构建和处理特征。在供应链金融产品实践中，单纯使用数理方法是比较少见的，往往会与专家法相结合来完成特征工程构建，或是作为一些数据的处理方式。即使如此，数理方法的重要性和价值也不容忽视，其主要优势体现在以下两点：

- 客观、量化地反映事实：数理方法基于数据之间的内在联系来产生结果，这使得它能够进行定量分析，从而有效地补充了更偏向于定性分析的专家法的不足。
- 能发现新特征：通过对数据的深入处理和关联研究，数理方法有可能揭示出那些无法仅通过业务经验来解释，但在数据中客观存在的特征。

数理方法最显著的缺点是业务可解释性弱。纯粹基于数据模型的结果往往难以改变专家和管理人员根据既有知识形成的观念，尤其是在选择专家确定的业务指标时，仅依赖模型和算法的结果通常难以说服专家和金融企业的内部人员。

在实践中，最为常用的数理方法包括以下几类：

- 相关性系数：该系数常用于分析指标之间的关联性。当多个指标高度相关时，可以选择其中最具代表性的一个指标。常见的相关性系数包括前文案例中所提及的皮尔逊相关系数、斯皮尔曼等级相关系数以及肯德尔秩相关系数，最为常用的是皮尔逊相关系数。相关性系数的绝对值在 $-1 \sim 1$ 之间，越接近 1 则表示两个指标的正线性相关性越高，越接近 -1 则表示两个指标的负线性相关性越高，0 则表示不存在相关性。理论上，相关性系数的绝对值超过 $0.5 \sim 0.6$ 就会被认为是相关性较高；但在实际工作中，工作人员应根据实际情况调整高相关性的标准，不能完全套用理论值，也不能在所有的场景中使用统一的标准。
- XGBoost：这是一种广泛使用的分类模型算法，也可用于选择重要指标。但使用 XGBoost 选择的指标通常需要通过其他方式进行验证。

- 归一化函数：归一化函数常用于处理分布范围较大的数据，可以将数值规范化为 [0,1] 或 [-1,1]，为后续建模提供适当的数据准备。
- 主成分分析（PCA）：通过正交变换将原始特征空间中的线性相关的变量转换为新的线性无关的特征，称为主成分。它可以帮助降维并去除冗余特征。
- 特征编码：将指标按照一定的标准进行编码，形成标签。这种方式常用于将数值型数据转化为离散型数据，过程中常常需要业务专家参与，来确定这些编码的标准。

除此以外，在具体项目中还会有一些其他的数理方法，这些方法的使用需要根据项目的实际情况进行判断。

7.6.4 算法建模

使用数学算法进行建模的目标是完成分类分级，且这些分类分级应更全面、更客观地反映出合作企业的经营状况和风险情况。在这一过程中，工作人员可以使用第 6 章市场测算时的成果，例如使用加工出的基础数据内容、使用描述合作企业的数据指标或合作企业分类分级的结论等。

但是，风险分析建模更加复杂和全面，对分析过程与结果的量化要求更高。工作人员需要根据核心企业的数据情况选择使用聚类或分类算法开展分析工作。

1. 使用聚类算法建模

（1）使用聚类算法进行聚类

确定特征指标后，工作人员需要对这些指标进行聚类，确定各指标的分层情况。聚类算法有多种，常见的如 k 均值聚类、DBSCAN、层次聚类（Hierarchical Clustering）等，这些算法各有自己的优缺点，本书不在此进行详述。而实践中，使用最多的是 k 均值聚类算法，主要原因包括以下两点：

- 广泛使用与易理解性：k 均值聚类是一种出现较早且应用广泛的聚类算法，其使用者众多，相关资源和文档丰富；同时，相对于其他复杂的聚类算法，k 均值聚类的原理更易于理解，解释性也较好，这使得它在向金融企业内部进行汇报和沟通时具有优势。
- 灵活性：k 均值聚类算法允许用户人为调整聚类的类别数量。这种灵活性对于满足特定的业务需求至关重要。因为工作人员使用数学模型建模的本质是量化合作企业的特征，为供应链产品提供服务，这意味着建模是一种手段而不是目的。当业务经验、产品设计或风险管理等都有相应要求时，模型算法的绝对科学性必须在允许的范围内做出些许让步，体现在具体工作中通常是这些情况：工作人员使用 k 均值聚类算法对某指标进行聚类后，根据肘部法则，最佳的类别数量应该是 3，但行业专家、产品经理认为，划分为 5 更合适，那么工作人员就会将类别数量设置为 5，重新聚类并计算出各类型的数值边界。具体情况如图 7-5 所示。

分群	销售额数据下限（含）	销售额数据上限
分销商分类1（低销售量）	0	20万元
分销商分类2（中销售量）	20万元	143.6万元
分销商分类3（高销售量）	143.6万元	—

分群	销售额数据下限（含）	销售额数据上限
分销商分类1（低销售量）	0	15万元
分销商分类2（中低销售量）	15万元	47.1万元
分销商分类3（中销售量）	47.1万元	116.7万元
分销商分类2（中高销售量）	116.7万元	214.3万元
分销商分类3（中销售量）	214.3万元	—

图 7-5　某指标聚类为 3 类和 5 类的数值边界情况

使用聚类算法开展工作包括以下几个步骤：

- 选择数据指标：工作人员选择聚类所使用的数值指标，这些指标一般是从特征工程中筛选出的数值型指标。
- 使用聚类算法进行聚类：工作人员选择算法，对指标进行聚类，并根据肘部法则形成原始的聚类结果。
- 对聚类结果进行调整：工作人员与其他人员就原始的聚类结果进行讨论，收集意见并调整聚类算法，确定最终的聚类结果。这一过程常常包含了多次迭代工作，需要多次尝试才能找到满足业务需求，并在算法上具有合理性的结果。
- 形成聚类结果表并记录：工作人员使用聚类算法完成工作后，应形成各指标的聚类结果表，包括聚类所使用的指标、类别以及边界，记录格式见表 7-11。
- 记录各企业的分类结果：工作人员需要标注出所有合作企业各项指标所处的类别，以支持后续评分计算，记录格式见表 7-12。

表 7-11　各指标的聚类结果表

指标	聚类后类别	数值下限（含）	数值上限
指标 a1	类别 a1-1	0	100
	类别 a1-2	100	150
	类别 a1-3	150	400
	类别 a1-4	400	550
	类别 a1-5	550	1760

(续)

指标	聚类后类别	数值下限（含）	数值上限
指标 a2	类别 a2-1	0	15
	类别 a2-2	15	25
	类别 a2-3	25	30
	类别 a2-4	30	157
……	……	……	……

表 7-12　合作企业各项指标所处的类别

合作企业名	指标 a1 分类	指标 a2 分类	指标 a3 分类	指标 a4 分类	……
企业 1	a1-1	a2-2	a3-1	a4-2	……
企业 2	a1-2	a2-2	a3-2	a4-2	……
企业 3	a1-2	a2-2	a3-3	a4-2	……
企业 4	a1-3	a2-3	a3-1	a4-2	……
……	……	……	……	……	……

（2）构建评分卡

1）评分卡基本设计内容。评分卡规则是用于计算合作企业评分的规则，工作人员指定的评分卡规则包括三个部分：

- 给各指标下的内容进行赋值：不同的指标数值会有不同的得分，这些得分可以是线性的，即得分是基于指标数值乘以一定系数计算得到的，例如，按照销售额 × 0.15 计算得分，100 万元销售额得 10 分，150 万元销售额得 15 分，200 万元销售额得 20 分；也可以是阶梯性的，即按照指标区间或指标的离散值直接赋予，例如，100 万～150 万元销售额的得分为 10 分，150 万～200 万元的销售额得分为 15 分，重点供应商得 10 分，金牌供应商得 15 分等。在赋值过程中，工作人员应注意以下 3 个方面：
  - 使用指标正向评分：工作人员在对各项指标下的各类别进行赋值时，通常遵循"情况越好，评分越高"的原则。
  - 不必控制分值范围：评分的作用是量化合作企业情况，区别出优劣，并不需要强迫所有场景的企业分值范围都被控制在 0～100 之内，例如，A 场景中的合作企业评分可以是 50～1000 分，B 场景则是 0～2000 分。如果金融企业或相关部门需要限制分值范围，工作人员可以在设计评分方法时通过设置不同指标的权重或是指标分段的赋分进行控制，也可以使用特定函数将分值转换到所需区间内。
  - 原则上不依据衍生指标数量进行赋值：衍生指标是工作人员基于业务经验，在原有指标的基础上加工衍生得来的指标，数量多少既与工作人员从核心企业获取的原始数据相关，也与工作人员对产业运行、核心企业经营方式和合作企业情况的主观理解程度相关,并不意味着某一类内容或是某一方面的指标越多,这一类内容或指标就越重要。

- 给予不同指标不同的权重:由于不同指标的重要性不同,因此不同指标的权重也必然有所不同,前文中的AHP方法是解决权重问题的方法之一。例如,工作人员根据管理要求或业务经验将指标分为不同级别,分别赋予不同的权重,a类指标的权重为0.5,b类指标为0.45,c类指标为0.4等。AHP方法中的赋予指标权重就是在完成这一部分工作。在赋予权重的过程中,工作人员应注意以下三个方面:
  - 权重应体现指标的重要性:在赋予不同指标权重时,工作人员要认识到不同指标的重要性是有差异的,并依据不同的重要性将指标分为不同级别并赋予相应的权重,权重系数越大的指标就越重要。
  - 各指标权重系数之和并不一定为1:除非使用AHP或类似的方法,否则工作人员在确定权重系数时往往难以保证系数之和为1。
  - 各指标的权重值不宜相差过大:如果权重值差异过大,那么权重值较小的指标可能几乎没有任何影响力,从而失去了该指标在评分中的实际意义。
- 可以考虑设计复合条件评分:工作人员可以设置复合条件,根据一些指标的条件选择不同的评分标准,以构成复杂的评分卡。例如,对于合作时间长于36个月的企业,使用销售额指标进行评分;小于36个月的企业,则使用月均销售额进行评分。复合条件评分最需要注意的是不同评分标准实用性的平衡和过渡,前例中合作时长35个月和37个月的企业会适用不同的评分卡,两者之间的分数差异过大是不利于产品运营的。这种方法能更好地反映合作企业的个性特点,但也容易有评分设计复杂、设计内容过于主观等缺点,工作人员需要谨慎使用,或是与专家进行反复沟通并对评分企业进行抽验验证后使用。

案例:粮油行业某核心企业下游分销商评分卡

金融企业使用核心企业数据构建评分卡,所得分数用于申请贷款的合作企业准入以及计算授信金额。

所使用的数据指标有6个,各指标的分值和权重见表7-13。

计算全体企业评分,得分范围在16.42~100分之间。

根据全体企业评分的分布情况,将评分划分为5个层次,不同评分层次的企业在申请贷款时获得的结果不同,见表7-14。

表 7-13　粮油行业下游分销商评分卡

评分指标	评分标准	分值情况	分值权重
合作企业评级	金牌：100 核心：80 重要：60 重点：40 其他：20	离散数值得分 分值范围为 20～100	0.102
注册资金（万元）	注册资金 ×0.5 最高为 100 分	线性得分 分值范围为 0～100	0.044
经营时长	8 年及以上：100 5～8 年：80 3～5 年：60 3 年以下：40	离散数值得分 分值范围为 40～100	0.095
返利比例	返利比例 ×600	线性得分 分值范围为 0～100	0.116
12 个月连续交易	（连续交易月份数 −1）×10 最高为 100 分	离散数值得分 分值范围为 40～100	0.136
活跃性评级	很活跃：100 活跃：80 不活跃：60	离散数值得分 分值范围为 40～100	0.077
前 12 个月经营规模（万元）	经营规模 ×0.5 最高为 100 分	线性得分 分值范围为 0～100	0.326
订单次数月度波动指标	0～0.1：100 0.1～0.3：80 0.3～0.75：60 0.75～1：40 大于 1：20	离散数值得分 分值范围为 20～100	0.103

表 7-14　不同评分层次的企业申请贷款的结果

分数段	决策规则使用方式
小于 20.98	拒绝
20.98～23.15	转人工处理
23.15～49.76	计算授信金额 授信金额 = 前 1 年经营规模（万元）×0.6 最高 100 万元
49.76～65.11	计算授信金额 授信金额 = 前 1 年经营规模（万元）×0.7 最高 160 万元
65.11～100	计算授信金额 授信金额 = 前 1 年经营规模（万元）×0.8 最高 220 万元

2）离散值数据的处理与使用。在构建评分卡时，工作人员需要重点考虑离散型指标数据的处理。离散型指标数据一般是核心企业对合作企业的评价，例如战略合作企业、重点供应商、金牌分销商、长期拖欠货款企业标志等；或是外部对合作企业的分类，例如国有企业、省属企业等。离散型指标不需要进行聚类分析，工作人员可以直接根据指标的数值给予其评分。在评分时，工作人员应注意以下四点：

- 评分依据的使用方式决策：与销售额、订货量这些客观的交易数据不同，离散型指标本身就是一种主观评价的结果，其评价是否有用、是否可用应由金融企业内部的风险部门、产品经理等根据自身的风险管理需求、市场定位和产品设计思路，结合外部专家和核心企业的评价标准来综合考量。
- 控制评分权重：由于离散型指标具有主观评价的特性，其权重不应设置得过高，以避免过度影响由客观指标量化形成的结果。
- 分析指标内容分布：在确定各类指标的分值之前，工作人员应对这些指标的内容进行统计分析，了解其分布情况，然后再进行判断。这有助于避免某个指标的评价内容高度集中，从而导致该指标失去评分意义。例如，95% 的分销企业在分销商评级这一指标中的记录内容都是金牌分销商，那么这个指标在评分卡中的意义就大打折扣。
- 科学处理缺失的数据：评价指标缺失是常见的情况。工作人员需要明确缺失指标的处理方式，例如，选择不对该指标进行评分、按照最低标准进行评分，或用其他方法进行估算填补等。

3）形成评分结果。确定评分卡规则后，工作人员需要按照评分卡计算出各合作企业的评分结果，并对评分结果以及形成评分的相关信息进行记录，记录的格式见表 7-15。

表 7-15 各合作企业的评分结果及相关信息

合作企业名	评分结果	销售金额/万元	指标 a1 分类	指标 a2 分类	指标 a3 分类	……
企业 1	86.72	1000	a1-1	a2-2	a3-1	……
企业 2	81.44	850	a1-2	a2-2	a3-2	……
企业 3	75.65	800	a1-2	a2-2	a3-3	……
企业 4	78.19	820	a1-3	a2-3	a3-1	……
……	……	……	……	……	……	

（3）评分结果的使用

评分是合作企业自身情况的量化反映，工作人员需要将评分结果用于场景风险策略中的设置准入条件和计算授信额度这两个方面：

1）**设置准入条件**。准入条件通常用于拒绝评分特别低的企业的贷款产品申请。在实际的风险规则设计时，部分金融企业不会依据评分对合作企业设置准入条件，而应允许所有的合作企业在满足其他准入要求（常见的有外部征信数据、非金融企业黑名单等）的条件下使用贷款产品。主要原因有两个：一是合作企业是核心企业供应链中的组成部分，因此不用担心这些企业存在信用风险；二是金融企业出于和核心企业长期合作的考虑，或受到相关协议的约束，主观上不愿或不能设置准入条件。

2）**计算授信金额**。评分最重要的用途是授信金额计算，基于评分设计额度计算方法不仅仅是一项数据工作，而是一项与业务高度结合，要求金融企业内部相关部门、供应链金融产品所在部门以及外部行业专家等共同参与完成的工作。在具体操作上，评分常通用以下三种方式计算额度：

- 根据分值计算等级，再按照等级给予固定额度：工作人员先将各合作企业按照得分的区间划分成不同的等级类别，然后根据等级类别给予对应的固定授信金额，具体可见表7-16。这种方法的优点在于额度计算简单，缺点在于合作企业的需求和授信金额往往并不匹配，有较大资金需求的合作企业可能由于评分较低而无法获取足够的额度，从而影响产品投放效果。在划分等级时，工作人员可以使用聚类算法模型得到等级的数量和各等级分数的上下边界，也可以由金融企业的内部会议或业务管理部门划定数量，然后聚类计算出各类别的边界数值。

表7-16　对企业按照评分区分等级并给予授信额度

合作企业等级	分数下限（含）	分数上限	授信额度/万元
A	85.2	100	50
B	72.3	85.2	40
C	68.7	72.3	30
D	61.4	68.7	20
E	0	61.4	15

- 将评分作为计算额度的基础之一：工作人员以合作企业某一类交易金额为基础，按照不同的评分给予系数，两者相乘得出最终的授信金额。这种方式能兼顾合作企业的评价结果以及合作企业自身的资金需求，是较为常见的方式。在对评分给予系数时，工作人员有以下两种设计方式：
  - 先计算等级再给予系数：工作人员对合作企业的评分使用聚类算法进行聚类，先区分出不同的等级类别，然后再依据等级类别给予不同的系数，并形成清单（见表7-17）。同样，金融企业往往会根据管理需求和业务经验来决定评分的等级类别数量，然后使用聚类算法得出各个类别等级的边界数值。

表 7-17　按照评分区分等级给予不同授信系数

合作企业等级	分数下限（含）	分数上限	授信系数
A	85.2	100	0.9
B	72.3	85.2	0.85
C	68.7	72.3	0.8
D	61.4	68.7	0.75
E	0	61.4	0.7

- 使用百分制计算系数：工作人员使用企业的百分制评分结果直接计算系数。常见做法之一是将分值除以 100，得到最终系数。在采用这种方法时，如果前期设计评分采用的不是百分制，工作人员则需要将评分转化为百分制评分。转化过程中，工作人员既需要通过算法控制转化后各分数段的企业分布，特别是高分和低分企业的数量，以保持评分的合理性和代表性（见下文案例）；还需要为得分过低的企业设置一个最低授信金额系数，对低于该分数的企业直接给予最低系数，以免其贷款授信额度过低。见表 7-18，该表中得分低于 60 分的企业将直接获得 0.6 的系数。

表 7-18　企业评分及授信系数

企业名称	得分	系数
企业 A	86.75	0.86
企业 B	78.2	0.78
企业 C	76.98	0.76
企业 D	58.65	0.6
企业 E	49.1	0.6

案例：使用 Sigmoid 函数将非百分制评分转化为百分制评分

金融企业对合作企业进行评分，分值为 70～1050 分，各分值分布见表 7-19。

表 7-19　合作企业分值分布

分值分段	分段内企业数	企业数占比
1000 以上	10	0.81%
800～1000	65	5.24%
600～800	97	7.82%
400～600	159	12.81%
200～400	332	26.75%
0～200	578	46.58%
合计	1241	100.00%

金融企业内部管理层经过讨论决定：
- 贷款产品应覆盖85%以上的客户，得分尾部的合作企业可以不提供服务。
- 当前合作企业分布基本呈现金字塔形，应将其分布变成橄榄形，以方便产品授信金额的计算。

工作人员使用 Sigmoid 函数，将合作企业的分值先转化到 0～1 之间，再乘以 100 形成最终得分。转化后的合作企业分值分布见表 7-20。其中，得分 20 分及以下的企业不给予授信，产品对合作企业的覆盖率为 87.35%。

表 7-20　调整后的企业分值分布

分值分段	分段内企业数	企业数占比
80～100	45	3.63%
60～80	233	18.78%
40～60	452	36.42%
20～40	354	28.53%
20 以下	157	12.65%
合计	1241	100.00%

- 将评分作为贷款上限依据：不同评分的企业能获得贷款的上限有所不同，评分越高，上限越高。这种方法主要用于控制单个合作企业的授信额度，常与前面两种方法混合使用。一些金融企业对单个企业的授信金额有上限要求，因此工作人员应控制评分计算的贷款上限不得超过金融企业内部要求的金额上限。

最终，工作人员可以依据评分使用方案计算出当前情况下所有合作企业的准入结果以及授信金额结果，后续这些结果将用于结果验证和最终收益测算，以帮助金融企业评估供应链金融产品的性能和效益。在结果验证和测算过程中，工作人员可能需要对评分的使用方式、企业分群分类的分类数、各分类中企业的分布数量、评分标准等进行调整。因此，工作人员应将从构建特征工程到评分结果应用的所有工作内容进行整理，形成文档以支持这些工作。这将有助于提高工作的透明度和可追溯性，便于金融企业内部管理和外部监管。

2. 使用分类算法建模

（1）确定数据基础

使用分类算法的前提是数据量足够，且正负样本数据均能达到一定量级，核心企业的数据中必须有正常还款和逾期还款的合作企业，且标识了违约或逾期的企业。然而，在实际操作中，获取这类数据是较为困难的。大部分核心企业并不记录合作企业与金融企业之间的交易数据，尤其是贷款和逾期情况，只有那些自身涉及金融或类金融业务，或与金融企业在贷款方面有合作的核心企业才可能拥有这些数据。前者典型的情况是核心企业自身有融资租赁公司，融资租赁公司向合作企业提供融资租赁业务；后者常见的情况是核心企业作为渠道方向合作企业提供贷款，且承担部分贷后管理职责。

当金融企业内部要求使用分类算法进行分析且无法直接获取贷款的正负样本数据时，工作人员可以考虑采用变通方法，通过调整正负样本的口径重新定义正负样本。使用这种方法划定的正负样本并不具备传统金融意义上的正常还款和逾期/违约标签，而是标识合作企业经营能力或经营质量的好坏，依据此完成的模型与传统意义上的判别贷款违约的模型存在差异。工作人员在重新定义正负样本时，应保证所采用的标准能真实反映合作企业的经营情况和存在的问题，而不是核心企业相关人员依靠主观判断形成的内容。例如，使用合作企业拖欠货款作为负样本的判断标准，就比使用核心企业的低评价更加科学。

案例： 确认制造业下游合作企业的正负样本

金融企业与从事设备生产销售的企业合作，构建供应链金融产品，为购买其设备的下游合作企业提供贷款服务。

通过前期数据研究以及与核心企业进行沟通，金融企业发现很多合作企业习惯于民间借贷，形成了即使有还款能力，但每期还款时不偿还尾数，等积攒到一个整数时再一并还清的不良还款习惯。

金融企业从准确评估合作企业还款能力的角度出发，将负样本的标准定为：将使用了贷款，但连续 3 个月或合计 6 个月的还款金额未达到应还金额 95% 的合作企业认定为逾期企业，即负样本。采用这个标准可以排除一些有还款能力，但还款习惯不佳的企业。

即使核心企业拥有合作企业的贷款正负样本数据，工作人员在使用这些数据之前还应对数据进行核实以确定数据符合金融标准。在核实过程中，工作人员需要注意以下两点：

- 金融企业与核心企业的数据口径差异：当核心企业有还款记录时，工作人员应关注两者之间数据口径的差异，其中最需要关注的是双方对违约和逾期定义的差异。例如，核心企业采用合作企业是否支付首付款作为违约的标准：一些制造业核心企业为了提升自己的销量，会允许合作企业免首付购买设备，然后在约定时间内补齐首付款，当合作企业未能在约定时间内补齐首付款时即记录为违约。这个违约定义明显与金融企业的定义不同。

- **行业与核心企业的差异**：不同行业和核心企业下合作企业的经营情况与还款习惯可能存在显著差异。因此，工作人员不应简单地按照统一标准来认定"坏样本"。例如，民营企业普遍存在的"还整不还零，到期一并补齐贷款"等不良还款行为与逾期认定标准的问题。

（2）选择数据并划分数据集

工作人员获取了符合要求的基础数据之后，需要选择合适的数据，并将其拆分成不同的数据集，再开展建模工作。由于产业和供应链周期的影响，选择合适的数据成为供应链金融产品建模中的一个特殊要求。工作人员在选择数据时，应注意以下两点：

- **选择最近时间的数据**：选择最近时间的数据是为了确保合作企业信息的及时性。供应链金融风险评估需要对合作企业的最新经营状况进行评估，因此使用最新的数据能够更准确地反映合作企业当前的经营状况和信用风险。
- **数据应涵盖 1～2 个周期**：选择涵盖 1～2 个周期的数据是为了让模型能够学习到行业周期的影响。产业的周期性变化会对核心企业和合作企业的经营产生深远影响，这种影响最终会体现在合作企业的财务数据、交易数据等方面。

在构建分类模型时，数据集的拆分也是重要步骤之一。通常，数据集会被拆分为训练集、验证集（有时还包括测试集）。训练集用于训练模型，通过反复迭代和优化来探索出最佳的分类规则；验证集则用于评估这些分类规则的准确性和泛化能力，帮助工作人员调整模型参数以防止过拟合或欠拟合。

在拆分数据集时，最常见的问题就是负样本不足，工作人员可以采取对负样本随机过采样、对正样本随机过采样、改变权重等方式来应对：

- **对负样本进行随机过采样**：通过增加负样本的数量来平衡数据集，但这种方法可能导致模型对负样本产生过拟合。
- **对正样本进行随机过采样**：减少正样本的数量以匹配负样本，但这样可能会丢失一些重要的正样本信息，且当负样本数量过少时该方法的效果同样不佳。
- **改变权重**：在模型训练过程中，为正负样本分配不同的权重，以强调少数样本的重要性。这种方法可以在不改变样本数量的情况下调整模型的关注点。

案例：养殖业场景中的数据选择以及数据集拆分

金融企业与从事养殖业的企业合作，构建供应链金融产品，为购买其产品的育肥企业或经营户提供贷款服务。

数据选择方案：

- 金融企业根据历史经验,确定该养殖业的市场周期为 3 年。
- 该核心企业的核心业务系统与数据系统于 7 年前重建,建设时系统建设方对 7 年前的数据进行了数据迁移,将数据迁入现有的系统,但数据业务口径与技术标准可能发生变化。
- 最终选择抽取过去 6 年的全量数据。

数据集拆分方案:

- 金融企业发现历史数据覆盖了 X 万个企业和经营户,因此决定将全量数据拆分为训练集和测试集,比例为 6∶4。
- 区分训练集和测试集时,需保证从数据形成的时间、合作企业地域、成立年限、养殖规模等维度上统计,两个数据集的差异应在 5% 之内。
- 由于负样本较少,训练集采用对负样本随机过采样的方式,防止数据不平衡。

(3)构建与评价分类模型

工作人员需要尝试多种分类算法对数据进行探索。不同的算法有着不同的特点和适用范围,即使是最有经验的工作人员也无法直接判断出哪一种模型能适用于工作场景。在实际工作中,逻辑回归、决策树、随机森林和 XGBoost 等算法是常用的分类算法,它们各有优势,工作人员应选择多种算法对数据进行探索,得出不同的规则,然后再从验证环节中选择出最合适的模型和算法结果。由于篇幅问题,本书不对各类算法的特点以及优缺点进行阐述,读者可以自行了解相关知识。

工作人员在评估这些算法的效果时,除了使用 AUC、KS、F1 Score 等常见的量化指标外,还需要考虑供应链场景的特殊性,将以下三个重要内容纳入综合评价中:

- 模型与风险规则调优周期:如果模型上线后金融企业对 PSI 等指标的变化有监测,且设置了专人进行模型维护和风险规则持续调优,那么可以在构建模型时将各行业周期和经营周期的特性问题放在次要位置考虑。因为各行业的周期和经营周期往往是以月、季度甚至更长的时间为周期变化的,如果风险规则调优短于这个周期,那么规则的灵活变化可以抵消周期带来的个性化问题。但实际情况中,由于单产品的收益能力有限,且风险规则需要有一定的稳定性,金融企业往往难以实现设置专人开展监测和调优工作。
- 行业和经营周期影响:行业和经营周期中的各个阶段都会直接影响企业最终的还款能力,评估模型时工作人员应重点关注还款能力的预测效果。例如,在行业高速发展和行业波峰时期,核心企业和合作企业经营良好,还款能力充分,即使出现短期的逾期和违约，最终合作企业一般也会将贷款还上；但在下行周期的中后部以及行业波谷时期，核心企业和合作企业的经营遇到挑战，逾期和违约更容易形成不良贷款，这时模型的预测能力就显得尤为重要。与之类似，经营周期同样会影响合作企业的现金流，进而影响还款能力，例如，在回款高峰期，合作企业的现金流更加充裕，而在进货和组织生产期间，合作企业的现金流就会紧张。资金充裕时不还款的企业明显风险更高。

- 考虑行业特定时间的问题：由于传统和行业习惯，某些行业存在特定的销售高峰或资金结算时间点，这些时期企业的还款行为可能会更加集中。模型在这些特定时间点的预测准确性也是评估其效果的重要方面。一些行业会在特定的时间点上有结款或资金进账，例如，粮油销售在一些传统的农历节气会有销售小高峰，建筑工程会在农历大节前结清前期工程款等，这些行业中的合作企业在这些节点上通常会有集中还款行为。能否准确预测企业在这些节点上的还款行为，是检验模型实际应用效果的重要标准。

案例： 不同分类模型的选择

金融企业与建筑行业的核心企业进行合作，为建筑行业的外包商提供贷款产品，其具有以下特点：

- 借款需求：用途为短期周转，借款周期往往较短，时长一般不超过 8 个月。
- 工程回款：建筑行业采用项目制，项目验收时会结算工程款；从业人员保留有较多的传统习俗，每到传统农历假期需要回家，即使工程没有完工，建筑行业企业也会在这个时间点结清工程款或结算大部分工程款，因此这个时间上企业的还款能力是较强的。

金融企业使用 XGBoost 和传统决策树进行建模，使用 AUC 对模型效果进行评估：

- 总体评价指标：XGBoost 能更好地反映逾期客户的情况。
- 从时间分布上看，XGBoost 在正常月份的表现优于决策树，但在春节、清明、端午等传统节日所在月份的表现则不如决策树。
- 两个模型各月份的 AUC 数值见表 7-21。

表 7-21　各月份 AUC 数值变化

时间	XGBoost	传统决策树
1 月（旺季）	0.85	0.82
2 月（旺季）	0.84	0.81

（续）

时间	XGBoost	传统决策树
3月（旺季）	0.84	0.81
4月（淡季）	0.69	0.76
5月（淡季）	0.71	0.76
6月（淡季）	0.83	0.82
7月（淡季）	0.84	0.81
8月（淡季）	0.84	0.82
9月（淡季）	0.83	0.81
10月（淡季）	0.83	0.81
11月（淡季）	0.84	0.81
12月（旺季）	0.70	0.75

经过综合考虑，金融企业还是选择使用传统决策树建模的结果。

(4) 模型结果的使用

与聚类模型一样，分类模型的成果会被用于设置合作企业的准入条件和计算授信额度这两个方面：

- 设置准入条件：相对于聚类模型，分类模型的准入成果分为两种，一是工作人员通过模型发现逾期或违约客户的特征，进而将这些特征作为客户申请的准入条件；二是工作人员先人工利用分类的成果，结合自身业务经验构建评分卡，然后设置一个准入分数，拒绝低于分数企业的贷款申请。
- 计算授信额度：额度计算的方式与聚类模型一样，是基于合作企业评分卡进行计算得到，此处不做赘述。

案例： 合作企业的准入规则

金融企业通过分类模型，找到了违约可能性较高的企业特征，同时建立评分卡实现了对企业的评分，并基于以上结果形成准入条件。

基于高违约企业特征形成的准入条件：

- 拒绝 A、B 区域的企业。
- 拒绝合作年限少于 X1 年的企业。
- 拒绝连续 3 年核心企业评级低于 Y1 分的企业。
- 拒绝退货率超过 15% 的企业。

基于评分形成的准入条件：
- 企业总体评分为 X1 ～ X5 之间，拒绝评分少于 X2 分的企业。

7.6.5 输出模型分析结果

不论是采用哪种方式进行风险分析，工作人员完成建模分析后均需要将结果进行整理，并形成以下两部分记录：

- 准入条件和额度计算方式：这些内容是建模分析后的直接成果，是后续进行模拟测算的基础。
- 分析过程文档与记录：这包括建模过程中所使用的文档、指标设计、特征过程记录、模型说明、相关代码等。这些内容不仅能帮助后续检查和修改模型，也能沉淀知识，提升后续同类项目的工作效率。如果工作人员采用了多种模型进行分析然后选择了其中最佳的方案，那么工作人员应将过程予以详细记录，并对最终选择模型的原因进行说明。

7.7 模拟测算与形成场景风险策略

7.7.1 模拟测算

工作人员完成定性分析与定量分析之后，需要将所有得到的结果形成初始版本的场景分析规则，然后基于这些规则，与市场测算时的最终方案相结合，对全量合作企业进行模拟测算，将测算结果与市场测算的结果进行对比，并依据测算结果对这些规则进行调整。测算的基本方法与流程和第 6 章中市场测算的方法与流程相同，此处不再赘述。

在进行模拟测算时，工作人员应注意以下四个方面：

- 模拟测算应覆盖周期：为了确保评估的全面性，模拟测算的时间范围应尽可能覆盖一个产业的小周期，在条件允许的情况下甚至可以覆盖多个周期。这样，测算结果将更能反映规则在各种市场条件下的表现，从而帮助金融企业做出更准确的决策；因此，此处测算的数据可能比市场测算要多，时间覆盖范围更长。
- 调整的内容应考虑综合效果：在调整准入和额度计算规则时，工作人员需要综合考虑多个方面的影响，仅仅关注某一方面可能导致其他方面的风险增加。尤其在调整准入规则时，工作人员应在不脱离分析结论的基础上，对其中的规则逐步调整，以保证总体风险可控。例如，将准入规则由拒绝变为人工处理，以降低拒绝率；减少定性分析中的一些规则等。

- 模拟测算是反复迭代的过程：相比于市场测算，风险的模拟测算往往需要更多次的迭代，工作人员应在迭代过程中不断调整准入与额度计算的规则，逐步找到最优解。
- 在条件允许时，工作人员应准备多套方案：由于后续工作中可能需要对当前结果进行调整，因此在条件允许时准备多套方案可以为金融企业提供更多的灵活性。

7.7.2 形成场景风险策略

金融企业的风险规则是风险管理需要遵循的规定和要求。在贷款业务中，风险规则是金融企业用于审批发放贷款的规则，其不仅决定了哪些合作企业能够获得贷款，还决定了贷款的额度和条件。审批人或审批决策系统依据风险规则决定申请人是否通过，并计算授信的金额。

按照风险规则的作用与输出的决策结果，可以将其分为拒绝 / 通过规则、计算评分或评级规则、额度计算规则、转人工规则以及预警规则。根据规则适用的范围，风险规则可以分为通用规则和场景规则，本章节仅阐述场景风险规则的制定。规则的其余详细内容将在第 8 章进行阐述。

场景规则设计与各产品所服务的供应链场景密切相关，各产品之间的场景规则均不相同。场景规则设计主要来源于前文所述的定性分析、定量分析的结果，工作人员使用这些结果进行模拟测算后进行调整，最终形成场景风险规则。为了方便管理和使用，场景风险规则同样采用清单的方式进行记录。

- 规则内容描述：对规则所需要发挥的作用进行描述。
- 规则输出结果分类：按照拒绝 / 通过规则、计算评分或评级规则、额度计算规则、转人工规则以及预警规则等分类进行记录。
- 规则判断条件：描述规则所需要使用的数据、数据的阈值以及判断逻辑，当涉及评分卡或复杂的授信额度计算时，工作人员还需要附上额外的计算表。
- 使用数据：描述规则判断依据的数据字段，该内容与规则判断条件有着密切关系，后者提到的数据内容应在此处进行记录；为了保证准确性，此处在使用中文说明的同时，还应记录相关的数据表和数据字段名称。
- 相关说明：记录对于规则的说明，例如，规则来源于业务经验，为了满足市场指标可以不使用规则，说明规则需要引用评分卡等。

案例：制造业某核心企业上游供应商场景风险规则

场景风险规则清单见表 7-22。上游供应商评分卡见表 7-23。下游分销商授信规则计算表见表 7-24。

表 7-22　场景风险规则清单

序号	规则内容描述	规则输出结果分类	规则判断条件	使用数据	相关说明
1	拒绝核心企业上游供应商中合作时限过短的企业	拒绝/通过规则	合作时长数据小于3年，输出N（拒绝）	上游供应商合作时长数据（表名为company_info，字段名为coop_duration）	
2	对核心企业上游供应商进行评分	评分或评级规则	详见评分卡	详见评分卡	评分卡规则
3	计算核心企业上游供应商的授信额度	额度计算规则	详见额度计算表	评分卡计算的得分；过去1年平均月订单额（表名为company_info，字段名为avemonth_amount）	主要源于核心企业人员业务经验；关联评分卡
4	拒绝核心企业上游供应商中评分过低的企业	拒绝/通过规则	得分小于15分，输出N（拒绝）	评分卡计算的得分	关联评分卡
5	拒绝核心企业上游供应商中波动过大的企业	拒绝/通过规则	波动率大于30%，输出N（拒绝）	上游供应商订单金额波动率（表名为company_info，字段名为flo_rate）	可以关闭
……	……	……	……	……	……

表 7-23　上游供应商评分卡

评分指标	评分标准	评分区域	使用数据
合作年限	10年及以上：10 5～10年：8 3～5年：3 3年以下：0	0～10	上游供应商合作时长数据（表名为company_info，字段名为Coop_duration）
合作企业评级	金牌：25 重要：15 普通：5	5～25	上游供应商当前评级（表名为company_info，字段名为level）
近1年退货比例	小于0.01%：15 0.01%～0.05%：5 0.05%及以上：0	0～15	过去1年平均月订单额（表名为company_info，字段名为return_ratio）
近1年订单金额	1000万元及以上：30 500万～1000万元：20 300万～500万元：10 300万元以下：5	5～30	过去1年平均月订单额（表名为company_info，字段名为avemonth_Amount）
近1年订单金额波动值	15%以下：20 15%～25%：10 25%以上：0	0～20	过去1年订单金额波动率（表名为company_info，字段名为flo_rate）

表 7-24　下游分销商授信规则计算表

序号	得分区间	额度计算公式	授信上限/万元	授信下限/万元	相关说明
1	25以下	过去1年平均月订单额×6	10	200	计算额度未达下限，则按照下限予以授信

（续）

序号	得分区间	额度计算公式	授信上限/万元	授信下限/万元	相关说明
2	25～70	过去1年平均月订单额×8	50	300	计算额度未达下限，则按照下限予以授信
3	70～100	过去1年平均月订单额×8	100	500	计算额度未达下限，则按照下限予以授信

工作人员在设计规则时应注意以下三点：

- 有选择地确定风险规则：并不是所有分析与识别到的结果都需要转化为风险规则。过于敏感的规则可能会阻碍市场拓展，因此需要谨慎选择哪些结果应纳入规则。
- 预留多套风险规则方案：当风险与市场难以权衡时，工作人员可以预设多套风险规则方案供金融企业领导选择。例如，工作人员可以分别测算不同拒绝规则下的结果，然后交由领导决策。
- 为后续预留空间：由于当前的风险测算依据的仅仅是场景风险规则，在产品运行时，风险规则还需要增加金融企业所要求的基础风险规则（详见第8章），这会造成通过审核的企业进一步减少。因此，工作人员在进行模拟测算时，需要在测算过程中将场景风险规则调整得宽松一些。

实际制定过程中，金融企业会面对市场扩展与风险控制两难的选择。这时，工作人员也可以考虑先制定场景风险规则，在后续运营过程中再根据实际情况进行优化。

案例：基于定性分析结果的多套方案对比

金融企业根据风险分析成果，制定了风险规则，其中：

- 使用聚类算法进行定量分析形成1套风险规则，包括准入和授信规则，即风险规则1。
- 使用定性分析形成准入规则，包括2套规则，针对不同规则估算了对于不同合作企业的影响比例；
  - 关联企业规则，即风险规则2-1，规则内容为：如果合作企业董监高与核心企业董监高的人员名单存在重合，或核心企业与合作企业存在3层穿透的持股关系（持股比例超过10%），则进行拒绝；适用范围为交易量前15%的合作企业。
  - 交易量剧变规则，即风险规则2-2，规则内容为：如果合作企业季度同比变化下降超过25%，则进行拒绝。

- 根据这些条件，测算结果见表7-25。

表7-25 加入定性分析之后的测算结果表

风险规则	准入企业数	授信金额/万元
风险规则1	5000	27.65
增加风险规则2-1	4950	25.15
增加风险规则2-2	4800	26.1
增加风险规则2-1、2-2	4790	24.9

7.8 风险分析需要注意的问题

7.8.1 风险分析与市场分析的差异

风险分析与市场分析虽都运用数据进行量化分析，并在某些分析方法上有所重叠，但是两者存在以下四点显著差异：

- 工作顺序：市场分析在前，风险分析在后。市场分析的首要任务是确定市场的存在性，只有当市场潜力得到确认后，进一步的风险分析工作才显得有意义。这种先后顺序意味着市场分析所得的成果，例如数据质量成果、加工的数据指标等，可以直接用于支持风险分析工作。
- 工作立足点：风险分析的核心目的是风险防范，重点在于发现潜在问题；市场分析由于投入受限，通常发现了潜在风险也不会进行深入研究，而是记录下来作为风险信息之一，留在风险分析中解决。
- 模型应用：风险分析对精准度的要求极高，因此需要工作人员熟练运用各种算法，并进行反复演算以确保分析的准确性；市场分析则可以相对简化，很多时候工作人员可以依赖过往经验进行判断，不需要复杂的算法支持。
- 资源投入：由于风险分析的复杂性和精准度要求，通常需要投入更多的资源；而市场分析在这方面则相对节省。

7.8.2 个人贷款与供应链产品建模分析的差异

在当前金融领域中，无论是个人贷款还是供应链金融产品，通过算法、模型对客户进行分类分级并计算授信金额这一做法已经得到了普遍应用，其效果得到了反复验证与肯定。两者最根本的差异源于供应链金融产品服务的合作企业的供应链属性，由此造成了双方工作中存在以下几个主要差异：

- 服务对象的差异：个人贷款的客户群更大，客户规模往往在十万以上；在供应链场景中，同一供应链场景中的合作企业数相对有限且变动不大，因此一个供应链金融产品服务的客户群相对更稳定且数量较少。
- 建模思路的差异：虽然在建模思路上基本相同，然而两者在具体方法的使用细节上存在差异。例如，个人贷款产品通常会使用分类算法来识别逾期客户的特征，并通过规则将他们筛选出来并拒绝其贷款申请。但在供应链金融中，使用分类模型却面临诸多困难，更多时候采用的是聚类算法。
- 建模所使用的数据内容差异：个人贷款模型主要依赖征信数据、客户行为，以及公积金、税务等第三方公开数据，这些数据都是标准化的；相比之下，供应链金融产品的数据主要来源于核心企业，这些数据往往是非标准化的，数据口径、内容和质量存在很大的差异。
- 建模数据的获取方式差异：个人贷款在上线前通常没有数据积累，需要金融企业根据经验或内部管理要求先形成一些规则，然后在运营过程中积累数据。而对于供应链金融产品，则可以通过核心企业获取全量的合作企业数据，从而先构建模型并形成规则。
- 建模的数据量差异：由于个人贷款覆盖的客户数量多，因此数据量也相对较大；而供应链金融产品覆盖的客户数量少，数据量也相对较少。

7.8.3 非核心企业数据的引入与使用

在有实物交易的供应链场景中，金融企业会引入非核心企业数据参与合作企业交易商品价值的评估，然后基于评估的价值计算授信金额，这种方式不仅具有客观性和可解释性，还能降低风险。根据来源，这些数据可以分为使用第三方数据、使用金融企业自身数据以及其他核心企业的数据三类。

1. 使用第三方数据

使用第三方数据是金融企业计算实物价值最为常见的手段，普遍见于各种金融产品。例如，在房抵贷产品中，金融企业会使用第三方对该房屋的估值，并在此基础上乘以一定的系数作为授信额度。在供应链场景中，金融企业可以使用外部数据源获取每单位交易商品的公允价格，然后以此为基础乘以交易量计算出总公允价值，最后乘以一定的系数得到授信额度。工作人员使用这种方式需要注意以下三个方面：

- 确保商品的标准化：只有标准化的商品才有可能有第三方提供的公允价值。越是高度个性化的商品，其客户或消费者的群体就越小，所关注的人也就越少，自然就会缺少公允价值评判。例如，普通的鲜苹果是标品，在某交易所可以进行期货交易，可以将交易的价格数据作为公允价格；但如果是方形的，且上面写了"吉祥如意"字样的苹果就不是标品，其培育成本几倍于普通的鲜苹果，交易价格明显不能按照普通苹果进行评估。

- 验证外部数据的可靠性：外部数据有很多，但并不是所有的外部数据都是可靠且客观的，在选择外部数据时，工作人员需要谨慎考量并反复验证这些数据的可靠性。工作人员应优先选择以下 5 类外部数据：一是由国家发布或有国家标准的，例如国家粮食收购价格；二是权威的行业机构发布的数据，例如行业协会发布的相关数据；三是公开市场数据，例如商品交易所的价格；四是由第三方整理加工的来源于官方的信息，例如各地方指导房价、物价局数据；五是经过其他大型金融企业检验过的可以使用的外部数据。

- 控制外部数据的采购价格：金融企业在采购外部数据时需要权衡成本与效益。过高的数据采购价格会压缩产品利润，特别是采用随借随还模式的产品，如果合作企业具有频繁借款、周期短的特征，外购数据的价格过高可能会对利润造成更大的压力。

案例：某金融企业对粮食加工企业的授信额度计算方式

金融企业产品服务的目标为某粮食贸易企业供应链中的粮食加工企业，这些粮食加工企业购买核心企业的粮食后自行加工，然后销售给最终的消费者。

金融企业计算粮食加工企业授信额度的方式如下：

- 收集当年或前一年的当地国家粮食和物资储备局的最低收购价，并以此作为基准 A。
- 将粮食加工企业购买的粮食重量作为 M，授信金额 $L2 = M \times A$。
- 为了防止单个企业的授信额度过高，金融企业设置授信上限为 $L1$，当 $L2 > L1$ 时，以 $L1$ 作为最终授信额度；当 $L1 \geq L2$ 时，以 $L2$ 作为最终授信额度。

2. 使用金融企业自有数据

为了更深入地了解特定行业，一些金融企业会建立自己的数据采集渠道和数据库，以求获得更加准确有效的数据。这些企业的数据采集手段包括但不限于线上数据收集、专家智库信息收集、线下尽调、上下游供应链模型测算、卫星遥感等。

使用金融企业自有数据最大的优势有两点：

- 金融企业通过多方综合收集数据，各类数据可以相互验证，工作过程自主可控，并能充分保证数据的真实性。
- 金融企业可以此为基础,在与核心企业的谈判中占据先机。

但是,这种方式需要金融企业提供较大的投入,其劣势有以下两点:
- 开发成本过高。无论是培养行业专家,还是数据的获取、加工、验证等技术实现,都需要金融企业投入大量的时间和金钱。
- 需要长期投入。这项工作不仅需要经过反复试错,还需要根据外部的变化不断进行迭代优化,这要求金融企业进行长期投入。

因此,只有那些愿意在某一行业深耕或具备相应行业背景的金融企业,才会倾向于采用这种方式。这种方式虽然成本高昂,但能够为企业带来更深入的行业洞察和更准确的决策支持,从而在激烈的市场竞争中脱颖而出。

案例:某金融企业对种植业的数据采集

金融企业计划长期深耕种植业供应链金融,以某农资企业为核心企业,为购买其农资的种植户提供贷款产品。

金融企业为了能更好地评估种植户的还款能力,建立了自己的数据获取渠道,收集并验证相关数据,在从农资企业获取数据的基础上,混合自己采集的种植业数据:
- 通过收集政府部门、行业相关数据,分析得到某地的种植业主要种植的作物。
- 通过卫星等信息,与政府、行业数据比对,确认各地的作物种植面积、种植作物的生长周期。
- 通过尽调和结合专业机构研究报告,判断作物的单位面积的产量情况。

将收集的信息与从农资企业处获取的数据相结合,综合判断种植户信息的真实性,以及种植户的真实生产能力。

---

3. 其他核心企业的数据

金融企业可以应用积累的其他核心企业的数据评价和计算授信额度。这些数据源于同行业核心企业的生产数据和业务数据,因此具备高度的可靠性和可用性。在使用这些数据时,工作人员需要注意以下四点:
- 确认交易的商品或服务是否确实一致:同一个行业的核心企业与合作企业交易的商品和服务种类很多,只有同类的商品和服务才具有可比性,并可作为计算依据。在确定是否一致时,工作人员可以采用以下三种思路:

- 实体商品可以使用外部标准：工业品若符合国家或行业标准，则视为同一商品；无国家标准的，可采用市面上广为接受的标准进行衡量。
- 服务行业可以按照不同的工种或服务类型进行分类。例如，物流行业的零担运输，不论是哪一个地方的运输企业，只要运输路线一致，那么就可以认为是一致的。
- 对于合作企业的基础条件，可自定义一些标准化指标。例如，连锁零售行业的合作企业，可按照经营面积、分店数量、所在城市和周边位置等维度进行分类，各维度相同的企业可视为同一类合作企业。

- 注意供应链运营的方式：不同核心企业对合作企业运营方式的差异可能导致交易名义上的价格扭曲。对于上游供应商，一些核心企业会根据支付手段调整向上游合作企业采购的价格，现款现货的价格要远低于3个月后兑付银票的价格；对于下游分销商，由于不同核心企业的返利政策差异，下游分销商的订货价格可能会有所不同，返利越高的商品，单价偏离往往会越大。因此，金融企业需要考虑这些价格的差异，并尽可能地还原出原始的价格。
- 其他影响因素：商品和服务的价格往往还会受到其他因素的影响，例如，不同的地域下人群的消费特征会影响价格，某些核心企业在进行扩张时会采用低价策略或补贴策略，外部政策因素、技术因素也会导致历史价格变动等。金融企业需根据实际情况对数据进行加工和调整。
- 注意数据成本：在使用这些数据时，金融企业需要对来自各核心企业的数据进行加工和处理，尤其是当数据口径存在差异时，数据处理的难度和成本会更大。金融企业应根据实际情况选择合适的数据处理方式。

案例：某金融企业使用采集的物流行业的数据计算额度

金融企业拥有大量的物流行业的供应链金融产品，这些产品均以物流企业为核心企业，为与其合作的运输个体户提供贷款产品。

金融企业通过运营这些产品，收集了大量运输行业的数据：
- 各运输路线的车辆分布情况、单程运输消耗时间、单程油耗、单程路途费用、其他费用、贷款与还款规律等。
- 各类型车辆习惯的路线、行车习惯、出车习惯、月度花费等数据。

金融企业在与新的物流企业开展合作时，会将以上数据作为计算额度的依据。

7.9 风险分析阶段的项目终止

虽然金融企业在与核心企业共同探索供应链金融产品的可行性时已经投入了大量成本，但通过风险分析，金融企业领导和内部管理部门仍然有可能决定终止与核心企业的合作。常见的终止原因可能包括以下几类：

- 核心企业存在风险：工作人员采用传统方法或基于供应链数据的分析方法，对核心企业进行全面的风险评估，如果评估结果显示核心企业存在较高的风险，或金融企业领导认定存在较高的风险，则项目终止。
- 构建风险模型失败：如果核心企业提供的数据不足以支持风险模型的分析和构建，或者构建的风险模型效果不佳而无法使用，金融企业可能会重新评估合作的可行性。特别是当金融企业认为核心企业提供的合作企业授信名单或分级不符合其要求时，更可能决定终止合作。
- 合作企业存在风险问题：经过风险分析后，工作人员发现合作企业的风险过大，或无法制定既合乎常理又符合合作企业特点，且满足核心企业要求的场景风险规则。
- 重新测算后的市场指标未达预期：基于风险模型的结果，工作人员会重新测算合作企业的准入标准和授信金额。如果测算后的市场指标未达到预期，且无法通过其他手段实现预期目标，那么说明该项目不具备足够的商业前景。

第 8 章

风险规则形成与系统实现

供应链金融产品通常需要风险决策系统运行的系统风险规则来实现自动审批贷款申请。首先，工作人员需要将场景规则与金融企业的通用规则组合，形成产品业务风险规则；然后，信息技术人员需要将业务风险规则转变为系统规则方案，并进行指标和风险规则的开发；最后，在决策系统部署实现。因此，本章将着重阐述决策系统使用数据实现风险规则的方式。

8.1 参与人员

风险规则是贷款产品的核心组成部分，其保密性对于金融企业的风险控制至关重要。一旦规则泄露，就可能导致不符合贷款条件的申请人获得贷款。因此，风险规则的制定与管理必须严格控制在金融企业内部，并确保对非风险相关的工作人员保密。如果金融企业出于产品运营的需要提供信息给核心企业，那么必须将风险规则的关键信息进行脱敏。从数据的角度看，本工作的内容是完成风险规则的设计，风险规则的判断依据是不同来源的数据。

本部分工作的参与人员及分工情况如下：
- 金融企业参与人员：金融企业参与人员包括数据人员、产品经理以及信息技术人员。数据人员需履行的职责包括风险专家、业务专家两个角色的职责，即负责选择与核心企业相关的数据、加工指标、设计指标加工、制定产品风险规则等工作；产品经理需要辅助进行风险规则的制定与审核工作；信息技术人员需要开发相关指标，在决策系统上开发、部署产品的风险规则。一些金融企业出于风险管理保密性的要求，会指定专门的风险管理人员负责业务风险规则的制定工作以及后续的规则管理，这种情况下数据人员仅负责场景风险规则的整理。
- 核心企业参与人员：核心企业参与人员只在金融企业愿意提供脱敏后的风险规则时才会涉及本项工作。为了确保风险规则的安全性，金融企业在与核心企业合作之初就应明确风险规则的脱敏程度、提供信息的内容与方式，以及核心企业的使用方式与场景等。例如，规则仅用于内部管理，或者通过合作方管理部门以非公开的形式提供给合作企业等。这样可以确保风险规则在得到适当保护的同时，也能满足核心企业的一些经营或管理需求。

8.2 风险规则简介

8.2.1 风险规则的定义与分类

金融企业的风险规则是风险管理所需要遵循的规定和要求。在贷款业务中，风险规则是金融企业用于审批发放贷款的规则，它不仅决定了哪些合作企业能够获得贷款，还决定了贷款的额度和条件。审批人或审批决策系统依据风险规则决定申请人是否通过，并计算授信的金额。

按照风险规则所发挥的作用与输出的决策结果，可以将其分为以下五类：

- 拒绝/通过规则：这类规则在申请企业的指标命中后，会直接生成申请被拒绝或通过的结果。它们是产品中的基础规则，数量众多。这类规则大多单独生效，一旦命中某条规则，即可输出拒绝或通过的结果。这类规则也可与评分卡规则相结合，先使用评分卡规则对客户进行评分，再使用拒绝/通过规则依据分数决定是否拒绝。由于规则结果具有决定性，所依赖的数据必须高度准确，数据通常来源于金融企业内部、核心企业或经过行业内反复确认的权威第三方，例如人民银行征信报告、政府部门数据等。
- 评分或评级规则：这类规则会根据输入的指标计算出某类企业的评分或评级，在供应链金融产品中，这类规则绝大部分是场景规则，是风险分析工作的成果，所使用的数据绝大多数来源于核心企业。
- 额度规则：这类规则用于计算并确定给予申请企业的具体授信或用款金额。这类规则的输入可以是评分或评级规则的输出结果，也可以是其他的指标数据，不同产品的额度规则通常是不一样的。

- 转人工规则：这类规则用于识别不确定因素。当申请企业命中此类规则时，银行会启动人工审批流程，由相关人员进一步调查和分析后再进行判断，以避免出现误判和错判。
- 预警规则：作为拒绝/通过规则的特例，预警规则在申请企业命中指标后，并不会直接触发拒绝，而是在后台进行标注和记录命中情况。

根据规则适用的范围，风险规则可以分为通用规则和场景规则，两者有以下不同：

- 产生与修改方式不同：通用规则一般由金融企业的风险管理部门统一制定，未经其同意任何人员或部门均不得进行修改；场景规则与特定的供应链产品相关，是该场景风险分析的成果，在很多金融企业中，修改场景规则的流程更为简单。
- 管理层级不同：通用规则一般由内部的总风险管理部门负责管理；场景规则通常由运营该产品的部门负责管理。
- 适用范围不同：通用规则一般是风险管理的底线，所有的产品均需要强制适用规则；场景规则只适用于对应的供应链产品。
- 所使用的数据不同：通用规则在决策系统中实现时，使用的是公共数据或半公共数据；场景规则通常只使用场景数据，这些数据的选择是由风险分析来决定的。
- 作用与输出结果不同：通用规则通常为拒绝/通过规则、转人工规则以及预警规则；场景规则通常为评分或评级规则、额度规则。
- 稳定性不同：通用规则很少变动，即使在产品数量不断增加的情况下，通用规则也很少会增加；场景规则的变动较多，一是场景规则会随着产品运营的需要不断进行调整，二是新产品的上线需要开发新的场景规则。

8.2.2　业务风险规则与系统规则

业务风险规则是业务人员进行人工信贷审批的规则，是业务层面信贷审批的判断准则。传统的信贷审批工作中，这些规则以纸面文件形式存在，审批人员根据其中列出的条件判断是否批准贷款及计算贷款金额。

通过决策系统自动实现的规则被称为系统规则。其产生原因是人工审核在效率、准确性方面难以满足多客户、高频次、小额度、快放款的贷款审批要求，需要使用信息系统来实现。系统规则是业务风险规则的工程实现，它将后者转化为指标和规则判断条件，然后再进一步转化为系统的程序代码，部署在决策系统中予以实现。正因如此，同样的业务风险规则可能会有多种实现方式，工作人员和信息技术人员需要根据自身情况设计效率最高、运行最稳定的实现方式。

案例：业务风险规则中"连三累六"拒绝规则的不同实现方案

业务风险规则描述：拒绝人民银行征信报告中逾期情况为"连三累六"的所有客户。见表 8-1，决策系统中的系统规则可以有多种实现方案。

表 8-1　业务风险规则的不同实现方案示例

方案	输出指标	指标加工方式	规则判断条件
方案 1	指标 A	统计连续 3 个月逾期、连续 6 个月逾期的出现情况。出现其中任何一个，输出 1；两个均不出现，输出 0	指标 A 输出为 1，判断结果为"拒绝"
方案 2	指标 B	统计连续 3 个月逾期出现次数，按照出现次数进行计数；统计累计逾期月份数，按照出现次数 -6 进行计数；指标 B 为两个计数之和	指标 B 输出大于 0，判断结果为"拒绝"
方案 3	指标 C、指标 D	指标 C：连续逾期最多的月份数 指标 D：累计逾期的月份数	指标 C 输出大于或等于 3 或指标 D 输出大于或等于 6，判断结果为"拒绝"

8.3　形成产品的业务风险规则

工作人员需要将风险分析中形成的场景规则与通用规则合并，形成属于该产品的业务风险规则。

8.3.1　选择通用风险规则

金融企业的通用规则通常由内部风险部门规定并统一管理，其中包括适用于所有贷款产品的规则，以及适用于特定行业的规则。工作人员在获得通用规则的清单后，需要根据产品所服务的场景、所属的行业，选择合适的通用规则。

在选择规则的过程中，工作人员需要重点注意以下两种情况：

- 多条规则之间有冲突：产品可能同时适用多个内容近似的规则，且这些规则之间存在重合或矛盾，例如，产品甲可适用规则 A、规则 B 和规则 C，其中规则 A 要求企业没有涉诉信息，规则 B 只要求企业在涉诉时不作为被告，规则 C 要求企业可涉诉而不败诉。在这种情况下，工作人员应同时记录这些规则并进行标注，在评审时由领导或相关部门进行决策。
- 没有适用的行业规则：如果产品服务的是之前没有合作记录的新行业场景，那么工作人员无法找到适用于新行业的通用规则。在这种情况下，工作人员可以选择类似行业的规则并说明选择类似行业的依据，在评审时由领导或相关部门进行决策，例如，连锁熟食店行业可以参考连锁餐饮或连锁零售行业。

8.3.2 场景与通用风险规则融合

工作人员将选择的通用规则与已经制定的场景规则进行融合，剔除重复的规则后形成产品业务风险规则清单。

在融合过程中，工作人员需要重点注意以下两种情况：

- 规则内容冲突：两类规则的冲突主要发生在授信规则方面。例如，通用规则要求单户企业贷款上限为 100 万元，但场景规则设定上限为 200 万元，且根据业务调研和市场测算，工作人员认定 100 万元的额度无法满足企业需求，也无法实现产品盈利。
- 通用规则对场景规则的补强：当场景规则失效时，工作人员应设计使用通用规则进行补强。最为常见的情况是反欺诈类规则的补强。例如，原本设计使用核心企业的数据对申请企业进行反欺诈身份认证（见 7.5.1 节），但经过风险分析，工作人员发现核心企业可能出现数据不全，那么这种情况下可以增加使用通用规则中调用工商数据进行反欺诈认证的规则。

工作人员可以对规则融合中所遇到的无法解决的问题进行记录，并拟定解决建议，在内部评审时由评审人员进行决策。

8.3.3 金融企业内部评审

出于风险管控的要求，金融企业会组织内部各部门以及相关领导对产品的风险规则进行统一评审，以保证产品风险可控。不同的金融企业所要求的评审材料会有所差异，一些企业还会将风险规则评审与总体项目的可行性评审放在一起进行，此处不做展开。

金融企业内部风险规则重点评审的内容包括以下两点：

- 强制性通用规则的适用情况：评审者会检查作为风险控制底线的强制性风险规则是否在设计之内，以及适用的规则是否符合该产品场景的风险情况。
- 场景规则的设计和适配情况：由于各个场景均有自己的特殊性，因此为了让评审者在短时间内了解场景规则制定的来龙去脉以及设计的科学性，工作人员应提前做好准备，整理好相关文档，做好重点说明。对于涉及数学算法的部分，工作人员应根据评审对象的特点有针对性地阐述，例如，对于不熟悉数学建模且年纪较大的人员，工作人员应从场景业务的视角切入，说明算法模型与业务的贴合程度，而对于熟悉数学建模的人员则可以说明模型对于各企业分群的区隔效果。

在评审过程中，工作人员还可以将选择通用规则、场景与通用规则融合时所不确定的内容交由评审人员进行决策。

8.3.4 确定产品的业务风险规则

通过内部评审后，工作人员可以确定最终版本的产品业务风险规则，并形成该产品的业务风险规则记录。其中，部分金融企业在通过产品业务风险规则后，不要求对书面的产品业务风险规则进行集中管理，仅管理决策系统中运行的规则；而另一些金融企业则会要求将两者分开进行记录和管理。业务风险规则记录的表格形式可以参考 8.7.4 节。

8.4 系统规则实现步骤

在落地业务风险规则、制定决策系统的规则实现方案时，制定业务规则的工作人员应与负责决策系统规则开发的信息技术人员进行分工协作，按照以下 5 个步骤共同完成方案：

1）业务风险规则讲解：设计业务风险规则的工作人员应向信息技术人员进行系统性的业务风险规则讲解。在讲解过程中，通用规则与场景规则的讲解重点应有所不同。

- 通用规则讲解：工作人员应重点讲解通用规则与场景规则的关系，以及通用规则的执行顺序。如果其中涉及不同通用规则的组合设计，工作人员应提供组合规则的运行顺序流程图以方便技术人员理解。
- 场景规则讲解：工作人员应重点讲解场景规则所使用的指标与指标来源数据、评分卡规则。

2）确定系统已有规则的复用计划：信息技术人员按照业务风险规则要求，对比决策系统中已有的规则，找到可以复用、不需要开发的规则并形成清单，其余的业务规则则是需要新设计的系统规则。这些可复用的规则均是通用规则，场景规则由于与供应链场景高度绑定，因此不可能复用。

3）系统规则方案设计：技术人员完成新规则的设计，并与可复用的规则组合起来，形成系统规则设计方案。设计方案包括以下两个部分：

- 指标设计：信息技术人员应设计指标加工规则，将来源数据加工成规则输入的指标。这些指标可以是场景指标，也可以是新引入的通用指标。其中，在新的场景规则指标设计过程中，技术人员应重点关注数据口径问题，并结合核心企业数据对接的内容（详见第 9 章）一并考虑。
- 规则设计：信息技术人员应设计系统可运行的系统规则，以实现业务规则所要求的目标。在设计规则时，技术人员可以设计新的原子规则，也可以通过组合已有的规则实现目标。

4）方案实施开发：工作人员应与信息技术人员一起对方案进行逐一检查，并由信息技术人员完成功能与规则的开发。由于系统规则直接关系到信用风险管理，因此上线运行前需要工作人员与信息技术人员一起进行测试，以确保开发正确。

5）形成规则对应清单：完成决策系统的系统规则开发和部署之后，工作人员应形成规则对应清单，用于记录业务风险规则与系统规则设计之间的对应关系，以及系统规则所使用的指标、指标数据来源、系统规则的判断条件等关键信息。在风险规则的实际设计过程中，规则运行时有实现的先后顺序，有串行和并行的关系，甚至有复杂的条件判断关系，这些关系无法通过清单进行表现，相关人员可以根据需要增加图示，具体的案例可以参考 8.7.1 节和 8.7.2 节的详细内容。

案例： 产品 B 的业务风险规则与系统规则的对应设计

产品 B 服务的客户是快消品行业核心企业 A 的下游分销商。确定的业务风险规则合计 20 条，其中 15 条为通用规则，5 条为场景规则。设计决策系统规则合计 25 条，其中 20 条为通用规则，5 条为场景规则。

业务风险规则与系统规则的对应见表 8-2。

表 8-2　产品 B 的业务风险规则与系统规则的对应示例

业务风险规则	系统规则规划	规则判断条件	使用指标	来源数据
通用规则 1	使用已有规则实现	NB001 = 1，判断结果为"拒绝"	NB001	金融企业内部数据
通用规则 2	使用已有规则实现	NB002 ≥ 4，判断结果为"拒绝"	NB002	金融企业内部数据
通用规则 3	使用已有规则实现	ZX001 > 0 且 ZX002 > 3，判断结果为"拒绝"	ZX001、ZX002	第三方征信数据，征信公司 1
通用规则 4	需新开发原子规则	MN001 = 0 或 MN004 = 0，判断结果为"拒绝"	MN001、MN004	第三方征信数据，征信公司 2
通用规则 5	需新开发原子规则	新指标 X1 不等于 0，判断结果为"拒绝"	需开发新指标 X1	第三方征信数据，征信公司 3
通用规则 6	需在原有原子规则的基础上新开发组合规则	新指标 X2 < 10，判断结果为"拒绝"	需开发新指标 X2	第三方征信数据，征信公司 3
……	……	……	……	……
场景规则 1	需新开发原子规则	评分卡规则，详见源文档	需开发新指标 S1、S2、S3、S4	核心企业数据

（续）

业务风险规则	系统规则规划	规则判断条件	使用指标	来源数据
场景规则2	需新开发原子规则	新指标S5 ≤ 3，判断结果为"拒绝"	需开发新指标S5	核心企业数据
场景规则3	需在原有原子规则的基础上新开发组合规则	新指标S6 = 999，判断结果为"拒绝"	需开发新指标S6	核心企业数据
……	……	……	……	……

在这些工作中，系统规则方案设计是最关键的部分，也是数据工作的组成部分，这部分内容将在后文进行讨论，其余部分将不再详细描述。

另外，由于后续内容的阐述对象主要为系统规则，因此从此处开始，后文中的规则专指决策系统运行的系统规则。

8.5 决策系统简介

决策系统是运行系统规则、通过数据进行自动审批、实现业务风险规则的信息系统。在金融企业中，决策系统可能会有很多不同的名称，例如智能风控系统、大数据审批系统、风险决策平台、决策引擎等，其附带的功能也有所差异，但其核心功能都是一致的。

8.5.1 决策系统的基本用途

决策系统的本质是数据实时处理系统，它以各类数据源形成的指标作为输入，使用内部设置的规则对指标进行自动计算和判断，并输出决策结果。从外部观察者的角度看，决策系统是一个"黑盒"，根据不同的输入信息输出不同的结果，这个结果可以方便地传输到任何系统。当前决策系统已经广泛地应用于互联网的商品推广、视频推荐、客户标签生成、区别定价等多个场景。

在金融行业中，决策系统被广泛应用于贷款产品的审批环节，尤其是面向大量客户群、审批所使用的数据来源一致且内容高度相似的产品，例如个人消费贷、经营贷和信用卡业务等。由于供应链金融中不同的产品所服务的场景和客户差异巨大，金融企业只有使用决策系统进行自动审批，才能在达到效率要求的同时有效管理众多产品中成百上千的业务风险规则。

8.5.2 决策系统的特点

决策系统的特点包括以下几个方面：

- **使用可量化的指标作为输入**：决策系统使用明确、可量化的指标作为输入，这些指标是通过加工各类数据得到的。每个指标的业务定义、技术标准和输入形式都是清晰明确的，可确保规则判断完全基于确定、可量化的数值。
- **标准化规则设计**：规则的内容和判断逻辑都是标准化的，这简化了规则的表述，消除了歧义，并降低了理解和实施的成本。
- **全面自动化运行**：在企业申请产品的流程中，所有需要审批和判断的业务风险规则都被转化为系统规则并自动运行输出结果，不存在任何例外的情况。转人工处理也是系统规则自动化判断的输出结果之一。
- **广泛的适应性**：通过输入指标和规则的配置、调整与组合，决策系统可以为不同的供应链场景、不同的产品提供服务，满足各种个性化审批需求。
- **规则与指标可复用**：决策系统可以通过复用通用规则与通用指标节省大量时间和成本，同时降低管理的复杂度。
- **系统规则管理高效**：决策系统可以实现对各项系统规则的集中管理，应对大量产品运营过程中的规则设计、调整、优化、组合等问题。

8.5.3 决策系统的工作流程

各金融企业的决策系统模块和功能略有差异，例如一些决策系统会集成数据记录、分析、沙盒模拟、冠军挑战者等功能，或集成指标加工、人工审核等功能。但是所有决策系统的核心工作流程均可归纳为以下几个关键步骤：

- **接受申请**：当企业通过贷款进件系统发起贷款产品申请时，决策系统接收到这一申请并启动相应的处理程序。系统会根据进件系统提供的参数（如客户ID、受理渠道、申请产品等）来启动不同的响应程序。不同的响应程序决定了后续不同的请求数据、加工指标、规则决策以及输出结果。
- **请求数据**：根据响应程序，决策系统会确定决策所需的指标，并向相关系统发起数据请求。如果指标需要由其他数据系统（如外部供数平台、指标加工平台等）加工，则决策系统会向数据系统发送指标请求，数据系统再进一步向其他系统或外部供数方申请原始数据。若指标由决策系统自行加工，则决策系统会直接向其他系统或外部供数方申请所需数据。
- **加工指标**：获取数据后，决策系统会对这些数据进行处理，以形成规则所需的输入指标。
- **规则决策**：决策系统将指标按照预设的系统规则判断条件进行判断，并得出决策结果。考虑到数据请求、响应和返回的时间，决策系统会设定一个时间值，若能在该时间内获取到全部数据，则进行"同步决策"；若超过设定时间，则转为"异步决策"模式。其中，异步决策是指如果出现在规定时间内未能完成要求的规则判断，那么该决策过程将挂起等待，允许后续的申请先完成决策判断，并输出结果。异步决策能防止排队中的各个申请不会因为某一个申请未能完成而出现堵塞的情况。

- 输出结果：决策系统将决策结果输出给贷款进件系统，进件系统再根据这一结果向申请企业反馈，并发送相应指令给其他系统，通知授信或用款额度的授予情况。

此外，金融企业会针对某些产品设置人工复审环节，对未通过的客户进行复审。设置该环节主要有两个原因：一是审核结果可能由于外部供数方的不稳定导致客户被误判，例如一些银行未及时上传客户的数据，导致客户在征信上被误判为逾期或未结清贷款；二是业务合作要求，例如，核心企业可能与金融企业达成了相应的协议，为部分合作企业贷款提供兜底保障。

在整个运行过程中，决策系统需要与其他多个信息系统进行交互和对接，以确保数据的准确流通和决策的高效执行，以及决策结果的有效输出。不同的金融企业在信息系统规划上可能有所不同，图 8-1 展示的是一种通用的框架。

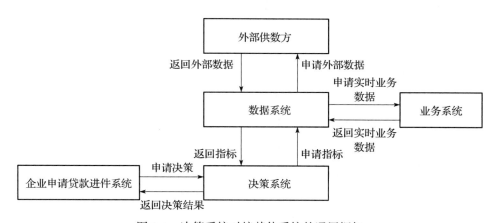

图 8-1 决策系统对接其他系统的通用框架

8.6 指标设计

输入决策系统的指标由不同来源的原始数据加工而成，有着不同的性质和类别。在运营过程中，随着产品的增加，金融企业的内部管理要求会不断变化，决策系统的系统规则也会不断变化，相关人员需要根据变化不断地新增和调整指标，并对指标进行记录和管理。

8.6.1 生成指标的数据来源

指标由来源于不同供数方的数据加工和处理形成，这些数据的内容、质量、更新周期直接决定了指标的数量与质量。金融企业应对这些数据进行分类，并选择合适的数据作为加工规则指标的基础，以确保加工规则指标的准确性和有效性。

1. 数据来源分类

按照数据生成指标的应用范围，数据可以分为以下两大类：

- 通用数据：通用数据可以分为公共数据与半公共数据。
  - 公共数据：公共数据通常是基础性、高可靠性的数据，所加工出来的指标可以用于所有规则，例如人民银行征信数据、税务数据等。
  - 半公共数据：半公共数据是指能应用于多个核心企业供应链场景的数据，一般具有很强的行业属性，例如，水稻价格这一数据就可以用于所有水稻种植业场景的供应链产品。
- 场景数据：场景数据用于生成某个产品的系统规则所需的指标，这些数据均来源于该场景的核心企业，工作人员在设计场景风险规则时已经明确了这些数据。

按照数据的直接来源，数据可以分为以下三类：

- 金融企业内部数据：这类数据是指来源于金融企业内部系统的数据。常见的内部数据包括内部黑名单、内部白名单、内部评级、客户授信额度、客户已用信金额、客户申请次数等。金融企业为了降低数据调用的复杂性，减少生产系统的工作压力，通常会使用数据系统对业务系统数据、历史沉淀数据、非实时的第三方数据进行汇集和加工，统一形成决策用的内部数据供决策系统进行调用。例如，客户已用信金额、客户申请次数这些来源于业务系统的数据，会由数据系统向业务系统调用后统一加工并存储，金融企业会定期更新并记录来源于第三方机构的一些黑名单数据等。
- 核心企业数据：核心企业数据用于生成场景相关的指标。使用来源于核心企业的数据进行风险决策，是供应链金融产品相对于其他产品在风险决策方面最特殊的地方。这些数据的需求和使用方式基于风险分析的结果，后续第9章将详细阐述核心企业数据的接入方式。
- 第三方数据：第三方数据是来源于金融企业之外非核心企业的数据，最典型、使用频率最高的第三方数据就是第三方征信数据。不同供数方的第三方数据在数据内容上会存在差异，需要特别注意。例如，同一个企业A的"客户疑似多头借贷"这一数据，A供数方给出的数据为"是"，B供数方给出的数据则可能为"否"；不同供数方在数据标准方面也会存在不同，例如"客户风险评价"这一数据，C供数方规定得分高的为高风险评价，而D供数方则可能是得分低的风险高。

2. 第三方数据细分

第三方数据是金融企业常用的数据。由于数据来源复杂、内容丰富，金融企业通常需要对第三方数据进行进一步细分。

按照数据是否由供数方自行产生、是否对数据进行加工，第三方数据可以分为以下四类：

- 原生数据：这类数据是供数方在自身业务运营过程中自然产生的。由于供数方对数据业务口径、技术标准、数据生成过程及数据质量都有严格的管控，原生数据的真实性和可靠性非常高。例如，电信运营商提供的关于其企业客户的"三要素验证"数据（姓名、身份证、手机号）和国家机关提供的司法、税务数据等。原生数据具有很高的价值，但也存在一些局限性：一是供数方往往是专注于自身业务经营领域的专业公司，所能提供的数据仅限于自身的业务范围，丰富度不够；二是供数方不熟悉自身数据在其他领域的应用场景，缺少数据价值的深度挖掘。工作人员在使用原生数据时，往往还需要根据自身的需求和应用场景对数据进行研究、挖掘和加工后再使用。

- 原生加工数据：供数方按照自身制定的规则，对自身数据进行加工后输出的数据。这种方式通常是供数方出于法律要求，无法输出原生数据而采用的一种方式。市场上绝大多数数据为这类数据，例如电力企业的用电评级评分、各类征信机构提供的信用分等。供数方通常会提供数据的使用说明，例如用电评级中A为最高等级，E为最低等级等。然而，加工的详细过程对于使用者来说往往是不透明的，一旦出现问题，使用者无法深入了解产生问题的原因。因此，很多供数方会提供"合作建模"的服务，即允许使用者在其内部环境中进行建模，并设计数据加工规则，然后向使用者提供按照该规则加工后的数据。这种方式可以确保数据更加符合使用者的实际需求。

- 转售数据：供数方汇集其他来源的数据后统一对外提供。转售数据为金融企业解决了接入多个供数方的数据管理和整合问题，从而节约了成本。然而，转售数据可能面临合规性问题，例如，供数方的数据权属不清晰，可能未获得原始数据所有者的授权就对外提供服务，或供数方无法回答深层次的数据质量问题等。

- 衍生加工数据：这类数据是供数方从其他来源获取数据或将自身数据与其他来源的数据进行融合后，按照一定的规则进行加工或衍生形成的数据。例如，一些互联网企业将外部舆情、新闻数据与自身舆情加工成舆情风险数据或负面舆情评分数据。虽然使用衍生加工数据可以减少金融企业研究、挖掘和加工数据的工作量，但数据的准确性可能存疑，原因包括供数方在获取外部数据时可能存在遗漏，数据加工目标与用户需求可能存在偏差，数据衍生加工过程中可能存在模型设计或程序开发的缺陷等。此外，衍生数据同样存在权属不清晰的风险。

3. 非核心企业的第三方数据选择

由于数据是生成指标的基础，数据来源的质量会直接影响指标，进而影响系统规则的效果，导致对合作企业贷款申请的误判。

在这些数据中，来源于核心企业的数据与产品所服务的场景是一一对应关系，这部分内容将在第9章进行详细讨论。对于其他的第三方数据，金融企业在选择时应从以下几个方面综合考虑：

- 优先选择原生数据或原生加工数据：这两类数据在真实性和时效性方面表现更优。例如，直接从运营商处获取的手机、姓名、身份证三要素数据，或来源于司法研究院的司法数据，其可靠性和时效性自然高于通过转售或相关网站获取的数据。这不仅可以降低法律风险，还能确保数据的准确性。
- 在金融企业具备数据加工能力的情况下，可以选择明细记录的原生数据和转售数据：尽管直接获取企业评分、评级等加工数据更为便捷，但当金融企业拥有专业的数据处理团队和能力时，选择这些明细数据可以计算出更多数据指标，且过程自主可控。
- 区分不同供数方的能力与特点：不同的供数方提供的数据各有侧重，没有哪个供数方能满足金融企业的所有数据需求。因此，金融企业在使用数据时，应注意各供数方的特点，以实现优势互补。
- 注意对不同供数方的数据进行交叉验证：不同的供数方对同一内容可能采用不同的计算逻辑和方式。例如，市场上的各种"信用分"就是基于各征信企业所能获取的数据及其特有的计算方法得出的。因此，金融企业应对数据进行交叉验证，以找到更合适的供数方。金融企业应建立自己的数据验证目标清单，其中包含了一系列贷后表现不同的客户，以便在引入供数方时，通过提供清单来检验其数据质量，评价其数据是否符合实际情况和需求。
- 注重性价比：在选择供数方时，并非价格最高或最低的就是最好的选择。在业务量允许的情况下，适当降低数据采购成本也是一种策略。例如，在某些情况下，使用间接供数方可能是一个更经济的选择。

金融企业在厘清各类数据的情况后，还应对所有第三方数据进行集中记录和管理。这可以确保任何企业申请的决策结果都能通过"规则结果—指标—来源数据"的线索追溯到最原始的数据，方便相关人员快速查询数据的基本情况。这些记录可以是轻量级的、便于使用的简化记录清单，见表 8-3。

表 8-3 第三方数据供数方清单示例

数据名称	数据性质	供数方名称	数据内容简述	是否原生数据	是否原始数据	更新频次
征信公司 1 数据接口 A1	公共数据	征信公司 1	通过企业统一社会信用代码查询企业贷款、还款、违约、多头借贷等情况	是	是	按日
征信公司 1 数据接口 A2	公共数据	征信公司 1	通过个人身份证查询个人银行账户、还款、违约、多头借贷等情况	否	否	按日
征信公司 2 数据接口 B1	公共数据	征信公司 2	通过企业统一社会信用代码查询企业涉诉、执行、司法执行情况	否	是	按周
征信公司 3 数据接口 C1	半公共数据	征信公司 3	运营商三要素验证	是	否	按周
核心企业 1 数据接口 P1	场景数据	核心企业 1	通过企业统一社会信用代码查询与核心企业的合作情况，包括分级分类、合作年限、36 个月内交易行为统计、36 个月内返利及使用统计	是	否	按日
……	……	……	……	……	……	……

8.6.2 指标特征与分类

1. 指标特征

指标是直接输入决策系统的数据，它是根据系统规则的要求，对特定的数据进行加工而成的。从指标生成的角度看，其特征包括以下三点：

- 指标与系统规则要求相关：在设计系统规则时，金融企业会明确规定所使用的指标的形式和内容，各来源数据所生成的指标应符合规则的要求。例如，系统规则要求输入的指标为 0～100 范围内的数值型数据，超出 100 的指标会造成规则无法正常运行。
- 指标与来源数据相关：对于不同来源的数据，如果双方的数据口径不一致，那么即使它们以相同的方式进行加工，也不能认为它们是同一个指标。例如，企业生成年份在 A 数据源中为工商注册年份，在 B 数据源中则为企业第一次发表财报的年份，这两者就不能认定为同一个指标。
- **指标与加工方式相关**：对同一来源的数据，如果采用不同的计算方式进行处理，那么得出的结果也将被视为不同的指标。例如，"种植业企业甲的下游企业 E1 的仓库面积是 200 平方米"可能加工出两个指标：一是"下游企业仓库面积"指标，数值是 200；另一个是"下游仓库面积评分"指标，数值也是 200（满分为 1000）。这两个指标明显代表了不同的含义，一个是面积的绝对值，一个是按照主观规则评估后的分值。在实际项目中，为了保证指标之间不发生冲突，并减少使用中出现的误解，如果相同的数据值按照不同的方式进行加工，其结果应该做出明显的区隔设计。前面的例子中，更好的做法是，将"下游仓库面积评分"转变成 A/B/C/D 这样的评级制或是 0～1 之间带小数点的数值评分，这样可以更方便地与"下游企业仓库面积"进行区分。

案例：两个企业的数据口径差异

数据使用说明：A 产品为种植行业企业甲的经销商提供信用贷款，B 产品为化肥销售行业企业乙的分销商提供基于订单的经营性贷款。两个产品都需要计算下游企业的仓库面积作为衡量其经营能力的依据，因此两个产品的系统规则中均需要使用"下游企业仓库面积"这一指标作为输入。

数据输出结果一致：两者使用的单位都是平方米，因此计算的结果也会比较一致。

数据口径不一致：两者的数据口径存在三点不一致（见表 8-4），且工作人员无法将两者进行统一。

表 8-4 仓库面积的数据口径差异示例

数据内容	企业甲	企业乙
仓库定义	包括自有仓库与租用第三方仓库；不允许计算店铺中货架面积	无明确定义
面积计算规则	所有面积加总	按照产权资料（一般为不动产证）记录面积计算
面积确认方式	合作企业人员自行拍照上传	核心企业的渠道管理人员上门勘测确认

2. 指标分类

与来源数据类似，指标也有多种分类方法，但最常见且与金融企业日常经营管理最相关的分类方法是按照应用范围分类，具体包括以下两大类：

- 通用指标：通用指标是供给多个产品系统规则的指标，具体可以分为公共指标与半公共指标。
  - 公共指标：公共指标指可以用于所有产品的系统规则中的指标。注意，这里是可以用于所有产品的系统规则，而非必须使用。
  - 半公共指标：半公共指标指服务多个核心企业场景、多个产品系统规则的指标。
- 场景指标：场景指标通常由场景设计的核心企业数据加工形成，工作人员在设计场景风险规则时已经明确了这些指标，或可以通过查询相关的数据工作文档得到形成这些指标所使用的核心企业数据。

随着运营的深入和产品的增加，不同类型的指标会呈现出不同的发展趋势：

- 公共指标与半公共指标相对稳定，其中基于征信数据形成的指标相对于其他指标会更加稳定。由于输入的系统规则较为稳定，因此这些指标一旦确定后，风险指标的加工逻辑基本不变，后续增加的指标数量也较少。
- 场景指标会随着产品数量的增加而增长。一个新的产品上线运营，其系统规则中必然需要若干场景指标，随着产品不断上线运营，场景指标也会同步增长。随着产品的增加，场景指标会越来越多，金融企业需要投入更高的成本来进行场景指标管理。

8.6.3 指标加工

为了保证决策系统能快速得出结果，指标的时效性要求一般较高，因此金融企业必须使用信息系统，利用程序自动化完成数据加工。这些系统可能是独立的数据加工系统，将数据处理完成后传输给决策系统，也可能是集成在决策系统内的模块。

1. 数据加工方式

相关人员可以根据需要，采用以下几种方式对数据进行加工而形成指标：

- 截取或提取关键信息：对来源数据按照一定的条件截取其中的关键信息。例如，在判断客户经营地时，来源数据的内容为"北京市西城区XX街道XX巷"，那么提取的关键地址信息为"北京市"；计算经营场地面积时，来源数据内容为"200平方米"，则提取的关键信息为"200"。
- 进行统计或计算：对来源数据按照一定的计算逻辑进行统计或计算。例如，计算客户征信信息上的违约次数、累计违约金额等。
- 数据转化：来源数据需要进一步转化后才能被使用。例如，来源数据的数据形式是文字"五十"，需要将其转化为数值"50"。

- 按照条件进行转换：对来源数据按照一定的条件进行分类。例如，年营业额大于1亿元的计算为100分，0.5亿～1亿的计算为80分，2000万～5000万元的计算为60分等。
- 多数据比对：处理过的来源数据与其他的数据进行比对后输出结果。例如，判断企业经营者是否为当地人时，判断方式通常为：先分析对方身份证、手机号所在位置，再与企业的联系地址进行对比后判断。其中身份证的分析方式一般是提取身份证前6位地址位数字，然后匹配归属区县编号得出户籍所在地；手机号码的分析方式一般是提取手机号前7位，匹配手机号段归属地进行判断。

2. 数据异常值及处理

异常值处理是指标生成过程中的重要部分之一。如果不进行处理，异常值通常会导致指标加工错误或无法加工，造成决策系统报错、决策流程无法完成，或决策结果错误等。

异常值通常出现在核心企业提供的数据中，出现异常值的原因包括：核心企业生产系统故障导致数据错误；上游业务口径变动没有及时通知下游部门，导致生产系统数据偏差；原始数据到结果数据的加工过程出现错误；结果数据在提供过程中出错。

异常值表现为以下三种形式：

- 数据形式不符合要求，例如，对应位置应该为数值，但传输为文字。
- 数据值为空值，即传输数据字段或位置没有内容。
- 数据值超过阈值，例如，约定数值为0～99，结果传输值为999。

根据异常值的表现形式，其处理手段通常包括以下几种：

- 解决数据形式不符合要求和空值问题，最常见的处理方式包括以下两个：
  - 设置默认输出值：当数据形式不符合要求或为空值，导致无法生成指标时，指标生成系统自动填充一个默认值作为指标，并输入决策系统。例如，来源数据A出现空值，经处理后输出的指标计算为0。
  - 增加数据处理环节：当数据形式不符合要求时，增加数据转化的处理环节，将其转化成符合形式要求的数据，例如将文字转化为数值。
- 解决数据值超过阈值问题。不准确指标产生的原因绝大多数是来源数据超过阈值。例如，来源数据B的范围为0～99，但供数方提供的数据值为999或-66。处理不准确指标的方式主要有以下两种：
  - 设计默认输出值：当数值超过阈值时，约定为固定输出值，例如，来源数据B的范围为0～99，当供数方提供的数据值超过99时，约定输出值为99。

- **设置转人工介入判断**：当数值超过阈值时，生成一个特殊值的指标，决策系统收到该特殊值后将贷款产品转为人工处理，并在人工处理的工单中标注出自动决策判断出的结果、对应的输出默认值的指标、对应的来源数据异常值，由相关人员进行是否通过或具体授信金额的判断。

此外，在设置默认值时，相关人员还应注意数据特殊值问题。很多供数方会将一些数据的极值作为特殊值而非真实的数值，并以该特殊值表示特殊含义或标示特殊情况，例如，99999 或 –99999 可能是供数方用于表示查询不到该数据，或查询该数据超时，相关人员在设计指标加工的逻辑时，应避免使用这些特殊值作为默认输出值。

8.6.4 指标记录

1. 指标编码

在产品运营过程中，规则和指标会不断增加和迭代。为实现指标的有序管理，所有指标应被统一编码，并明确加工逻辑。这样做不仅便于检查指标的来源与加工的准确性，还能在设计和开发系统规则时，提升搜索和利用已有指标的效率，避免重复开发。

相关人员通常会基于指标的不同分类进行编码：

- **公共指标与半公共指标编码**：对于公共指标和半公共指标，可以按照"供数方 + 指标数字编号"的方式进行编码。相关人员先对数据的供数方使用缩写进行编码，然后按照该数据生成指标的先后顺序编写数字编号，例如，征信公司 J 的供数方编码为 BH，基于其生成的指标编号为 BH0001、BH0002 等。因为公共指标与半公共指标的数量不多，供数方有限，采用这种方式简单易行，也方便使用者快速查询指标的来源数据。需要注意的是，指标与来源数据的具体数据内容无关，即同一个征信公司的同一个数据内容可以加工出多个指标。
- **场景指标编码**：对于场景指标，可以按照"产品编码 + 数字编号"的方式进行编码，以方便使用者快速识别指标所服务的场景规则和产品。

指标编码和记录形式见表 8-5。

表 8-5 系统规则指标清单示例

指标编号	指标分类	指标内容	来源数据	加工方式
BH0001	公共指标	客户存在不良贷款	征信公司 1 接口 A1	36 个月内，发生逾期 1 次以上，计算为 Y，否则为 N
BH0002	公共指标	客户累计贷款金额	征信公司 1 接口 A2	24 个月内，发生贷款逾期金额累加
comInloan0001	公共指标	客户本期内部贷款未偿清	内部数据	客户在本机构本期贷款未偿清，计算为 Y，否则为 N

（续）

指标编号	指标分类	指标内容	来源数据	加工方式
TDZ0002	公共指标	客户大额不良贷款期数	征信公司2接口B1	24个月内，贷款逾期金额超过500元的次数累加
TDZ0003	半公共指标	客户不良贷款金额	征信公司2接口B1	24个月内，当前所有贷款逾期金额累加
BH0004	半公共指标	客户贷记卡逾期金额（自然人）	征信公司1接口A2	36个月内，贷记卡逾期金额累加
BH0005	公共指标	客户贷记卡逾期次数（自然人）	征信公司1接口A2	36个月内，贷记卡金额大于0的期数累加
BHn0006	公共指标	客户贷记卡明显逾期标示（自然人）	征信公司1接口A2	24个月内，贷记卡逾期金额超过100元的次数超过3，计算为Y，否则为N
SFYJ0001	公共指标	客户互联网贷款逾期标示	征信公司3接口C1	直接使用供数方STAP54的"互联网贷款逾期标示"字段
SFYJ0002	公共指标	客户被第三方催缴标示	征信公司3接口C1	直接使用供数方STAP44数据表的"客户被第三方催缴标示"字段
SFYJ0003	半公共指标	客户疑似互联网贷款违约分	征信公司3接口C1	直接使用供数方数据表STAP44的"客户疑似互联网贷款违约分"字段
prodCXMsupply0001	场景指标	产品CXM下游合作企业的合作年限	核心企业1接口P1	0～3年为1，4～6年为2，7～10年为3，10年以上为4
prodCXMsupply0002	场景指标	产品CXM下游合作企业近6个月的订货金额	核心企业1接口P1	直接使用供数方数据，将该数据转化为数值型
……	……	……	……	……

2. 指标修改或删除

在经营过程中，原有指标可能会变得不适用，此时需要对指标进行修改或删除。金融企业应建立相关制度来规范这一过程，同时注意以下4个方面：

- 建立严格的审批流程：任何指标的修改都应有相应的审核流程，这一流程应覆盖所有受影响的部门。其中，公共指标与半公共指标的影响范围大，指标修改与删除的申请、指标开发、指标测试等环节应该更加严格。
- 事前做好影响分析：在修改或删除指标前，工作人员和技术人员应进行全面的影响分析，预测可能对产品、系统规则等产生的影响。
- 制定处理与应急方案：相关人员制定处理与应急方案，以应对可能出现的疏漏，例如，修改某一公共指标导致加工出错，从而出现大面积的决策结果错误。

- 新增优于修改：当原有指标不再适用时，相关人员应优先考虑新增指标而非直接修改原有指标。这样做可以在新增指标不满足需求时直接回退到原有指标，降低风险。

8.7 决策系统的系统规则设计

按照规则之间的关系，系统规则可以分为原子规则和组合规则两种形态。原子规则为不可细分的规则，规则之间独立运行；组合规则则是将多个原子规则结合，形成复杂的逻辑判断，其中规则之间可能存在输入或输出关联。

按照规则输出的效果，系统规则可以分为结果规则和预警规则，其中预警规则的输出并不影响最终的输出结果，也被称为"陪跑规则"，常用于产品运营的分析。

在工作过程中，相关人员应仔细考虑以上提到的规则的内容设计、相互之间的组合，最终完成系统规则的细节设计。

系统规则设计完成后，其开发和部署工作应由信息技术人员完成，金融企业内部通常有相应的开发和部署的流程与规范，具体内容本书将不做赘述。

随着金融企业运营产品数量的增多和运营时间的增长，决策系统中运行的规则会不断增多并迭代。因此，金融企业需要对供应链金融产品的系统规则进行集中记录和管理。这样的做法有助于提高规则的复用性，降低维护成本，并确保风险管理的持续性和有效性。

8.7.1 原子规则设计

原子规则为不可细分的规则，是依据数据输入进行判断结果输出的最小单元，其设计包括 3 个步骤。

1. 确定规则使用目标

在确定使用目标时，相关人员通常按照"规则使用阶段—使用目标分类—具体使用目标"的步骤逐步细化来完成设计，如果没有使用目标分类，那么可以直接跳过该步骤。

（1）规则使用阶段

决策规则运行包括准入、授信和用信三个阶段，不同的阶段既决定了具体的目标范围，也决定了规则判断逻辑及输出结果。

- 准入：该阶段决定是否允许申请企业贷款，输出结果只有通过、拒绝、转人工 3 种，对应的规则分类可能包括拒绝/通过、计算评分或评级、转人工以及输出预警 4 种。其中，转人工通常被认为是补救和兜底的措施，当金融企业认为系统规则自动判断出的某些决策结果值得商榷时，会将这个申请转为人工处理，由工作人员或专职的授信审批人员进行最终判断。
- 授信：计算通过准入的企业可使用的贷款额度，输出的结果是具体的金额，对应的规则分类可能包括计算评分或评级、额度计算、转人工 3 种。
- 用信：获得授信额度的企业在需要使用贷款时发起审批，其中可能既包括了是否允许使用授信额度，也包括了具体的金额，因此对应的规则分类可能包括拒绝 / 通过、计算评分或评级、额度计算、转人工以及输出预警 5 种。用信审批往往是企业获得准入和授信之后，间隔了一段时间才申请使用贷款额度时触发的，这时企业的情况相比申请时可能已经发生了变化，因此金融企业需要再进行一次用信审批。用信审批的系统规则更加简单，且并非所有的金融企业都会有用信审批。

（2）使用目标分类

在实际工作中，金融企业会根据自身的风险管理要求，对原子规则要实现的目标进行分类，常见的分类包括：
- 反欺诈类规则判断：目标是检查申请企业及相关人员是否真实存在，且没有欺诈的主观意愿，例如，通过"三要素验证""四要素验证"以及"人脸识别"等手段确保身份的真实性，检查反欺诈黑名单、反洗钱黑名单等。
- 内部数据规则判断：目标是利用金融企业内部数据判断申请企业是否在内部黑名单中或是否存在不允许的关联关系。
- 征信类规则判断：目标是基于征信数据评估申请企业的信用状况，如检查是否有贷款逾期或多头借贷等情况。
- 司法类规则判断：目标是利用司法数据判断申请企业是否存在法律纠纷、未完成的执行案件或刑事犯罪记录等。

（3）具体使用目标

在分类的基础上，相关人员需要进一步确定具体的目标，这些目标是由业务风险规则实现的。例如，在准入阶段，规则要实现的目标通常包括以下内容：
- 判断客户是否存在未还清的大额贷款。
- 判断客户的相关人是否存在道德风险，如信用卡惯性逾期等。
- 判断近期是否存在重复多次申请银行贷款等。
- 判断客户是否存在失信行为或在失信被执行人名单中。
- 判断客户是否真的处于核心企业的生态圈中。
- 判断客户的相关人是否和核心企业有着重大关联。

2. 检索与梳理已有规则和指标

相关人员在设计新的原子规则前，需要对已有的规则和指标进行检索与梳理，判断能否利用现有的资源来解决问题。具体工作内容包括以下三个部分：

- 确定是否已有同样的系统规则存在，如果有则可以直接使用该规则，而不需要进行开发。
- 确定是否已有同样的指标存在，如果存在指标，但已有系统规则中的判断条件并不满足要求，那么可以只进行风险相关判断条件的开发，而省略数据指标的设计和开发。
- 确定是否存在能满足指标需求的来源数据或供数方，如果存在则可以基于这些数据完成指标开发。

实际工作中，检索和梳理工作主要集中在对规则和指标的检索与梳理上，顺序是先梳理规则，再梳理指标。良好的规则和指标记录是高效完成这一工作的关键。

3. 设计规则内容

（1）规则内容设计

原子规则内容设计的核心包括以下四个方面：

- 设计规则编号与名称：规则需要遵循金融企业的系统规则编码规范进行编号及命名。命名时应采用简洁明了的语言，准确反映指标的含义。
- 规则使用指标：明确指出该规则所使用的输入指标，确保数据的准确性和可追溯性，输入的指标可以是一个，也可以是多个。
- 判断条件：详细阐述规则如何根据输入数据进行判断和计算，这包括所依据的指标、指标的组合方式（对于需要输入多指标的情况）、判断的方式与条件、具体阈值等。规则判断条件可以较为复杂，并与其他指标或标签规则产生联动，如图 8-2 所示，

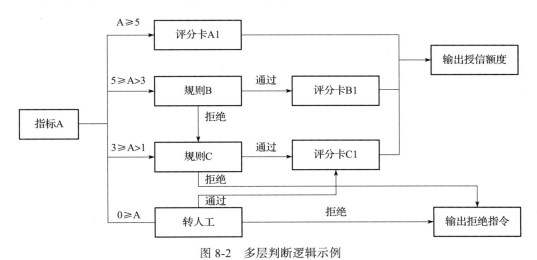

图 8-2　多层判断逻辑示例

当指标数值处于不同的区间时，会引起决策系统使用不同的规则进行准入判断，计算授信额度。
- 规则输出结果：明确规定规则的输出结果。一些决策系统会将判断逻辑与输出结果一并输出，例如"当指标 A 的数据值小于或等于 3 时，输出为拒绝"。

（2）规则设计标准化

在设计过程中，相关人员需全面考虑各种情况，避免设计遗漏，并注重设计的标准化。标准化设计能够规范规则的编号与名称、表述和输出，从而节省设计者、开发者和后续使用者的时间。具体包括以下三个方面的标准化：

- 规则编号与名称标准化：编号与名称是最容易实现标准化的工作，金融企业通常会制定编号和命名的规则，其中某些金融企业习惯直接使用输入的指标名称或指标名称的组合来命名对应的规则，以减少管理成本。例如，规则 BH0001BH0002 的输入指标为 BH0001、BH0002，这种方式简单明了，但当输入指标过多时，会导致规则名称特别长。
- 判断逻辑表述标准化：使用标准化的语言对判断逻辑进行清晰、无歧义的描述。描述应包含定量的标准，并以文字为主要表现形式。若存在评分卡，其内容可能需要通过表格等形式进行记录。同时，还应注意处理指标可能出现的异常值。
- 输出标准化：无论是通用规则还是场景规则，所有的输出形式和内容都应统一标准。这里的输出同样是指决策系统中的输出，而非业务风险规则中描述的输出，例如，拒绝统一表示为"N"，通过统一表示为"Y"等。

规则信息的记录形式见表 8-6。

表 8-6 规则清单示例

规则编号	规则名称	使用指标	规则逻辑	输出
comloan0001	申请企业存在不良贷款拒绝规则	BH0001，BH0003	任意指标出现 Y，则输出 N	通过 Y；拒绝 N
comloan0002	申请企业累计贷款金额拒绝	BH0002，BH0003	任意指标出现 Y，则输出 N	通过 Y；拒绝 N
comloan0010	申请企业本期内部贷款未偿清拒绝规则	NB0001	指标大于 0 时，输出 N；异常值为 999 或 -999 时，输出 N；指标小于或等于 0 时，输出 Y	通过 Y；拒绝 N
comquery0001	申请企业征信信息查询判断	BH0004，BR0005	任意指标出现 Y，则输出 N	通过 Y；拒绝 N

（续）

规则编号	规则名称	使用指标	规则逻辑	输出
comloan0002	申请企业多头借贷决策规则	TDZ0005，BH0008，SFYJ0003	所有指标均为Y，则输出N；所有指标均为N，则输出Y；指标中同时有Y和N，则输出R	通过Y；拒绝N；转人工R
CXMscore	申请企业额度评分规则	prodCXMsupply0001，prodCXMsupply0002，prodCXMsupply0003，prodCXMsupply0004，prodCXMsupply0001，HX0004	详见评分卡A	评分值：0～100
……	……	……	……	……

（3）规则与配套指标的关系

相关人员在设计规则时，应充分考虑与之配套的指标。

从"规则结果—指标—来源数据"这一链条看，规则基于指标进行判断，而指标则是由原始数据经过加工得到。当相关人员同时设计新规则和配套的新指标时，应对两者之间的分工进行划分。两者分工的思路包括以下两种：

- 指标加工阶段完成复杂计算，规则只进行简单判断：在这种思路下，指标加工阶段会完成所有对原始数据的复杂计算，例如条件判断、多个原始数据字段之间的运算等，规则再基于较少或较简单的输入指标进行简单的判断或计算，例如是否判断或在指标基础上乘以系数等。这种方法的优点是稳定性高，开发出来的指标具有特异性，通常仅供某一类产品使用，且一旦上线后会持续稳定运行。
- 指标阶段完成轻度处理，规则进行复杂条件判断：与前者相反，这种思路下的指标仅对原始数据进行简单处理或计算，例如进行简单的数值转化、改变数据类型等，规则完成基于大量指标的复杂计算或逻辑判断。这种方法的优点是灵活性高，但可能增加规则的复杂性和维护成本。

在实践中，多数金融企业出于稳定性考虑，倾向于选择第一种思路。当产品需要对准入条件、授信金额、用信判断进行调整时，通常只调整规则的判断条件和阈值，而不改变指标加工逻辑，这样可以降低工作量和错误率。

另外，一些金融企业为了将计算压力转移到专业的数据系统中，会将第一种做法推到极致，即会将规则简化为最基本的逻辑判断，所有复杂的加工和额度计算工作全部由指标计算完成。这种做法虽然简化了规则的逻辑，但也可能导致管理边界不清晰，不利于使用者理解。此外，任何规则的调整都可能需要开发新指标或修改原指标，这与降低工作量的初衷相违背。因此，这种方法需要谨慎使用。

8.7.2 组合规则设计

在实际运行中，决策系统可以将多条规则组合起来形成一个决策工作流程，以实现业务风险规则的目标。当企业申请贷款产品时，各条规则分别调用数据、生成指标、进行规则判断，形成各自的规则结果，这些结果按照组合设计的程序运行，得出最终的结果。

相对于原子规则的设计，组合规则设计的目标是对已有的规则进行有机组合，使各规则能按照逻辑顺序运行，相互之间不出现冲突，同时具备一定的冗余能力，最终支持产品决策能正常进行。

1. 明确组合规则的应用阶段和目标

组合规则设计与原子规则设计的共通之处在于，都需要明确计划使用的决策阶段和具体目标。其工作过程也与原子规则设计类似，此处不做赘述。

2. 梳理已有规则

相关人员按照需要完成的目标，从两个方面梳理已有的规则：

- 梳理已有的组合规则：如果现有的组合规则可以满足目标，那么相关人员可以直接拿来使用；如果组合规则能满足部分目标，相关人员应将该组合规则作为一个模块嵌入后续的设计中。
- 梳理已有的规则：当组合规则都不能满足目标时，相关人员需要对产品总规则集中的全部规则进行查询，从中找到能满足所有目标或部分目标的规则，然后再进入下一步的组合规则设计。如果现有规则不能满足目标的要求，相关人员应退回到原子规则设计的工作步骤。

3. 设计组合规则

设计组合规则的工作内容包括设计规则组合方式、串行规则执行顺序、并行规则冲突处理三个方面。

（1）规则组合方式

规则组合方式决定了各条系统规则如何相互作用，主要包括以下两种：

- 并行关系：在这种关系中，各条原子规则同时运行，系统会根据各条规则输出的内容，按照设定条件选择一个结果。例如，若有5条原子规则同时运行，只要有一条规则判断为"拒绝"，则整个申请被拒绝。

- 串行关系：原子规则按照设定的顺序执行，前一个规则的输出作为后一个规则的输入。例如，前一条规则 A 输出得分为"90"，后一条规则会以"90"为输入进行判断或计算。大多数金融企业倾向于选择串行的规则组合方式。然而，有些企业为了迅速了解行业、丰富数据沉淀，可能会采用并行方式运行所有规则。在这种情况下，当企业申请产品时，相关系统会同时查询所有的数据，调用所有的第三方数据和核心企业数据，并加工成指标输入所有的规则中，最后输出结果并进行判断。这样，金融企业就可以获得该申请企业的所有相关数据，以及按照原子规则所得到的结果进行记录。这种方式除了会增加调用第三方数据的成本外，还会给决策系统、数据加工系统、对接外部数据的系统带来压力。

相关人员在确定各规则的组合方式时，需要考虑以下三个方面的因素：

- 指标的供数方情况：如果同一供数方的数据在同一时间到达金融企业系统，然后在同一时间生成指标，那么被输入指标的原子规则组合可以采用并行关系。
- 规则的分类：对于决策内容相同或相近的规则，可以采用并行关系。例如，多个评估逾期或不良贷款的原子规则可设计成并行关系。
- 规则的响应时间：不同供数方响应申请后提供数据的时长不同，会导致各规则运行时间的差异。由于使用决策系统进行审批是有时间要求的，为节约时间并快速给出审批结果，相关人员可以根据各规则的耗时来优化组合设计方案。例如，将耗时短的数据指标的原子规则串行起来，与耗时长的数据指标的原子规则形成并行关系，具体如图 8-3 和图 8-4 所示。

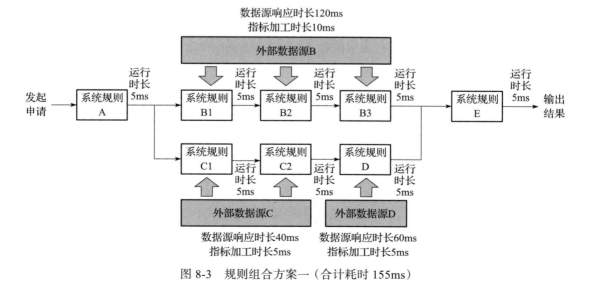

图 8-3　规则组合方案一（合计耗时 155ms）

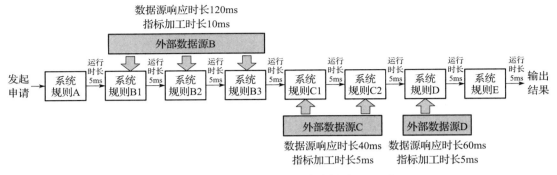

图 8-4　规则组合方案二（合计耗时 280ms）

（2）串行规则执行顺序

在设计串行规则时，相关人员需要考虑各规则在执行时的顺序，例如，A 规则执行之后再执行 B 规则，如果申请在 A 规则时已被拒绝，那么 B 规则也不需要执行了。在设计顺序时，相关人员应考虑以下四个主要因素：

- 被拒绝的可能性：拒绝率更高的原子规则通常先运行，一旦申请在初始阶段被拒绝，就不需要继续运行后续规则。这样能节省从供数方购买数据的费用并降低系统负荷。
- 供数方的价格：先执行低价供数方的规则，再执行高价供数方的规则，这样可以节约成本。
- 结果严重性：规则的执行顺序也应根据其可能产生的结果的严重性来排序，通常先执行可能导致拒绝或通过的规则，再执行需要人工介入的规则，最后执行确定金额的规则。这样的顺序有助于在最初阶段就筛选出最不符合条件的客户，进而减轻审核人员的工作量。
- 供数方的通用性：先运行通用供数方（如第三方征信供数方）的规则，再运行依赖特定场景（如核心企业数据）的规则。

在实际工作中，金融企业会根据运营经验、内部管理要求、供数方情况以及数据成本等因素不断探索和优化规则的执行顺序。图 8-5 是一种常见的串行规则组合方案。

图 8-5　串行规则组合方案示例

（3）并行规则冲突处理

在设计并行规则时，相关人员需要考虑规则冲突处理的问题，即当不同的原子规则输出的结果出现矛盾时,系统如何确定最终的输出结果。例如,A 规则判断为拒绝,而 B 规则判断为通过,这时就需要一个明确的冲突处理机制来确定最终输出结果。

根据冲突出现时的判断依据与逻辑,规则冲突的处理主要有以下 4 种方式:

- 从宽/从严处理:从宽处理是指在拒绝/通过类规则出现矛盾时,系统默认选择"通过"作为最终处理结果;在额度计算有差异时,默认选择金额较大的值作为最终输出。这种方式通常在核心企业提供的担保或贷后管理策略强而有力的情况下考虑。从严处理则相反。金融企业通常倾向于从严处理以规避风险。
- 择一规则运行:在规则输出结果矛盾时,以某一特定规则的结果为准,其他规则的结果仅作为记录保存,供后续分析使用。这种方式通常在某个供数方的数据可靠性存疑时采用。例如,一些司法类数据来源于网上的公开审判或裁判信息,而这些信息并不完整,不公开审理的案件、执行完毕的案件等不会及时更新信息,因此这些数据不能及时反映申请企业已经完成执行等情况,当存疑的数据指标与明确的数据指标发生矛盾时,以根据明确的数据指标得出的结果为准。
- 使用新规则进行二次判断:当规则输出结果出现矛盾时,引入一个额外的规则作为仲裁者进行再次判断,这个额外的规则在正常情况下不会运行,只在规则出现矛盾时触发。例如,企业通过引入第三个供数方的数据进行判断,或者将已有供数方的数据加工成新指标进行判断,但后者较为少见。
- 转人工处理:当规则输出结果出现矛盾时,由系统处理转为人工处理。授信审批人员会按照相关规定开展查验、线下尽调和沟通等工作,并给出最终判断结果。人工处理是常见的兜底方案,因为复杂的决策情况可能不适合自动化处理,同时人工介入也有助于发现规则设计的潜在错误。

8.7.3 预警规则设计

在条件允许、资源充足的情况下,相关人员可以考虑设计预警规则,以协助优化总体规则。预警规则的内容与普通规则没有差异,两者的区别在于,预警规则产生的结果并不作为最终决策,但其输出会被决策系统记录。设置这类规则主要出于以下两个目的:

- 验证数据的有效性:由于不同数据提供方的数据质量存在差异,因此使用预警规则进行对比测试,成为数据质量对比和交叉验证的常用手段。
- 已有规则优化:预警规则还能帮助相关人员对已有规则进行分析和优化。对于一些不确定效力和影响的规则,相关人员可以先将其作为预警规则加入系统运行,收集相关数据后进行深入分析,再决定是否将其转为正式规则。通过对比预警规则与当前生效规则的决策结果,相关人员还可以进一步分析申请企业的特征,从而优化规则或规则组合,更精准地控制企业的通过率和授信额度。

8.7.4 系统规则记录

为了提高相关人员在设计、优化系统规则时检索和梳理的效率,金融企业在系统规则上线运行后,还需要集中记录系统规则信息。按照从大到小的顺序,规则记录可以分为供应链金融产品总规则集、产品规则、原子规则三个层次。

- 产品总规则集记录:供应链金融产品总规则集是一个宏观的层次,它囊括了所有供应链金融产品的规则。这个层次的记录有助于工作人员全面了解整个供应链金融产品线的规则框架。需要注意的是,这个总规则集通常独立于金融企业其他贷款服务的系统规则集,即使普惠金融产品、票据类产品、信用卡类业务这些贷款服务可能使用了同样的规则也不会计入该规则集。这一方面是金融企业内部风险管理的要求,另一方面也能确保供应链金融产品的系统规则管理不会与其他产品线的规则混淆或产生连锁反应。
- 产品规则记录:产品规则指的是某个特定产品所使用的组合规则。这个层次的记录能有效地提升查询、修改或删除特定产品规则的效率。产品规则包括以下 3 个部分的内容:
  - 产品列表清单:产品列表清单提供了产品的内部管理信息,清单内容记录形式见表 8-7。相关人员通过该清单可以迅速查到某产品的系统规则数量以及当前版本。

表 8-7 产品列表清单示例

产品名称	产品编码	产品目标群	首次上线时间	当前版本号	规则数量	迭代版本数量
XXXA	MhCnSy01	机械制造 A 企业上游供应商	20161201	V2.1	87	13
XXXB	CXMscore	机械制造 B 企业上游供应商	20170206	V1.7	65	7
XXXC	RlTeDn01	连锁零售 C 企业下游分销商	20180319	V1.4	55	4
XXXD	FfTeDn01	粮食贸易 D 企业下游分销商	20190107	V1.1	92	1

  - 具体产品规则:具体产品规则列表详细记录了当前在用和已停用的系统规则,以及它们的变化历史和编号,表格记录形式见表 8-8。相关人员通过该表格可以马上知悉产品系统规则的当前状态与变化历史,并可以通过编号追溯到具体的系统规则。

表 8-8　产品 CfKeMn01 系统规则列表示例

产品编码	规则编码	所属模块	当前在用版本号	下线版本	状态
CfKeMn01	comloan0001	准入	V1.4	—	在用
CfKeMn01	comloan0002	准入	V1.1	—	在用
CfKeMn01	comloan0010	准入	V1.4	—	在用
CfKeMn01	CXMscore	额度	V1.0	—	在用
CfKeMn01	CXMlevel	准入	—	V1.1	停用
CfKeMn01	CXMlevaluate	准入	V1.1	—	在用
……	……	……	……	……	……

- 规则组合方式：产品的各个规则往往有并行、串行等组合形式和顺序，相关人员应将其以图形化的形式进行记录，以方便阅读和理解。记录形式如图 8-6 所示，也可参考前文的图 8-3 和图 8-4。

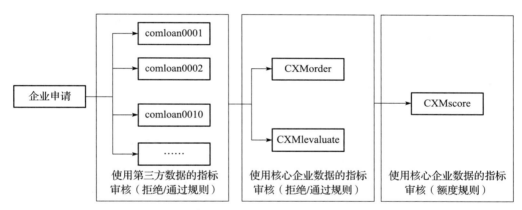

图 8-6　产品 CfKeMn01 系统规则组合示例

● 原子规则记录：原子规则记录是单个规则的记录，记录形式可以参考前文内容。

相关人员在进行规则记录时，可以通过信息系统提升效率。决策系统可以开发相应的功能模块，将生产所使用的系统规则按照总规则集、产品规则以及原子规则等层次分别进行查询、展示、导出，或同步给其他系统，自动完成系统规则的记录工作。

8.7.5　系统规则辅助运营

系统规则除了支持决策这一主要任务外，还可以起到辅助产品运营的作用。当合作企业申请贷款产品授信或申请用款时，决策系统会基于系统规则进行数据分析并做出决策。若触发拒绝规则，合作企业的申请将无法通过，此时它们可能会寻求金融企业运营人员的帮助或客服热线来了解失败原因。

为了满足合作企业的咨询需求，同时保护系统规则的机密性，决策系统和规则在设计与运行时需为金融企业的客服人员提供以下两种关键信息：

- 触发的系统规则的简单信息：简单信息包括规则编号、名称、涉及的指标及其数据来源。在面对合作企业的咨询时，金融企业人员通过系统查询到所触发的拒绝规则的编号，进而根据该编号知晓规则名称、涉及的指标以及指标数据来源。
- 统一的对客解释用语：客服人员可以根据拒绝规则的编号查询到解释用语，向被拒绝的客户进行统一解释。这些解释用语由相关人员编写，使用这些用语有利于保护规则的机密性，避免使用金融专业术语，并能在语气上保持谨慎。

通过向合作企业解释拒绝原因，金融企业不仅能提升产品满意度，更重要的是能发现并纠正可能出现的自身误判，同时帮助合作企业发现问题。自身误判可能源于原始数据的缺陷或决策系统的错误，通过与申请产品的企业沟通，金融企业可以及时发现并解决这些问题。此外，中小微企业往往难以全面掌握自身信息，金融企业通过告知相关问题，可以帮助这些企业及时发现并处理潜在的风险，从而避免更大的损失。

在运营实践中，信息系统完善的金融企业可以将查询系统规则的功能集成到客服系统中，以提高运营效率。而信息系统能力较弱的金融企业则可以开放决策结果数据的查询权限，以便运营人员能够及时获取所需信息。这些措施都有助于金融企业更好地服务合作企业，提升客户满意度，并加强风险管理和控制。对客解释口径的记录方式见表8-9。

表 8-9 金融产品 A 的对客解释口径示例

决策规则	来源数据	规则拒绝原因	对客解释说明
comloan0001	征信公司1	申请企业在其他企业存在3年内的不良贷款	客户疑似有逾期或欠息
comloan0002	征信公司1	申请企业的累计贷款金额大于100万元	客户疑似有其他大额贷款未清偿
comloan0010	内部数据	申请企业在本金融企业有未清偿贷款	客户在本公司有贷款未清偿
comquery0001	征信公司1，征信公司2	申请企业的征信信息被查询次数大于50	客户疑似近期被频繁查询征信
CXMcom01	核心企业1	核心企业的合作年限小于3	客户疑似不在核心企业的合作名单内
……	……	……	……

8.8 规则优化

规则的优化是一个持续的过程，旨在满足两个主要需求：一是内在经营需求，通过提升客户风险识别能力来加强贷款质量管理，进而提高经营效益；二是外部环境变化的适应性需求，随着市场和合作伙伴的动态演变，金融企业需要不断地调整和优化自身产品以适应新环境，其中规则的优化是这一调整过程中的重要组成部分。

8.8.1 规则优化的决策

规则优化的决策建立在数据分析与测算之上，工作人员会使用积累的数据来调整规则，通过改变申请企业的通过率和授信额度来影响产品贷款额度。这种分析和测算的方法与市场和风险分析的方法相似，都涉及对风险规则的调整，并使用新的规则对历史申请记录进行验算。通过比较调整前后的差异，经过多次测算，最终确定需要优化的规则设计。

工作人员确定业务风险规则后，同样需要和信息技术人员一起将其转变为决策系统能实现的方案，然后实施。

8.8.2 规则优化的实施

按照规则优化的实施内容，规则优化可分为原子规则优化和组合规则优化：

- 原子规则优化：原子规则优化关注单个规则的细节调整，包括输入指标的新增、更换和删除，规则逻辑的修改，输出结果的修改，以及说明文字的调整，除说明文字的调整外，其他均为实质内容调整。原子规则中的通用规则往往会影响多个产品，在调整前应该先厘清所有相关的产品，然后对这些产品进行充分测试后再确定调整方式。为了保证稳定运行，相关人员可以采用以下步骤进行调整：新增规则—将原有的规则停用—观察新规则运行的效果—确认稳定后再完全切换到新规则。
- 组合规则优化：组合规则优化着眼于规则之间的相互作用和整体结构，包括对组合中原子规则的新增和删除，各规则之间并行和串行关系的调整，冲突处理的调整和新增，执行顺序的调整，替代规则的新增、修改及删除等。在组合规则的修改过程中如果发现需要对原子规则进行优化，那么应按照对应步骤进行。

在优化的实施过程中，相关人员应遵循以下工作流程：

- 整理阶段：对可能需要优化的规则和受影响的产品进行系统化梳理。
- 设计阶段：综合考虑各种因素（如预期影响、实现难度等），制定出具体的优化方案以及应急方案。
- 验证阶段：使用历史数据或编制的数据对优化方案进行验证，确保优化方案在技术和业务层面都符合要求。
- 定稿阶段：将经过验证的优化方案提交审核，并确定最终的上线内容和时间。
- 开发上线阶段：由开发人员实施，并在完成测试后正式上线。

Chapter 9 第 9 章

对接核心企业数据

供应链金融产品的运行离不开来自核心企业的供应链场景数据。金融企业在获取这些数据时，双方首先需要解决法律问题，再确定数据对接的具体方式与细节，然后完成设计开发，最后双方还应制定对接后的故障处理机制，以保证数据对接和供应的持续稳定。虽然绝大多数情况下，数据是由核心企业提供给金融企业的，但也存在从金融企业回流到核心企业的情况，两者的工作方式基本一致，本章不做赘述。

9.1 参与人员

数据对接实现了金融企业和核心企业的数据连通，使双方能互相从对方处稳定、准确地获取自身所需的数据。从数据的角度看，本工作的内容是实现金融企业接入场景数据。

本部分工作的参与人员及分工情况如下：

- 金融企业参与人员：金融企业参与人员包括数据人员、信息技术人员。其中，数据人员需履行的职责包括数据工程师、业务专家等两个角色的职责，即负责与核心企业沟通、落地并验证对接数据的内容，以确保数据的准确性；信息技术人员则负责系统对接数据时所需的开发以及后期的维护工作，保证数据对接的安全性和稳定性。
- 核心企业参与人员：核心企业参与人员包括信息技术人员，职责和金融企业侧的信息技术人员一致。

由于数据对接是一个长期持续的状态，因此双方往往会各自指定固定的数据接口人，以保证后续出现数据问题时能及时通知对方处理。这个接口人应具备对数据对接工作意义的深刻理解，并熟悉对接的具体内容，因此双方一般都会选择参与过项目的人员作为接口人，例如金融企业会选择产品经理、核心企业会选择参与项目的融资部门人员等。如果双方采用人工对接数据的方式，数据也应通过接口人来传递，以确保数据的准确性，减少内部人员的操作风险。

9.2 数据对接目标

数据对接的目标是实现金融企业与核心企业之间的供应链数据场景中合作企业相关数据的流动。在数据流动过程中，提供数据的一方为数据提供方，获得数据的一方为数据接收方。这种数据流动通常从核心企业流向金融企业，即绝大多数情况下，数据供应方是核心企业，数据接收方为金融企业。

9.3 确认对接数据的基础信息

数据提供方和数据接收方对接数据时，首先需要约定对接数据的一系列基础信息，然后进行对接。

9.3.1 确认技术方式

双方需要在人工对接和系统对接两种方式中进行选择：
- 人工对接：人工对接也可称为线下对接，主要依赖双方接口人员手动进行数据交换。数据的载体可以多样化，包括纸质文档、电子表格、电子文档或数据库文件等。人工对接的数据交互过程由人工发起并完成，常见的数据交换方式包括传递纸质文件、复制电子文件、即时通信工具传递数据、邮箱发送数据等。
- 系统对接：系统对接也可称为线上对接，双方通过信息系统自动进行数据交换。在这种方式下，数据接收方能够自动从提供方处获取所需数据，具体的对接技术包括数据库表访问、接口服务、区块链等。系统对接首先要求双方都具有相应的信息系统，并且这些系统需要具备数据加工能力；其次，双方应建立信息保护机制，确保数据的安全性和合规性。

对比这两种对接方式，系统对接在便捷性、数据丰富性、准确性以及减少人为错误方面具有优势，因此成为一般数据对接的首选方式。而人工对接由于不需要系统开发，能够节约时间，通常适用于需要迅速开展业务的场景，或成为数据提供方缺乏数据系统时的备选方案。

9.3.2 确认数据的接收形式

双方需要选择是采用主动查询还是被动接受的数据接收形式：

- 主动查询：主动查询是指数据接收方在需要数据时，向提供方发起申请，提供方再向其提供数据。这种方式通常建立在系统对接之上，能满足实时或准实时的数据查询。例如，在金融供应链场景中，金融企业可能需要实时查询核心企业及其供应链合作伙伴的经营数据，以评估贷款风险。此时，金融企业会通过系统接口向核心企业的数据系统发起数据请求，核心企业系统收到请求后会自动查询相关数据并返回结果，结果通常是 JSON 格式的数据串。这种方式的优点在于数据接收方可以根据自己的需求灵活查询所需数据，而数据提供方则只需根据请求提供相应的数据即可，保证了数据的时效性、准确性以及安全性。

案例： 某种植业核心企业提供接口数据含义

金融企业与核心企业通过接口方式对接数据。核心企业在收到金融企业的接口请求之后，将以 JSON 数据串的形式提供数据。

JSON 数据串形式的数据经解析之后的具体内容含义见表 9-1。

表 9-1 核心企业通过接口提供的 JSON 数据串含义解析示例

JSON 数据串内容	对应字段含义
种子公司 XXX	下游分销商名称
40XXXXXXXXXXXXYYYY	营业执照编码
HN	省份
PDS	地市
YX	区县
A	分销商评级
784XXXXX.XX	连续三年订货金额平均值
952XXXXX.XX	今年已订金额
458XX.XX	今年未用返利
……	……

- 被动接受：被动接受是数据提供方向接收方提供全部的数据，由接收方自行选择数据使用。这种方式更常见于人工对接或系统对接时定期数据交换的情况。例如，核心企业定期将供应链合作伙伴的经营数据以文件或其他形式发送给金融企业，金融企业再根据这些数据进行贷款审批和风险管理，或进行其他用途的数据分析。被动接受的优点在于数据提供方可以一次性提供大量数据，减少数据交换的次数和复杂

度，数据接收方获得了更多的数据；但缺点在于可能存在数据法律和安全问题。

9.3.3 确认数据的更新周期

数据更新周期是指数据提供方刷新数据的频率，常见的数据更新周期包括以下四种：

- 实时更新：实时更新是时效性最好的数据对接方式，当数据提供方发生业务交易后，相关数据记录可以立即被数据接收方获取。这种方式要求核心企业的数据系统能够实时地从业务生产系统中获取并加工数据。实时更新对于数据系统有较高要求，如果设计或使用不当，这种更新方式就会给业务生产系统带来额外的负担。这种方式只可能通过系统对接的方式实现。
- 按日更新：按日更新数据在实际中较为常见，这种方式提供的是前一天的数据，即"T + 1"数据，时效性较好。由于数据是数据系统对前一天的数据进行集中采集和加工，而不是直接从业务生产系统中实时获取的，因此不会对业务生产系统造成过多的负面影响。
- 按周更新：按周更新数据的时效性更差一些，但对于信息处理能力不强的核心企业来说是一个可行的选择。按周提供数据意味着核心企业的数据系统或人员可以每周运行一次程序来计算和提供所需数据。这种更新方式通常可以安排在周末进行，以减轻工作日系统或人员的负担。同时，按周更新通常也是人工对接数据所能承受的极限频率。
- 按月更新：按月更新数据的周期相对较长，主要适用于财务数据。由于这些数据难以细致反映核心企业的经营情况变化和合作企业变化，因此对于数据接收方非常不友好。

除此以外，季度、半年、年等更长的更新周期几乎不能及时反映合作企业的经营变化，因此通常不会在实践中出现。

9.3.4 确认数据的载体形式

在确定上述内容后，双方基本可以确定承载数据的载体形式。

- 线下文件：常见的形态为加盖核心企业公章的纸质文件。这种形式承载的数据量少，但可以避免接口人或一些参与人擅自修改数据，且数据通过了核心企业内部流程的审核，安全性较高。这种形式常用于白名单/黑名单。同时，由于纸质文档本身能承载的数据很少，因此不适用于有大量合作企业的供应链场景。
- 电子数据：所有非实体载体的数据都属于电子数据，例如电子表格、接口文件、字符串、数据库文件等。系统对接方式传递的必然是电子数据，人工对接也可以使用电子数据。由于人工使用电子数据对接会存在接口人或一些参与人在对接过程中进行数据篡改的风险，因此数据接收方需要进行数据验证。

9.3.5 数据验证手段

双方最后还需要确认数据验证手段，验证手段包括以下三类：

- **不验证数据**：双方不对数据进行验证。不验证数据往往有以下四种原因：一是双方建立了高度的信任，不需要验证数据；二是核心企业提供了担保或其他的方式来保障金融企业的利益，金融企业不用过于担心贷款损失；三是提供的数据太少，没有必要构建这样的平台，或构建平台的成本与收益不成正比；四是时间限制，数据提供方在短期内没有办法构建衍生数据的流程或系统，这种情况常见于供应链金融产品运营的初期。尽管不进行技术验证，但双方通常会在合同中明确约定数据错误的责任，保障数据的真实性和准确性。
- **依赖管理手段进行验证**：数据提供方与接收方通过一系列的管理和沟通手段来确保数据的准确性，例如，提供数据时进行文件加密，避免其他参与人擅自修改数据；接收数据后，接收方设置核验人员进行核验，并与提供方人员进行确认；接收方人员参与数据生成过程等。这是一种相对较弱的验证手段，并需要双方建立配合机制。
- **使用数据模型进行验证**：数据提供方使用数据模型进行验证。由于金融企业获得的数据多，且数据直接用于贷款审批，因此金融企业有动力采取这种方式验证数据。金融企业通常会根据历史数据和经验构建数据模型，对一些指标数据设置规则阈值，如果数据在这些阈值之内或之外，则认为数据是正常的或准确的，例如，同比 / 环比的销售额增幅在 10% 以内；以周为单位的销售额变化规律波动小于 15%；销售幅度变化与同类企业的差异在 10% 以内。这种方法的优点在于其科学性和客观性，但模型可能无法应对所有突发情况，届时需要人工介入；同时这种方法带来了额外的成本，需要投入大量的开发和计算资源。

在实践中，双方采用管理手段进行验证是较为常见的做法，但金融企业或核心企业在面临大量的接入数据，认为需要加强风险控制，或认为需要通过信息科技手段提升数据可靠性等情况下，也会在自身内部构建数据模型进行验证。

9.4 解决法律细节问题

在数据工作开始阶段，数据提供方和接收方已经就数据的法律问题达成了协议（见 5.2.3 节），但由于本章的工作过程涉及核心企业、金融企业以及合作企业三方的数据以及授权，因此本节仍然需要对其中涉及的四个细节问题进行特殊说明，以数据提供方为核心企业，数据接收方为金融企业为例：

- 数据授权：数据需获得核心企业及合作企业的双重授权，特别是在涉及个人信息时更为重要。由于核心企业的特殊地位，可以由核心企业与合作企业先通过协议达成一致意见，使核心企业获得合作企业的一揽子数据授权，同时核心企业承诺数据的安全性保护和用途；然后核心企业再与金融企业签署协议，同时金融企业承诺数据的安全性保护和用途。当合作企业正式申请产品后，金融企业可以再与合作企业签署协议，并以此协议为依据调用第三方征信数据。
- 数据使用范围：金融企业应在协议中与核心企业明确数据使用范围。例如，数据仅用于合作企业申请该贷款产品时的审批、贷后管理环节，数据不向第三方提供，数据不用于其他商业目的等；同时，核心企业也需向合作企业明确说明数据的使用范围。反之，如果金融企业作为提供方向核心企业提供数据，例如贷款企业名单、贷款企业金额等，那么核心企业也应说明这些数据的使用范围。
- 数据质量保障：金融企业应要求核心企业及时、准确地提供数据，确保在产品运营过程中不会中断数据提供，同时避免捏造或提供错误数据。金融企业可以在协议中要求核心企业赔偿因捏造数据、提供错误数据导致的贷款损失。
- 数据安全责任：双方应在协议中对数据安全的实现方式进行明确规定，并明确数据泄露责任的划分方式与标准。

9.5 系统对接开发

系统对接是双方对接数据的主要实现方式。在实现上，系统对接比人工对接更复杂，系统对接不是简单地新开发系统功能，还需要考虑新功能是否符合双方信息系统开发与管理的规范和制度，同时满足信息安全和内部管理的要求。

为了方便，下文将以数据提供方为核心企业，数据接收方为金融企业为例，阐述系统对接开发。

9.5.1 数据对接设计

1. 确定数据对接基础

在进行系统对接前，双方应相互了解对方的情况，以确定数据对接的基础。具体内容包括以下三个部分：

- 双方信息系统管理制度：数据开发与对接的实施方是信息技术部门，工作流程必须符合各自的信息系统管理制度。因此，双方需要了解制度要求，确定制度可能带来的工作难点和堵点，提前制定方案，并准备好内部资源。
- 双方的资源和技术储备情况：双方要充分了解对方的资源和技术储备情况，包括双方已有的数据系统、数据服务能力和技术实现能力，以评估成本、制定时间表和规划方案。例如，如果核心企业已经具备成熟的数据对外服务平台，并且能够通过数据接口对外提供服务，那么利用这一现有平台进行数据对接将是高效且节约成本的选择。在规划方案时，双方采用双方均具备的资源或有储备的技术来实现对接，这样做不仅能节约成本，还更有利于双方在开发过程和后期运营中进行沟通，快速发现和处理问题。实际过程中也会出现核心企业缺少相关工具来实现自身数据对接，而需要金融企业帮助其建设的情况。
- 双方的信息安全制度：随着国家对信息安全的重视，双方通常会建立包括网络安全、数据安全、终端安全等多个方面的信息安全制度。在系统对接过程中，双方必须严格遵守这些安全制度，以保障数据传输和存储的安全性；同时，双方还需要确保开发完成后不会出现相关安全部门、审计部门等以不符合要求的名义拒绝提供数据的情况。

2. 数据详细内容设计

（1）确定数据内容范围

金融企业通常会以支持供应链金融产品的风险数据为基本范围，然后进行扩展，通常会尽可能地向明细级数据扩展，例如经营情况和业务往来的分时间段的统计数据，乃至每笔订单、销售单的数据，因为明细数据能帮助金融企业实现还原交易细节、发现潜在风险、形成合作企业的细致画像、积累行业经验等目标。作为数据提供方的核心企业则会尽可能地将数据限制在必须提供的范围内。因此，双方应通过沟通确认数据内容的大致范围。

按照数据内容的明细度，对接的数据内容范围可以分为以下三类：
- 白名单/黑名单数据：金融企业在获取这类数据后，可直接用于贷款审批决策，选择对清单上的企业提供或拒绝贷款。多数情况下，核心企业提供的是白名单数据，即金融企业可以直接进行放款。采用这种方式的前提是金融企业和核心企业建立紧密且互信的合作关系，因为白名单完全由核心企业控制，即使核心企业声称这些数据来源于金融企业的风险分析结果，金融企业也无法进行判断。在实践中，为保障金融企业的利益，核心企业通常需要为白名单企业提供担保或采取其他措施。

案例：某种植业核心企业提供的下游分销商白名单示例

支持场景：向核心企业订购种子、进行分销的下游分销商提供贷款。

白名单用途：金融企业对白名单内的合作企业按照名单内的数值给予授信额度。核心企业提供的白名单见表 9-2。

表 9-2　核心企业提供的白名单数据表示例

合作企业名称	企业性质	企业统一社会信用代码	企业主名称	企业主身份证	建议额度/万元
企业 A	有限责任公司	9111XXXXYYYYYYYMMM	WXX	107XXXXXXXXYYYYMMMM	100
企业 B	有限责任公司	43XXXXYYYYYMMMMNN	LXX	2127XXXXXXXXYYYYMMMM	80
企业 C	个体工商户	—	JXX	5107XXXXXXXXYYYYMMMM	50
企业 D	个人	—	ZXX	4917XXXXXXXXYYYYMMMM	60
……	……	……	……	……	……

- **模型评价数据**：金融企业将评价模型或评分模型部署在核心企业，或核心企业按照金融企业的要求开发这些模型和规则，形成计算结果后再提供给金融企业。例如，金融企业可以根据不同的评价等级或评分给予合作企业不同的授信金额。这种情况下，金融企业可能需要向核心企业透露部分风险规则的内容。
- **合作企业详情数据**：金融企业向核心企业提出获取合作企业数据的需求，核心企业按要求提供数据。在这种情况下，金融企业的贷款产品模型和规则对核心企业保密，核心企业只提供数据，无法判断合作企业的贷款申请结果和金额。这有利于金融企业进行风险管理，并能根据实际情况随时调整模型和规则，且不需要核心企业配合。但是，由于核心企业对规则一无所知，合作企业在向核心企业咨询自己申请的贷款产品能否通过或大概能获得的贷款水平这类问题时，核心企业无法给出答复，这可能会影响合作企业的积极性。

对比三种数据内容范围，白名单/黑名单的数据量最少，可以通过人工对接，使用纸质文档交付数据；详情数据更为丰富且加工复杂，通常采用系统对接的方式；评价数据使用两种对接方式皆可，实际中选择系统对接方式更常见。双方企业具体对接的数据内容主要取决于双方确定的合作模式以及贷款产品对数据的要求。

（2）设计数据颗粒度

数据颗粒度决定了数据的详细程度，进而影响数据分析和业务决策的准确性。数据颗粒度越细，越能反映细节，就越有利于数据接收方，但对于数据提供方则越敏感。颗粒度可以从时间和内容两个维度来考虑：

- 时间颗粒度：时间颗粒度在 9.3.4 节中已有所提及，即数据的更新周期；在数据对接时，也可能出现不同的数据字段有不同的时间颗粒度，这些差异需要进行标注。
- 内容颗粒度：内容颗粒度用于评价记录合作企业行为内容的细密程度，简单地说，统计级的数据越多，颗粒度越大，明细级的数据越多，颗粒度越小。

通常情况下，前文提到的数据内容范围与内容颗粒度有直接关系，从核心数据、运行数据到支持数据，内容颗粒度越来越小。例如，客户准入规则中可能会有一条要求"客户连续 6 个月销售金额平均值超过 500 万"才允许准入的规则，满足这条规则所需数据的不同数据颗粒度的情况如下：

- 风险数据层次（最大颗粒度）：数据提供方直接提供"客户连续 6 个月销售金额平均值"的具体数值，或提供"客户连续 6 个月销售金额"的具体数值，再由数据接收方除以 6 得出结果数据。需要说明的是，数据提供方不能直接返回"Y"或者"N"这样的内容，因为这样意味着数据提供方知晓了数据具体的使用方式，也就是这一条规则的具体内容，不利于风险规则的保密。
- 运行数据层次（中等颗粒度）：数据提供方可以提供合作企业从申请日起向前计算 6 个月中每月的销售金额，由金融企业自行累加再除以 6 得出结果数据。通过运行数据，金融企业可以借此更好地了解小微企业的经营周期、经营变化等，还能通过这些数据的统计了解核心企业当前上游或下游的情况。
- 支持数据层次（最小颗粒度）：核心企业可以提供合作企业从申请日起向前计算 6 个月中每天的销售数据，或每一条订单或销售单的数据，由金融企业自行累加再除以 6 得出结果数据。这些数据的总量更加庞大且细节丰富，使金融企业能够进行更深入的数据挖掘和验算。例如，金融企业不仅可以对月销售金额进行复核，还能通过这些细节数据洞察核心企业的供求和经营状况。

（3）设计数据内容

通常情况下，当确定对接的数据范围是合作企业的详情数据时，金融企业才会有设计数据内容的需要。

在设计数据内容时，金融企业可以采用逆向设计的思路，首先确定系统中最小颗粒度的数据，即最详细的数据记录级别；然后根据业务需求和数据使用场景设计更高级别的数据汇总，直到满足最基本需求（一般以系统规则输入指标为最基本需求）；最后双方确定最终对接的数据。例如，上游供应商数据的最小内容颗粒度可以拆分到单个订单信息，包括订单编码、订单金额、预付金额、已支付金额、未支付金额、支付方式、支付时间等详细字段；然后这些数据向上可以按日、周或月汇总订单金额，以分析供应商的销售趋势和周期性变化；如果风险规则要求有当月的订单金额，那么获取的数据内容至少应该包括按月统计的金额。在条件允许的情况下金融企业还可以要求核心企业提供细化到周或日的统计金额。

案例：金融企业与某种植业核心企业 A 进行数据对接的规划

金融产品的服务对象为核心企业的下游分销商。

对接前，核心企业提供的对接数据内容见表 9-3，但金融企业认为颗粒度没有满足要求。

金融企业原计划要求核心企业提供数据的颗粒度为按日更新，但核心企业经过对已有信息系统与数据情况的评估后，认为只有部分数据能达到要求。

双方经过沟通，确认对接数据的规划与实际情况见表 9-4。

表 9-3 核心企业提供的对接数据

订单详情字段	内容示例
订单编码	HNPDS10346XXXXXZZ
下游分销商名称	下游分销商
营业执照编码	40XXXXXXXXXXXXYYYY
订单金额	5428XX.YY
订单品种	金种子 XX
订单性质	订货
使用返利金额	0
实际支付金额	5428XX.YY
预付金额	0
已支付金额	5428XX.YY
未支付金额	0
支付方式	电汇
支付时间	201X0423

表 9-4 对接数据的规划与实际情况

内容	最小时间颗粒度	最小内容颗粒度	实际时间颗粒度要求	实际内容颗粒度要求
供应商名称	实时统计	—	按日	—
供应商地址	实时统计	—	按日	—
供应商评级	按年	—	按年	
订单信息	实时统计	单笔订单	按日	历史数据以年度总金额为统计目标 当前数据计算总金额
返利数据	按天	单次使用	按日	当前数据计算总金额
预存账户余额	实时统计	单笔扣款	按日	当前数据计算总金额
退换货金额	实时统计	单笔退换货	按日	当前数据计算总金额
……	……	……	……	……

金融企业接入的数据并不是众多杂乱的由数据堆积而成的独立数据表，而应该是有机的多个数据表集合。这些数据表集合不仅要求单个数据表内部的各个数据字段按照一定的规律组合，还要求数据表之间（如果有多个数据表）存在相互关联，具有逻辑结构。这不仅方便使用者快速了解接入数据的内容，也能支持数据之间的校验，在出现问题时能迅速定位和解决。这些数据表之间关系的设计可以应用第 5 章和第 6 章相关工作的成果。

案例：金融企业与某种植业核心企业 A 对接的数据内容之间的关系

金融企业发出数据对接需求后，双方经过沟通，确定将数据整合后，按照分销商统计级数据、分年订单统计数据、返利数据、前溯 1 年的订单详情数据 4 个主题进行数据对接。

核心企业 A 先在内部环境中对原始数据进行加工，形成 4 张数据表，然后通过接口与核心企业对接。

核心企业 A 对接的各类数据关系如图 9-1 所示。

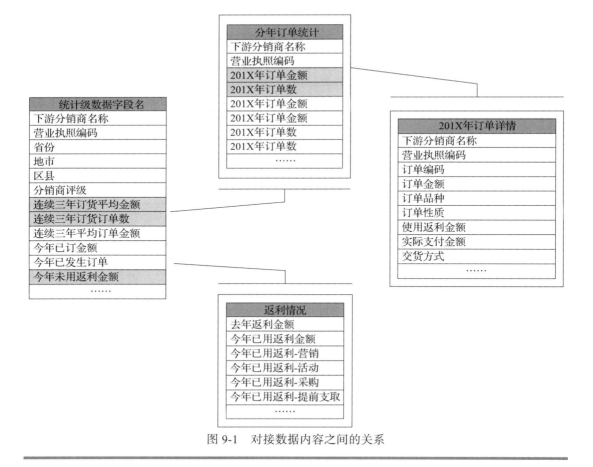

图 9-1　对接数据内容之间的关系

3. 结果数据加工模型部署

设计完成之后，双方应确定加工模型的部署方案。部署方案有两种选择：

- 部署在核心企业：由核心企业将分散在不同来源和数据表中的数据汇集加工，形成结果提供给数据接收方。金融企业收到后只需进行简单的指标计算或判断即可用于准入、授信和用信。这种方案中，核心企业提供的数据颗粒度大、内容少、结构简单，同时能隐藏更多原始数据的细节，保留秘密。金融企业获取数据后只需要进行简单加工即可使用，降低了加工成本。但是，金融企业所设计的数据内容中会包含具有金融行业特点的指标，这些指标可能难以被核心企业理解，双方需要付出更多的成本。
- 部署在金融企业：核心企业提供最原始的数据，由金融企业使用模型将接收的原始数据加工成结果数据后使用。这种方案下，核心企业的开发工作较少，节约了成本，但被迫要提供特别详细的数据，这对于很多重视数据和数据资产的企业来说可能较难接受。

在实际工作中，双方可以根据实际情况选择合适的方案，这既取决于双方的合作方式、资源情况，又取决于核心企业是否有想法持续不断地扩展合作的金融企业名单。

9.5.2　系统数据对接开发

在系统开发阶段，主要工作由双方的信息技术人员承担，双方会按照各自的规范推进工作，其他工作人员不应过多介入具体的开发工作内容，但需要关注以下三个方面的问题。

1. 上游供数系统的压力

当数据提供方采用数据实时更新的方式时，数据调用会对业务生产系统造成一定的负担，可能导致系统运行速度下降、业务处理迟滞卡死，甚至引发系统宕机等严重问题；当业务生产系统的工作压力较大时进行数据调用，出现问题的概率更高。

造成上游供数系统问题的原因主要有三类：过于复杂的数据加工模型、过大的数据调用量以及外部调用请求异常。对于加工模型和数据调用的问题，常见的解决方式包括优化代码、从业务系统备库中调用数据、限制数据调用次数、控制调用时间段等；对于外部调用请求异常，则需要通过加强数据接口管理、防范异常调用，或尽量减少对于业务系统来说非必要的实时数据查询等方式来解决。

2. 数据接口调用问题

当双方决定采用接口的方式进行数据对接时，有两个技术问题需要在方案设计中予以关注和解决：

- 数据异常调用的防范：数据接收方在开发接口时可能会出现一些错误，其中最严重的是频繁调用接口。例如，双方确定数据提供方在收到调用申请后回复数据的响应时间是 6 分钟，如果接收方在数据调用申请发生后 6 分钟内没有得到回应则会发起第二次申请。当数据接收方在开发时出现参数设置错误，将 6 分钟内无响应则重试的规则错误设置为 1 分钟，数据提供方就可能在短时间内接收到大量的重复申请，从而给数据系统和接口带来沉重负担。对此，除了严谨开发和充分测试外，双方还可以设置调用规则来解决。例如，数据提供方可以设置在 6 分钟内接收到的同一对象的重复申请将被视为无效申请；接收方则可以设置在 6 分钟内不得发送同一个对象的数据申请。
- 数据调用顺序设计：在数据对接过程中，并不要求只使用一个接口或一个文件，而是可以根据实际需求设计多个接口和文件。双方可以设计为按顺序依次查询，以减少接口压力。例如，金融企业可以先调用接口 A 的数据进行申请准入，通过后再调用接口 B 的数据进行授信计算。

3. 上线前数据验证

为确保数据的准确性，开发完成后的数据验证是至关重要的。数据提供方的验证通常在数据处理完成时执行，而接收方的验证往往在接口对接后进行。

数据验证通常选取特定时点的数据与标准数据进行比对，以确保数据处理的正确性。这些标准数据可以来源于核心企业的原始数据，也可以选择前期数据整合时形成的宽表数据，以节约时间和成本，因为这些宽表数据是前期工作的成果，数据的准确性得到了验证。

在实践中，验证所发现的错误数据通常源于开发人员对数据口径或数据加工方法的错误理解，特别是在处理复杂加工逻辑时。在这种情况下，金融企业的人员可能需要协助开发人员理解和解决问题。

9.5.3 对接后的故障处理

数据对接完成后，双方之间的数据流动会进入一个持续运行的状态，在这个状态中，最值得关注也最常见的问题是核心企业未能按照要求提供数据，这将给金融企业的产品运营造成损失。其中，直接导致金融企业无法投放贷款是显性的损失；更为严重的是，错误的数据有可能导致原有的风险策略失效或发生错误，使得金融企业对合作企业的评级或评价完全错误。

造成未能提供数据的故障和问题的原因可分为以下四类：

- 网络故障：由于双方网络无法连接导致数据无法传输，例如网络连接断开、网络设备故障、专网到期或 VPN 失效等。
- 身份验证失败：核心企业出于安全考虑，要求金融企业在获取数据前首先进行身份验证。如果核心企业擅自删除了验证账号或从后台修改了密码就会导致验证失败，从而无法获取数据。
- 接口无响应：接口无法正常提供数据的原因有很多，例如核心企业内部数据的处理任务过重、金融企业申请的数据量过大、接口存在 BUG 等。
- 接口数据错误：核心企业没有按照要求提供数据，例如将某些不能为空的指标置为空值、擅自增加数据字段、变更数据验证条件导致错误、修改原始数据内容导致接口数据加工错误，或者调整了接口数据的数据加工程序等。其中，修改原始数据内容这一行为尤其危险和常见。

为了应对这个问题，金融企业可以从以下四个方面进行预防和解决：

- 设定专门的责任人员：金融企业应敦促核心企业一起深度参与供应链金融产品运营，特别是选派专门的人员进行沟通与协调。这些人员可以在原有项目组的基础上选拔，以确保双方之间的合作更加顺畅和高效。
- 建立长效且及时的沟通机制：很多时候，故障和问题是由于沟通不畅导致的。特别是核心企业的接口人可能并非专职，且信息技术部门的首要任务是满足内部系统的运维和业务功能开发，因此信息传递可能不到位，导致接口被误关闭或原始数据因功能修改而未及时通知金融企业等情况屡见不鲜。为避免这类问题，双方负责对接的专人应定期沟通，了解当前状态。尤其是年底、年中或对业务方向或供应链中合作企业的管理方式有调整时，核心企业应及时与金融企业沟通具体情况，评估可能的影响。
- 需要建立应激处理机制，以应对突然出现的故障或问题：这套机制应包括故障报告、紧急响应、问题排查和解决等环节，确保双方在出现问题时能够迅速做出反应，并在问题解决后进行原因分析和隐患排查，防止类似问题再次发生。
- 金融企业应建立数据监测手段：针对核心企业提供错误数据导致风险规则失效的问题，目前尚无完美的发现和检查方式。但是，金融企业可以通过数据监测手段统计和分析从核心企业获取的接口数据的各指标数值分布、企业审批申请通过与授信金额情况、企业收到贷款后的还款行为等相关数据，并对比历史变化，分析发现是否出现申请企业和贷款金额剧增剧减、还款行为恶化、企业特征变化等情况。虽然这项工作的实施过程复杂，系统资源和人力资源投入大，但金融企业在资源富足的前提下，仍应尽力覆盖自身所有的产品。

第 10 章

供应链金融产品设计

工作人员通过前述工作已经完成了对供应链金融场景中各方的需求、市场、风险等信息的收集和分析，确定了产品设计中最为个性化的内容和信息，接下来工作人员需要将这些内容按照金融企业的内部管理要求，与已有的制度文档、信息平台能力以及信息技术规范等相结合，完成产品设计的工作。设计完成后，产品会进入开发阶段，产品经理作为业务人员也应参与开发工作，以提升开发效率。

10.1 参与人员

产品设计，即工作人员按照金融企业的内部要求，完成该供应链场景产品的各项设计。从数据的角度看，本工作的内容是将数据工作的结果转化为具体的产品设计内容。

本部分工作完全由金融企业人员完成，主要包括数据人员、产品经理。其中，数据人员需履行的职责包括数据分析人员、业务专家、风险专家等三个角色的职责，即需要确保设计内容能够充分和准确地利用前期所有的工作成果。产品经理是该项工作的主导人物，需要整合前期获得的信息完成产品设计，同时还需要确保产品设计既满足业务需求又符合风险管理的标准。由于产品设计涉及金融企业内部管理的多个方面，因此产品经理还需要参考和应用企业内已有的制度文档、信息平台以及信息技术规范等。在工作过程中，产品经理会根据需要与相关部门或人员进行联系，以获得他们的支持或获取相关信息。

10.2 产品设计内容

产品设计应包含产品所有的构成、功能、实现方式等关键要素。尽管各金融企业的产品在具体内容方面存在差异,但产品设计文档的内容通常可以分为产品简介、核心企业简介、目标客户、产品要素、风险规则说明、账户体系说明、业务流程、产品优势说明、主要风险与应对方案、技术规范设计、制度与合同援引、服务文档援引等十二个部分。

产品设计的依据按照来源可以分为三类,分别是来源于供应链场景数据工作、来源于内部制度文档,以及来源于信息系统与规范。

产品设计完成后,设计内容需要根据金融企业的管理要求,有选择性地向内部相关部门、外部核心企业,以及合作企业公开。根据是否可以向合作企业公开,设计内容可以分为三类,分别是可以公开、不能公开、可以部分公开。

产品设计内容的依据以及公开情况见表10-1。

表 10-1 产品设计内容的依据以及公开情况

设计内容	依据	是否对合作企业公开
产品简介	供应链场景数据工作	是
核心企业简介	供应链场景数据工作	否
目标客户	供应链场景数据工作	部分
产品要素	供应链场景数据工作	部分
风险规则说明	风险规则形成	部分
账户体系说明	内部管控要求	部分
业务流程	供应链场景数据工作、内部制度文档、信息系统与规范	是
产品优势说明	供应链场景数据工作	是
主要风险与应对方案	供应链场景数据工作、内部制度文档	否
技术规范设计	供应链场景数据工作、信息系统与规范	否
制度与合同援引	供应链场景数据工作、内部制度文档、合同文档	否
服务文档援引	供应链场景数据工作、内部制度文档	否

10.2.1 产品简介

产品简介是对产品特性的简单阐述,是对后续内容的高度提炼,目的是让相关人员能迅速知晓产品合作的核心企业、服务的供应链场景、服务的合作企业、服务方式、产品性质等产品的核心内容。很多金融企业会采用"一句话产品"的描述形式,以保证概述足够简明扼要。

案例：服务制造业上游供应商的 A 产品简介

A 产品是我司与甲集团合作，基于甲集团上游供应商的订单、评级、交易记录、应收账款等供应链场景数据及外部数据，为供应商提供的贷款融资服务。供应商可以通过线上方式申请，也可以在甲集团采购部门进行登记，由工作人员上门受理。

案例：服务粮油贸易行业下游采购商的 B 产品简介

B 产品是我司与乙集团合作，为乙集团下游采购商提供的企业流动资金/个人经营性贷款，用于采购商定向进行上游采购，产品采用全线上服务的方式，不接受线下申请。

10.2.2 核心企业简介

核心企业简介用于阐述核心企业的基本特征，目的是让相关人员了解产品合作的核心企业的自身情况、供应链场景情况，以及金融企业与核心企业合作的模式。这些内容由前期的各项工作成果整理而来，主要依据和来源见表 10-2。

表 10-2 核心企业简介内容的主要依据与来源

内容	主要依据与来源
核心企业经营与管理特点	第 4 章
企业行业地位	第 4 章
核心企业经营情况	第 4 章、第 7 章
供应链场景特征	第 4 章、第 7 章
合作企业管理方式	第 4 章、第 7 章
信息系统与数据情况	第 4 章、第 5 章、第 7 章
合作模式	合作合同（本书未涉及）

核心企业简介的篇幅不宜过大，但以下四部分内容应被详细记录，因为这些内容直接关系到相关人员能否正确、全面地理解该产品所依托的核心企业的情况。

- 核心企业经营特点：记录需重点说明核心企业相对于行业内其他企业的经营特点，以及金融企业选择其合作的出发点或关注点，这样能帮助相关人员迅速知晓核心企业在行业中的特色。
- 核心企业经营情况：记录内容是核心企业的主营业务、经营状况、经营周期等重要信息。
- 供应链场景情况：记录内容是合作的供应链参与方、供应链中的交易结构或交易规则、产品在该供应链中所发挥的价值等内容，这样能帮助相关人员迅速了解该场景的特点，判断产品在场景中的地位。
- 合作模式：记录内容是对金融企业与核心企业合作方式的说明，包括合作时间、双方分工、双方的收益分配、附带的合作条件等。如果金融企业是银行，那么其与核心企业合作不仅能实现投放贷款，还能通过结算账户获得活期存款，或与核心企业合作开展票据业务、发放工资业务等，综合收益很高。

案例：制造业 A 集团的简介

1）核心企业经营情况简述：
- 企业经营情况：A 集团是 XX 制造业的头部企业，N 交易所上市公司，截至 201X 年，企业总资产为 XX 亿元。近年来，A 集团着重于更新设备，计划在 3 年内，总体产能达到 XXXXX 台设备，年产值达 XXX 亿元。
- 企业经营周期：行业周期为 6 年左右，低谷期约为 1 年～1.5 年，当前行业正处于上升周期；企业生产经营周期（从原料到销售完成）约为 6 个月～9 个月，个别情况会更长。

2）供应链场景：
- 供应链参与方：产品服务的供应链参与方是供应链的上游供应商。
- 供应链运行简述：供应链主要包括核心企业与供应商签订合同；核心企业发出订单，供应商确认后组织生产；供应商交货，核心企业对合格的货物进行确认，不合格的可以要求供应商更换或直接退货；供应商根据确认货物开具发票，核心企业收到发票后进行支付；支付时间和支付的方式（如现款电汇、1 个月承兑商票、仅支付非保证金部分等）由合同约定等动作。
- 核心企业管理要点：核心企业通过货物评价和供应商评级两种手段进行管理，货物评价影响单次交易结算，评级影响合同签署以及合同内容。
- 供应链交易周期：各供应品类有差异，交易周期从 1 周到 2 个月不等。

3）合作模式：
- 产品合作简述：我司提供产品，合作企业可以自行申请，也可以向核心企业采购部门提出申请，再由采购部门告知我司。
- 合作收益方式：我司向核心企业支付数据查询费用，可按次收费，也可按月进行结算，有封顶金额。
- 其他合作：双方签署战略合作协议；核心企业承诺独家合作，不与其他金融企业开展同类贷款合作。

案例：连锁零售行业 B 集团的简介

1）核心企业经营情况简述：

- 企业经营情况：B 集团为连锁零售行业，通过加盟店进行销售，集团专注于加盟管理、运营以及商品供应链管理。截至 201X 年，集团合计拥有 2000 余家加盟商，年销售额为 XXX 亿元。
- 企业经营周期：连锁零售行业以年为周期，夏季为销售旺季，冬季为销售淡季，加盟商高峰出现在春夏之交。

2）供应链场景：

- 供应链参与方：产品服务的供应链参与方是下游加盟商。
- 供应链运行简述：供应链主要包括核心企业与加盟商签订合同；加盟商的商品必须由 B 集团供应，加盟商通过线上下单请求配货，B 集团以 T+2 的时间间隔进行供货；加盟商必须使用 B 集团统一的收银系统，B 集团按照 T+1 的方式进行货款清算等动作。
- 供应链交易周期：供货周期为 T+2，结算周期为 T+1。

3）合作模式：

- 产品合作简述：我司提供产品，合作企业自行申请；核心企业数据由征信公司提供给我司。
- 合作收益方式：我司按照贷款金额与征信公司进行分润，征信公司与核心企业进行分成。
- 其他合作：双方签署战略合作协议；核心企业承诺使用我司支付工具，用于与合作企业进行结算；核心企业承诺提供年日均 XX 亿存款。

10.2.3 目标客户

产品设计中目标客户的相关内容涉及内部管理和外部运营两个方面，产品经理在进行设计时应将其分为两部分：

- 对外展示的内容：这部分通常会成为产品介绍的组成部分，主要内容是说明产品服务的是供应链场景中的哪一部分合作企业；有时内容中还会增加一些对合作企业的基本要求，以方便外部人员理解。
- 对内说明的内容：这部分仅向内部相关人员提供，用于内部管理，因此目标客户的描述会更加详细，可以包括以下内容：

- 场景中合作企业的特征：记录内容是全体合作企业的经营收入分布、经营周期、核心企业对其的评价评级、金融企业分类分级的分析描述，以及以上各分类分层的数量等。
- 目标客户企业的基本特征：记录内容是目标客户企业的经营收入分布、经营周期、核心企业对其的评价分级、金融企业的分类分级等信息。一般情况下，目标企业为经过风险分析后确定的、预计可通过场景风险规则审核的合作企业。
- 目标客户企业与合作企业的差异：目标客户企业是合作企业的一部分，因此需要说明两者存在差异；在有分析文档可以参考的前提下，为了减少篇幅，工作人员可以只表明占比情况。

目标客户内容的主要依据与来源见表 10-3。由于目标客户内容大量来源于前期的分析工作，因此产品经理在编写时可以附上分析的结论文档，以帮助相关人员了解更为详细的情况。

表 10-3 目标客户内容的主要依据与来源

内容	主要依据与来源
目标客户的基本描述	第 4 章
合作企业的基本特征	第 4 章、第 6 章
目标企业的基本特征	第 4 章、第 6 章
目标客户与合作企业的差异	第 4 章、第 6 章、第 7 章

案例：服务上游供应商的 A 产品的目标客户

1. 对外展示的内容

目标客户的基本描述：

- 贷款主体为核心企业甲已经签约的上游供应商。
- 要求合作企业必须签署合同，且合同和合作企业在核心企业的供应商系统中有记录。

2. 对内说明的内容

1）合作企业的基本特征：

- XX% 的合作企业集中在 S1、S2、S3 等 3 个省。
- XX% 的合作企业与核心企业的合作时长在 3 年以上。
- XX% 的合作企业月交易额较为稳定，变异系数在 0.XX ~ 0.XX 之间。
- 合作企业合计 6 个分级，XX% 的企业集中在 2 ~ 4 级。
- 合作企业的交易高峰期在每年的 X 月 ~ X 月。

2）目标企业的基本特征：

- 年交易金额在 XXX 万～XXXX 万元之间。
- 核心企业的评级在 2 级以上。
- 在风险分析中的评分在 D 及以上。

3）目标客户与合作企业的差异：
- 目标客户约为合作企业总量的 83%～87%，不同的时间段有所差异。

4）详细情况见《A 集团上游供应商数据分析报告》。

案例：服务连锁餐饮行业下游加盟商的 D 产品的目标客户

1. 对外展示的内容

目标客户的基本描述：
- 贷款主体为丁集团的加盟商，且为自然人。
- 要求加盟商在核心企业的加盟商目录中。

2. 对内说明的内容

1）合作企业的基本特征：
- 所有的合作企业集中在 S4、S5 两个省，其中 XX% 的合作企业在 S4 省。
- 合作企业的月交易额不稳定，存在明显的淡旺季情况。
- 所有合作企业的进货期均在上半个月。
- 仅有 X% 的合作企业未使用核心企业的统一收银系统。

2）目标企业的基本特征：
- 年交易金额在 XXX 万～XXXX 万元之间。
- 月均交易额变异系数相对稳定，在 0.XX～0.XX 之间。
- 在风险分析中的评分在 XX 分及以上。

3）目标客户与合作企业的差异：
- 目标客户约为合作企业总量的 80%。

4）详细情况见《D 集团下游分销商数据分析报告》。

10.2.4 产品要素

产品要素记录了金融产品的各项主要内容，主要包括以下几个部分，金融企业可以选择性地对外展示产品要素设计的内容。

- 主要准入要求：记录内容是允许合作企业申请贷款的主要条件。由于金融企业的风险规则需要严格保密，因此主要准入要求并不完全等于风险规则，而是其主要组成部分。一般情况下，主要准入标准会描述产品中供应链场景规则的主要部分，而不说明来源于第三方征信数据的风控规则（或仅仅简单说明要求合作企业信誉良好）。因此，准入客户不等于目标客户，而是目标客户的一部分，目标客户可能会因为一些时序性指标低于准入标准（如最近季度销售额、最近 1 个月的产品合格率等），或非场景的准入条件不满足（如合作企业的征信不佳，达到"连三累六"的标准）导致申请贷款产品时被拒绝；如果金融企业采用的是核心企业提供的白名单模式，即金融企业只向核心企业白名单中的合作企业放款，产品经理也应在此记录为名单制准入。

- 授信额度范围：记录内容是授信额度范围，以及授信有效期。额度范围包括最高可以授信的额度上限以及最小的额度金额，部分金融企业还会说明额度计算的主要依据，例如依据订单金额及合作时长、依据历史交易额等。有综合授信管理的金融企业允许同一个贷款客户或贷款企业申请多个产品，但会控制总授信额度，这里的总授信额度同样需要说明。
- 担保 / 保证方式：记录的内容是申请贷款的合作企业提供的担保 / 保证以及担保 / 保证的方式，供应链金融产品一般会要求企业法人承担连带担保责任，如果有担保公司或其他担保方参与也需要在此进行记录及说明，如果没有担保 / 保证可以不写。
- 贷款期限：记录内容为产品的贷款期限，随借随还的产品则应说明最长贷款期限。
- 贷款利率：记录内容为产品的年化利率，金融企业也可以记录罚息的计算方式。
- 放款方式：记录内容为产品放款的方式、要求以及时间要求，例如通过 App 绑定本行一类户放款、仅限工作日放款、放款后直接进入本行一类户；对于存在线上和线下两种放款方式的产品，产品经理应分别进行记录。
- 还款方式：记录内容是产品允许的各种还款模式、计息方式以及还款方式对应的要求，其中，还款模式主要包括按照合同正常还款、未足额还款、提前全部还款、提前部分还款等；对应的要求内容较多，例如提前还款是否收取违约金、是否限制提前还款的金额等。
- 其他参与方：记录内容是产品运营过程中存在的除核心企业、合作企业之外的其他参与方以及参与方式，例如，一些供应链中还会有代理商存在，贷款交易中也会有担保方为合作企业提供担保等。

金融企业在对外的产品介绍中，可以直接介绍产品要素，也可以将产品要素与产品优势（见 10.2.6 节）合并在一起进行介绍。

产品要素内容的主要依据和来源见表 10-4。

表 10-4　产品要素内容的主要依据与来源

内容	主要依据与来源
主要准入要求	第 7 章和金融企业内部风险政策要求
授信额度范围	第 6 章、第 7 章和金融企业内部风险政策要求
担保/保证方式	第 7 章和金融企业内部风险政策要求
贷款期限	第 6 章、第 7 章和金融企业内部风险政策要求
贷款利率	第 6 章、第 7 章和金融企业内部风险政策要求
放款方式	第 6 章、第 7 章和金融企业内部风险政策要求
还款方式	第 6 章、第 7 章和金融企业内部风险政策要求
其他参与方	根据具体内容进行记录

案例：服务连锁餐饮行业下游加盟商的 D 产品的各产品要素

主要准入要求：符合以下标准之一，拥有三证合一的营业执照且与核心企业及其控股公司无关联关系的合作企业。

- 在核心企业提供的白名单目录中。
- 与核心企业的合作年限不少于 5 年，且近 3 年核心企业测算的年均毛利润不少于 XX 万元。
- 核心企业评级连续 2 期在 B 级及以上，且经营门店不低于 5 家。

授信额度范围：单户授信额度最高为 XXX 万元，授信有效期为 1 年。

担保/保证方式：XX 担保股份有限公司提供连带责任担保。

贷款期限：贷款期限不超过 24 个月。

贷款利率：年化利率为 XX%，未及时还款的罚息按照日万分之二点一收取。

放款方式：

- 自动审批：适用于自动审批通过的客户；工作日的工作时间进行线上放款，非工作日顺延。
- 人工审批：适用于自动审批不通过的客户；由客户向客户经理申请，同时客户经理联系 XXX 担保出具担保文件，经过我司人员审批通过后，系统自动发起放款。

还款方式：还款方式为等额本金或等额本息。支持部分及全额提前还款，提前还款按日计息，不收违约金，不限还款金额，不限用款期限。放款日不支持提前还款。

案例：服务商贸企业下游购买方的 E 产品的各产品要素

主要准入要求：符合以下标准中的 2 个以上，信用良好且与核心企业及其控股公司无关联关系的企业（含个体经销商、中小型贸易公司）。

- 与核心企业的合作年限不少于 3 年。
- 近 3 年与合作企业的交易额不低于 XXX 万元。
- 近 3 年每月均有交易,且月均交易额不低于 XX 万元。

授信额度范围:单户授信额度最高为 XXX 万元,授信有效期为 1 年。

担保/保证方式:无。

贷款期限:贷款期限不超过 12 个月。

贷款利率:年化利率为 XX%;未及时还款按照合同规定罚息。

放款方式:工作日的工作时间进行线上放款,非工作日顺延;放款时,贷款直接拨付到客户在我司登记的银行账户中。

还款方式:还款方式为等额本金或等额本息。支持部分及全额提前还款,提前还款按日计息,不收违约金,不限还款金额,不限用款期限。放款日不支持提前还款。

10.2.5 风险规则说明

产品的风险规则是重要的企业秘密之一,也是金融企业信用风险管理的关键。如第 7 章所述,产品业务风险规则通常应是对外保密的,但在供应链场景中核心企业往往会协助金融企业开展推广、运营和服务工作,因此金融企业可以向其提供一些经过脱敏处理的风险规则以提升工作效率。

向核心企业提供的风险规则内容通常包括以下特点:

- 应限定对象与使用场景:金融企业应与核心企业签订协议,要求核心企业明确可以接触、阅读和使用规则的人员,以及可以对外提供规则的场景与方式,例如,当合作企业咨询贷款业务时可以采用电话的方式提供,或与金融企业一起开展贷款产品推广时可以使用书面文件提供且书面文件应由金融企业审核。
- 主要提供场景规则内容:由于核心企业只拥有合作企业的供应链场景数据,因此金融企业也应以提供场景规则为主;如果需要提供通用规则,金融企业应注意只提供具有普遍意义的规则,例如个人姓名/身份证/联系电话校验一致,或所提供的风险规则仅做模糊说明,例如企业有贷款尚未清偿、贷款企业有不良贷款等。
- 重要的数值和规则需要保密或脱敏处理:风险规则中的评分卡、等级规则、授信规则应保密,不告知核心企业;相关阈值数据应进行脱敏处理。实际情况中,金融企业也可以选择对关键信息进行模糊处理。
- 建议提供附带话术:金融企业的风险规则往往会配有对外服务的标准话术,例如当客户申请贷款被拒绝时向客户进行的相关解释等。这些话术应跟随规则一并提供给核心企业，以保证双边对外服务口径的统一。

案例：金融企业向核心企业提供的风险规则

金融企业甲与核心企业乙合作为其上游供应商提供供应链金融产品 A，金融企业提供的风险规则概况如下：

- 提供规则概况：A 产品合计有风险规则 40 条，其中场景规则 12 条，通用规则 28 条；提供给核心企业的风险规则有 6 条，其中场景规则 5 条，通用规则 1 条（联系方式校验不一致规则）。
- 提供方式：金融企业接口人将加密文件发送给核心企业指定接口人的邮箱，再通过短信发送解密密码，由接口人自行解密。
- 风险规则更新：当场景风险规则更新时，金融企业接口人将在次日提供更新后的规则文档。
- 使用人员限定：核心企业只能将规则提供给对外提供服务的人员，且人员名单需要由核心企业指定接口人通过邮件的方式提供给金融企业接口人。

提供给核心企业的风险规则的详细内容见表 10-5。

表 10-5　提供给核心企业的风险规则的详细内容

界面展示内容	风险规则定义	对客标准解释口径
请联系相关人员（代码：SL001）	企业贷款人员并非企业法人	需要企业法人代表才能审定贷款产品
请联系相关人员（代码：WB0001）	企业贷款人员的联系方式未经过核验	需要企业法人代表确认用于办理业务的联系电话
请联系相关人员（代码：SL003）	企业合作时长过短	企业合作时长达不到贷款要求
请联系相关人员（代码：SL004）	企业月平均订单金额规模不够	当前企业与核心企业的交易规模不足
请联系相关人员（代码：NC013）	企业有不良贷款	需要企业查看是否有未清偿的历史贷款

10.2.6　账户体系说明

金融账户在金融交易中起到了非常重要的作用：首先，贷款的拨付、支取和还款都需要金融账户的支持；其次，金融企业还可以和核心企业、合作企业订立合同，通过账户进行自动扣款，提升客户的感知并降低贷款逾期的可能性；最后，金融企业还可以通过账户对客户的贷款用途进行管控，防止出现欺诈行为。

产品经理在设计账户体系时，除了要考虑金融监管机构的要求、金融企业自身的要求之外，还应充分考虑核心企业与合作企业的情况，例如，当金融企业为非银行机构时，产品经理应考虑为合作企业开设银行账户的便利性，从而选择与网点更多的全国性商业银行或股份制银行进行合作。

产品经理在对核心企业和合作企业提供账户体系的信息时，一方面应减少专业性的描述，着重说明账户的使用方式，必要时可以增加相关的图示说明，以降低理解难度；另一方面，账户体系还会涉及法律合同，产品经理需要和核心企业相关人员做好沟通，在保证法律合同合法合规的同时尽可能地满足核心企业的要求。

在实际工作中，金融企业通常也会有与自身贷款产品相配套的标准的账户体系设计、说明文档以及合同，这时产品经理可以直接引用这些内容。

10.2.7　业务流程

业务流程内容是客户申请贷款流程的简要说明，通常是对外产品介绍内容的组成部分。业务流程设计不仅需要符合内部制度文档要求且能被现有的信息系统实现，还需要符合合作企业的贷款习惯，方便企业使用，从而提高客户的感知，增加产品受理成功率。

业务流程一般需要包括以下几个部分：

- 前期环节：合作企业申请贷款流程前的环节。该环节通常不需要贷款企业进行操作，而是由核心企业和金融企业共同完成，例如由核心企业提供白名单。
- 企业注册：记录内容包括企业需要注册的软件或平台的名称及下载地址、企业注册需要提交的资料、企业认证流程、企业主身份验证方法等；注册过程中的细节操作也需要进行记录，例如需要企业主提供营业执照照片、活体认证、上传视频等。
- 贷款产品申请：记录内容包括企业申请的产品、贷款批准提示、贷款申请通过和贷款发放的通知等。
- 提款：记录内容包括与企业提款相关的手段、条件以及额度限制等内容。例如，金融企业仅允许贷款企业提款到企业的一类户，金融企业仅允许提款到核心企业为合作企业开的结算户，金融企业控制的单次限额提款上限等。
- 还款：记录内容包括企业还款的方式、还款的时间要求、还款相关事项等。例如，企业提前还款需要通知金融企业的运营人员手动扣款；一些未能实现业财一体化的金融企业在企业还款时会派运营人员进行电话确认；一些金融企业会为客户提供还款助手之类的应用，企业贷款申请人员可设置固定时间提醒自己还款等。
- 逾期：记录内容为如果客户未及时还款，金融企业可能采取的措施，例如电话催收、短信提示、App 提醒、客户经理沟通等。

产品经理在撰写业务流程内容时,可以按照申请、贷前、贷中、贷后等步骤来组织以上内容,也可以使用更容易理解的语言来进行表述。为了让相关人员更容易理解业务流程,产品经理还可以增加流程图进行说明。

案例:服务上游供应商的 A 产品业务流程

1)前期环节:核心企业以月为单位,通过系统接口向我司提供供应商名录、评价分级、历史交易记录等供应链场景数据。

2)企业注册:
- 客户登录 App 进行注册。
- 客户提供营业执照、企业主身份证,通过核心企业供应商名录完成实名制认证。
- 客户绑定银行卡账号。

3)贷款产品申请:
- 客户在 App 中发起贷款申请,系统进行自动审核,审核通过后获得授信额度。
- 无人工审批流程。

4)提款:客户提出申请,将贷款提供给指定账户。

5)还款:
- 客户采用线上还款的方式,直接将贷款支付给指定账户。
- 还款时应注明贷款人企业全称。

6)逾期:如客户不能按时归还贷款,我司会通知核心企业,核心企业对供应商应付账款进行扣除,并调整客户的评级。

案例:服务连锁餐饮行业下游加盟商的 D 产品业务流程

1)前期环节:
- 核心企业向我司提供可以提供贷款的合作企业白名单。
- 核心企业以天为单位,通过系统接口向我司提供供应链场景数据。

2)企业注册:
- 客户通过核心企业提供的地址或自行登录 App 进行注册。
- 客户提供营业执照、企业主身份证,并通过活体检测识别,完成实名制认证。
- 客户绑定银行卡账号。

3)贷款产品申请:
- 客户在 App 中发起贷款申请,系统进行自动审核,审核通过后获得授信额度。

- 自动审批失败后，客户可以联系我司客户经理咨询，由客户经理发起人工审核流程，通过人工审核即可获得授信额度。

4）提款：

- 客户提出申请，将贷款提供给指定账户。
- 单次额度不得超过 XX 万元。

5）还款：

- 客户采用线上还款的方式，直接将贷款支付给指定账户。
- 还款时应注明贷款人企业全称。

6）逾期：如客户不能按时归还贷款，我司会联系核心企业，与核心企业一起开展催收工作。

10.2.8 产品优势说明

产品优势内容是对产品优势和特点的介绍，内容包括对外展示部分和对内说明部分。对外展示部分用于说明本产品相对于市场上同类产品的特点和优势，这些内容是产品介绍的组成部分，用于对外宣传，吸引合作企业申请贷款；对内说明部分用于记录该产品在金融企业内部的特点，内容可以更加简明扼要。

- 对外展示部分：工作人员将第 4 章中收集的市场同类产品信息，按照 10.2.4 节中的各产品要素进行拆分，逐一与自身产品进行对比，再选择自身最有优势的部分，结合合作企业的核心需求进行撰写。金融企业在描述产品优势时应充分体现出自身的特点，吸引客户。例如，资金成本低、利率较低的金融企业可以强调自身产品的利率优势；擅长线上运营的企业可以突出自身产品申请快速、服务到位的优势；授信额度高的企业可以重点说明额度上限高，更符合客户的大额资金需求等。
- 对内说明部分：由于产品要素已经详细说明了产品特点，相关人员可以自行查找并对比各产品的特点，因此这部分内容一般是明星产品或具有特殊意义和地位的产品，例如投放量巨大的产品、能申请到再贷款或扶持政策的产品等。

案例：服务粮油行业下游分销商的 B 产品的优势说明

1. 对外展示内容

- 额度高：粮油贸易企业为重资金运营，本产品单户授信额度最高为 XXX 万元，可满足客户采购约 XXXX 吨粮食或 XXXX 吨食用油的资金需求。

- 手续简便：客户可通过小程序、App 进行线上申请和操作，无须到我司进行现场操作，也无须提交纸质资料；贷款额度审批结果可以当场查询，无须等待贷款审批结果。
- 无须抵押：客户无须提供任何资产进行抵押。
- 还款方便：客户可通过线上的方式随时还款。
- 提前还款无其他费用：客户可以部分或全额提前还款，已还款部分不进行计息，提前还款不收取任何额外费用。

2. 对内说明内容
- 该产品享受了相关部门的农业再贷款政策。

案例：服务连锁零售行业下游分销商的 D 产品的优势说明

对外展示内容：
- 额度高：单户最高可贷 XXX 万元，足以应对 2 个月的资金周转。
- 放款快：客户自主提款，分钟级到账。
- 还款灵活：借还更方便，随借随还，按需管理，按月计息。

10.2.9　主要风险与应对方案

贷款产品的风险是金融企业重点关注的内容之一，也是相关人员最为关注的部分。因为内容涉及金融企业的风险管理，所以不仅不会对外公开，一些金融企业还会限制该部分内容的使用权限，只允许部分人员阅读。

本部分所描述的风险类型主要是信用风险，具体内容包括以下三大部分：
- 核心企业风险：记录内容为核心企业经营原因导致的风险。这类风险一旦发生会影响到全体合作企业，直接关系到产品是否需要关闭或暂停。金融企业常见的风险应对方案是对核心企业进行走访和调查，并配合核心企业提供的数据定期分析和评估核心企业的现状，然后交由金融企业风险部门或决策机构进行最终决策。
- 合作企业风险：合作企业因自身行为导致的风险，按照风险形成的原因是否与供应链场景相关，合作企业风险又可以分为以下两类：
  - 一般经营风险：这类风险不区分行业和供应链场景，所有合作企业都可能发生。工作人员一般不详细研究和区分造成风险的原因以及不同的应对方式，只关注风险处理方法。

- 个性化场景风险：这类风险与场景密切相关，不同的场景会产生不同的风险，是高度个性化的风险。工作人员需要仔细区分造成风险的原因，并根据原因制定不同的应对方案。
- 其他相关方风险：产品中会涉及其他相关方的风险，具体的相关方及风险由产品的具体情况决定。例如，担保方无法履行担保义务时产生的风险。这类风险虽然具有一定的个性化，但只要相关方在贷款业务中的地位和作用相同，那么风险的应对方案基本也是相同的。

在金融企业中，风险管理工作是由更专业的风险人员来完成的，管理内容远比产品设计中的内容完善且丰富，产品设计文档不可能也不需要全部记录，因此产品经理在进行产品设计时，可以仅记录最为重要的风险及其应对方案。

主要风险与应对方案内容的主要依据和来源见表 10-6。

表 10-6　主要风险与应对方案内容的主要依据与来源

内容	主要依据与来源
核心企业风险	第 4 章、第 7 章和金融企业内部风险政策要求
合作企业风险（一般经营风险）	第 4 章、第 7 章和金融企业内部风险政策要求
合作企业风险（个性化场景风险）	第 7 章和金融企业内部风险政策要求
其他相关方风险	金融企业内部风险政策要求、根据具体内容进行记录

案例：服务粮油行业下游分销商的 B 产品的主要风险与应对方案

一般经营风险：

- 风险简述：贷款的合作企业可能因为营收能力下降而出现逾期。
- 应对方案：每月使用供应链场景数据和外部数据对贷款客户的经营情况进行核实；对重点客户以及贷款使用额度达一定规模的客户进行现场走访。

个性化场景风险 1：

- 风险简述：粮油可能因为存储不当导致灭失，影响客户还款能力。
- 应对方案：根据供应链场景数据，对有大量进货行为或大额贷款的客户的仓储设备进行现场核查和准入，不合格的考虑对其贷款额度进行人工调整。

个性化场景风险 2：

- 风险简述：粮油价格存在波动，导致授信金额可能过大。
- 应对方案：授信额度以国家收购价为基准进行计算，并关注交易市场的粮油价格，及时进行调整。

案例：服务连锁餐饮行业下游加盟商的 D 产品的主要风险与应对方案

核心企业风险：

- 风险简述：核心企业的经营状况可能快速恶化，从而影响所有合作企业的正常经营。
- 应对方案：使用数据平台通过供应链场景数据进行分析，监测销售量和加盟商家的变化情况；定期由风险部门和产品经理对核心企业进行走访。

一般经营风险：

- 风险简述：贷款的合作企业可能因为营收能力下降而出现逾期。
- 应对方案：每月使用供应链场景数据、外部数据对贷款客户的经营情况进行核实；对于销售变化超过阈值的企业进行贷后现场走访；监测 XX 担保提供的保证金情况，当客户出现逾期情况时，由担保公司在 7 个工作日内无条件代偿。

其他相关方风险（担保方风险）：

- 风险简述：担保公司可能出现无法提供代偿的情况。
- 应对方案：密切关注担保公司的经营状况，确保担保公司在合作期间保持较强的代偿能力。

10.2.10 技术规范设计

在产品实现的过程中，涉及技术规范的文档包括产品需求说明书和产品开发文档，产品设计中一般只记录产品需求说明书的名称，以方便相关人员进行查找。原因在于，产品需求说明书由产品经理完成，用于说明信息系统实现该产品的功能需求、性能需求、界面需求、数据需求等内容，是产品由设计到技术实现的桥梁；产品开发文档则由金融企业的科技部门进行撰写，在产品完成开发时才会完成，是技术实现过程的记录，包括流程管理文档、系统功能设计文档、数据表设计文档、测试文档、使用操作手册等，这些文档的技术属性强且往往内容丰富，所以不应将这些文档纳入偏重于业务和管理属性的产品设计。

10.2.11 制度与合同援引

制度与合同援引记录的是产品所使用的金融企业内部已有的规范、制度、文档以及与本产品相关的合同。其中，必须记录的内容通常包括内部相关的贷款管理办法、贷款操作规范、产品管理制度、风险制度与风险策略、核心企业合作协议、贷款合同文本、产品内部审批流程等。

产品经理在编写制度与合同援引时，应注意将与核心企业数据相关的合作协议纳入其中。

10.2.12 服务文档援引

服务文档援引记录的是产品需要援引的金融企业内部已有的服务或运营文档的名称。由于服务文档是由金融企业内部相关部门集中编撰和管理的，因此不存在专门针对某一个核心企业或场景设计的独立文档。

相对于制度与合同援引的内容，服务文档援引更加标准和规范，常见的援引文档包括客户申请被拒绝时的客服解释口径、客户经理的标准服务文档、相关的知识手册等。

产品经理在援引时，需要注意对文档内容进行检查，查看本产品的相关内容是否在文档中有记录。如果没有，产品经理则需要通知管理文档的部门进行添加。

10.3 产品设计管理注意事项

随着产品数量的不断增加，对产品设计的集中记录、更新与管理变得日益重要。为了提高工作效率并确保产品设计的一致性和准确性，产品经理和相关工作人员在进行产品设计以及对各类产品设计内容进行整合时，应当重视以下三点：

- 提升设计规范性：由于不同的产品经理可能拥有各自的产品设计理念和关注点，他们在书写设计内容时也会展现出独特的表达风格。然而，当众多产品设计汇聚到一个文档中时，风格的多样性可能会增加相关人员的阅读难度。因此，金融企业应建立一套统一的设计框架，以规范产品设计的各个方面。例如，可以统一产品设计内容各部分的名称和排列顺序，制定标准的产品流程表述方式，规定风险与应对方案的表述结构，并对一些专业名词进行用语统一。这样的规范性措施能够显著降低相关人员的阅读负担，提高产品设计文档的可读性和易用性。

- 及时维护和更新产品设计：产品设计的更新可能源于两种情况，一是随着实际运营情况的变化，核心企业、目标客户、产品要素以及主要风险与应对方案等内容可能需要进行调整和优化。在这种情况下，金融企业应制定强制性要求，确保产品经理在变更产品之前必须先更新产品设计文档。二是产品设计内容中涉及的内部制度和服务文档等可能会随着时间的推移而不断更新迭代。因此，产品经理需要定期检查和维护这些信息，确保产品设计内容的时效性和准确性。

- 借助信息系统支持产品查询，提升工作效率：随着产品数量的增加，金融企业可以考虑建立信息系统来集中记录和管理所有的产品设计。这样的系统不仅能够提高产品的管理和查询效率，方便产品经理进行维护和相关人员进行查询，还能减轻产品经理的工作量并提升产品设计的质量。例如，通过集中维护公用制度和服务文档，产品经理无须再手动更新引用内容，从而节省了时间和精力。

10.4 产品设计到产品开发

在产品设计完成后，产品便进入开发阶段，这一阶段主要由信息技术部门负责，由信息技术部门的项目经理领导开发团队进行具体的开发实施工作。产品经理应与信息技术部门的项目经理紧密合作，通过以下几个工作环节参与产品开发。

- 讲解和说明产品设计内容：开发人员在收到产品设计后，会将设计转化为信息系统的产品开发文档，并组织开发工作。由于开发人员往往对业务缺少足够的理解，因此产品经理需要通过讲解和说明产品设计内容来实现以下两个目标：一是让开发人员对产品设计内容与需要实现的系统功能有一个全面的认识，了解各系统功能需支持的业务目标，从而提高总体效率；二是解决产品设计时可能出现的设计遗漏和潜在问题，保证系统功能开发符合设计目标。产品经理在进行该项工作时，常采用以下两种工作模式：
  - 集中式培训：集中式培训是产品经理在产品移交信息技术部门进行开发时，对开发团队所有人员进行的集中培训。产品经理应在培训中介绍产品的业务背景、产品的设计思路、对系统功能与性能的期望。在这一过程中，产品经理可以与开发人员就产品的系统实现方式、与其他产品在系统功能上的差异点进行讨论。
  - 问题会议：在开发推进的过程中，产品经理应保持与项目经理、开发人员的沟通，及时了解开发过程中遇到的问题或不清楚的地方，并根据需要召开专项会议，针对这些情况进行讨论和确认。
- 参与开发计划制定：产品经理应参与制定开发计划，与项目经理共同确定开发的关键时间点和上线时间。这有助于确保产品开发过程中的各个阶段都有明确的时间表，便于团队成员跟踪进度。其中项目经理牵头负责总体的开发计划，产品经理则重点关注业务人员的参与方式、定期沟通机制、产品开发的关键时间点以及上线时间等内容。
- 参与开发进度管理：在市场竞争中时间就是金钱，开发进度是产品经理需要在开发过程中重点关注的内容之一。通过日报/周报和定期沟通会议，产品经理可以及时了解开发进度，并在出现问题时与项目经理一起找出原因并寻求解决方案。如果是开发团队对设计不理解，那么可以通过工作会议解决问题；如果是资源不足，则应由产品经理和项目经理一起协调资源。
- 协调相关资源：在开发过程中，开发资源不足是较为常见的问题，其中又可以分为人员不足和系统资源不足。产品经理在协调资源时，应从一些业务需求的角度积极向信息技术部门或企业领导反馈，说明产品的价值以及重要性，以争取更多的开发人员和系统资源投入。
- 参与产品测试：在产品测试阶段，产品经理需要作为业务需求方参与测试工作，完成测试并确认无误后产品才能正式上线运行。产品经理不仅要测试系统的功能是否完善，发现并敦促开发人员解决 BUG，还应以使用者的角度关注以下 3 点内容：
  - 信息内容准确性：合作企业在申请产品时，金融企业有大量的信息需要向其进行告知，并要求其签署相关协议。这些信息内容不准确不仅可能对金融企业造成直接的经济损失，还可能导致企业内部管理的合规问题，甚至会使金融企业遭受监管部门的处罚。
  - 界面友好性：操作页面美观，相关按钮明显，操作过程便捷，操作步骤有明显的逻辑性，能有效提升使用者的感知，提高使用者申请贷款的意愿和成功率，也降低客服和运营部门的工作压力。实践证明，很多操作者会由于找不到正确的界面或按钮，或缺少引导无法完成操作步骤而放弃产品申请。
  - 响应速度：系统响应速度同样会对使用者造成影响，一方面响应速度会影响使用者的感知，另一方面系统响应速度慢可能会导致使用者重复申请产品。

第 11 章

数据运营

金融企业通过运营供应链金融产品积累了大量来自核心企业的供应链场景数据、来自第三方征信或其他机构的数据,以及合作企业申请时提交的数据。金融企业可以通过运营这些数据,挖掘出其中蕴含的深层次价值,提升企业的运营效率、产品的管理效率、外部客户与内部使用者的感知及服务效率。数据运营既可以服务于单个供应链产品,也可以服务于多个产品。金融企业通常会使用数据平台实现数据运营所需的技术支持和安全保障,并在运营中逐步完善平台功能。

11.1 参与人员

广义的数据运营是指通过数据来指导运营决策、驱动业务增长。在金融企业中,数据运营的具体工作是挖掘和应用数据价值,以支持各产品的经营,推动产品发展和盈利。从数据的角度来看,这项工作涉及金融企业对数据资源的运用,以及在条件成熟时将数据资源转化为数据产品,进而形成数据资产。

数据运营的工作完全由金融企业内部人员完成,主要包括业务管理人员、产品经理、数据人员、信息技术人员、运营人员等,其中信息技术人员又可以明确为负责信息系统功能开发的系统开发人员。本部分工作的参与人员及分工情况如下:

- 当数据运营服务于单个产品时,产品经理可以作为该产品数据运营的主要责任人,负责关注并发现数据运营机会,构建数据应用场景,提出数据需求,并协调各方推进运营落地工作。数据人员和信息技术人员则根据需求进行数据或系统应用的设计与开发。

- 当数据运营为多个产品提供服务时，应由金融企业的业务管理人员作为总负责人。产品经理、运营人员同时作为需求方提出各自的需求，业务管理人员负责牵头收集、管理个性需求，从全局出发规划数据产品的设计与应用，以及推进数据资源和产品标准化等工作。

- 所有的数据运营的设计、开发、运维由数据人员、信息技术人员负责。数据内部使用者负责使用数据并提交反馈；外部客户的反馈信息则需要相关运营人员收集并向相关部门递交。

在数据运营的过程中，业务管理人员、产品经理、运营人员或使用者的数据工作素质越高，数据运营效果就越好。数据工作素质主要包括以下三个方面：一是数据敏感性，相关人员应习惯于使用数据开展运营工作，并能在工作中发现数据运营的场景；二是数据应用规划，相关人员能将工作过程中遇到的问题，按照数据的思路规划设计数据应用解决方案；三是方案设计能力，相关人员应了解金融企业已有的数据资源情况，并基于资源完成方案设计，提出相关需求。

随着金融企业的项目和产品增多，当数据资源和数据应用积累到一定规模时，金融企业应考虑设置专门从事数据运营和数据产品的人员。因为随着金融企业的项目和产品越来越多，数据运营工作很容易陷入无序状态，造成各种问题：一方面，各个产品或行业各自为政，分别形成各自的数据表，从而造成数据烟囱化的结果；另一方面，历史项目的沉淀、核心企业的数据内容和口径的不断变化、人员的不断更新，会使数据管理的难度极大，数据含义最终无法被解读。因此，金融企业设置的这些专员将开展以下五个方面的工作：一是统一设计以解决数据共性需求和个性需求，防止出现数据烟囱问题；二是及时对数据内容的变化做出反应并采取相应行动；三是做好知识管理以确保数据业务的含义能被准确更新和记录；四是统一设计和管理数据产品，保证数据产品的可靠性与可用性；五是统一负责推动数据资源的产品化和资产化工作。由于数据运营专员的定位是数据需求和产品的管理人员，因此一般会由业务管理部门的人员来担任。

11.2　常见的数据运营

数据运营的核心目标是进一步挖掘数据的价值，其中既包括运用数据服务于对应的单个产品，也包括将各类数据整合起来，实现跨产品的运营服务，达到 1+1 > 2 的效果。在实践中，针对单个产品的服务是基础，跨产品服务是在积累了足够多的数据及知识之后的延伸发展成果。

11.2.1 服务于单个产品的数据运营

1. 工具服务

与场景贴合的数据工具服务是个性化产品的特色附属服务之一，金融企业根据供应链场景的特点设计个性化的工具或优化申请页面，目标是提升客户的感知，最终让使用者更愿意或更方便地使用产品。

（1）数据助手工具

数据助手工具能将复杂的贷款信息"翻译"并传递给客户，为场景中的客户提供更直观的贷款知识交互、贷款产品要素信息的查询与展示，解决客户缺乏金融知识的问题，消除客户对贷款的疑虑，增加贷款产品的吸引力和易用性。

其中，利息数值计算是广受欢迎的功能之一。由于贷款的还款方式众多且具有专业型、复杂性，非金融专业人员手动计算利息往往既烦琐又容易出错，计算罚息更是难上加难。而数据助手工具通过简单的输入操作，就能快速、准确地为客户提供详细的还款计划，包括本金、利息及可能的罚息情况。这种透明度不仅打消了客户的疑虑，还有助于它们做出更明智的贷款决策。

在利息数值计算工具的基础上，一些金融企业还将数据助手工具与供应链金融场景进一步结合，根据行业特点进行定制，使用该行业常见的表述方式来展示利息。

案例：钢材批发行业使用贷款的数据助手

功能目标：对于非现款现货的钢材销售，钢材批发商通过手动计算，将利息折算为上浮的价格。例如，某型钢材现款现货价格为 4600 元/吨，15 天后支付则为 4650 元/吨，上浮的 50 元即账期需要支付的利息。

功能简述：

- 分销商在产品页面输入计划购买钢材的数量、现货的单价、账期的时长、贷款时限、还款方式。
- 数据助手按照全额贷款的方式，计算并展示贷款的本金、利息、每月还款金额（不计算提前还款），以及折算成钢材后最终的单价、上浮的单价、总价。

一些金融企业会从另一个角度将利息数值计算工具与供应链金融场景相结合，除了能

提升申请企业的感知之外,还能有效地提升客户申请使用贷款产品的可能性。

案例:某粮食行业下游分销商的贷款与综合收益计算

业务背景简述:部分分销商为了获得价格优惠和返利,会使用贷款或其他方式筹集资金,订购更多的货物,从而获得核心企业更高的价格打折或返利。

数据助手功能目标:帮助分销商将原先手动进行的成本与收益计算变为系统自动计算,分销商会根据资金利息计算成本,再对比产品价格的折扣和返利计算收益,最后综合判断。

数据助手功能简述:

- 分销商在产品页面输入所需贷款的金额、账期的时长、贷款时限、还款方式,以及产品折扣的订单量条件与对应比例、返利的订单量条件与对应比例。
- 数据助手计算后展示贷款的本金、利息、每月还款金额(不计算提前还款)等贷款信息,以及产品折扣产生的收益、返利的金额。
- 数据助手自动计算出利息与折扣收益、利息与折扣收益加返利金额的差值。

在开发这些数据助手工具时,金融企业需要综合考虑成本、收益及第三方因素。通常情况下,金融企业应优先考虑利息数值计算、记录贷款与还款账本等公共工具或功能;再根据核心企业的重要性、产品计划的运营时间长度、总体收益来决定是否开发个性化的功能。

(2)操作页面功能优化

操作页面功能优化的目标是简化企业申请贷款的过程,使之更加流畅,同时提高相关信息系统的运行效率。例如,提升客户操作人员阅读文档的体验、减少人员操作步骤、提升核心企业数据获取效率、提升贷款产品的功能效率等。

来源于互联网行业的经验显示,人们对于线上系统的耐心往往低于线下交流,因此,产品的操作步骤和流程的复杂程度、信息系统的反应速度等都会直接影响客户的使用意愿。其中,步骤和流程过于复杂通常表现为功能拆分的流程节点过多,流程过长;页面跳转太多,反复跳转太多;功能分类层级太深;功能按键设计不合理,申请人找不到按键;输入大量文字等。信息系统的反应速度缓慢则表现为页面刷新速度慢、功能结果响应时间长、功能运行卡顿、客户操作人员的操作经常超时等。

但是,如果金融企业贸然进行优化和删减又会带来其他问题。例如,多个功能合并在一个页面中容易导致客户操作人员的疑惑;金融企业风险管理要求一些操作与流程必须分开;技术上实现步骤合并的成本很高等。因此,优化这些步骤和流程需要有相应的分析依据,也需要有具体的优化方向,才能有效地克服内部的阻力。这些依据可以通过对客户操作人员在页面上的操作记录进行深入分析来获取。例如，当客户操作人员在产品页面进行操作时，系统可以通过埋点技术记录操作人员在各个页面的停留时间、各个按键的单击时间和次数等。结合最终的办理情况，金融企业的运营人员可以统计出操作人员在哪些页面停留时间较长、在哪些页面操作次数较多，以及在哪些页面放弃申请的比例较高。运营人员可以据此进行进一步的研究，找出问题点和堵点，制定针对性的优化策略。

案例： 某产品申请人的操作步骤放弃图

产品经理对合作企业申请贷款过程中在各操作步骤放弃申请的情况进行了统计，详情如图 11-1 所示。

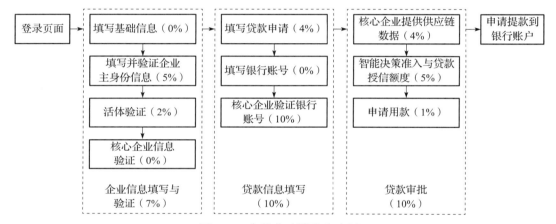

图 11-1　各操作步骤流失比例

产品经理和运营人员根据各操作步骤的放弃比例与调研情况，结合现有信息系统、数据交互的设计，给出了相应的系统优化方案，见表 11-1。

表 11-1　操作页面与功能优化思路

操作步骤名称	调研与分析结果	优化思路
填写并验证企业主身份信息（5%）	大量合作企业在核心企业留存的企业主信息不准确导致验证失败	协调核心企业重新收集信息，增加人工介入处理环节
活体验证（2%）	活体验证程序在强光下验证失败	增加相关提示，提示操作人员在室内、浅色背景处进行验证
填写贷款申请（4%）	填写信息太多，法律文件有显示失败或不全的情况	优化法律文件显示方式
核心企业验证银行账号（10%）	核心企业提供的银行账号与合作企业填写的不一致导致验证失败	增加相关提示，提示操作人员填写核心企业提供的银行账号，增加人工介入处理环节

（续）

操作步骤名称	调研与分析结果	优化思路
核心企业提供供应链数据（4%）	核心企业提供供应链数据的速度太慢，申请人员认为系统卡死	增加相关提示，提示"正在调取数据，请勿关闭应用"
智能决策准入与贷款授信额度（5%）	授信额度达不到要求	无优化计划
申请用款（1%）	授信额度达不到要求	无优化计划

（3）贷后信息推送

贷后信息推送解决的是客户贷后信息查询的问题。这种推送服务根据客户的实际需求或金融企业的特点，通过各种信息推送方式，将贷后相关信息及时传递给对方。贷后信息推送能提高金融企业与客户的沟通效率，方便客户管理自己的贷款，提升客户感知，降低贷款逾期的可能性。

从金融企业的视角来看，贷后信息涉及的内容相当广泛。然而，对于客户来说，它们并没有意愿也无须全面了解所有信息。因此，金融企业只需要推送与客户直接相关或客户感兴趣的信息即可。这些信息通常包括申请的贷款产品信息、贷款额度使用情况、已还款和未还款情况，以及每月还款时间和金额等。其中，未还款情况、每月还款时间和金额是企业最为关注，也是最需要被推送的信息。

贷后信息的推送方式因金融企业信息系统的能力差异而有所不同。目前常见的推送方式包括金融企业的 App、公众号、网站等自有平台的推送，以及短信推送；在必要时，重要的信息还可以通过工单任务的形式分配给金融企业的运营人员或客户经理，由他们通过电话、微信等即时通信工具与贷款企业进行联系。这些推送方式的实现成本和效率各不相同，自有系统自动推送的成本最低，短信推送次之，而人工电话沟通的成本最高，但交互效果最佳。

为了确保信息推送不会干扰企业的正常工作，贷后信息推送可以分为申请方可定制和金融企业自动推送两种模式。

- 申请方可定制：金融企业可以将所有可以推送的信息、推送方式、推送频率等做成清单，由客户自行选择；也可以将这些推送的要素相互组合，形成一些标准的推荐方案，由客户勾选方案。这种方式是一个双赢的方案，既满足了企业的个性化需求，又简化了金融企业的管理。

案例：某企业定制推送方案

推送内容：推送已还款金额、剩余需还款本金与利息金额、本期还款时间与还款总金额。

推送方式与频率：
- 每月 1 日推送全部内容，推送方式为 App 页面弹窗和邮件。
- 还款前 3 天，推送本期还款时间与还款总金额，推送方式为 App 页面弹窗和短信。
- 完成还款动作当天，推送已还款金额、剩余需还款本金与利息金额，推送方式为 App 页面弹窗和短信。

- 金融企业自动推送：金融企业会根据客户的特征、还款行为等情况进行重点信息的推送。这些信息往往是关于客户还款提醒的关键内容，力求以简洁明了的方式进行传递。例如，对于在还款日前 3 天即准备好当期还款的积极企业可以减少推送甚至不进行推送；对于不积极或有延期还款行为的企业、历史上有逾期还款记录的企业、有潜在可能逾期的企业，则需要通过多种方式相结合，多波次推送，包括在 App 等平台做强制弹窗、微信公众号进行消息推送、提前短信提醒、客户经理在还款日前 1～2 天进行电话沟通等。经过一段时间后，如果客户的还款行为有明显改善，金融企业可以将推送行为减少或取消。

2. 业务监控

金融企业通过设置产品监控指标和监控事件对产品运营情况进行监控。当发现问题时，企业应及时对额度、利率、风险策略等产品要素，以及市场推广、贷后管理等运营策略进行迭代和调整。

- 监控指标监控的是具体的量化数值，常见的如申请通过率、违约率、产品迁移率等；指标的风险阈值需要根据产品设计、客户群与规模、投放规模、客户渗透率进行个性化设置。当指标超过设定的阈值时，监控系统应进行提醒或告警。在设置监控指标时，金融企业需要考虑核心企业和合作企业两个层面。
    - 核心企业的风险监控用于评估核心企业的风险，以指导合作方向、产品额度、还款周期调整等内容。
    - 合作企业的风险监控用于判断贷款客户的变化，用于调整具体的风险规则，同时与核心企业的风险监控一起支持市场推广、贷后管理等涉及全部合作企业的运营工作。
- 监控事件监控的是不可量化或较难量化的事件。事件发生后，需要先由人进行判断，再由企业决定是继续运营、终止运营还是进行重大调整，如整个行业严重下滑或核心企业出现重大风险等。

11.2.2 服务于多个产品的数据运营

金融企业将各产品运营和管理的共性数据进行整理和综合,形成相关的数据应用。按照应用的目的,数据应用可以分为对外服务类和对内管理类。对外服务类应用是提升客户服务效率的应用,这类应用可以由专门的系统承载,但更多的是集成在其他的信息系统中,通过其他系统提供服务;对内管理类应用则会以金融企业的数据平台为重,完成数据加工后通过其他系统向使用者推送结果数据。

此外,金融企业还可以使用数据开展分析工作。数据分析是一项依赖于人开展的个性化数据工作,除了分析人员所使用的数据分析工具外,一般没有系统可以提供支持。

1. 对外服务类应用

对外服务类应用对于金融企业的运营和客服人员至关重要,它们通过提供必要的信息和功能,极大地提高了客户服务的效率。这类应用通常与其他信息系统集成,运营人员能在一个平台上完成多项任务,从而提升工作效率。例如,经过集成后,运营人员在信贷管理系统界面上不仅可以查询到已贷款企业使用产品的借款情况、还款信息,还能通过页面跳转到其他系统,查询到产品的 Q&A 文档信息、企业申请拒绝的原因解释等。

根据对外服务的内容,这些应用可以分为服务所有企业、服务已贷款企业、服务有意向的企业和服务申请被拒绝的企业等几类。为了实现这些服务,金融企业需要在相关的系统中构建专门的数据库或数据应用表来存储必要的信息,并设置相应的标签,以方便运营人员进行快速查询。例如,传统的 Q&A 文档采用的是文本形式,在将其转化为数据应用表时,需要将问题和答案拆分成不同数据条目进行记录,并分别打上不同的标签或关键字。当运营人员查询所需的内容时,不需要搜索全部信息,而只需要搜索标签或关键字,问题和答案就会被查询或关联查询出来。这种方式在当前的视频网站和电商网站上已有大量应用,其可用性与便利性已经得到了证明。

随着技术的发展,特别是人工智能技术的进步,越来越多的金融企业开始利用这些先进技术提升客户服务的质量。然而,尽管人工智能可以回答大量基础的、有标准答案的问题,但在处理个性化问题和交互性方面仍存在局限;此外,训练人工智能需要大量的投入,并且收效周期较长。因此,对于大多数金融企业来说,过分依赖人工智能来完成运营工作可能并不划算。相反,一个平衡的方法可能是将人工智能和人工服务结合起来,以充分利用两者的优势。这样,金融企业可以在保持高效率的同时,确保客户服务的质量和个性化需求。

2. 对内管理类应用

（1）数据报表

数据报表作为一种基础且传统的数据展示方式，因制作简便、数据直观而得到广泛使用。设计报表时，除了核对数据口径和确认数据字段的内容外，更重要的工作是从报表应用目标出发，设计最合适的报表内容。简单应用场景下的报表应设计成字段内容扼要、便于阅读的形式，以方便内部使用者迅速获取信息，如 KPI 数据跟踪和客户基础信息统计报表。复杂的数据报表通常需要支持相关人员进行数据二次分析，因此需要包含更全面、更丰富的数据字段。

在实际工作中，数据报表广泛应用于供应链金融产品运营的各个方面。

- **总体管理**：金融企业还可以构建总体营收表、产品运营进度表、在贷款余额预测表、计提余额预测表等管理型报表以支持各产品的管理工作。这些报表提供了关于企业财务状况、产品运营情况和贷款余额等关键指标的全面视图，有助于企业做出明智的决策并优化运营策略。简单的产品级生产经营指标报表示例见表 11-2。需要注意的是，对个人客户消费贷款进行分析时，通常会有渠道这一分析维度，但供应链金融产品与供应链场景密切相关，投放渠道一般也非常少，因此往往不会考虑渠道因素。

表 11-2 产品级生产经营指标报表示例

统计时间	当月申请客户数	当月授信客户数	当月申请通过率	当月投放金额/万元	累计投放金额/万元	不良率
200X05	101	90	89.11%	2610	15 670	0.52%
200X06	112	98	87.50%	3140	18 810	0.52%
200X07	106	92	86.79%	2841	21 651	0.55%
200X08	125	110	88.00%	3265	24 916	0.55%
200X09	157	125	79.62%	3411	28 327	0.56%
……	……	……	……	……	……	……

- **贷前阶段**：在贷前阶段，数据报表主要反映客户申请进件情况、获客成本及额度使用情况。例如，进件申请统计表用于跟踪各产品的申请流量数据，帮助金融企业了解市场动态和客户需求；获客成本统计表主要统计各产品的获客成本，包括核心企业费用数据，从而优化市场推广策略。
- **贷中阶段**：在贷中阶段，管理类报表主要用于监控现有风控策略的运行情况。例如，各产品规则命中情况统计表展示了申请企业命中风险规则的数据，有助于金融企业

评估和调整风控策略；单规则命中情况统计表则不区分产品，直接统计各个规则在不同时间上的命中情况，从而提供全面的风险视图；反欺诈监控统计表关注欺诈风险，帮助金融企业及时识别和应对潜在威胁；客户复购情况统计表则反映了还款后贷款企业重复申请和使用产品的情况，有助于评估客户的满意度和忠诚度等。

- 贷后阶段：在贷后阶段，管理类报表主要用于把控风险，帮助金融企业决定是否需要收紧风险。产品迁移率表、Vintage 表、滚动率表等报表从不同角度展示了贷款企业的还款状态和资产质量情况，为金融企业提供全面的风险评估和预测；催收类报表，如入催率报表、FPD 报表、DPD 报表等，则用于统计催收情况，帮助金融企业优化催收策略和提高回款率。

（2）事件时间轴工具

相比数据报表，时间轴工具更加直观，主要按照项目或产品的时间顺序，展示其中的重要事件数据与信息。这种展示方式的优点在于，它能以时间顺序清晰地呈现特定项目或产品的情况，用户不需要从大量报表中搜寻相关数据。时间轴工具主要包括以下三个功能：

- 重要事件展示：重要事件被表示为带有时间标记的节点或里程碑。通过这些事件，金融企业使用者可以全面了解整个项目或产品的进度，并进行有针对性的评估和管理；事件展示的功能形式如图 11-2 所示。

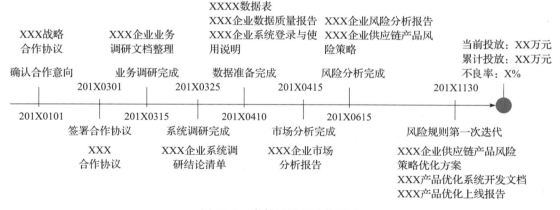

图 11-2　事件展示的功能形式

- 事件信息说明：事件的重要信息为事件提供了详细说明，反映了事件的具体内容。这些信息可以分为项目管理类和经营指标类。项目管理类信息包括各个事件提交的文档名称、参与人员等过程记录数据；经营指标类信息则包括累计客户申请数、累计客户到达数、累计授信金额等生产经营统计数据。里程碑事件与时间点示例见表 11-3。

表 11-3　里程碑事件与时间点示例

里程碑事件	时间点	里程碑文件
确认合作意向	201X0101	XXX 战略合作协议
签署合作协议	201X0301	XXX 合作协议
业务调研完成	201X0315	XXX 企业业务调研文档整理
系统调研完成	201X0325	XXX 企业系统调研结论清单
数据准备完成	201X0410	XXXX 数据表； XXX 企业数据质量报告； XXX 企业系统登录与使用说明
市场分析完成	201X0415	XXX 企业市场分析报告
风险分析完成	201X0615	XXX 企业风险分析报告； XXX 企业供应链产品风险策略
核心企业数据对接完成	201X0701	XXX 企业数据接口清单
产品上线完成	201X0730	XXX 产品设计文档； XXX 产品系统开发文档； XXX 产品上线报告
投放超过 1000 万元	201X1030	无
投放超过 100 笔	201X1105	无
风险规则第一次迭代	201X1130	XXX 企业供应链产品风险策略优化方案； XXX 产品优化系统开发文档； XXX 产品优化上线报告
……	……	……

- 信息搜索：为了方便使用，时间轴工具通常会附带查询搜索功能，允许使用者对不同项目或产品进行查询。

（3）数据大屏与移动端数据可视化应用

数据大屏可通过电脑、电视或广告屏进行数据可视化展示，其选择重要数据，以图形方式直观、快速地传递重要业务信息。在实际工作中，数据大屏的应用非常多，几乎所有较大的公司或政府部门都会开发部署自己的数据大屏，用于决策和指挥。

移动端数据可视化应用与数据大屏有相似之处，均采用图形展示数据，但因移动端的屏幕较小且使用者可自由操作，故在设计和实现细节上有以下三点不同：

- 承载内容更多：移动端可以承载更多的数据和图形，展示更多的信息。使用者在手机上能进行更多的操作，既可以上下滑动屏幕，也可以切换页面和子页面。因此数据应区分主题、类别，在不同的页面上进行展示，并支持一定程度的数据下钻和明细数据展示，以方便使用者自行选择感兴趣的内容。
- 图形排列要求更高：移动端的图形排列需要更科学。由于手机屏幕小，在不滚动的情况下，一个屏幕只能容纳一个图形加一些说明，过于密集的排版可能会导致使用者看不清楚屏幕中的内容,并且过多的数据和图形内容、过长的排版会导致使用者注意力被分散,难以找到自己关注的内容。
- 要解决移动端适配问题:由于移动端的浏览器和设备分辨率不一样,移动端的图形往往需要适应不同的移动设备。如果开发出来的应用没有对不同分辨率的自适应能力,很容易造成在一些设备上的展示发生变形,严重影响使用。因此,上线后开发人员应进行充分测试,以确保应用在各种设备上均能正常、美观地展示数据。

(4)管理数据推送

管理数据推送是按照设定好的条件或时间将数据向目标平台或系统进行推送,使用者在目标平台或系统上可以直接查看数据。推送常见的目标平台或系统包括手机短信、办公用App、邮箱等,在数据安全允许的情况下,金融企业还可以选择向第三方App或即时通信工具进行推送。

管理数据推送要解决的核心问题是用最短的时间传递最关键或最重要的数据。为了达到这个目标,数据推送设计一般会按照以下四个步骤进行:

- 确定推送的任务目标:确定任务目标包括确认使用者,明确他们期望通过数据达到的目标,以及期望的推送方式三个部分。例如,内部管理人员通常需要通过推送信息实现对关键经营业务、重大风险事件的监控和发现,推送方式则主要是办公用App或短信。
- 确定推送数据内容:根据确定的目标,选取以往表现该信息常用的数据内容或数据字段,并进行整理,最后与使用者进行确认。通常情况下,这些内容是在以往工作中已经关注或使用过的信息,如监控关键绩效指标(KPI)、重点工作指标,或监控突发性的客户量或业务量等关键指标。开发人员可以利用现有工作成果,从已有的数据报表中选择数据。
- 确定推送方式与表现形式:推送方式决定了可能的基础表现形式。例如,使用App推送可以承载图片等直观且内容丰富的表现形式,短信则只能发送文本。根据信息使用者的不同,图表中指标的排列顺序、数据变化图表的选择及配色方案等表现形式的细节也会有所调整。因此在进行开发之前,开发人员可以先将制作演示图(demo)或文字样本与使用者确认。
- 确定推送条件:数据推送通常按照时间定时进行,也有根据特定条件触发的预警推送。按照时间推送最重要的是确定频次和推送时间点,一般涉及生产经营类指标的会选择在8点、12点、16点、20点、24点等几个时间点进行推送;涉及管理类指标的,尤其是需要每日进行账务批处理的数据(如贷款余额、利息合计、财务指标等),则会按天进行推送。按照时间进行数据推送并非越密集越好,因为一方面数据变化量并不大,很难发现问题;另一方面会造成使用者疲劳,反而起到了反效果。

金融企业可以将推送数据的情况整理成列表,供相关人员进行查询和管理,列表内容见表 11-4。

表 11-4　确认推送数据和表现形式的列表示例

推送目标	使用者	推送方式	推送内容示例	数据推送时点	数据时效
业务授信情况	风险管理人员	App 内文字消息提醒	当日申请客户 XX 人,通过客户 XX 人,授信额度 XX 元	每天 8 点、16 点、20 点	实时数据
客户发展情况	XX 产品事业部产品经理	办公系统文字弹窗	当日通过客户 XX 人,当月累计通过客户 XX 人,全年累计通过客户 XX 人。当日授信 XX 元,当月累计授信 XX 元,全年累计授信 XX 元。当日投放 XX 元,当月累计投放 XX 元,全年累计投放 XX 元,当前投放余额 XX 元	每天 9 点	T+1 数据

(5) 数据预警

数据预警可以通过异常的数据指标变动发现问题,并及时通知相关人员主动采取应对措施。数据预警通常与数据推送相结合,由平台或系统主动推送预警信息。

数据预警的实现包括以下三个核心步骤:

- 确定数据指标:指标是发出预警的基础。通常,这些数据的来源是生产经营中的关键指标,反映了生产过程中的关键节点或最终结果,而这些数据也是管理者常用的决策依据。
- 构建预警模型:预警模型决定了指标发生变化触发预警的条件。它可以是基于特定指标的单一阈值变动触发的简单规则,也可以是多指标、多条件或多阈值变动组合的复杂规则。按照指标变动的类型,预警触发条件可以分为以下两种:
  - 数据绝对值变动:当监控的数据指标达到某个阈值时就会触发预警。这个阈值可能是基于历史统计、风险政策、产品设计要求或管理人员的经验来设定的。例如,当信用额度达到一定金额或系统授信审批时间超过某个时长时,就可能触发预警。
  - 基于变动幅度预警:当监控的数据与历史数据或同类数据相比发生显著变化时,会触发此类预警。这通常意味着出现了某种突发情况。预警的变动幅度数值往往是基于数据模型分析,并结合业务或管理经验得到的,其背后往往是一个或一组预警模型,这些模型既可以是简单地计算变动幅度,也可以是设置不同的条件,在不同的组合条件下有不同的预警数值。例如,如果申请客户的数量或授信额度发生大幅变化，就可能触发预警。在设计这种预警时，设计者可以将当前数据与多个历史时期或同类产品的数据进行对比，以确保预警的科学性。
- 确定推送方式：一旦数据触发预警模型，系统就会通过预设的推送方式将预警信息发送给相关人员。这些推送方式可以与其他的数据推送共用同样的管理机制和推送方式。

由于数据预警是主动服务，如果设计时不考虑使用者的感受，很有可能变为一种骚扰，因此在设计数据预警时需要考虑以下几个方面：
- 明确预警信息使用者的特点：执行人员和管理者在分工上的区别决定了其关注点的不同和对预警工作机制了解深度的差异。
  - 对于执行层面的人员，他们通常需要了解并可能参与模型的设计，以增强对预警系统的信任并有效使用。
  - 对于领导者或管理者，预警主要起提醒作用，他们收到预警信息后的行动通常是分配任务，因此可以不向他们详细说明底层原理，以保持信息的简洁性和针对性。
- 区分预警级别：通过对预警进行分级可以实现根据紧急程度和重要性向不同层级的人员发送预警。这样能减少对非直接相关人员，特别是高层管理人员的推送，以避免不必要的骚扰。
- 科学设计预警推送机制：建立合适的预警推送机制可以提高预警的针对性。同一类预警可以针对不同客户群体设置不同的预警阈值和方式。例如，执行人员可能需要更低的阈值，而管理人员则可能需要更高的阈值或更复杂的触发条件；对于执行人员采用绝对值预警，对于管理人员则采用绝对值和变动幅度双条件满足时才进行预警等。
- 合适的预警频率：在发出预警后应设置适当的冷却期，在冷却期内系统不会对同一个事项进行预警推送。这样可以减少对使用者的频繁打扰。
- 预警数据表现形式：预警信息应简洁明了，突出关键数据和超出阈值的部分。因为过多的其他数据会让使用者花费过长的时间来寻找关键信息，也容易产生阅读障碍。

3. 数据分析

相比于强调数据可视化和易理解性的数据服务应用，数据分析是对数据更深层次的处理，它需要从原始数据中发掘出有价值的信息，是一个"从无到有"的数据价值创造过程。数据分析的结果不仅可以为运营数据、数据系统的建设提供指导，还可以优化数据展示的内容和形式。这些成果包括但不限于设计新的数据指标、判断客户群是否发生变化、形成客户画像以提升客户感知能力、找出逾期客户的共同特征、发现不同标签下客户对行业周期的敏感性等。

从需要实现的价值目标来看，数据分析可以分为以下两类：
- 经营分析：经营分析主要关注经营中关键指标的现状及趋势。这种分析旨在判断当前的经营状况，预测发展趋势，为管理人员提供决策依据。经营分析的提交物通常是月度经营分析报告或特定产品的经营分析报告。这类分析往往是基于已有明确口径且在数据报表中固化的数据，分析过程较为程式化，内容板块固定，结果内容的构成框架明确。经营分析并不直接对生产经营产生影响，而是为管理决策提供支持。
- 专题分析：专题分析则针对某一具体现象或问题展开深入研究。目标是找到问题的根源，并提出解决方案或建议。专题分析的提交物形式多样，如预警模型设计、标签设计、风险规则调整建议或影响分析报告等。与经营分析不同，专题分析是一个开放性命题，从分析角度的选取、使用数据的确定、数学建模方法的选择到解决方案的设计，都需要数据分析人员自行决定。这要求数据分析人员具备更高的专业素养和判断力，确保数据口径准确、分析过程逻辑严密、数据模型符合场景需求，并且结论对实际生产有帮助。

数据分析的工作内容繁杂，与实际挖掘目标、实施对象、使用的数据内容密切相关，工作极具个性化，因此不做赘述。

11.3 运营数据的形成

数据运营工作所使用的数据统称为运营数据，是由相关人员通过数据工具对原始数据资源进行加工所形成的。为了保证数据准确、节约数据开发与运维的成本，金融企业通常会统一管理所有的运营数据，并根据自身经营情况进行运营数据的规划、开发和输出。

11.3.1 运营规划

金融企业负责数据规划和管理的相关人员应根据原始数据资源的现状、数据平台的基础能力及数据运营的需要，对数据运营所需要实现的目标与服务场景、内容与标准、实现方式，以及相关人员的成长路径进行全面规划。这样做的目的是确保各类运营所需的数据工作与金融企业的实际情况相吻合，工作能有序进行。

在规划过程中，金融企业人员应从以下三个出发点开展工作：
- 服务业务，实现运营目标：金融企业运营数据的宗旨是有效利用数据为业务服务。在规划时，相关人员应做好内部调研和需求分析，以充分了解不同场景下的需求。
- 围绕数据的产业特性，挖掘数据价值：金融企业通过供应链金融产品获取了来自核心企业和合作企业的产业数据资源。这些数据带有明显的产业特征，与其他存款、贷款产品所得数据相比更具独特性和专业性。运营数据应能反映这些产业、供应链及其合作企业的特色，从而展现出独特的数据价值。

- 提升管理效能，降低成本：金融企业在生成运营数据的过程中，所用的数据资源涉及众多的产业和核心企业，数据来源多样、数据内容丰富、各类数据的特异性高、加工过程复杂。如果金融企业缺少统一的、科学的规划和设计，随着数据量的增加，运营数据的管理难度和管理成本将呈指数级增长，最终可能导致运营数据无法使用，造成大量有价值的数据被浪费。

为了确保金融企业的数据运营工作得到有效实施，规划工作的内容应包含以下几个部分：

- 全面调研数据使用方：运营数据在金融企业内部有多重用途，可能服务于供应链金融产品开发、运营管理、风险管理、投资决策及法律合规等多个部门。在事业部制企业或集团中，这些数据还可能输出给其他事业部或其他公司。由于各数据使用方的职能差异，它们对数据的关注点、应用方式和数据颗粒度有不同需求。因此，规划过程中应充分调研并收集各方信息，以最大化利用数据资源。

- 调研和评估数据平台的能力：数据平台的处理能力直接影响数据资源的有效利用和运营数据的生成效率。例如，若平台缺乏处理复杂 JSON 数据串的能力，则可能无法高效利用来自第三方接口的数据。因此，在规划运营数据时，必须对数据平台的能力进行全面调研和评估。

- 做好运营数据与其他数据的区隔：在主流的数据加工规划中，进入不同数据集市前，所有数据的处理流程都是相同的。这导致了一些数据会统一加工再提供给不同的数据集市使用。例如，供应链金融产品企业贷款数据与个人消费贷款数据就会被一并处理，然后提供给产业数据集市和消费金融数据集市。对于这些存在交集的数据，金融企业应从数据口径、数据标准方面进行严格管理，做到有效区隔。

- 有效甄别数据价值，合理规划各项需求的实现顺序：在生成运营数据时，金融企业应基于原始数据资源和加工难度的综合判断进行取舍。金融企业在整合不同来源和内容的数据的同时，应去除非相关、高度个性化、低密度及高加工成本的数据，以减少无效数据加工的成本。在面对大量运营数据需求时，金融企业应按照轻重缓急进行区分，优先完成最重要的运营数据开发。

- 动态调整规划内容：随着金融企业所涉及的行业、核心企业和金融产品的不断发展变化，以及新合作方的引入、新产品的运营和新数据源的加入，规划工作需要定期审视并不断完善迭代。

- 将人员成长纳入总体规划：运营数据的使用者、设计者和开发者都是金融企业的重要人员。人员能力提升才能带来运营数据质量和应用水平的提升。如果在规划中不考虑人员的培养和成长，那么数据运营工作可能只会在低层次和重复劳动中循环。

11.3.2 原始数据资源管理

所有未经加工的且来源于金融企业内部信息系统、核心企业、第三方机构的数据均为原始数据。这些数据经过加工或质量检查后，金融企业才能将其作为运营数据使用。

金融企业的原始数据资源来源多样，金融企业需要构建以下三类清单，对这些原始数据进行梳理、记录和管理。

- 原始数据资源清单：记录内容是曾接入的产业数据清单，以及数据资源的来源、场景、支持的产品等。原始数据资源清单设计示例见表11-5。

表11-5 原始数据资源清单示例

数据来源	数据源	应用场景	数据源对接方式	数据表（中文名）	数据表（英文名）	当前状态	最新版本	更新频率
外部	咨询公司1	产业所有场景	文件	产业信息	Industry_information	在用	V1.0	每日
	征信公司1	产业所有场景	接口	征信信息1	credit_investigation	在用	V1.0	按需调用
	核心企业1	A供应商贷款产品	接口	供应商详情信息	productA_coop_detail	在用	V1.3	按需调用
			接口	供应商评分信息	productA_coop_evaluate	停用	V1.1	按需调用
			接口	供应商支付与订单信息	productA_coop_order	停用	V1.1	按需调用
	核心企业2	A分销商贷款产品	文件	分销商基础信息	productB_coop_base	在用	V1.2	每周
			接口	分销商评级信息	productB_coop_evaluate	在用	V1.2	按需调用
			接口	分销商订货信息	productB_coop_order	在用	V1.2	按需调用
			接口	分销商返利与使用信息	productB_coop_rebate	在用	V1.2	按需调用
	……	……	……	……	……	……	……	……
内部	线上客户进件系统	产业所有场景	接口	客户申请记录	onlineapp_customer_apply_record	在用	V1.0	实时
	智能决策系统	产业所有场景	接口	客户审批记录	AIdecision_customer_evaluate_score	在用	V1.0	实时
	智能决策系统	产业所有场景	接口	客户各项评价得分	AIdecision_customer_approve_record	在用	V1.0	实时
	线上贷款管理	产业所有场景	文件	客户还款记录	loanC_repayment_history	在用	V1.0	每日
	……	……	……	……	……	……	……	……

- 原始数据资源变更清单：按照数据资源更新的时间顺序，记录各个产业数据源的历史变动情况，如变动时间、变动资源等。原始数据资源变更清单设计示例见表 11-6。

表 11-6　原始数据资源变更清单示例

数据表（中文名）	数据表（英文名）	最新版本	上线时间	相关说明
产业信息	Industry_information	V1.0	202X0801	
征信信息 1	credit_investigation	V1.0	202X0801	
供应商详情信息	productA_coop_detail	V1.0	201X0701	
供应商详情信息	productA_coop_detail	V1.1	201X1001	调整供应商基础分类
供应商详情信息	productA_coop_detail	V1.2	202X0701	增加供应商供应货物分类数量
供应商详情信息	productA_coop_detail	V1.3	202X1201	合并评分数据、支付与订单数据
供应商评分信息	productA_coop_evaluate	V1.0	201X0701	
供应商评分信息	productA_coop_evaluate	V1.1	201X1001	增加 3 年内的历史评分
供应商支付与订单信息	productA_coop_order	V1.0	201X0701	
供应商支付与订单信息	productA_coop_order	V1.1	201X1001	增加 3 年内的历史订单与支付数据
……	……	……	……	……

- 当前原始数据资源的数据表：记录内容是产业数据进入数据汇聚层之后形成的数据表设计，包括了汇聚层中的数据表、ER 图及数据维度表等。

在原始数据资源管理过程中，金融企业应注意以下三点：

- 将数据表作为管理对象：不论是内部还是外部的数据，不论是采用接口、文件还是其他的对接方式，内、外部数据资源都会在金融企业的数据系统汇聚层进行集中汇聚，并存储在各个数据表中，因此以数据表作为管理对象是一个较为现实的管理颗粒度，既能保证数据来源清晰，又能避免对数据字段进行逐个管理。
- 严格管理来自各核心企业的数据资源：核心企业提供的产业数据具有高度的特异性，因此需要进行准确的管理，以防止后续数据加工时出现混淆。
- 及时更新数据表字段变化：外部数据源通常可能出现数据字段的增加、删除或口径变动，金融企业应及时修改相关文档，并调整数据仓库层的加工程序。

11.3.3　数据设计和开发

1. 明确需求

运营数据需求人员需要在总体规划下，对具体的数据需求进行分析，确定具体的运营需求，以及所需的运营数据内容和形态。在这一过程中，数据需求人员应注意以下三点：

- 深入理解业务需求：数据运营的核心目标是服务业务。在实践中，数据需求人员可能并不清楚已有的数据资源，这就需要数据运营工作人员与他们进行密切沟通，明确业务需求，并协助他们找到或选择符合需求的数据资源。
- 确定需求与总体规划：数据需求人员应确认需求在总体规划的范围内，避免数据需求脱离企业相关的规划。数据需求人员应检查需求中的数据内容和数据标准是否与总体规划相一致，避免与企业已有的数据定义和标准相互冲突，确保每个数据指标、标签或数据对象在企业内部有唯一的定义。
- 确定本需求与其他需求的关系：企业内的数据需求来源于各个部门，为了防止需求之间的冲突与重复建设，需求人员之间应做好沟通，将共性内容进行融合、个性内容做好分割，并协商好开发计划和成本的分配。

2. 数据内容设计

数据设计者接到需求后会与数据需求人员一起开始具体的运营数据内容设计，这些内容通常以数据表的形式承载和表现。

根据是否需要完全新开发，运营数据可分为新增数据设计和已有数据迭代优化两类，详细介绍如下。

（1）新增数据设计

新增数据设计适用于之前没有数据表的情况，需要相关人员从头开始设计数据表。这个过程包括以下四个部分。

1）**数据表名设计**：数据表是承载运营数据的主要形式，因此数据表设计是数据设计的第一步。数据表名设计要求简洁明了，能反映数据内容，让后续的开发者、使用者仅仅通过读取表的名字即可了解其中所包含的数据内容，从而提升效率。在实际工作中，设计者除了按照金融企业内部规范开展命名外，还会使用一些其他的方式提升数据表名的可读性。例如，采用"行业属性_描述目标_自由命名"三段式分级方法，避免使用汉语拼音的首字母命名，建立构建命名缩写对照表（见表 11-7）等。

表 11-7 数据表命名缩写对照表

缩写	缩写含义说明
MFC	制造业
CRL	连锁零售
CCL	冷链物流
CR	核心企业风险
Ply	政府政策与行业信息
Ctomer	直接客户信息
CoreE	核心企业
……	……

2）**检查企业内部数据字典**：如果金融企业建立了数据字典，对数字字段中的各项内容进行了规范，那么设计者应查询数据字典，按照数据字典的要求在字典中选择已有

的数据内容进行组合,并形成数据表,或者按照字典要求进行设计;如果没有数据字典,则可以跳过该步骤。

3)**数据字段设计**:数据内容存储在数据表的数据字段中,因此数据字段设计是数据表中最为重要的内容,具体设计工作可以分为以下三个步骤:

- 确定数据字段内容:设计者需要确定各数据表中有哪些字段,以及这些字段所需要包含的业务内容,例如,客户基础信息表中常包含客户名称、类型、联系方式、证件类型、证件编号、注册地址、通信地址等。
- 设计数据字段参数:设计者确定字段内容后,需要对每个字段进行详细的参数设计,包括数据字段命名、数据类型设计、字段长度、空值设置、码值设计等。
- 明确数据的业务口径:设计者需要和需求人员紧密合作,明确每个字段的业务含义和口径。在明确业务口径,尤其是一些容易产生混淆的数据业务口径时,字段的业务口径需要包括数据的范围、数据业务来源,以及该数据区别于类似或同类数据的特点等内容,越容易混淆的数据越应该记录清晰。例如,数据表的"客户经营地址"字段记录的口径定义可以记录以下信息:数据字段来源于核心企业登记的"客户经营地址"信息,记录内容仅包括街道(镇)以下的地理位置,区县以上的地理信息在其他字段中体现;如果核心企业记录为空,则按照客户申请贷款时填入的信息进行记录,记录内容同上。对于某些数据源中具有特殊含义和定义的数据,也需要在业务口径内容中进行说明。例如,A核心企业对其供应商划分了ABCD四类等级,那么设计中对于"供应商等级"的业务口径记录内容为:数据来源于核心企业分类,分为ABCD四类,A类为最高,D类为最低,D类供应商可能以半年为周期被淘汰;评判方式由A企业每半年进行一次。

4)**数据字段加工逻辑设计**:运营数据由原始数据资源或已有的数据资源加工形成,如果把数据看作流动的河流,那么运营数据是下游数据,原始数据资源或已有的数据资源是上游数据。设计者需要找到这些上游数据,并设计出将其加工成下游数据的加工方式。

- 梳理上游数据:设计者应对所有可能需要的上游数据的数据字段内容、口径、标准、各字段数据值缺失、各指标的业务含义和业务中的数据使用情况进行摸底和整理,对比同类或相似运营数据所使用的上游数据以及这些数据的加工方式,最终确认用于加工运营数据的上游数据资源,并形成清单。
- 设计字段加工关系:设计者需要依据业务口径,设计上游数据与下游数据之间的加工关系,使用上游数据生成所需要的数据。在设计数据加工关系时,设计者应对上游数据字段定义、上游数据内容来源、上游数据内容枚举值含义、上游数据处理方式、重要上游数据标识、下游字段检查方式等内容进行记录，以方便后续开发人员快速了解上游数据情况。在一些没有建立严格的数据加工流程管理的金融企业中，设计者通常会采用一些简单的工具（见表 11-8）来记录各上游数据表和下游数据表之间的联系，这种记录虽然不能精确到字段级，但也可以降低部分设计时的工作量。

表 11-8　简化数据表关系示例

表名称	描述内容	上游表	下游表
GEL_News_30	记录和展示所有行业 60 天内的重要新闻舆情，舆情已经标注了正负面情况，数据来源于全国和本省官方媒体、政府官方微博	GEL_News_All	无
GEL_Industry_chain	记录各行业之间的上下游关系、正相关性关系以及负相关性关系，数据来源于外购以及分析人员手动输入	无	无
GEL_Customer_Loan	记录所有产品的客户贷款与还款情况，数据来源于信贷系统	无	GEL_Customer_Loan
GEL_Risk_P	记录在线产品与项目的风险情况，数据来源于信贷系统，输出结果为产品迁移表、vintage 表	无	GEL_Risk_Product GEL_Risk_Vintage
MFC_Policy_ENG	记录工程机械制造业的政策奖励与处罚政策、行业重要风险消息，已经按照区县级别进行了归类，数据来源于外购的政府数据、行业协会数据、第三方研究数据	MFC_Policy_ALL	无
……	……	……	……

（2）已有数据迭代优化

已有数据迭代优化设计通常包括调整运营数据口径和数据标准、适应上游数据变化、更新数据加工手段以及新增数据字段等。这些工作都可以参考新增数据设计中的相应内容来完成。

3. 设计数据检查

为了保证数据的准确性，及时发现上游数据的问题，减少上游数据不准确带来的损失，设计人员需要设计数据检查规则，按照规则定期对数据字段的内容进行检查，判断数据是否准确可用。常见的规则包括空值和异常值的检查、指标绝对值范围的检查、指标同比和环比变化的检查等。

数据检查工作具体可参考第 5 章和第 6 章中的相关内容，此处不做赘述。

4. 数据开发

数据开发主要由数据开发人员执行。在实际工作中，数据内容的设计可能会出现错误，其中包括设计口径错误、加工逻辑错误、数据质量未达要求等,这时开发人员可以与设计人员一起对设计进行修正。完成开发后,开发人员进行测试,将测试结果与设计人员甚至是数据需求人员进行核对,以确保数据开发结果符合要求。

开发人员在开发过程中应遵循企业已有的开发规范和要求;对于没有数据开发规范的企业,建议开发人员在开发过程中注意以下几个方面:

- 深入理解数据设计:在开始开发之前,开发人员应仔细阅读数据设计文档,确保充分理解数据需求与业务目标、数据业务口径、数据加工标准、所使用的上游数据以及数据监测规则等关键内容。这有助于避免由于理解偏差而导致的开发错误。
- 做好需求控制:由于数据设计过程中可能会有大量的讨论和修改,数据开发人员应主动与设计者沟通,设定一个明确的时间节点作为最终需求内容的确认时间。此后,任何新增的设计应视为迭代优化的内容,以确保开发进度不受过多影响。
- 知晓数据加工链条:由于数据通常依赖上游数据生成,而上游数据可能又来源于更上游的数据,因此开发人员需要了解整个数据加工链条,要求设计人员明确数据加工的流程,以确保数据加工的顺序准确无误。

案例: 数据加工链条

如图 11-3 所示,系统 3 提供的结果数据 C 需要依赖上游系统 2 的结果数据 B,而结果数据 B 又依赖于结果数据 A。

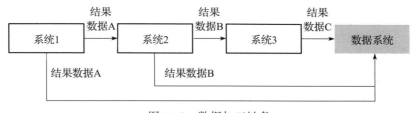

图 11-3 数据加工链条

数据系统获取数据的顺序应该是结果数据 A—结果数据 B—结果数据 C。

- 遵循代码规范:为了提高代码的易读性和可维护性,开发人员应遵循一定的代码规范,包括代码书写规范、代码注释规范以及数据表和字段的命名规范等。这不仅可以降低后续迭代优化的工作量,还能减少运维成本;一些代码规范的示例见表 11-9 和表 11-10。

表 11-9 常见的一些代码规范示例

分类	规范内容	规范举例
代码书写	括号	左括号前不换行
	括号	一行代码超过 100 个字符时，左括号之后强制换行，换行后需要缩进
	括号	右括号后需要结束，才能换行
	对齐	一行有多列，超过 100 个字符时，需要列对齐，并采用下行向右缩进
	对齐	最外层关键字顶格书写
	对齐	select、update、set、insert、delete、from、where、having、order by、group by 等换行后右对齐
	禁止	内层 SQL 禁止使用 group by
	……	……
代码注释	中文注释长度	长度不多于 50 个字
	强制注释	对于超过 3 个表的关联必须写注释
	……	……
数据表及字段命名	时间命名	年、月、日、时、分、秒
	缩写命名	函数、日期、数字、等级、备份等常根据英文全称使用缩写，如 fn 表示函数（function）
	禁止	禁止中英文混用
	……	……

表 11-10 常见时间命名规范示例

时间单位	格式规范	示例
年	yyyy	2019
年月	yyyymm	201910
年月日	yyyymmdd	20191010
时分秒	hh：mm：ss	01：01：01

- 做好文档工作：如果企业有数据治理的相关要求，开发人员应严格按照这些要求进行文档的撰写和管理；即使没有明确的数据治理要求，开发人员也应自行记录和管理开发过程中的相关文档，以便于后续的回溯和参考。

11.3.4 应用输出

运营数据的输出方式主要包括以下三种类型：

- 直接访问数据表：相关人员直接访问数据表获取数据。非信息科技人员直接访问数据表获取数据是一件危险的事情，不仅会带来技术风险，也可能造成数据泄露，因此这种方式并不多见。
- 通过数据应用输出：运营数据通过专门的数据应用提供服务。例如，前文提到的内部管理用的各类数据报表、数据大屏等均属于此类。

- 通过其他应用方式输出：运营数据通过其他的应用来提供服务。例如，前文提到的通过客服系统提供客户贷款查询功能等。

设计者应通过科学设计提高运营数据的应用效率，并努力降低成本。例如，通过科学地规划数据表，可以实现一张数据表的数据为多个应用所调用，从而提升数据表的应用效率；通过 OpenAPI，可以让多个应用使用同一个接口调用数据，从而避免重复开发接口。同时，开发人员需要关注相关的技术问题，例如数据调用的计数方式、数据安全保护、数据访问鉴权以及如何避免数据表被锁死等。这些措施有助于确保数据的稳定、高效和安全输出。

11.3.5 各阶段运营数据的特点

按照金融企业的供应链金融产品运营情况、数据资源丰富程度，以及自身条件等方面的特征，可以将数据运营分为极初期、初期、发展期与丰富期四个阶段。金融企业的数据规划、开发通常会由于不同阶段的情况而有所差异。

1. 极初期

在产品运营的极初期阶段，金融企业只有少量供应链金融产品，且缺少相关的数据知识、数据工具的沉淀，这一阶段的重点应是解决运营数据的有无问题。该阶段的运营数据包括以下几个特点：

- 需求特点：金融企业对产业和核心企业的认知都处于较为初期的状态，因此需求主要来源于内部管理的强制性要求，且这些需求相对于其他的产品或贷款并无特异性。
- 数据内容设计：金融企业尚不清楚数据运营明确的方向与收益，因此，在设计数据内容时，应尽量减少差异性，降低开发成本，集中力量，低成本地实现需求目标；同时，为了提高效率和减少成本，数据口径和数据标准可以尽量沿用已有内容。
- 价值数据甄别：金融企业在对核心企业的业务理解不够深入的情况下，主要依靠业务专家的个人能力对核心企业和行业的价值数据进行甄别和判断。由于时间和资源的限制，企业可能需要放弃一些短期内性价比较低的数据内容，将精力集中在构建基础数据框架上。
- 系统建设：金融企业可以充分利用现有的平台和系统现有的功能，不进行独立建设以节约成本；在数据量不大的情况下，可以使用手动方式向平台和系统提供数据。
- 应用方式：在应用层面，建议金融企业以传统报表为主。同时，为了避免复杂的模型或工具带来的额外开发成本和时间延误，企业在这一阶段可以暂时不考虑特色应用或复杂模型的开发。

2. 初期

随着金融企业服务的核心企业和供应链场景逐渐增多，以及金融产品的日益丰富，产业数据的特性开始显现。在这一阶段，工作重点在于在原始设计的基础上做好框架规划，为产业特色数据奠定基础。该阶段的数据包括以下几个特点：

- 需求特点：金融企业对产业和核心企业的理解逐渐加深，对于数据内容逐步摆脱单纯用于满足金融企业强制性、基础性的产品和客户管理要求，开始关注一些核心企业供应链中合作企业的特有行为或规律，以及通过这些数据反映核心企业的经营情况和规律。
- 数据内容设计：在满足基础产品和客户运营数据需求的基础上，金融企业增加了产品和客户的产业属性与供应链场景属性。这意味着数据内容设计需要更加精细和具有针对性，一些新的业务口径和技术标准会被设计出来以适应产业特性。
- 数据加工过程：随着数据需求的复杂化和多样化，金融企业需要开始注意对数据加工逻辑的梳理和设计，并做好产业数据加工和区分管理的准备。
- 价值数据甄别：企业应逐步建立产业数据价值甄别机制，对于有明确数据标准且易于加工的行业特点数据，企业应将其纳入被加工的数据资源行列，例如核心企业提供的合作企业行为数据、第三方数据源中的标准口径数据等。
- 系统建设：企业主要利用已有的数据平台，在其基础上针对一些常用场景提出功能建设需求，例如对于常见的半结构化数据（如JSON数据串）的结构化功能。此外，企业应尽量减少人工向系统写入数据，以降低人为错误的风险。
- 应用方式：在表现形式上，虽然传统报表和传统指标仍占主导地位，但金融企业可以开始建设一些具有附加值和相对个性化的指标或标签。

3. 发展期

随着金融企业的供应链金融工作方法日渐成熟，业务步入快速发展轨道，不断入驻的核心企业带来了新场景，对应的产品不断出现，客户与数据资源快速增加。这一阶段的规划重点包括两个方面：一是夯实数据资源能力，在全面、丰富收集产业、核心企业以及其他相关数据的同时，解决不同核心企业、不同数据资源融合的问题；二是实现产业数据价值向企业管理层和内部其他条线的输出。该阶段的数据包括以下几个特点：

- 需求特点：随着供应链金融产品线的体量和客户量的增加，企业经营层以及内部管理部门将会逐步重视这些产品与数据。供应链金融产品部门应主动出击，介绍当前数据资源的情况及使用方式，并从领导和各部门处收集相关需求；在对方无法提出具体需求时，也可以选择一些自身具有代表性的应用向其进行推荐，以激发需求。

- 数据内容设计：随着数据资源的丰富，具有产业特性的数据产品将变得更多。数据在描述产品和客户的同时，逐步具备了系统性描述核心企业所在行业的能力。在设计过程中，如何对同行业中不同核心企业的数据进行求同存异，在形成共性指标的同时体现各核心企业的特点将成为最大的挑战。
- 价值数据甄别：基于自身知识的积淀，金融企业应已经具备了按照自身理解筛选和甄别相关产业的特性数据指标和行为数据内容的能力。
- 数据加工过程：随着数据资源的不断增加，数据加工的个性化内容将会快速增长。对于同名称、同类型但不同口径的数据，供应链金融部门需要构建出标准且复杂的数据清洗和加工工作流程；对于差异性过大的数据和极其个性化的数据，应在有效区分的基础上分别管理。
- 人员成长：当前阶段的企业通过项目与产品已经积攒了大量相关产业的知识，相关人员对深耕的行业有了深入理解，在设计产业数据产品方面已经有能力设计出有特点的运营数据甚至数据产品。
- 系统建设：在有外部需求的情况下，系统建设可以围绕这些需求开展，并与需求部门分摊建设费用；如果没有准确的外部需求，系统建设可以在前一阶段的基础上进行完善，尤其是对一些工具进行完善，以实现使用同一种工具解决底层一致但内容有差异的数据的开发目标。
- 应用方式：应用需要更贴近产业特点，一是加强宏观层面的输出，以保证数据价值输出能支持对行业和核心企业这两个层级的经营管理的需要；二是丰富对于微观层面的应用和个性化数据，以便对不同供应链中的合作企业进行更精细化的服务和管理。

4. 丰富期

在这一阶段，随着大量同行业或行业上下游的核心企业涌入，行业信息的需求量越来越大，数据管理变得日益复杂，成本控制和降本增效成为核心议题。该阶段的数据包括以下几个特点：

- 需求特点：数据已经在金融企业的经营和管理中发挥了重要作用，数据需求已经上升为全企业的共性需求。在满足监管的前提下，企业可能会出现数据价值对外输出的新需求，例如对外输出行研数据、产业景气评价数据等。
- 数据内容设计：延续前一阶段的特点，数据将更加丰富和多样化，不仅要满足内部各部门的需求，还可能需要应对越来越多的外部需求。随着核心企业和合作企业的增多，供应链关系可能从二维拓展到三维、立体、网状结构（如图 11-4 所示），这为数据产品内容设计带来了前所未有的挑战，其中的一些课题目前尚没有很好的解决方案。

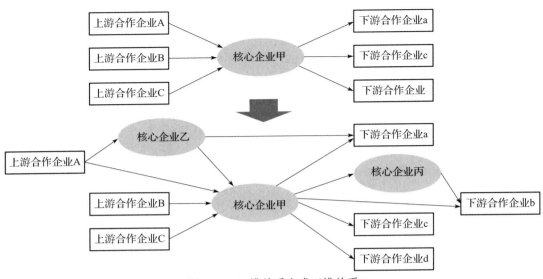

图 11-4 二维关系变成三维关系

- **数据加工过程**：为了实现数据加工的高效管理，金融企业应形成规范的模块和低代码开发工具，以支持敏捷式的设计和开发，确保数据加工能够敏捷实现。
- **人员成长**：相关人员在特定行业内应成为对产业和金融行业有深度理解的专家。此外，金融企业还需要培养出能够统一规划、管理数据产品的复合型人才，他们应具备横跨产业、金融和信息技术的多方面能力。
- **系统建设**：系统建设将更加注重产业的个性化功能。同时，金融企业需要根据产业场景的需求，使用大模型对供应链金融数据进行探索，开发出适用于产业数据的个性化模型。
- **应用方式**：随着运营数据的增多和应用场景的复杂化，价值输出的对象也变得更加多样化。其中有一些应用可能需要与外部应用或单位进行数据交互，数据内容可能会被外界获知，因此数据产品所有部门和信息技术部门在提供数据服务时，应注意数据安全工作。

以当前国内金融企业在供应链金融领域的运营情况来看，达到这一阶段的金融企业数量极其有限。

11.4 运营所需的数据平台简介

数据平台是实现所有数据加工的基础工具，数据系统在不同的企业有不同的名称，例如企业大数据平台、数据中台、数据管理平台等。受限于篇幅，本书仅对平台的基础知识和涉及产业数据的一些注意点进行阐述。

11.4.1 数据平台的主要构成

这些数据系统内部通常会被划分为不同的数据工作层，以实现数据汇集、加工、个性化加工以及对外应用输出等功能。通常，数据平台可以细分为数据汇聚层、数据仓库层、数据集市层等。

- 数据汇聚层也常被称为 ODM 或 ODS 层，其负责完成来自各数据源数据的汇集工作。这些数据源包括外部数据，例如客户申请贷款产品的数据、核心企业的数据、征信机构的数据、外部行业数据、舆情数据；以及金融企业内部的数据，例如客户审批结果数据、授信数据、还款数据、贷后管理数据等。在一些企业的规划中，考虑到外部数据源数量多、数据结构各异、管理难度大，企业也会将部分的数据结构化功能放在此处。当前的热门词语"数据湖"可以粗略地视为数据汇聚层的扩展⊖。

- 数据仓库层常被称为 DW 层，参照数据仓库之父 Inmon 的定义⊖，数据仓库是一个集成的面向主题的数据集合，其包括了原子级别的数据和轻度汇总的数据。简单来说，数据仓库完成的是部分数据结构化、通用型数据加工的工作。有一部分数据与场景紧密相关，无法加工成通用型数据，企业往往会不对其进行加工，而直接存在数据仓库层；数据仓库层会将来源于不同数据源的数据，按照企业共性的数据需求，处理和加工成符合企业内部数据标准的数据表。

- 数据集市层又称为 ADM 或 ADS 层，其直接向各类应用、接口或使用者提供结果数据。与数据汇聚层和数据仓库层相比，数据集市层中的数据表数量最多，且个性化内容极为丰富。

11.4.2 产业数据集市

1. 产业数据的挑战

个性化的产业数据给数据平台带来的最大挑战是仓库层数据的清洗和加工。这些挑战主要包括以下两个方面：

- 个性化数据整合难度更大：在传统的数仓中，描述对象一般是比较固定的，例如客

⊖ 实际上数据湖是一个非常复杂的概念，其不仅强调不同类型、不同数据源数据的汇聚，同时还具有不需要预定义的模型就能进行数据分析这一要求。

⊖ 详见《Building the Data Warehouse（数据仓库）》（原书第 4 版），作者为 Inmon W H，由机械工业出版社于 2006 年出版。

户、账户、凭证、供应商等。这些对象一般可以找到一个主要数据源，然后其他系统所提供的数据被分门别类地整合到其中。例如，客户的数据表一般会以客户管理系统的客户记录为主，然后整合线上客户进件系统、智能决策系统中的客户行为数据。产业数据按照从宏观到微观的顺序，可以分为行业数据、产业数据、核心企业数据、供应链中的合作企业数据、合作企业行为数据等多个层次，其中有很多数据又与场景密切相关，且各自存在自身的特点。对于没有相关经验的金融企业来说，这些数据内容需要按照数仓层的要求去确定一个描述对象然后再进行整合，这无疑是一个巨大的挑战。

- 数据标准难以把控：金融企业信息系统会有企业可控的数据标准，相关数据按照标准进行加工即可，例如，行政区划统一使用《中华人民共和国行政区划代码》（GB/T 2260-2007）。而产业数据来源于不同的企业或单位，字段的数据标准各有不同；实践中，还会存在变更数据源标准时不通知金融企业，从而导致金融企业数据加工出错的情况。如果清洗后的数据需要作为数仓层的共性数据进行加工，那么变更数据源标准会导致加工失败，从而给所有相关的数仓层数据、应用层数据造成负面影响。

为了解决这两个问题，工作人员首先需要做好数据分类，将数据分为标准数据、高度个性化数据和有外部标准的个性数据，对不同类型的数据采用不同的处理加工方式。

- 标准数据采用数仓集中处理和加工：标准数据是指与金融企业内部数据标准一致，或者能通过一定的加工统一标准的数据，这些数据可以与金融企业数据一起进行清洗和加工，并进行融合，在同一数据表中进行存储；前文所提到的来自核心企业的自然人性别、地理信息行政区划、企业注册资产等可以归入这类数据。
- 高度个性化数据使用穿透加工：高度个性化数据可采用穿透加工方式，在 DW 层进行简单清洗以保证数据质量，主要的数据加工工作则在数据集市层完成，直接生成运营数据。这些数据可以分为两类：一是标准来源于外部，不符合金融企业的内部数据标准；二是这些数据标准不明确，金融企业无法确定一个合适的标准，或确定标准的成本过高。

2. 产业数据集市的设计

由于产业数据具有自身的特点，在加工、价值挖掘方面都需要高度贴合产业应用场景的需要，因此，一些金融企业会设计专门的产业数据集市，以专注于产业数据的加工、存储、输出和管理。

虽然，产业方面个性化的数据设计、数据标准、数据加工方式、结果数据等都需要通过产业数据集市落地实现。但在数据治理方面，产业数据集市需要遵循企业统一的数据治理体系要求；在数据加工逻辑方面，其与其他数据集市也并无根本区别。

产业数据内容丰富、标准繁多、来源各异，相关人员在数据集市层数据表的设计和开发工作中应注意以下三点：

- 总体设计应注重前瞻性与适当归类相结合：相关人员在设计数据表时，应在满足规划和成本要求的前提下，尽可能涵盖可收集的所有数据，以形成更为全面的数据字段。
- 注意规划上下游数据之间的加工关系：在数据表加工设计上，相关人员需要精心规划上游数据与下游数据之间的加工关系。理想的情况是实现数据的单向流动，即数据只从上游数据表流向下游数据表，避免出现下游数据向上游的回流。这样的设计不仅有助于清晰地区分数据层级，还能简化数据加工流程。数据加工的纵向关系如图 11-5 所示。

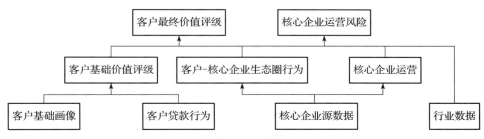

图 11-5　数据加工的纵向关系

- 应合理划分各个数据表的内容分类：为避免单个数据表中的内容过于复杂，企业应进行适当的内容分类。在划分过程中，可以采用框架式的设计方案：首先根据数据的特征或描述对象进行横向划分，形成几个大类；然后，在每个大类下进一步细分小类，直至具体到某一张数据表。这样的划分方式有助于降低数据管理的难度，提高数据使用的效率。相关设计结构见表 11-11。

表 11-11　框架式分类示例

一级分类	二级分类
行业信息类数据	舆情数据
	上下游行业数据
	行业企业数据
	政策信息
核心企业数据	核心企业基础信息
	供应链金融项目信息
	财务数据
	重要人员信息及其涉诉违法数据
	重大生产经营政策
	舆情数据
	外部政策信息
	供应链条生产数据
	生态圈控制方式与控制力
合作企业	合作企业基本信息数据
	合作企业行为数据
	合作企业审批数据
	第三方数据

11.4.3　数据安全

数据安全是数据工作的底线，它涉及数

据的分类分级、授权管理、加密与脱敏等多个方面。如果金融企业有相关的完善的数据治理或数据管理体系（如 DAMA、DCMM），数据安全应按照其中的数据安全规范执行；如果缺少相关规范，相关人员需要特别关注以下 3 个核心内容以确保数据安全：

- 数据分类分级：数据分类分级是数据安全的刚性要求和基石，《中华人民共和国数据安全法》中明确提出了"国家建立数据分类分级保护制度"。对于金融企业，不同数据的来源、用途、价值、服务对象，以及保密程度都有所差异，对数据进行分类分级是管理的必要要求。企业通过分类分级来确定这些数据可以被哪些应用、哪些人员所使用。金融行业常见的分类分级依据包括：中国人民银行发布的《金融数据安全 数据安全分级指南》《多方安全计算金融应用技术规范》《金融业数据能力建设指引》《中国人民银行业务领域数据安全管理办法（征求意见稿）》，中国银行保险监督管理委员会发布的《银行业金融机构数据治理指引》，中国证券监督管理委员会发布的《证券期货业数据分类分级指引》等规范和要求；在供应链金融中，金融企业可能还会用到《工业数据分类分级指南（试行）》等规范和要求。

- 数据授权管理：在分类分级的基础上，数据应用和数据使用者在使用数据时需要先获得企业内部相关部门的授权。相关部门对于数据的授权会根据分类分级进行，不同的数据管理人员按权限进行授权：通常，低安全等级数据的授权由数据所有权方负责，例如，某数据由 A 部门所有，那么 B 部门需要向 A 部门提出申请，获批后才可以使用这个数据；高安全等级数据则需要通过更高级的领导，或有专门的数据管理委员会进行决策。

- 数据加密与脱敏：对于重要和敏感的数据，在数据处理过程中应进行加密或脱敏处理。处理后的数据应无法被反向还原成原始数据，以防止因操作失误或权限控制问题而泄露。这些数据有一些是根据国家相关法律法规必须进行加密和脱敏的，例如个人身份信息；还有一些则由金融企业内部确定，通常是一些涉及商业秘密或涉及保密义务的数据，例如合作企业的关键数据、来自核心企业的生产经营数据等。

第 12 章　Chapter 12

知识沉淀与标准工具构建

金融企业在推进供应链金融产品设计、落地及运营的过程中,会积累丰富的项目文档、产品资料、风险规则以及运营数据等。金融企业应从公司层面系统地沉淀这些知识。这不仅有助于相关人员更灵活地运用方法论,深化对所处行业及企业的理解,显著提升工作效率,还能避免因经验丰富的专家离职而带来的知识损失。在此基础之上,金融企业可以考虑将那些具有共性的问题、文档、表格和模板等进行标准化,创建出一套标准化的工具,以进一步提升工作的标准化水平,使员工更高效地推进工作。

12.1　参与人员

金融企业作为知识沉淀的主要受益者,有足够的动力在内部推进这一工作。供应链场景设计、运营金融产品是金融企业的核心业务。尽管金融企业不直接从事相关场景的行业实践,缺乏一手行业知识,但这些知识对于产品构建和运营至关重要,甚至可能成为金融企业实现与竞争对手差异化的关键。因此,金融企业应要求所有项目参与人员,无论项目是否形成产品或产品当前已经处于运营状态,都应按照知识沉淀的要求和模板整理相关资料和成果,以构建企业的知识库。

核心企业通常不会主动进行知识沉淀,除非它们有金融经营计划,例如,核心企业期望能与多家金融企业开展合作,或核心企业计划直接向合作企业提供金融服务。然而,由于每家金融企业都有独特的风险管理方法和要求，核心企业积累的知识可能并不适用于不同的金融企业。

12.2 知识沉淀

12.2.1 知识沉淀的范围

知识沉淀来源于供应链金融工作的各个环节，包括在形成产品和未形成产品的各项工作中积累的确定性或结论性的资料和文档。对于正在进行的项目，由于实施过程中存在变数，因此应在工作结束、形成产品后再进行知识沉淀。通常，工作中间过程的记录以及存疑待确定的内容不纳入沉淀的范围，例如双方合作协议的讨论稿、数据清洗过程中的中间版本底稿、市场测算过程中的草稿、沟通记录后有问题待确认的文档记录等。

12.2.2 知识沉淀的管理要求

在知识沉淀过程中，为了保证沉淀的知识是有效、可用的，相关人员必须注重知识的一致性、全面性与易读性。这不仅能降低知识使用者和资料阅读者查询资料的成本，还能减少阅读时理解内容的难度，使他们能够迅速利用资料获取信息。为实现这一目标，知识沉淀工作应尽可能地做到以下四点：

- 专人负责，多人参与：资料内容的分类框架、归类标准、上传后的审核以及目录清单的更新等总体管理工作应由知识管理专员负责（后文简称为专员），以确保知识沉淀的有序性和受控性；具体内容的编写和提交则可以分配给其他人，以广泛收集知识，确保沉淀的知识丰富、有效，并减轻专员的工作负担。
- 强制知识沉淀：为确保知识沉淀得到有效执行，金融企业应强制要求所有符合条件的人员按照既定标准开展知识沉淀工作；金融企业可以将这部分工作纳入工作流程，或通过考核机制予以保障。
- 工作过程规范化：资料内容的上传、修改、定稿以及目录更新等工作应有明确的分工和规范的流程，以防止混乱情况的发生。
- 内容分类与标签管理：通过对资料内容进行规范的分类和标签管理，知识使用者和资料阅读者可以快速查阅和使用已沉淀的知识。

其中，前两点是管理要求，各金融企业的规范可能有所不同，因此本书不做详细展开；而后两点在各金融企业中具有通用性，后续将围绕这两点进行详细阐述。

12.2.3 工作过程规范化

工作过程规范化的内容可以分为两个部分：知识形成与知识更新。

1. 知识形成

知识形成是对作为新项目或产品的工作资料、素材等进行整理，将其转化为方便阅读、内容精炼的知识内容的过程。这个过程从整合和梳理已有资料开始，就应确保信息的完整性和连贯性。内容整理则进一步提高了资料的可读性和准确性，通过纠正错别字、统一简称和专有名词的解释，以及删除无用信息，使得资料更加清晰易懂。知识形成工作主要有以下几个步骤：

- 已有资料梳理与整合：应由专员对工作过程中分散的资料进行收集，并按照分类或标签进行整理和整合，例如，将分散为若干次记录或资料的业务访谈整合成一个文档，或一个文件目录下的若干文档。
- 内容整理：专员对整合文档中记录的内容进行整理和修正，通过纠正错别字、补齐漏脱字、统一简称和专有名词的解释、补充说明需解释的重点内容、删除无用信息等工作，使资料更加清晰易懂。这一项工作是帮助其他人员快速阅读、了解知识的关键，例如，对于养殖业中的 PSY 这一名词，专员通常可以补充以下信息：PSY 指 "每头母猪每年所能提供的断奶仔猪头数，是衡量猪场效益和母猪繁殖成绩的重要指标"，国内经营较好的猪场的 PSY 一般在 19～21 之间。
- 疑问点确认与解决：专员在进行整理时，需要对资料记录中出现的一些前后矛盾的内容或不同人员记录的差异内容，逐一进行确认和纠正，以保证知识记录的准确性。
- 资料的形式统一：专员需要将资料命名和资料记录格式按照标准进行统一，以方便其他人员进行查找。资料可以采用 "项目名称（产品名称）_ 分类名称 _ 内容概述 _ 形成记录时间" 的形式来命名，如果有产品还可以加上产品名称以防出现误解，例如，《A 有限公司上游供应商贷款（SY102A）_ 业务访谈 _ 上游供应商管理制度访谈 _ 20170101》是对一次访谈内容的记录。资料记录则可以参考会议记录的格式，同时将一些重要的结论记录作为关键内容提要进行重点突出。
- 资料审核归类：完成前述工作的知识内容需要交由专员进行审核。审核通过后，专员再将整理后的资料归入相应的分类，或打上标签。

通过知识形成工作，专员可以将来自不同行业、项目和产品的记录文档转变成便于查找的标准化资料，或者至少在同一类资料的命名、内容框架方面形成统一标准，从而提高其他人员的阅读效率。

2. 知识更新

知识更新是对已有知识和素材进行持续修正和完善的过程。在运营的过程中，知识更新是必然的要求，因为外部的产业行业、风险情况和内部的管理要求、运营手段等都在不断变化，只有不断更新知识才能适应变化。更新的内容主要包括以下三个方面：

- 行业知识：行业知识的更新是对行业最新动态、特点的更新和对行业中细节的不断丰富。除了被后续证实有误的内容外，之前收集的信息都应被视为准确信息。换言之，所有行业知识内容均处于可用和有效状态，能够为相似项目提供参考。其更新来源主要有以下三个方面：
  - 根据第三方信息进行内容更新，例如购买的第三方数据、行研报告等。
  - 已有的产品在运营过程中收集的新信息，例如，在运营过程中对核心企业进行尽调或对贷款客户的专题分析等。
  - 在新项目中收集的信息，例如，原有的项目为稻米种子行业，新的项目为玉米种子行业，两者共同的上一级行业均为种业，那么在新的项目中不但新增了玉米种业的行业知识，还会增加上一级种业的知识。
- 产品情况：产品在运营过程中更新的内容，主要是原有产品要素的调整。
- 数据应用与运营数据：数据应用与运营数据的更新是知识更新中最为复杂的部分。因为这两者的变更优化是一个系统工程，在信息系统层面会影响数据仓库、数据集市等系统；在管理层面会涉及数据质量管理和数据标准等；在应用层面则可能会影响客户画像、客户标签、报表系统、CRM、ECIF 等多个方面。这些工作内容中可能包含许多项目组成员不熟悉的内容。因此，在更新内容时，建议专员尽可能收录所有相关文档，以免遗漏重要信息。

在知识更新过程中，为了保证内容的连贯性和质量，专员应注意以下三个方面：

- 注意对历史资料的管理：随着时间的推移，金融企业将会积累大量的历史资料，因此，专员可以在资料命名中加上时间标记，这样相关人员只需要看到更新时间，即可了解哪一份资料是最新的内容，例如前文中提到的《A 有限公司上游供应商贷款（SY102A）_ 业务访谈 _ 上游供应商管理制度访谈 _20170101》。
- 明确有权进行项目 / 产品知识更新的人员：同一个项目 / 产品中的知识管理应由该项目 / 产品的相关人员进行，一旦出现人员调动，该部分工作应作为移交内容之一。
- 保证公共知识有效管理：对于涉及多个项目 / 产品的公共知识，建议由专员统一收集，然后由相关项目 / 产品的相关人员决定是否应该采用，例如，种业中新增了玉米的行业知识，并更新了种业的知识，那么稻米产品项目组的人员有权决定是否将这部分知识更新到自己的知识内容中。

12.2.4 内容分类与标签管理

内容分类与标签管理是提升知识搜索便捷性的关键，专员可以灵活使用分类和标签两种方式来组织知识内容。其中，分类是基础管理手段，标签则可以根据金融企业的实际需要设定。

1. 内容分类

内容分类通常以工作步骤为基础进行主要资料内容的分类，管理、法律、商务等具有独立性的资料则进行单独分类。

案例：某金融企业 A 的知识分类及定义

分类按照工作过程进行划分，需涵盖所有流程资料。每一个知识内容在一种分类方式中必须有一种分类名称。分类由知识上传人员选定，管理人员审核。企业知识内容分类见表 12-1。

表 12-1 企业知识内容分类示例

分类		涵盖内容
产品设计与形成	业务调研	1. 业务调研项目组参与人 2. 所有调研的原始记录和整理记录
	系统调研	1. 业务活动与系统界面、字段对应文档 2. 与核心企业确认的内部系统关系图、业务动作分解图
	数据设计	1. 最终的数据宽表设计，包括其中的数据口径与定义 2. 数据来源及各来源之间的关联关系、数据映射关系等 3. 未能满足需求的数据清单
	数据整合文档	1. 原始数据问题、数据校验标准、数据修正或清洗的标准等 2. 对数据进行初步加工时形成的文档
	数据市场分析	1. 数据分析的思路与框架设计 2. 相关衍生变量的设计方案与口径 3. 所依赖的行业、业务经验，以及通过数据验证的情况 4. 市场趋势特征、客户特征等中间分析过程 5. 分析结论与报告
	风险分析	1. 风险分析建模的数据思路与建模思路 2. 风险建模的过程文件，包括衍生变量、模型探索过程、相关的报告等 3. 最终使用的入模参数、参数口径、模型内容等 4. 形成的风险规则，以及结果测算

（续）

分类		涵盖内容
产品设计与形成	内部上会材料	金融企业内部审批贷款产品的文件
	产品设计文档	贷款产品的设计文档
	风险规则	1. 开发部署上线的风险规则内容和规则运行逻辑 2. 风险规则触发后对客户的标准解释口径
	数据接口文档	接入核心企业的数据文档
产品运营	风险规则变化	1. 调整风险规则的历史记录 2. 调整风险客户标准解释口径的历史记录
	数据集市设计	1. 数据集市表设计 2. 数据集市应用的范围
商务文件	商务沟通文件	双方开展商务沟通所用的文件材料
管理文件	项目管理文件	相关项目管理周报、重要的沟通记录
	项目总结	项目结项时的相关总结
	终止项目报告	由于各条件不满足，导致项目中止的文档报告
法律与文件	总体合作协议	双方就合作框架进行沟通的协议，可能包括供应链金融项目或产品外的内容
	商务合作协议	双方在供应链金融项目、产品方面开展合作、划分权利义务的协议
	保密协议	对核心企业内部商业机密、内部资料进行保密的协议
	数据合作协议	单独规范数据使用、合作的协议

2. 内容标签

与分类相比，标签有以下三个特点：

- 分类具有唯一性，一项知识内容只能归入一个确定的类别；标签则更为灵活，允许一项知识内容拥有一个或多个标签，也可以不拥有标签。
- 标签在知识内容描述上更为细致和多样。例如，标签可以根据项目类型、资料重要性、核心企业特征和产品要素等来划分。
- 标签的增加和变更更加灵活：在使用过程中，金融企业可以根据需要不断新增或调整标签，也可以在内容分类的基础上增加专属的标签。例如，金融企业可以根据需要不断新增项目行业；金融企业在终止项目分类下可以设置终止原因标签，用于标注商务条件不满足、项目成本过高、核心企业的商业模式存在问题等各种导致项目终止的原因。

为了方便标签的管理和使用，专员在进行标签设计和管理时，应注意以下几个方面：

- 标注出必填标签和选填标签，并注意控制必填标签的数量：必填标签是指每一个资料在上传时，都必须选择的标签，如果必填标签过多，会提高资料整理的成本以及后期管理的难度。专员可以将必填的标签限制于行业分类、客户属性、产品要素等关键内容。

- 区分单选和多选标签：多选标签是指在给知识资料或文档选择标签时，允许在同一类标签中选择多个标签。这是由于描述对象可能会有多种属性导致的，含有多种属性的具体原因也是多样的。例如，金融企业对于核心企业分类通常会采用多选标签的形式。我国最新的行业分类标准来源于《国民经济行业分类》（GB/T 4754–2017），标准采用的是四级分类；实际核心企业的分类就可能同时覆盖多个行业，一个从事种植业种子生产的企业往往还会经营种子销售、农资销售、农产品贸易等一系列的相关产业，如果使用第二级进行分类，那么会出现颗粒度不够，不能准确描述核心企业的情况，因此就必须使用多个三级行业或四级行业的标签才能满足需求。

- 做好标签的定义：一些标签在使用中容易产生异议，或出现不标准的情况，因此专员需要做好定义说明与标准管理，如前文提到的核心企业分类，就应该明确是采用三级分类或是四级分类，以及不能使用标准分类时是否可以自行命名分类等。

- 标签需要进行定期更新：标签作为灵活的工具，数量很容易随着时间的增加而迅速增长，最终因为数量太多变得无法使用。因此专员应该定期进行更新，将一些不常用的标签合并或删除。

- 标签统一管理：为了防止标签混乱，专员应考虑对标签进行统一管理，不允许擅自增加、修改和删除标签，保证标签体系的统一和稳定。同时，在标签数量达到一定程度时，专员还需要建立起标签体系的管理，以解决标签属性不明、标签之间冲突等问题。标签的分类管理信息记录形式见表 12-2。

表 12-2 企业知识标签分类管理信息记录示例

标签分类	分类属性	标签内容	标签说明
资料重要性	不可多选	关键	关键性与结论性文档
		重要	
		一般	过程文档
行业分类	可多选	食品连锁零售行业	原则上按照《国民经济行业分类》（GB/T 4754–2017），可以根据实际情况进行调整，如需新增标签，则需要经过审批行业标准，以项目内容判断，不以核心企业和合作企业的经营范围判断
		社区连锁零售行业	
		水果连锁零售行业	
		零担物流行业	
		综合物流行业	
		第三方仓储物流行业	
		……	

（续）

标签分类	分类属性	标签内容	标签说明
产品服务场景	不可多选	中止	由于各种原因未形成过产品
		推进	正在推进工作，但未形成产品
		运营	已经形成产品并在运营
		停止	产品处于停止对外服务状态，但仍然有客户在使用
		结束	产品已不再运营，且无客户使用
项目产品状态	不可多选	中止	由于各种原因未形成过产品
		推进	正在推进工作，但未形成产品
		运营	已经形成产品并在运营
		停止	产品处于停止对外服务状态，但仍然有客户在使用
		结束	产品已不再运营，且无客户使用
数据来源	可多选	分销系统群	
		订单系统群	
		手工数据	
		……	
文档格式	可多选	文本文件	
		流程图	
		表格	
		图片	
		……	
资料来源	可多选	核心企业原始资料	
		整理核心企业资料	
		外部金融企业资料	与核心企业有过合作的金融企业提供的资料
		外部资料	第三方公开或非公开渠道获取的资料，如行研报告、专家资料、新闻、舆情信息等
		自研内容	在项目中自行整理的资料
客户供应链属性	必选标签	上游供应商	
		下游分销商	
		下游消费者	
产品还款方式	必选标签	随借随还	
		按期付息，到期还本	
		等额本息	
		等额本金	
产品还款周期	必选标签	随借随还	
		3个月以下	
		3～6个月	
		……	

（续）

标签分类	分类属性	标签内容	标签说明
产品额度计算方式	必选标签	应收账款	
		订单额度	
		评分卡	
		白名单	
		……	
……	……	……	……

12.2.5 知识管理工具

随着供应链金融产品数量的增加和运营的深入，企业积累和更新的知识资料数量会迅速增长，且各个项目之间存在着大量知识共享的需求。依靠人力，以表格、个人计算机、FTP、SVN 等传统的管理方式无法满足这种复杂的管理需求。因此，金融企业可以建立知识管理工具。管理工具应具备以下几个核心功能：

- 完善的角色管理：工具应能为不同的参与者分配相应的权限，确保他们能够有效地开展工作，同时也要严格限制对敏感内容的访问，以防止知识泄露。
- 文档管理：工具需支持按不同分类构建文档目录，并允许用户上传文档。对于重要的文档，例如风险规则文档、核心企业的内部系统设计文档等，不仅需要设置访问权限，还应提供加密功能以确保安全。此外，用户应能为文档打上相应的标签，并标注版本，以便于搜索和分类。
- 标签内容管理：应有专人负责管理标签的新增、修改、删除以及标签含义的解释，确保标签系统的准确性和一致性。
- 搜索管理：工具应支持在给定的内容权限范围内进行项目、产品的搜索，提高用户查找所需信息的效率。
- 流程管理：文档上传后应有一系列的审批流程，以防止误操作或未经授权的更改。
- 数据统计管理：工具应能提供数据统计功能，以评估知识运营的情况，如项目文档的分类、标签统计、项目人员的知识贡献情况，以及项目进度等。

知识管理虽然很重要，但独立为其搭建一个系统却会带来额外的开发成本，金融企业通常会选择使用信息系统开发项目管理系统或工具来兼任知识管理的功能，原因主要有以下两个：

- 供应链金融项目与信息系统的紧密联系：供应链金融最终的运营形态是产品，产品开发和运营过程必然涉及信息系统的开发和后期迭代优化，使用信息系统的项目管理工具能将两者无缝连接起来。

- 项目管理工具的功能兼容性：通常，项目管理工具已经根据项目参与者的职能划分了相应的权限，并由项目经理进行统一管理。这些工具通常也具备资料和文档管理功能，因此在功能上可以很好地兼容知识管理。如果项目被中止而未形成产品，相关信息和文档可以保持在相应的状态中，便于后续处理。

12.3 标准工具建设

12.3.1 标准工具的定义与特点

基于知识沉淀的结果，金融企业可进一步精炼和抽象出共性、标准化的内容，并整理成一系列模板。这些模板可以被称为供应链金融项目的标准工具，相关人员可以按照这些模板，采用填空的方式收集信息，或按照其指引开展工作。

标准工具是知识沉淀的进一步总结和提升，与知识沉淀的资料存在以下三点不同：

- 内容形式：知识沉淀的承载方式是大量项目积累的文档和资料；而标准工具则是一系列标准和可供使用人员填写内容的文件模板。
- 使用方式：知识沉淀虽然进行了标准化工作，但依然是依据项目/产品进行沉淀的，具有大量产品的个性化特征，使用者可以学习、借鉴经验但不能直接使用；作为模板的标准工具则会有具体且标准的操作要求、使用引导或内容说明，工作人员可以直接使用模板来开展工作。
- 内容数量：标准工具是凝练了各类项目共性形成的一套或几套模板，个性化的内容已经被极大地压缩，数量远远小于积累了大量文档的知识沉淀内容。

12.3.2 标准工具的内容

不同的金融企业会根据自身的情况构建标准工具，工具的具体形式和内容千差万别，此处不做赘述。通常较为容易形成标准工具的包括业务与系统调研计划和问题模板、构建数据基础时使用的表格、数据分析模板工具、数据对接设计，以及数据运营中所使用的指标、工具及产品、法律协议等。

12.3.3 标准工具的分类

按照工具的适用范围，标准工具可以分为以下两种类型：

- 跨行业的标准工具：这类工具可广泛应用于不同行业的供应链金融项目和产品。例如，产品运营所需的相关指标的设计，无论产品要素形态如何变化，产品逾期率的统计口径、加工方式和数值含义都是统一的，因此可以采用相同的设计。
- 区分行业的工具：这类工具根据行业特点设计，以满足不同行业的个性化需求。例如，数据分析模板会针对不同的行业设计不同的分析模板，工作人员在使用时需要根据核心企业的特点选择相应的工具模板。

一些常见标准工具的分类见表 12-3。

表 12-3 常见标准工具的分类

工具类型	适用范围
业务与系统的调研计划和问题模板	跨行业通用
构建数据基础时使用的表格	分行业使用
数据分析模板工具	分行业使用
数据对接设计	分行业使用
数据运营中所使用的指标、工具及产品	跨行业通用
法律协议	跨行业通用

12.3.4 标准工具的优缺点

标准工具的优势在于其标准化的信息采集和整理能力，能提升新项目开展的效率。由于供应链金融项目和产品的工作内容具有很多的共性，一些工作内容可以实现标准化，或部分标准化，例如同类型或同行业核心企业的数据对接方式、产品运营中的贷后管理方式等。标准工具可以帮助工作人员节约学习成本，避免走上弯路。

标准工具的劣势是过于标准化和过于关注实用能力。它过于关注"如何使用"，但缺乏"为什么这么用"的背景知识记录和详细介绍，可能导致实用主义倾向，限制工作人员的创造性发挥和对行业的深度理解。相关人员可能会机械地按照已有的标准工具要求执行，而没有深入了解已有的内容与新项目之间的差异。在实际市场上，除了垄断行业以外，很少会有完全同质的核心企业，因此这种"抄作业"的做法会导致产出无法正确匹配真实场景，例如，市场分析过程中缺少对目标企业特质的发掘，导致产品设计不符合市场需求，响应寥寥；风险规则沿用已有的数据指标设计，未能把控场景中真正需要量化的风险等。此外，使用标准工具还容易造成工作人员主观上的懈怠心理。

12.3.5 标准工具的注意点

1. 构建工具的注意点

在构建工具时，金融企业应从以下四个方面保证工具的可靠性和适用性：

- 通过工作程序保证质量：初始工具由业务经验丰富的专家们在充分吸取、消化知识沉淀的成果的基础上进行设计；设计后需通过典型项目复盘验证工具的有效性；最后还需要经过严格的内部评审后才能进行发布。
- 做好标准工具的知识传递：设计者对各项工具的适用条件、可用范围、使用方法，以及注意事项进行说明。企业在工具投入使用前做好使用者的培训，让使用者知晓工具的特点和使用方法，正确地使用工具。
- 做好迭代优化工作：设计者应注意收集工具在新项目中的应用反馈，定期进行评估，根据新增的项目和产品情况不断优化工具，同时还应该鼓励使用者参与创新，一起来支持标准工具的完善。
- 做好个性化的兼顾：设计者在设计标准工具时可以采用一些方式兼顾标准化和个性化，例如，在工作部分使用标准工具，在其他部分进行补强的综合工作方式，即设计一些基础数据模板用于常见、通用的数据，对于具有核心企业个性化特点的数据则要求使用者脱离工具进行个性化数据设计，两者组合形成该核心企业的数据分析宽表以及数据指标清单等。

2. 使用工具的注意点

在使用工具方面，金融企业应从以下三个方面保证工具被科学地使用：

- 需要建立评估机制，不盲目使用工具：在新项目开始时由专家根据行业和核心企业的特点对项目进行评估，判断是否能使用标准工具开展工作。
- 做好跟踪机制，及时调整：企业在项目进行过程中进行评估，一旦发现工具不适用，应尽快构建自身个性化的工作内容。
- 鼓励创新：金融企业应鼓励使用者灵活运用工具，主动思考具体情况，不强行适配工具。

实践中，标准工具是个矛盾体。若不推广，负责产品的工作人员可能因强调特殊性而完全不用它，使其失去意义；若强行推广，则可能放大其缺陷，导致产品趋同，降低优势，增加风险。因此，标准工具的构建和使用需要金融企业专家的持续参与，以在共性和特殊性之间找到平衡。

网络综合布线案例教程
第 3 版
实训手册

姓　　名＿＿＿＿＿＿＿＿＿＿

专　　业＿＿＿＿＿＿＿＿＿＿

班　　级＿＿＿＿＿＿＿＿＿＿

任课教师＿＿＿＿＿＿＿＿＿＿

机械工业出版社

目　　录

模块 1　开启综合布线之门 ·· 1
　　实训　参观真实的网络综合布线系统 ································· 1
模块 2　综合布线系统工程设计 ·· 3
　　实训 1　网络综合布线系统工程模拟设计 ····························· 3
　　实训 2　使用亿图图示软件绘制网络拓扑结构图 ··················· 5
模块 3　通信介质与布线组件 ··· 8
　　实训 1　识别双绞线、同轴电缆和光纤 ································ 8
　　实训 2　识别网络布线组件 ·· 10
模块 4　综合布线工程施工 ·· 12
　　实训 1　布线工具的使用 ·· 12
　　实训 2　双绞线跳线制作 ·· 14
　　实训 3　光纤熔接与光纤耦合器的安装 ································ 16
　　实训 4　信息模块制作 ··· 18
　　实训 5　管线敷设 ·· 20
　　实训 6　配线架连接 ·· 22
　　实训 7　机柜连接与使用 ·· 24
模块 5　布线系统测试与验收 ··· 26
　　实训 1　Fluke DSX-8000 测试仪的使用及设置 ···················· 26
　　实训 2　双绞线测试 ·· 28
　　实训 3　光纤测试 ·· 30
　　实训 4　工程模拟验收 ··· 32
模块 6　综合布线系统工程文档的编写与管理 ··························· 34
　　实训　编写综合布线系统工程文档 ······································ 34
模块 7　综合布线产品 ·· 36
　　实训　产品市场调研，确定产品型号和厂家 ························· 36

模块 1　开启综合布线之门

实训　参观真实的网络综合布线系统

1．实训题目

参观真实的网络综合布线系统。

2．实训目的

了解网络综合布线系统的组成，并通过参观，了解综合布线系统中的不同子系统，同时了解综合布线系统中所使用的材料与设备。

3．实训内容

参观访问采用综合布线系统的单位，并根据所见内容画出综合布线系统结构示意图。

4．实训方法

1）了解网络基本情况，包括建筑环境、结构、信息点数目及功能。

2）参观设备间，记录所用设备的名称、规格及连接情况。

3）参观管理间，查看配线架，并记录规格和标识（注：设备间和管理间可同在一间）。

4）参观垂直子系统，观察敷设方式，了解线缆类型和规格。

5）参观水平子系统，观察布线方式，了解线缆类型和规格。

6）参观工作区子系统，观察信息插座配置数量、类型、高度和布线方式。

5．微课视频指导

参观真实的网络
综合布线系统

6．填写实训工单

实训工单编号	ZHBX-MK1-1		
姓　名		学　号	
专业班级		指导教师	
实训题目			
实训目的			
实训内容			
工具材料准备	记录笔、笔记本计算机、摄像机		
实施要求	1）必须注意人身安全，禁止私自动用实验用具，特别是具有锋利刀片性质的器具。 2）必须注意个人卫生。工作人员注意仪表，穿着要整齐，谈吐文雅，举止大方。 3）根据参观记录，画出该综合布线系统结构示意图，要求标明设备的名称、型号、数量、选用的介质类型与规格		
实施方法 （学生填写）			
实训小结与评价 （优、良、中、差）	1）分组讨论，说明该综合布线系统的特点，并指出存在问题。 2）实训成果评价。 ① 自我评价：准备情况、工作过程、作品质量（　　　） ② 同学互评：核心作用、互帮互学、作品质量（　　　） ③ 教师评价：工作态度、团队合作、作品质量（　　　） 综合评价：		

模块 2　综合布线系统工程设计

实训 1　网络综合布线系统工程模拟设计

1. 实训题目

网络综合布线系统工程模拟设计。

2. 实训目的

根据参观访问单位的实际情况进行设计，明确综合布线系统的设计原则，熟悉各子系统的设计要求，掌握综合布线系统的基本设计方法，完成简易设计方案。

3. 实训内容

勘查办公楼实际现场，确定各子系统的位置，完成办公楼网络综合布线系统工程各子系统的设计。

4. 实训方法

1）了解办公楼的规模、层数、结构和任务需求。
2）确定信息种类和信息点数量。
3）确定设备间和管理位置。
4）确定设计范围、目标和标准。
5）设计方案确定（包括工作区子系统、水平子系统、垂直子系统等的设计）。

5. 微课视频指导

网络综合布线系统
工程模拟设计

6. 填写实训工单

实训工单编号	ZHBX-MK2-1		
姓　名		学　号	
专业班级		指导教师	
实训题目			
实训目的			
实训内容			
工具材料准备	笔记本计算机、亿图图示软件		
实施要求	1）理解综合布线系统的设计原则、等级，掌握综合布线系统的基本设计方法，根据单位实际情况，完成办公楼网络综合布线系统工程的设计方案。 2）勘查现场，确定各子系统的位置，完成各子系统设计		
实施方法（学生填写）			
实训小结与评价（优、良、中、差）	1）针对不同网络综合布线系统工程的设计方案进行分组讨论，分析方案优劣，并指出存在问题。 2）实训成果评价。 ① 自我评价：准备情况、工作过程、作品质量（　　　） ② 同学互评：核心作用、互帮互学、作品质量（　　　） ③ 教师评价：工作态度、团队合作、作品质量（　　　） 综合评价：		

实训 2　使用亿图图示软件绘制网络拓扑结构图

1. 实训题目
使用亿图图示软件绘制网络拓扑结构图。

2. 实训目的
掌握网络拓扑结构图的绘制方法。

3. 实训内容
使用亿图图示软件绘制网络拓扑结构图。

4. 实训方法
1）启动亿图图示软件。
2）选择模板，创建编辑界面。
3）选择绘制的图形。
4）绘制线条。
5）添加文字。
6）改变图样的背景色并保存文件。

5. 微课视频指导

使用亿图图示软件
绘制网络拓扑
结构图

6．填写实训工单

实训工单编号	ZHBX-MK2-2		
姓　名		学　号	
专业班级		指导教师	
实训题目			
实训目的			
实训内容			
工具材料准备	计算机、亿图图示软件		
实施要求	1）使用亿图图示软件绘制下页 2 张图。 2）理解网络拓扑结构图中各符号代表的意义		
实施方法 （学生填写）			
实训小结 与评价 （优、良、 中、差）	1）分组讨论，如何将各种实际的综合布线系统用网络拓扑结构图表示出来。 2）实训成果评价。 ① 自我评价：准备情况、工作过程、作品质量（　　　） ② 同学互评：核心作用、互帮互学、作品质量（　　　） ③ 教师评价：工作态度、团队合作、作品质量（　　　） 综合评价：		

（续）

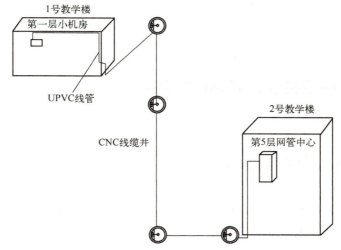

图 2-1　1 号教学楼和 2 号教学楼网络光纤布线图

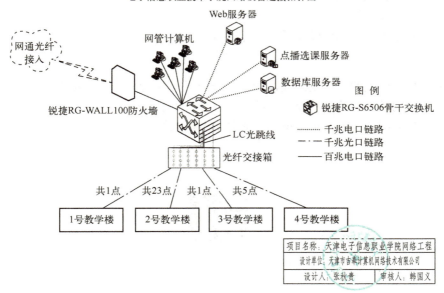

图 2-2　信息学院网络设备连接拓扑图

模块 3　通信介质与布线组件

实训 1　识别双绞线、同轴电缆和光纤

1. 实训题目

识别双绞线、同轴电缆和光纤。

2. 实训目的

认识各种有线介质，掌握它们各自的特征和用途；学会识别双绞线、同轴电缆和光纤，并熟练掌握识别的方法。

3. 实训内容

1）辨别屏蔽双绞线和非屏蔽双绞线。
2）辨别粗缆和细缆。
3）辨别多模光纤和单模光纤。

4. 实训方法

1）观察双绞线的外形及组成结构，能分辨屏蔽双绞线和非屏蔽双绞线。
2）观察同轴电缆的外形及组成结构，能分辨粗缆和细缆。
3）观察光纤的外形及组成结构，能分辨多模光纤和单模光纤。

5. 微课视频指导

识别双绞线、同轴
电缆和光纤

6. 填写实训工单

实训工单编号	ZHBX-MK3-1		
姓　名		学　号	
专业班级		指导教师	
实训题目			
实训目的			
实训内容			
工具材料准备	双绞线、同轴电缆、光纤等线缆产品（每种产品选三个厂家）		
实施要求	1）根据观察到的通信介质的外形，了解线缆的基本特征，理解线缆的传输特性，掌握辨识线缆的方法与技巧。 2）根据观察结果，分别记录三种线缆的厂家、名称、标识、规格。 3）注意人身安全，服从现场管理人员安排，严禁私自动用具有锋利刀片性质的器具切割线缆		
实施方法 （学生填写）			
实训小结与评价 （优、良、中、差）	1）分组讨论，掌握辨别不同的通信介质的方法和技巧。 2）实训成果评价。 ① 自我评价：准备情况、工作过程、作品质量（　　） ② 同学互评：核心作用、互帮互学、作品质量（　　） ③ 教师评价：工作态度、团队合作、作品质量（　　） 综合评价：		

实训 2　识别网络布线组件

1．实训题目

识别网络布线组件。

2．实训目的

认识常用的布线组件（包括配线架、模块、机柜、管槽和连接件），进一步了解其结构特征及用途；学会识别组件类型，并熟练掌握识别的方法。

3．实训内容

1）识别常用的配线架。
2）识别 RJ-45 模块。
3）识别 ACO 通信插座系统上各种不同用途的接口。
4）识别机柜中的各种配置信息。
5）识别常用布线管槽以及与塑料线槽配套的连接件。

4．实训方法

1）识别各种常用的配线架，分析它们的类型及特征。
2）观察 RJ-45 模块的外形及组成结构，能够说出它的特征。
3）观察 ACO 通信插座系统，能够熟练识别各种用途的接口。
4）观察机柜的外形特征及内部配置，能够说出各种配置的名称。
5）观察常用的布线管槽（包括金属质地和 PVC 塑料质地两种），能够区分各种与塑料线槽配套的连接件的名称和特征。

5．微课视频指导

识别网络布线组件

6. 填写实训工单

实训工单编号	ZHBX-MK3-2		
姓　名		学　号	
专业班级		指导教师	
实训题目			
实训目的			
实训内容			
工具材料准备	网络布线组件（每种产品选三个厂家）		
实施要求	1）根据观察到的布线组件的外形，了解各种布线组件的基本特征，掌握辨识布线组件的方法与技巧。 2）根据观察结果，分别记录各种组件的厂家、名称、标识、规格。 3）注意工作纪律，服从现场管理人员安排，严禁私自拿用各种布线组件产品		
实施方法（学生填写）			
实训小结与评价（优、良、中、差）	1）分组讨论，掌握辨别不同的布线组件的方法和技巧。 2）实训成果评价。 ① 自我评价：准备情况、工作过程、作品质量（　　　） ② 同学互评：核心作用、互帮互学、作品质量（　　　） ③ 教师评价：工作态度、团队合作、作品质量（　　　） 综合评价：		

模块 4　综合布线工程施工

实训 1　布线工具的使用

1. 实训题目

布线工具的使用。

2. 实训目的

了解各种布线工具,重点掌握专业布线工具的使用方法。

3. 实训内容

操作使用各种布线工具。

4. 实训方法

1）在教师的指导下实际操作辅助工具。
2）在教师的指导下实际操作布线工具。
3）在教师的指导下实际使用理线工具。

5. 微课视频指导

布线工具使用

6. 填写实训工单

实训工单编号	ZHBX-MK4-1		
姓　名		学　号	
专业班级		指导教师	
实训题目			
实训目的			
实训内容			
工具材料准备	网络布线工具（选三个厂家）		
实施要求	1）认识布线工具，了解各种布线工具的基本特征，掌握布线工具的使用方法。 2）依据学习及观察结果，分别记录各种布线工具的厂家、名称、标识、规格。 3）注意工作纪律，服从现场管理人员安排，严禁私自拿用各种布线工具		
实施方法 （学生填写）			
实训小结 与评价 （优、良、 中、差）	1）辨认不同的布线工具，总结操作过程。 2）实训成果评价。 ① 自我评价：准备情况、工作过程、作品质量（　　） ② 同学互评：核心作用、互帮互学、作品质量（　　） ③ 教师评价：工作态度、团队合作、作品质量（　　） 综合评价：		

实训 2　双绞线跳线制作

1. 实训题目

双绞线跳线制作。

2. 实训目的

掌握双绞线跳线的制作方法。

3. 实训内容

1）每人制作两根跳线。

2）第一根为两端均为 TIA/EIA 568B 标准的跳线。

3）第二根为一端 TIA/EIA 568B、另一端为 TIA/EIA 568A 标准的跳线。

4. 实训方法

按教材讲授的方法，使用网线制作工具，并在教师的指导下分别完成直通跳线和交叉跳线的制作。

5. 微课视频指导

双绞线跳线制作

6. 填写实训工单

实训工单编号	ZHBX-MK4-2		
姓　　名		学　　号	
专业班级		指导教师	
实训题目			
实训目的			
实训内容			
工具材料准备	双绞线 2 根，各长 1m（选两个厂家）；压线钳 1 把		
实施要求	1）记录双绞线的厂家、名称、标识、规格。 2）依据 TIA/EIA 586B 及 TIA/EIA 586A 标准，分别制作直通线和交叉线各 2 根。 3）记录双绞线制作过程，检查制作结果。 4）注意工作纪律，服从现场管理人员安排，严禁私自拿用双绞线及工具		
实施方法 （学生填写）			
实训小结 与评价 （优、良、 中、差）	1）分组讨论，体会、交流双绞线制作的方法和技巧。 2）实训成果评价。 ① 自我评价：准备情况、工作过程、作品质量（　　　） ② 同学互评：核心作用、互帮互学、作品质量（　　　） ③ 教师评价：工作态度、团队合作、作品质量（　　　） 综合评价：		

实训3 光纤熔接与光纤耦合器的安装

1. 实训题目

光纤熔接与光纤耦合器的安装。

2. 实训目的

- ◆ 掌握光纤熔接的方法。
- ◆ 熟悉光纤耦合器的安装方法。

3. 实训内容

1）完成两芯光纤的熔接。
2）光纤耦合器的安装。

4. 实训方法

按教材讲授的方法，使用光纤熔接工具，并在教师的指导下分别完成光纤熔接和光纤耦合器的安装。

5. 微课视频指导

光纤熔接

光纤耦合器的安装

6. 填写实训工单

实训工单编号	ZHBX-MK4-3		
姓　名		学　号	
专业班级		指导教师	
实训题目			
实训目的			
实训内容			
工具材料准备	光纤熔接机 1 台，两芯光纤线 1 根，光纤切割机 1 台，光纤剥线钳 1 把，剪刀 1 把，酒精棉若干，热缩套管若干，光纤耦合器 2 个，光纤熔接盒 1 个		
实施要求	1）完成光纤两端的剥线。不允许损伤光纤的光芯，且长度合适。 2）完成光纤的熔接实训。要求熔接方法正确。 3）完成光纤在光纤熔接盒的固定，要求盘线美观。 4）完成光纤耦合器的安装，要求安装正确		
实施方法（学生填写）			
实训小结与评价（优、良、中、差）	1）分组讨论，体会、交流光纤熔接及光纤耦合器安装的方法和技巧。 2）实训成果评价。 ① 自我评价：准备情况、工作过程、作品质量（　　） ② 同学互评：核心作用、互帮互学、作品质量（　　） ③ 教师评价：工作态度、团队合作、作品质量（　　） 综合评价：		

实训 4　信息模块制作

1. 实训题目

信息模块制作。

2. 实训目的

掌握信息模块的制作方法。

3. 实训内容

完成信息模块的端接。

4. 实训方法

按教材讲授的方法,使用信息模块端接工具,并在教师的指导下完成信息模块的端接工作。

5. 微课视频指导

信息模块制作

6. 填写实训工单

实训工单编号	ZHBX-MK4-4		
姓　名		学　号	
专业班级		指导教师	
实训题目			
实训目的			
实训内容			
工具材料准备	信息模块2个（选两个厂家）；信息模块制作工具1套		
实施要求	1）记录信息模块的厂家、名称、标识、规格。 2）依据信息模块制作标准，分别制作并安装信息模块2个。 3）记录信息模块端接过程，检查制作及安装结果。 4）注意工作纪律，服从现场管理人员安排，严禁私自拿用信息模块及制作工具		
实施方法（学生填写）			
实训小结与评价（优、良、中、差）	1）分组讨论，体会、交流信息模块制作及安装的方法和技巧。 2）实训成果评价。 ① 自我评价：准备情况、工作过程、作品质量（　　　） ② 同学互评：核心作用、互帮互学、作品质量（　　　） ③ 教师评价：工作态度、团队合作、作品质量（　　　） 综合评价：		

实训 5　管线敷设

1. 实训题目

管线敷设。

2. 实训目的

- 了解管线的敷设原理。
- 掌握管线的敷设方法。

3. 实训内容

完成墙内 20m 管材的敷设,并在管材内完成管线的敷设(可根据实际情况适当设置弯角)。

4. 实训方法

按教材讲授的方法,以组为单位,使用管线敷设的工具,并在教师的指导下完成管材的敷设工作。

5. 微课视频指导

管线敷设

6. 填写实训工单

实训工单编号	ZHBX-MK4-5		
姓　名		学　号	
专业班级		指导教师	
实训题目			
实训目的			
实训内容			
工具材料准备	圆形、方形 PVC 管线 20m，每件各 10m（产品选两个厂家），管线铺设辅件若干；管线铺设工具 1 套		
实施要求	1）记录 PVC 管线的厂家、名称、标识、规格。 2）依据管线铺设需要，分别铺设水平子系统中的圆形管道、方形管道各 10m。 3）记录管道铺设过程，检查铺设结果。 4）注意工作纪律，服从现场管理人员安排，确保人身安全		
实施方法（学生填写）			
实训小结与评价（优、良、中、差）	1）分组讨论，体会、交流管线铺设的方法及技巧。 2）实训成果评价。 ① 自我评价：准备情况、工作过程、作品质量（　　） ② 同学互评：核心作用、互帮互学、作品质量（　　） ③ 教师评价：工作态度、团队合作、作品质量（　　） 综合评价：		

实训 6　配线架连接

1. 实训题目

配线架连接。

2. 实训目的

- 了解配线架的连接原理。
- 掌握配线架的连接方法。

3. 实训内容

完成从信息模块到配线架的连接。

4. 实训方法

按教材讲授的方法，使用配线架连接工具，并在教师的指导下完成从信息模块到配线架的连接。

5. 微课视频指导

配线架连接

6. 填写实训工单

实训工单编号	ZHBX-MK4-6

姓　名		学　号	
专业班级		指导教师	

实训题目	
实训目的	
实训内容	
工具材料准备	槽型管线 20m，每件各 10m（产品选两个厂家），管线铺设辅件若干；管线铺设工具 1 套
实施要求	1）记录槽型管线的厂家、名称、标识、规格。 2）依据管线铺设需要，分别制作槽式桥架和梯式桥架空间布置各 1 个。 3）记录桥架制作及铺设过程，检查铺设结果。 4）注意工作纪律，服从现场管理人员安排，确保人身安全
实施方法 （学生填写）	
实训小结 与评价 （优、良、中、差）	1）分组讨论，交流、体会槽式桥架和梯式桥架铺设方法和技巧。 2）实训成果评价。 ① 自我评价：准备情况、工作过程、作品质量（　　　） ② 同学互评：核心作用、互帮互学、作品质量（　　　） ③ 教师评价：工作态度、团队合作、作品质量（　　　） 综合评价：

实训 7　机柜连接与使用

1．实训题目

机柜连接与使用。

2．实训目的

- 了解机柜的连接原理。
- 掌握机柜的使用方法。

3．实训内容

完成从配线架到机柜的连接。

4．实训方法

按教材讲授的方法，使用布线常用工具，并在教师的指导下完成从配线架到机柜的连接。

5．微课视频指导

机柜连接与使用

6. 填写实训工单

实训工单编号	ZHBX-MK4-7		
姓 名		学 号	
专业班级		指导教师	
实训题目			
实训目的			
实训内容			
工具材料准备	立式、卧式机柜各 1 个（产品选两个厂家）；常用布线工具 1 套		
实施要求	1）记录机柜的厂家、名称、标识、规格。 2）依据布线实际需要，分别把两个机柜内外部线缆进行连接。 3）记录连接过程，检查连接的结果。 4）注意工作纪律，服从现场管理人员安排，确保人身安全		
实施方法（学生填写）			
实训小结与评价（优、良、中、差）	1）分组讨论，交流、体会机柜链接的方法和技巧。 2）实训成果评价。 ① 自我评价：准备情况、工作过程、作品质量（ ） ② 同学互评：核心作用、互帮互学、作品质量（ ） ③ 教师评价：工作态度、团队合作、作品质量（ ） 综合评价：		

模块 5　布线系统测试与验收

实训 1　Fluke DSX-8000 测试仪的使用及设置

1．实训题目

Fluke DSX-8000 测试仪的使用及设置。

2．实训目的

通过本实训，学会根据实际需要，对 Fluke DSX-8000 测试仪各测试的项目进行正确设置。

3．实训内容

熟悉 Fluke DSX-8000 测试仪的相关功能，练习电缆测试和光纤测试的设置方法。

4．实训方法

认真阅读 Fluke DSX-8000 使用说明书，熟悉该测试仪的各项功能，并按照说明书所述内容，练习各项设置方法，达到能够熟练操作仪器的目的。

5．微课视频指导

Fluke DSX-8000
测试仪的使用及
设置

6. 填写实训工单

实训工单编号	ZHBX-MK5-1		
姓　名		学　号	
专业班级		指导教师	
实训题目			
实训目的			
实训内容			
工具材料准备	Fluke DSX-8000 测试仪、笔记本计算机		
实施要求	1）阅读 Fluke DSX-8000 测试仪的使用说明书。 2）按照说明书所述方法与步骤，分别进行测试电缆及光纤的设置。 3）记录设置过程，检查实习结果。 4）注意工作纪律，服从现场管理人员安排，确保仪器不受损坏		
实施方法（学生填写）			
实训小结与评价（优、良、中、差）	1）分组讨论，交流、体会 Fluke DSX-8000 测试仪的设置方法和使用经验。 2）实训成果评价。 ① 自我评价：准备情况、工作过程、作品质量（　　） ② 同学互评：核心作用、互帮互学、作品质量（　　） ③ 教师评价：工作态度、团队合作、作品质量（　　） 综合评价：		

实训 2　双绞线测试

1．实训题目

双绞线测试。

2．实训目的

学会正确使用 Fluke DSX-8000 测试仪进行双绞线测试。

3．实训内容

使用 Fluke DSX-8000 测试仪测试链路的通断、线序、长度、开路、短路等，学会判断各种问题。

4．实训方法

设计两条 15m CAT6 永久链路（无源的点到点的物理连接线路，实训时用多种自制故障双绞线跳线将其串接），制作 7 根 3m 演示线，包括直通跳线、交叉跳线、开路线、短路线、串扰线、劣质跳线、假水晶头跳线。将上面的两条 15m CAT6 永久链路分别一次用 3m 的直通跳线、交叉跳线、开路线、短路线、串扰线、劣质跳线、假水晶头跳线等串接起来形成一条"合成链路"，使用 Fluke DSX-8000 测试仪进行测试，查看并解释看到的现象。

5．微课视频指导

双绞线测试

6. 填写实训工单

实训工单编号	ZHBX-MK5-2		
姓　名		学　号	
专业班级		指导教师	
实训题目			
实训目的			
实训内容			
工具材料准备	Fluke DSX-8000 测试仪一台；3m CAT6 双绞线 8 根		
实施要求	1）认真准备好实验链路和各种所需双绞线。 2）按照顺序使用 Fluke DSX-8000 测试仪依次进行测试。 3）记录设置和测试过程，根据测试结果写出结论。 4）注意工作纪律，服从现场管理人员安排，确保实训场地整洁		
实施方法（学生填写）			
实训小结与评价（优、良、中、差）	1）分组讨论，交流、体会使用 Fluke DSX-8000 测试双绞线的方法和经验。 2）实训成果评价。 ① 自我评价：准备情况、工作过程、作品质量（　　　） ② 同学互评：核心作用、互帮互学、作品质量（　　　） ③ 教师评价：工作态度、团队合作、作品质量（　　　） 综合评价：		

实训 3　光纤测试

1．实训题目

光纤测试。

2．实训目的

学会使用 Fluke DSX-8000 测试仪测试光纤。

3．实训内容

使用 Fluke DSX-8000 测试链路的通断、长度、开路、短路等，学会判断各种问题。

4．实训方法

设计两条永久链路（无源的点到点的物理连接线路，实训时用多种自制故障光纤跳线将其串接），单模和多模光纤跳线（15m 以上）作为演示线，包括正常光纤跳线、断芯的光纤跳线、插座内有断芯的光纤跳线、劣质光纤跳线、熔接损耗大的光纤跳线。将上面的两条永久链路分别一次用正常光纤跳线、断芯的光纤跳线、插座内有断芯的光纤跳线、劣质光纤跳线、熔接损耗大的光纤跳线等串接起来形成一条"合成链路"，使用 Fluke DSX-8000 测试仪进行测试，查看并解释看到的现象。

5．微课视频指导

光纤测试

6. 填写实训工单

实训工单编号	ZHBX-MK5-3
姓　名	学　号
专业班级	指导教师
实训题目	
实训目的	
实训内容	
工具材料准备	Fluke DSX-8000 测试仪一台，光纤跳线 10 根。
实施要求	1）认真准备好实验链路和各种所需光纤跳线。 2）按照顺序使用 Fluke DSX-8000 测试仪依次进行测试。 3）记录设置和测试过程，根据测试结果写出结论。 4）注意工作纪律，服从现场管理人员安排，确保实训场地整洁
实施方法（学生填写）	
实训小结与评价（优、良、中、差）	1）分组讨论，交流体会使用 Fluke DSX-8000 光纤链路的测试方法和经验。 2）实训成果评价。 ① 自我评价：准备情况、工作过程、作品质量（　　） ② 同学互评：核心作用、互帮互学、作品质量（　　） ③ 教师评价：工作态度、团队合作、作品质量（　　） 综合评价：

实训 4　工程模拟验收

1．实训题目

工程模拟验收。

2．实训目的

掌握工程验收的基本步骤及内容。

3．实训内容

在前期实训基础上，完成一个机房综合布线系统工程的验收工作。

4．实训方法

按教材讲授的方法，并在教师的指导下完成综合布线系统工程的验收工作。

5．微课视频指导

工程模拟验收

6. 填写实训工单

实训工单编号	ZHBX-MK5-4		
姓　名		学　号	
专业班级		指导教师	
实训题目			
实训目的			
实训内容			
工具材料准备	验收标准、工程文档、验收文件		
实施要求	1）依据合同和验收标准，分别对现场和材料进行验收。 2）采用专业仪器对工程质量进行测试，给出测试报告，根据报告数据，给出验收结果。 3）经甲方、乙方、监理方三方认可后，验收结束		
实施方法 （学生填写）			
实训小结与评价 （优、良、中、差）	1）分组讨论，交流、体会工程验收工作的方式方法。体会验收过程，总结验收经验。 2）实训成果评价。 ① 自我评价：准备情况、工作过程、作品质量（　　　） ② 同学互评：核心作用、互帮互学、作品质量（　　　） ③ 教师评价：工作态度、团队合作、作品质量（　　　） 综合评价：		

模块 6 综合布线系统工程文档的编写与管理

实训 编写综合布线系统工程文档

1. 实训题目

编写综合布线系统工程文档。

2. 实训目的

- ◆ 了解综合布线系统工程文档的组成和内容。
- ◆ 体会编写文档过程中应该注意的事项。
- ◆ 掌握编写综合布线系统工程文档的基本方法。

3. 实训内容

仿照课程所讲内容模拟编写一份综合布线系统工程文档。

4. 实训方法

1）实地考察真实网络综合布线系统。
2）查看相关工程文档。
3）按照课程内容编写工程文档。

5. 微课视频指导

综合布线系统
工程文档

6. 填写实训工单

实训工单编号	ZHBX-MK6-1		
姓　名		学　号	
专业班级		指导教师	
实训题目			
实训目的			
实训内容			
工具材料准备	工程中使用的文档、计算机、打印机		
实施要求	1）熟悉综合布线文档的组成和内容，掌握文档编写方法。 2）明确编写步骤，记录编写过程及注意事项。 3）结合教材案例，编写工程文档并验收		
实施方法 （学生填写）			
实训小结 与评价 （优、良、 中、差）	1）分组讨论，交流、体会编写文档的方法和注意事项。 2）实训成果评价。 ① 自我评价：准备情况、工作过程、作品质量（　　　） ② 同学互评：核心作用、互帮互学、作品质量（　　　） ③ 教师评价：工作态度、团队合作、作品质量（　　　） 综合评价：		

模块 7　综合布线产品

实训　产品市场调研，确定产品型号和厂家

1．实训题目

产品市场调研，确定产品型号和厂家。

2．实训目的

结合一个真实的布线工程，了解综合布线系统产品的调研、选购，并通过实际动手查询、分析，确定综合布线的产品类型、数量，并确定选购产品的生产厂家。

3．实训内容

根据实际任务，通过查询相关厂家的网站地址，查询信息，并进行市场调研，确定商品品牌和类型、数量。

4．实训方法

1）了解实际综合布线工程基本情况，包括建筑环境、结构、信息点数目及功能。

2）上网搜索不同产品厂家的不同产品，并进行市场调研，了解其产品的特点、材质、价格和型号。

3）确定所需产品的具体型号、数量、品牌和价格。

5．微课视频指导

产品市场调研

6. 填写实训工单

实训工单编号	ZHBX-MK7-1		
姓　名		学　号	
专业班级		指导教师	
实训题目			
实训目的			
实训内容			
工具材料准备	计算机等查询产品信息所需工具（选三个厂家）		
实施要求	1）分析实际工程中综合布线的"产品购置清单"，将所需购买产品的类型、名称和数量列出来。 2）依据排列结果，分别记录各种布线产品的厂家、名称、标识、规格		
实施方法 （学生填写）			
实训小结 与评价 （优、良、中、差）	1）对"产品购置清单"进行分类，确定清单的准确类型、名称和数量。 2）辨认不同的网络布线产品，总结采购过程。 3）实训成果评价。 ① 自我评价：准备情况、工作过程、作品质量（　　　） ② 同学互评：核心作用、互帮互学、作品质量（　　　） ③ 教师评价：工作态度、团队合作、作品质量（　　　） 综合评价：		